VOYAGE

AU

MONT CAUCASE

ET EN GEORGIE.

DE L'IMPRIMERIE ROYALE.

VOYAGE

AU

MONT CAUCASE

ET EN GEORGIE,

PAR M. JULES KLAPROTH,

Professeur royal des langues et de la littérature asiatiques,
et Membre du Conseil de la Société asiatique de Paris :

AVEC UNE CARTE DE LA GÉORGIE.

TOME SECOND.

PARIS,

LIBRAIRIE DE CHARLES GOSSELIN, rue de Seine,
n.° 12;
LIBRAIRIE CLASSIQUE-ÉLÉMENTAIRE, rue du Paon,
n.° 8.

M. DCCC. XXIII.

VOYAGE

AU

MONT CAUCASE

ET

EN GÉORGIE.

CHAPITRE XX.

Tiflis. — Description et Histoire de cette ville.

TIFLIS, capitale de la Géorgie, est située par 42° 42′ 25″ de longitude et 41° 30′ 30″ de latitude septentrionale, sur le Kour, qui, en sortant de la ville, est resserré entre des rochers et y coule avec fracas. Le véritable nom de cette ville est ტფილისი *[Tphilissi]*, ou ტფილის ქალაქი *[Tphilis-kalaki]*, c'est-à-dire, ville chaude : elle l'a reçu à cause de ses belles eaux thermales ; et il est singulier que plusieurs endroits qui ont de telles eaux, portent un nom

Tom. II. .A

semblable. Anciennement il y avait la ville de *Tibilis* en Numidie, célèbre pour le même objet (1); et l'on est involontairement forcé de penser à *Tœplitz* en Bohème, dont le nom, dérivé du mot esclavon тепло *[chaud]*, appartient à la même racine que *tepidus* en latin.

Tiflis se divise en trois parties : *Tiflis* proprement dit, ou l'ancienne ville, dans laquelle sont les bains chauds, et qui est située au sud-est du Kour et peu considérable; *Kala*, ou la forteresse, située au nord de la précédente, à l'ouest du fleuve, et qui est la plus peuplée; enfin le faubourg d'*Isni*, séparé des deux autres parties par le seul pont qui traverse le Kour dans cette cité.

Originairement *Tphilissi* n'était qu'un village : mais, vers l'an 380 de J. C., et sous le règne de Warza-Bakour, vingt-septième roi de Géorgie, le gouverneur persan de ce pays construisit près de ce village le fort de *Chouris-tsikhé*; et en 469 le vaillant roi Wakhtang-Gourgaslan [Wakhtang le Loup-lion] y bâtit la ville de *Tphilissi*,

---

(1) *Tibilitanæ* Aquæ in Africa propria, juxta Hipponem regium, Antonio et D. Augustino. *Tibilis* est apud eumdem, epistolâ 128 ad Donatum. Vid. *Ortelii Thesaurum geographicum.* — Cet endroit s'appelle encore aujourd'hui *Tiflis*.

qui, ayant été ensuite dévastée par les Khazares, fut rebâtie par l'émir Agarian, et devint la résidence de la famille royale des Bagrathides, après la destruction de Mtskhetha.

La partie de la ville située à l'ouest du Kour forme à peu près un rectangle, dont le côté le plus long est baigné par le fleuve; à l'ouest, elle est entourée de jardins; le côté du sud-est est appuyé à la montagne de *Solalani*, qui est de calcaire marneux, assez haute, et sur laquelle, du côté du Kour, s'élève le fort de *Naraklea*. Un mur avec des embrasures, long d'une werste et haut de seize pieds, part de ce fort, traverse la crête de la montagne, et se dirige à l'ouest jusqu'au fort de *Chardakhti*, aujourd'hui détruit: il descend ensuite le long des côtés occidental et septentrional de la ville jusqu'au Kour. Son enceinte renferme donc une grande partie de la montagne, où l'on ne voit aucun bâtiment. Au sud et derrière le mur, coule le *Tsakwissi*, ruisseau qui vient d'un village du même nom, et traverse une vallée profonde, entourée de hauts rochers très-escarpés, et qui est très-fréquentée en été à cause de l'ombre et de la fraîcheur dont on y jouit. Les murs de Tiflis, qui avaient été abattus, ont été relevés par Chah-Abbas : c'est ce monarque qui les a prolongés au sud de la ville, sur le dos du mont Solalani.

A l'ouest de Tiflis s'élève une montagne escarpée qui porte le nom d'*Ichitourdouki*, et sur sa pente on voit un couvent inhabité, appelé *Mtha-tzminda* [église de la montagne], dont on débite une quantité de prodiges, et qui, vers la fin de mai, est un lieu de pélerinage très-fréquenté, sur-tout par les femmes. Le cimetière des catholiques est dans le voisinage. Le faubourg de Garethoubani, au nord, appartient à la ville de Tiflis proprement dite, comme Awlabari fait partie d'Isni.

La ville est mal bâtie, et depuis sa destruction par Aga-Mohammed, en septembre 1795, la moitié de son enceinte n'offre que des décombres; les deux tiers seulement ont été rebâtis (1). Les rues sont si étroites, qu'un *arba* ne peut passer aisément que par les plus larges; les rues de traverse et les plus petites laissent à

---

(1) Suivant les dernières nouvelles que j'ai eues de Tiflis, cette ville s'embellit de jour en jour, par les soins patriotiques du général Yermolow, qui l'a presque entièrement reconstruite, et qui a su donner aux Géorgiens du goût pour l'architecture européenne.

peine à un cavalier un espace suffisant, et, lorsque la boue les couvre, deux piétons sont embarrassés pour ne pas se gêner l'un l'autre en marchant. Les maisons sont mal construites, à la manière géorgienne, en cailloux et en briques liés ensemble avec de la terre ou de l'argile : elles ne subsistent guère plus de quinze ans. Tiflis a six portes principales : 1.° *Kojjiris-kari*, dans la muraille occidentale ; 2.° *Djoua-kari* ; 3.° *Tskhilis-kari*, au bord du Kour ; 4.° *Awlabaris-kari*, devant le pont ; 5.° *Abanos-kari*, par laquelle on va aux bains ; 6.° *Gandjis-kari*, en bas du fort *Naraklea*, qu'on passe pour gagner le chemin de *Gandja*, qui va par la vallée de Solalani. De l'autre côté du Kour, le faubourg d'Awlabari, nouvellement bâti, est habité par les descendans de colons ossètes et kurdes. Autrefois on comptait dans Tiflis quinze églises grecques dans lesquelles on célébrait le service divin en ancien géorgien, vingt églises du rit arménien, et deux du rit catholique, dont la plus ancienne, nommée *Kharéba*, et dédiée à S. Joseph, tombe en ruine par suite des secousses de tremblement de terre : l'autre, bâtie il y a quelques années aux frais de l'empereur, n'est pas encore achevée; on y célèbre pourtant l'office divin. Près de cette église est la maison des missionnaires capucins, qui ne sont actuellement que trois. Il y a aussi deux mosquées à Tiflis : l'une pour les Persans schiites, l'autre pour les Tatares sunnites. Cette dernière a été détruite par Aga-Mohammed; mais son beau minaret est resté debout : elle fut bâtie, en 1710, par Isaak-pacha, commandant de l'armée turque. La maison du gouverneur de la Géorgie [правителъ Грузïя], qui était de mon temps Fedor-Isaïtch-Akhwerdou, général de l'artillerie, est près du Kour : elle se trouve sur l'emplacement du superbe château bâti en 1658, dans le goût asiatique, par le roi Rostom, et dont Chardin a fait la description. On a commencé à y bâtir un grand édifice pour l'administration. Au reste, il n'y a dans toute la ville aucune maison grande ou remarquable par son architecture : on n'y voit que de misérables cabanes en pierre et généralement malpropres; cependant quelques princes géorgiens, accoutumés aux mœurs russes, se sont fait bâtir des maisons à deux étages et entourées d'une galerie. Fort peu de maisons ont des fenêtres : elles ne reçoivent le jour que par des trous qui ne sont pas même bouchés avec du papier enduit d'huile.

Tiflis a deux marchés *[bazari]* qui, ensemble, contiennent sept cent quatre boutiques, occupées principalement par des marchands arméniens, tatares et géorgiens. Très-peu de Russes ont des entrepôts de marchandises au bazar des Arméniens. On trouve dans ces marchés, comme dans ceux de l'Asie, des ateliers de toute sorte : une allée entière y est occupée exclusivement par des cordonniers, une autre par des bonnetiers et des maréchaux-ferrans ou des taillandiers. Les orfévres, les fileurs en soie, les armuriers et les fourbisseurs, tous travaillent et offrent par leur activité un spectacle si divertissant aux étrangers, que le bazar est une des promenades les plus agréables de Tiflis.

On trouve dans les boutiques du bazar des marchandises russes, allemandes, tatares et persanes : mais tout y est très-cher; et ce qui est sur-tout remarquable, c'est que les produits des manufactures asiatiques, comme les châles et les étoffes de soie, sont à meilleur marché à Saint-Pétersbourg et à Moscou qu'à Tiflis.

On compte à Tiflis, indépendamment des

employés russes et de la garnison, dix-huit mille habitans, dont les Arméniens forment la moitié.

Tiflis, ainsi que toute la Géorgie, était autrefois très-pauvre; mais l'industrie des Arméniens, la quantité d'argent qui vient de Russie, et le commerce toujours actif avec les Tatares et les Persans, ont répandu l'aisance dans cette ville. Le commerce des Turcs avec *Akhal-tsikhé* et l'Asie mineure a cessé entièrement depuis la guerre.

Les fameux bains chauds de Tiflis étaient autrefois magnifiques; mais ils tombent en ruine : cependant on en voit plusieurs dont les parois et le plancher sont revêtus de marbre. L'eau contient peu de soufre; l'usage en est très-salutaire. Les indigènes, et sur-tout les femmes, en font usage jusqu'à l'excès; les dernières y restent des journées entières, et y apportent leur repas. Pendant mon séjour à Tiflis, je pris les bains deux fois la semaine, et je m'en trouvai très-bien. Au sud du faubourg Isni ou Awlabari, on voit, sur un haut rocher, tout près du pont, l'église de la Rupture, appelée par les Géorgiens *Metekhi*. Sur la rive droite du Kour, il y avait autrefois, dans les cavités de la montagne, des raffineries de soufre qui ont toutes été abandonnées. On tirait le soufre de pierres mêlées de pyrite, qu'on rangeait par couches dans un fourneau fermé et chauffé avec du charbon de bois. On voit encore de l'eau chargée de vitriol suinter des parois d'une grande crevasse dans les rochers. Sur le mont Thabori, près des bains chauds, s'élevait anciennement un fort, qui est aujourd'hui en ruine : c'était la résidence des seïds persans établis par Chah-Sefi. Le fort a, d'après leur nom, reçu celui de *Seïd-abad.*

A peu près à trois werstes au-dessous de Tiflis, le Kour forme des îles couvertes de vergers qui donnent des fruits excellens : mais il est rare d'avoir à Tiflis des fruits qui soient mûrs, parce que l'avidité des paysans les porte à les cueillir avant qu'ils soient parvenus à leur maturité ; ce qui cause en été et en automne de fréquentes dyssenteries. Quoique les amandiers soient très-nombreux autour de Tiflis, on n'en mange jamais les fruits, qui sont arrachés encore verts ; on préfère les amandes de Perse.

Les montagnes des environs de Tiflis, que je regarde comme appartenant à une branche avancée de la chaîne de Pampak, séparée du

Caucase par le Kour, sont composées de marne, de schiste calcaire marneux et de grès; leur base est de schiste argileux brun-gris. Dans les cavités de la marne on rencontre souvent des filons de calcaire fibreux et du plâtre. Les pyrites se trouvent dans le schiste tabulaire, et le change souvent en véritable schiste alumineux. Le sol autour de Tiflis est argileux, et offre, en plusieurs endroits, un mélange de sable calcaire qui contient beaucoup de galet du Kour. Dans la vallée arrosée par le Tsakwissi, on voit du hornstein couvert d'une terre verdâtre, dure et semblable au jaspe.

D'après les renseignemens qui m'ont été donnés par la police, on compte à Tiflis

 1 patriarche géorgien *(katholikos)*, Antoni, fils du roi Irakli,
 1 métropolite géorgien,
 55 prêtres géorgiens,
 1 *archiierei* grec,
 3 archimandrites grecs,
 1 archevêque arménien,
 73 prêtres arméniens,
 8 *archiierei* arméniens,
 4 pères catholiques,

1 effendi tatare,
 160 ასნაური *asnaouri* ou princes géorgiens,
 216 თავადი *thawadi* ou gentilshommes *id.*,
1983 მო-ქალაქი *mokalaki* ou bourgeois,
 251 სო-ფელის კაცი *sophelis-katsi* ou paysans,
 426 თავადის სო-ფელის კაცი *thawadis sophelis katsi*, ou paysans serfs de gentilshommes,
3684 maisons particulières.

CHAPITRE XXI.

Départ de Tiflis. — Village d'Awtchala. — Phouri, ou pain de Géorgie. — Outres à vin. — Mtskhetha. — Douchethi. — Moourowi. — Repas géorgien. — Agriculture, Jardinage, Vignobles. — Environs de Douchethi. — Excursion à Ananouri. — Moukhrani. — Akhal-gori. — Ksnis-eristhawi. — Couvent de Lomissa. — Mlethi. — Source de l'Aragwi. — Points les plus élevés des montagnes. — Sources du Terek. — Les Tirtzi ou Throusso, tribu ossète. — Retour à Tiflis.

Divers empêchemens, tels que quelques affaires, mais sur-tout le mauvais temps, m'avaient retenu à Tiflis jusqu'en février. En outre, la neige qui était tombée en abondance dans le milieu de ce mois, avait gâté tous les chemins. Je me vis donc contraint d'attendre le printemps : il commença vers la fin de février; et ses progrès furent si rapides, que dans les jours de mars tout était vert.

Trouver les sources du Terek, que Guldenstædt avait, il est vrai, indiquées avec exactitude, mais qu'il n'avait pas vues, était le but principal de ma première excursion. Je comptais passer par Mtskhetha, Moukhrani, Akhal-gori, pour gagner la source du Ksani, franchir ensuite les monts les plus hauts pour arriver à celle du Terek et au canton habité par les Tirsau, tribu ossète. Je quittai donc, par une belle matinée, la capitale de la Géorgie, le 5 mars; mon domestique allemand et un interprète géorgien formaient ma suite, à laquelle se joignaient, à chaque station, les Cosaques destinés à m'accompagner. Tout le voyage devant se faire à cheval, et les chevaux des Cosaques étant très-mauvais j'avais loué pour quinze jours quatre chevaux, dont trois pour servir de monture et le quatrième pour porter mes paquets; la tente, les matelas et le reste du gros bagage, étaient réservés pour les chevaux de poste.

Traversant le pont qui joint Tiflis au faubourg d'Awlabari, nous avons passé de la rive occidentale à la rive orientale du Kour, où nous sommes restés jusqu'au confluent de l'Aragwi. Nous dirigeânt presque au nord, nous avons passé par Koukia, village éloigné de quelques werstes de

Tiflis. A moitié chemin, nous avions rencontré Kweiti-Awtchala ou le grand Awtchala, village détruit par les Lesghis, et, deux werstes plus loin, Seiti-Awtchala ou le petit Awtchala, sur le ruisseau d'Awtchalis-khewi, qui vient des montagnes dans le nord-est. Il était, en ce moment, extrêmement gonflé par la chute des neiges; en été il est presque à sec : son lit et ses rives sont remplis de cailloux calcaires arrondis. Les habitans de ces deux villages vivent misérablement dans des huttes souterraines, qui sont très-communes dans le Karthli. Le Kour fait ici un détour au sud-est, et, s'éloignant des montagnes, s'avance dans la plaine de Tiflis : ses rives sont plus roides à l'ouest qu'à l'est; en plusieurs endroits elles sont même fortement escarpées. Au milieu du jour, nous avons fait halte à Seiti-Awtchala, situé vis-à-vis le rocher appelé *Dewis-namoukhli* ou le Genou du Diable. Nous nous y sommes reposés pendant que nos chevaux mangeaient avec avidité le *stipa pinnata* et le *panicum dactylon*, graminées qui couvrent le pied des montagnes avancées, dont les pentes se prolongent jusqu'au Kour et à l'Aragwi. Nous nous sommes bien trouvés d'avoir fait à Tiflis des provisions pour quelques jours ; car dans tout le village on ne trouvait que du *phouri*, ou du pain de Géorgie, très-peu appétissant pour un Européen, de mauvais goût, très-dur, et qui, d'ailleurs, se prépare d'une manière propre à inspirer une grande répugnance. Quand la pâte est suffisamment pétrie, on fait, avec du bois bien sec, un feu clair et vif dans des vases de terre hauts de quatre pieds, larges de deux et enfoncés dans le sol ; dès que le feu est bien ardent, les Géorgiennes y secouent leurs chemises et leurs culottes de soie rouge pour faire tomber dans les flammes la vermine qui infeste ces vêtemens : ce n'est qu'après cette cérémonie que l'on jette dans les pots la pâte partagée en morceaux de la grosseur de deux poings; on bouche aussitôt l'ouverture avec un couvercle et on la recouvre avec des chiffons, afin qu'il ne se perde rien de la chaleur et que le pain se cuise bien. Ce phouri est néanmoins toujours mal cuit, et de très-difficile digestion.

A Tiflis nous avions songé au vin; nous avions empli deux outres du meilleur vin de Kakhéthi, qui nous fut bien utile. Dans tout le Caucase on transporte le vin dans des outres de différentes grosseurs : les petites, faites en peau de jeune chèvre, s'appellent, en géorgien, *tiktchora;* les moyennes, en peau de grande chèvre, *tiki;* et les grandes, en peau de bœuf, *roumbi.* On ne tue pas de la manière ordinaire l'animal dont la peau doit servir à faire une outre : on le décolle tout vivant, on l'écorche ensuite avec précaution, on bouche l'anus et le nombril avec un morceau de bois lié fortement et on laisse l'extrémité des pattes, puis on lave la peau et on la retourne ; le côté du poil qui se trouve en dedans est enduit de naphte, substance très-commune en Géorgie : la peau en étant bien pénétrée, on la fait dégoutter. Bien que ces outres soient très-commodes pour le transport du vin, elles ont un grand désagrément ; car, étant neuves, elles donnent au liquide un goût très-fort de goudron, qui ne se perd qu'après quelques années : cependant on s'accoutume bientôt à ce goût, ainsi que cela arrive en Espagne, où l'on conserve fréquemment le vin dans des outres.

Les puces, qui sont une des principales incommodités des habitations géorgiennes, nous eurent bientôt chassés de notre gîte. Je fis dresser ma tente sur le bord du Kour. A gauche, la vue se portait le long du fleuve jusqu'à Tiflis : cette ville, avec ses maisons bâties en amphithéâtre, ses fortifications sur les montagnes auxquelles elle est adossée, et ses minarets élancés, offrait un coup-d'œil très-pittoresque. Nous avions devant nous de petites montagnes qui s'abaissaient doucement jusqu'à la plaine de Dighomi. A droite se présentait la belle vallée de l'Aragwi, dont on voyait distinctement, jusqu'à Ananouri, les montagnes d'un bleu foncé : au-dessus de leurs sommets s'élevaient les cimes du Caucase couvertes de neige, entre lesquelles nous remarquions surtout le Mqinwari et le Khokhi, dont la forme rappelle celle d'une selle.

Dans l'après-midi nous partîmes d'Awtchala ; un chemin agréable nous conduisit jusqu'à l'Aragwi, tout près de sa jonction avec le Kour. La fonte des neiges, dans les montagnes calcaires, l'avait rendu impétueux ; nous fûmes donc obligés de chercher, un peu au-dessus du passage à gué que l'on prend ordinairement, un lieu où cette rivière fût plus basse : les truites saumonées y abondent, et pendant l'hiver les saumons venant de la mer Caspienne remontent le Kour, puis l'Aragwi jusque dans le voisinage d'Ananouri.

Tom. II.   B

Mtskhetha, qui, lorsque nous allions à Tiflis, ne nous inspirait que de la crainte à cause de la quarantaine, n'avait plus rien d'effrayant pour nous; car les personnes qui viennent de cette capitale n'y sont pas retenues. Nous avons passé la nuit à Mtskhetha : le chef des Cosaques qui s'y trouvent en garnison, connaissait mon interprète géorgien ; il nous reçut très-amicalement. Il me donna une petite médaille de l'empereur Auguste trouvée dans un mur, changée en muriate d'argent et très-fragile : la cassure en était d'un blanc-gris mat ; et, quand on la coupait avec un couteau, elle reprenait l'éclat métallique. Notre hôte, grand amateur de la chasse, me donna des détails sur les oiseaux de ce canton : en été, l'on voit fréquemment dans les plaines le freux, le choucas et la pie, ainsi que des pigeons ramiers ; les grives [litornes et mauvis] et les merles y fourmillent dans les buissons, où ils se régalent des fruits du cormier. Les cailles y sont très-communes dans les champs de millet : quand la récolte de ce graminée est faite, on les prend d'une singulière manière : trois baguettes de la grosseur du petit doigt, longues de trois pieds et faites d'un bois dur, tel que le cormier, sont attachées par des chaînes de fer à un anneau du même métal, de deux pouces de diamètre; on jette cet instrument au milieu du champ, et presque toujours un des bâtons attrape une caille.

Suivant l'opinion généralement reçue, Mtskhetha [მცხეთა] tire son nom de Mtskhethos, fils de Kartlos. Mais Reineggs (tom. II, p. 85), qui ne sait pas même écrire correctement le nom de ce lieu célèbre, s'exprime ainsi à ce sujet : « Dans une plaine un peu en pente, où l'Arakui » se joint au Kour et forme une espèce de pres- » qu'île, est situé le village de Zgetta, nommé » autrefois *Meghiti, Mezghita* ou *Mghita* (Mos. » Chor.). Ce nom vient sans doute du pont sur le » Kour que l'on voit en ce lieu; car *ghiti* signifie » un pont en géorgien, et *meghiti,* un gardien de » pont : il s'y trouve encore des hommes préposés » à la perception du péage. Une ville ayant en- » suite été bâtie en cet endroit et entourée de » murs, on lui donna le nom de *Zighe*, qui, en » Géorgie, est celui dont on se sert pour désigner » une forteresse; ce mot fut ensuite changé en » *Zsgetta.* » Pour se convaincre de la futilité de ce bavardage, il suffira de savoir qu'en Géorgie un pont s'appelle *khidi*, et un gardien de pont, *mekhidi*. Le château des gardiens de pont se nommerait *Mekhidis-tsikhé*, mot dont il est impossible qu'en l'altérant on ait fait *Mtskhetha*. Ces rêveries, qui annoncent une ignorance totale des langues, ne pouvaient entrer que dans la tête d'un homme qui voulait faire accroire à ses lecteurs qu'il écrivait ses journaux tantôt en persan, tantôt en géorgien.

Conformément au plan de voyage que j'avais formé à Tiflis, je voulais, en sortant de Mtskhetha, aller à Moukhrani, en traversant la plaine fertile du même nom qui s'étend le long du Kour, depuis l'Aragwi jusqu'au Ksani : mais la nouvelle que cette route était infestée par une bande de brigands Lesghis, me retint; je préférai d'aller par Ananouri et Douchethi, sur-tout parce que l'on m'avait assuré que j'y trouverais probablement des Pchawi et des Khewzouri. J'espérais pouvoir, dans leur compagnie, faire une excursion dans leur pays.

Nous sommes donc partis de Mtskhetha le lendemain vers dix heures du matin, et nous avons continué notre route le long de la rive droite de l'Aragwi. Le débordement de cette rivière avait rendu le chemin de la vallée si boueux et si difficile, que nous fûmes obligés de poursuivre le voyage sur le penchant des montagnes. Le jour était beau, le soleil ardent; nos chevaux furent très-fatigués, quoique la distance qu'ils parcoururent jusqu'à Ghartis-kari, poste de Cosaques, ne fût que de sept werstes. Nous avons fait halte chez le chef des Cosaques; il était revenu, la veille, d'une expédition contre une bande de quinze Lesghis qui infestaient la route : comme cela arrive toujours, ils avaient échappé aux poursuites des Russes. Ce chef m'apprit aussi que les Pchawi et les Khewzouri que l'on attendait à Ananouri, n'y avaient pas encore paru, et que, par conséquent, j'y ferais un voyage inutile.

Dans l'après-midi nous quittâmes Ghartis-kari, et nous suivîmes encore la rive droite de l'Aragwi jusqu'à Ananouri. Je me fis donner par le commandant un piquet de six Cosaques, et je restai dans ma tente, placée dans une prairie riante en avant de la ville. Une belle perspective s'étendait le long de la vallée jusqu'aux montagnes couvertes de neige; la verdure qui sortait de toute part, et le murmure de l'Aragwi, qui roulait ses eaux à cent pas de nous, rendaient la soirée délicieuse. Le plaisir que j'éprouvais fut encore accru par quelques Géorgiens de mes amis, arrivés de Douchethi pour me voir. Aucun nuage n'altérait la pureté de l'azur du ciel; les montagnes devant nous présentaient leurs masses sombres et argentées, qui se reflétaient dans les eaux de la rivière sortie de leurs flancs, et à laquelle se réunissent tous les ruisseaux du canton.

Je sortis d'Ananouri le 7, à huit heures du matin, pour aller à la ville de Douchethi. Nous avons laissé l'Aragwi à l'est, et nous avons suivi les vallées au sud; tantôt elles étaient nues et mises en culture, tantôt couvertes de buissons de l'espèce de ceux d'Ananouri. En deux heures et demie, nous sommes arrivés à Douchethi; la distance d'Ananouri en ce lieu est de dix werstes en ligne droite. Un des princes géorgiens les plus considérables, dont le nom de famille est *Tcholoka-chwili,* y fait sa résidence. Du temps des rois de Géorgie, il avait le commandement du territoire le long de l'Aragwi et des districts voisins, et il l'a conservé. L'inspecteur de ce pays se nomme par conséquent *Aragwis-moourowi,* c'est-à-dire, gouverneur de l'Aragwi; il lève les contributions pour le Gouvernement : sous les rois géorgiens il en avait la dîme, mais aujourd'hui il a un salaire annuel fixe et considérable. Il vint au-devant de moi jusqu'à la porte de la ville, parce qu'on l'avait instruit de mon arrivée, qui lui avait déjà été annoncée de Tiflis; il me fit un bon accueil, et me conduisit dans sa maison, bâtie en pierres brutes et couverte en chaume. Le reste des maisons est à moitié en terre, comme à Ananouri.

Le plancher de la chambre était couvert de tapis, sur lesquels on s'asseoit les jambes croisées. Je me plaçai à la droite du prince; les gens de ma suite et ceux du prince se rangèrent en cercle des deux côtés : alors on apporta une aiguière pleine d'eau et l'on me présenta une cuvette à laver les mains, car on allait commencer le repas. Voici comment on mit le couvert : on étendit devant nous, sur la terre nue, une longue nappe rayée, large d'une aune et demie, et très-sale; on y posa pour chaque convive un pain de froment ovale, long de trois empans, large de deux, et à peine de l'épaisseur d'un doigt; on apporta ensuite un grand nombre de petites jattes de laiton remplies de chair de mouton et de riz au bouillon, des poules rôties et du fromage coupé en tranches. On servit au prince et aux Géorgiens du saumon fumé avec des herbages verts et crus, parce que c'était jour de jeûne. On ne sait en Géorgie ce que c'est que des cuillers, des fourchettes, des couteaux ; on boit la soupe à même la jatte ; on prend la viande avec les mains, et on la déchire avec les doigts, en morceaux de la grosseur d'une bouchée. Quand on a beaucoup d'amitié pour quelqu'un, on lui jette un bon morceau. On pose les mets sur la nappe. Ce repas fini, on servit des raisins et des fruits secs. Pendant que l'on mangeait, on versa abondamment, à la ronde, de bon vin rouge du pays, qui se nomme *tchakhir* en tatare et *ghwino* en géorgien : on le but dans une jatte d'argent très-plate, assez semblable à une soucoupe. Les Géorgiens aiment beaucoup, pendant le repas, à manger des plantes potagères crues ; elles sont placées à côté du pain : un étranger s'accoutume bien vite à ce mets très-sain. Après le repas on enlève les jattes ; les restes sont emportés avec la nappe, et les domestiques s'en régalent.

Ayant une aversion extrême pour les *sakhli*, ou habitations souterraines, je fis dresser ma tente contre les murs de Douchethi, et j'envoyai mes chevaux au pâturage. Le moourowi m'indiqua, à cet effet, un endroit convenable et sûr, éloigné de cinq werstes du côté d'Ananouri.

Je passai quelques jours à Douchethi. Le territoire compris entre cette ville et Ananouri s'appelle *Seristo*, parce qu'il était soumis à l'eristhawi de l'Aragwi; il comprend dix-sept villages, outre ces deux endroits.

Ce jour-là, l'on était, à Douchethi, occupé à labourer la terre ; je profitai de cette occasion pour examiner attentivement la charrue de Géorgie. Le soc est un morceau de bois rond de la grosseur du bras, nommé *kbili*, ayant à l'extrémité un morceau de fer *[saknissi]* de la forme d'une pelle, qui forme les sillons en ouvrant la terre horizontalement : près du bout du soc, deux bâtons placés perpendiculairement traversent, par leur extrémité supérieure, la flèche qui court parallèlement au soc, dont elle est éloignée de deux pieds, et qu'elle maintient dans cette direction ; le bâton perpendiculaire antérieur *[kmali]* ne sert qu'à unir ces deux pièces; le postérieur *[khelkawi]* sert aussi de manche pour diriger la charrue : c'est pourquoi on cherche, pour le faire, une tige d'arbre fourchue. La flèche est longue de six pieds; on la fait avec un arbre courbé : l'extrémité antérieure est penchée en avant; à peu près au milieu on pratique un trou carré par lequel passe le coutre *[saketeli* ou *sakwethi]*, qui détermine la largeur du sillon en fendant la terre verticalement : il est, depuis la surface inférieure de la flèche jusqu'à son extrémité, long de deux pieds; mais il n'est garni d'une lame saillante que dans la longueur d'un pied et demi, et il est dirigé de manière qu'il est, dans tous les sens, éloigné de trois pouces du fer du soc. A l'extrémité de la flèche est fixée une cheville autour de laquelle passe le lien qui joint la charrue à un essieu pourvu de roues. Le manche est traversé horizontalement par deux chevilles longues d'un pied et demi : l'inférieure *[kakabi]* descend jusqu'au soc; la supérieure *[mancha]*, placée deux pieds au-dessus, lui est parallèle : ces deux chevilles sont jointes par un bâton transversal perpendiculaire, attaché à une planche *[pté]* dont une extrémité touche au bâton perpendiculaire et forme avec lui un angle de 45 degrés, et l'autre se termine à deux pieds derrière le manche; elle sert à rejeter à droite, dans le

sillon précédent, la terre détachée par les deux
fers. L'homme qui conduit la charrue, marche
derrière elle sans craindre que la terre ne lui
tombe sur les pieds; il se sert aussi du manche
taillé dans la planche pour diriger la charrue
quand elle est renversée horizontalement, afin
de ne pas fendre la terre. Le fer du soc est un
peu creux en dessous : le bord tourné vers le
coutre est toujours arrondi et épais de trois
pouces, presque droit, et seulement un peu
aminci à son extrémité; mais le bord extérieur
est tranchant. Le coutre a l'épaisseur d'un bon
doigt. A l'extrémité droite de l'essieu est une
roue de trois pieds de diamètre, pourvue de
rais; elle passe dans le sillon : à l'extrémité
opposée est une roue massive, ayant à peine un
pied de diamètre, qui roule sur la terre solide,
afin de maintenir l'essieu dans une position horizontale. Presque au milieu de l'essieu, mais un
peu plus à droite, passe le timon, à l'extrémité
duquel deux bœufs sont attelés à un joug, et
d'où pend une longue courroie, de sorte que
l'on attelle ordinairement huit paires de bœufs
les unes derrière les autres. Entre deux paires,
un homme assis sur le joug excite les bœufs en

criant et en les frappant ; un autre, placé au manche, dirige la charrue, et appuie souvent le pied sur le soc quand il ne s'enfonce pas assez avant dans la terre. Comme cette charrue ne verse constamment la terre qu'à droite, il faut, quand on veut tracer un sillon tout près d'un autre, commencer toujours par le même bout, ou bien, ce qui est plus avantageux, labourer une pièce de terre des deux côtés en même temps. Le sillon a un pied et demi de largeur et plus d'un de profondeur. Avec cette charrue, qui occupe seize bœufs et cinq hommes, on peut, en quatre heures, labourer quarante-trois mille quatre cent soixante-dix pieds carrés. Il est évident que la pièce de terre dont je parle doit être très-longue, et qu'il ne faut y ouvrir que vingt-huit sillons : car, si sa largeur était égale à sa longueur, il faudrait retourner la charrue trop souvent; ce qui ferait toujours perdre quelques minutes. Il est bon d'observer aussi que la pesanteur de la charrue et la profondeur du sillon rendent ce travail si fatigant, que l'on ne peut y employer les bœufs que huit heures par jour : cette charrue est donc très-défectueuse; et comme on fume les champs tous les quatre ou six ans, le sillon n'a pas besoin d'être aussi profond. La distance entre le coutre et le soc rend la charrue difficile à remuer. La pointe du coutre devrait se trouver immédiatement devant la pointe du soc et sur un plan horizontal, comme on le voit chez les Cosaques du Terek; l'action de l'ensemble serait rendue plus facile. Un autre défaut de cette charrue, c'est que la terre est divisée en morceaux trop gros : il reste entre eux des espaces vides, où les racines de la jeune plante se dessèchent.

La herse que l'on emploie pour recouvrir la semence, est encore plus mal inventée que la charrue. On prend une forte planche longue de sept pieds sur un pied de largeur; on fixe contre cette partie une perche à laquelle on attache, par leur gros bout, des arbres de longueurs différentes, et on laisse traîner leur partie branchue. Au milieu de la planche, on attache par une courroie un timon auquel on attelle plusieurs paires de bœufs les unes derrière les autres : pendant que ces animaux tirent la herse, un ou deux hommes se tiennent debout sur la planche, afin que la terre soit bien pressée et que la semence soit enterrée par le gros bout des arbres, dont les branches traînantes la recouvrent encore mieux de terre. Mais on voit aisément qu'aucun de ces deux objets n'est bien rempli. La terre pressée ne l'est pas suffisamment ; un rouleau très-lourd ferait mieux l'affaire : il reste toujours beaucoup de vide entre les mottes de terre, et la semence reste fréquemment à nu.

On bat le blé avec un instrument particulier, composé de deux planches de chêne longues de sept pieds, larges d'un pied et demi, et épaisses de quatre doigts ; leur extrémité antérieure est un peu courbée en l'air, le reste est uni et horizontal ; leur surface inférieure est creusée de trois petits trous d'un pouce cube, éloignés l'un de l'autre d'un pouce : on fixe dans chacun de ces creux un morceau de caillou anguleux, son bout aigu en dehors. Les deux planches sont attachées par leur surface avec un coin ; à l'extrémité recourbée sont des trous où l'on passe une courroie, à laquelle on lie un timon que traîne une paire de bœufs : un homme est debout sur les planches pour faire tourner ces animaux en rond et pour comprimer le blé répandu dans le champ, afin que les cailloux saillans broient les épis et débarrassent les grains de leur enveloppe. Tout endroit uni sert d'aire après qu'on l'a un peu aplati. Cette méthode ne me paraît pas non plus mériter d'être imitée dans une bonne économie rurale, d'abord parce qu'elle ne rend pas beaucoup de service, et ensuite parce que toute la paille est coupée très-mince avec les épis et n'est plus bonne à rien : mais cette paille hachée peut servir à la nourriture des bestiaux, suivant l'usage de la Géorgie. Dans la Kabardah et le long du Terek russe, on emploie aussi cette machine à battre le blé; on ne fait aucune attention à la paille : on y bat le blé sur le champ même, et on le débarrasse de son enveloppe en le jetant au vent; l'enveloppe s'envole avec la paille entière, dont on ne s'embarrasse pas, parce que l'on n'en fait usage ni pour engrais ni pour fourrage. Dans les montagnes, chez les Ossètes et les Dougours, où l'on ramasse soigneusement la paille pour servir de fourrage d'hiver, on fait fouler le blé par le pied des bœufs : à cet effet, on étend les gerbes dans un endroit plat et uni, de vingt pas de diamètre, et l'on y fait constamment tourner en rond cinq bœufs que l'on a liés ensemble par le cou et pourvus d'une muselière. Ces animaux font, avec leurs pieds, sortir les grains de l'épi. Deux hommes dirigent l'opération : l'un marche derrière les bœufs pour les faire aller et recevoir leur fiente sur une planche ; l'autre retourne le grain avec une pelle et le met en tas : de cette manière on nettoie ordinairement deux tchetwert (*voyez* tome I, p. 30) de froment dans un jour.

Dans les environs de Douchethi, l'on ne fume les champs que tous les cinq ou six ans. Le sol est une argile jaunâtre, mêlée par-tout de marne calcaire. Il se compose généralement de petits cailloux calcaires et siliceux. On ne cultive ici que quatre espèces de grains : le froment d'hiver *[ipkli]*; l'orge à six raies de grains *[ktili]*, qui se sème en hiver ; et deux espèces de millet, le *milium [bougoudja]* et le *panicum [krimma]*, qui se sèment au printemps. Les espèces de froment et d'orge qui se cultivent dans les cantons montagneux plus élevés, tels que le Mthioulethi et le Khewi, sont le *dika* et l'*akhaltessli*. Le premier est le froment d'été ; le second, l'orge à deux raies de grains. On les sème au printemps avec l'avoine *[chruwa]*. On a aussi, près de Douchethi, mis en culture des terrains occupés autrefois par des buissons. Les racines des arbres sont restées en terre ; ce qui empêche de cultiver avec la charrue, et oblige de se servir de la houe. Cet outil est en forme de cœur, ayant un empan de largeur à la base, et autant de longueur, mince comme une bêche, et de fer : l'extrémité, recourbée, est attachée à un manche de bois. Cette manière de travailler est très-lente. Si les habitans n'étaient pas trop paresseux, ils extirperaient entièrement les racines, afin de pouvoir labourer avec la charrue.

On entend très-peu le jardinage à Douchethi. Je vis que l'on cultivait auprès des maisons le maïs, les haricots, le persil, le cumin, le basilic, l'ognon, les betteraves et des balsamines *[kna]*. On teint la soie avec la fleur du safran. Les hommes se servent de la balsamine pour teindre leur barbe et leur chevelure ; les femmes l'emploient pour colorer leurs ongles en jaune rouge, ou plutôt brun rouge. De toutes les cucurbitacées on ne cultive guère à Douchethi que les concombres.

Il y a peu de vignobles; le pays est trop haut, et sur-tout l'hiver est trop froid : on ne peut commencer les vendanges que dans la première semaine d'octobre ; cependant la vigne croît sauvage dans les halliers. On taille les ceps vers la fin d'octobre, en n'y laissant que trois à quatre yeux; puis on les couche en terre pendant l'hiver,

Tom. II. C

pour que la gelée ne les endommage pas. Néanmoins la chaleur est déjà considérable à Douchethi.

Dans la nuit du 7 au 8 mars, il s'éleva un violent ouragan, accompagné d'une très-forte pluie; ma tente en fut renversée, mes gens et moi nous fûmes inondés. Par bonheur notre bagage était resté dans la maison du moourawi, de sorte que nos personnes seules et nos lits souffrirent en cette occasion. Après nous être séchés, nous déjeûnâmes; je fis ensuite à cheval une excursion vers une montagne considérable située à environ deux werstes au sud de Douchethi : de là, quand le temps était serein, j'apercevais au nord-nord-ouest la cime conique du Mqinwari, qui s'élève des sommets neigeux du Caucase; à ses pieds est le village de Gherghethi, et à l'orient coule le Terek, comme je l'ai remarqué dans le chapitre XVII. On voit aussi à l'est de cette montagne deux cimes en cône tronqué, couvertes de neige, que l'on nomme *Kouro,* et qui font aussi partie de la chaine du Caucase : ces monts sont à l'orient du Terek; à leur pied est le village de Stephan-tzminda vis-à-vis de Gherghethi. Le Mqinwari se distingue de plus loin dans le sud, et même des hauteurs d'Ériwan en Arménie quand le temps est clair : on peut en conclure que c'est un des points les plus élevés du Caucase moyen, de même que l'Elbrouz dans le voisinage de la source de la Malka et de la Kouma, dans la partie septentrionale de cette chaîne, et le *Chah-dagh* ou le mont du Roi, et *Chah-Albrouz* ou Elbrouz royal, dans la chaîne qui sépare le Daghestan et le Chirwan de la Géorgie.

Au nord-ouest de Douchethi s'élève, du milieu des montagnes calcaires, un rocher qui a la forme d'une selle hongroise ou tatare; il porte le nom de *Lordsobani* ou *Alewis-mtha*, c'est-à-dire, mont d'Alewi, d'après un village situé à ses pieds vers le nord-ouest. A l'occident coule le Ksani, et au sud-ouest se trouve la ville d'Akhal-gori. A trois werstes au sud-ouest de Douchethi est le lac de Bazalethi, nommé tout simplement *Tba*, c'est-à-dire, le Lac : il a à peu près un demi-mille de circuit, et passe pour ne pas nourrir du tout de poisson; il s'y trouve, en revanche, une incroyable quantité de sangsues *[tsourbeli]*. Les oiseaux aquatiques y abondent. Il est aussi fréquenté par les loutres, que l'on prend pour leur peau, et que l'on est étonné d'y voir vivre sans poisson. Le lac est entouré de villages, avec des vergers, des vignobles et des champs bien cultivés : les premiers ne sont pas d'un grand produit annuel, parce que le pays est aride et seulement arrosé par de petites sources. Suivant l'opinion générale des Géorgiens, l'air de ce canton est très-sain et léger : ses habitans sont renommés par leur bravoure et leur vigueur ; mais ils ont aussi la réputation de voleurs et de bandits déterminés.

La ville de Douchethi, qui est de forme carrée, est entourée de quatre murs, dont chacun a cent vingt pas de longueur : ils ont vingt pieds de hauteur et quelques pieds d'épaisseur, et sont bâtis en pierres calcaires roulées qui se trouvent dans le voisinage ; elles sont liées entre elles par de la chaux. A chaque coin et au milieu de chaque mur, s'élève une tour ronde, de la hauteur du mur. Le mur méridional a une grande porte ; le mur septentrional, une petite. Au nord et à l'est sont les faubourgs, peu considérables aussi ; car le nombre des habitans dans la ville et au dehors ne se monte qu'à huit cents familles. A peu près à une werste au sud, on trouve un petit village appelé *Tzin-Douchethi*, et, à deux werstes au sud-ouest de celui-ci, un autre un peu plus grand nommé *Patara - Douchethi* [Petit Douchethi]. Il est entouré de murs comme la ville; mais chaque côté du carré n'a guère que soixante pas de longueur. Ces trois endroits sont situés dans une vallée large de trois werstes et ouverte, ceinte de six montagnes peu élevées. Au nord-ouest de Douchethi on voit encore des tours, restes d'anciens villages détruits par les Lesghis: ces bandits continuent à inquiéter ce canton et à enlever les hommes et le bétail.

L'Aragwi est à environ quatre werstes de distance à l'est de Douchethi. Un petit ruisseau venant du nord coule à l'ouest de la ville et porte son nom : il se jette dans l'Aragwi. Plusieurs sources entourées de pierre se trouvent dans le voisinage: l'eau en est employée aux usages de la vie; mais elle contient beaucoup de particules calcaires.

Le moourawi ayant l'intention de me faire accompagner par un Géorgien qui avait fait plusieurs voyages chez les Tirsau, tribu ossète habitant près des sources du Terek, et qui y avait des amis, je fus obligé de rester un jour de plus à Douchethi. Pour ne pas perdre ce temps, je fis, le 10 mars, une excursion à Ananouri, par un chemin différent de celui que j'avais suivi en venant à Douchethi. Les montagnes d'Ananouri sont entièrement calcaires, d'un gris noir et mêlé de sable : c'est sur un rocher de cette espèce qu'est située la forteresse. Dans quelques endroits, on trouve pourtant du grès pur mêlé d'un peu de mica; c'est de cette pierre que les églises sont bâties. Le calcaire sablonneux se prolonge encore en couches pendant près de six werstes au sud d'Ananouri: mais plus près de Douchethi l'on ne trouve dans les collines et à l'issue des montagnes que des cailloux calcaires isolés et roulés; ce qui prouve qu'ils ont été arrachés des montagnes et entraînés par la violence des fontes de neige et des torrens. Ces cailloux sont mêlés à une marne calcaire et à une argile jaunâtre dans lesquelles on les trouve. Au-dessous on rencontre fréquemment des pierres à feu, jaunes et demi-transparentes en dedans, blanches et transparentes en dehors.

Enfin, le 11 mars, je partis de Douchethi, en compagnie du moourawi, qui allait à Moukhrani. Après une marche de deux heures et demie à cheval, j'arrivai à Ola-tzminda, qui a plusieurs fois été détruit par les Lesghis. Notre pas avait été très-lent ; car on ne peut estimer qu'à dix werstes la distance que nous avions parcourue. Nous nous étions dirigés au sud-ouest. Tout le pays que nous avions parcouru, consistait en petites montagnes dont la suite était interrompue par des vallées. A deux werstes environ d'Ola-tzminda, nous rencontrâmes une large vallée où l'on aperçoit des vignobles abandonnés et beaucoup de noyers, ainsi que des tours éparses et des ruines, restes déplorables de villages saccagés par les Lesghis. En général, la Géorgie n'offre que l'image de la destruction.

A l'est d'Ola-tzminda coule le Narekwawi, qui vient du nord-ouest et va joindre l'Aragwi : on dit qu'en été il est entièrement à sec. Ce lieu est entouré de murs en carré : à chaque angle s'élève une tour haute de trente pieds ; les murs en ont quinze et sont bâtis en pierres calcaires roulées. Au milieu du carré, qui n'a que cinquante pas de long, est une église construite en briques, mais dans un état complet de délabrement : une inscription en géorgien, que l'on y lit, apprend qu'elle fut bâtie il y a quatre-vingt-seize ans. Le dedans et le tour des murs ont été autrefois habités.

par des Géorgiens ; mais aujourd'hui ce lieu est totalement désert, et souvent les Lesghis viennent s'y établir. J'y aperçus beaucoup de chanvre qui croissait sauvage, mais qui est évidemment un reste d'ancienne culture. Les Géorgiens soignent cette plante uniquement pour l'huile, dont ils font usage dans leurs repas les jours de jeûne. Les bords du Narekwawi sont garnis de trembles, de peupliers blancs, d'osiers et d'ormes.

A midi, nous sommes partis d'Ola-tzminda, et nous avons parcouru en deux heures les huit werstes qui restaient jusqu'à Moukhrani. Pendant les deux premiers tiers de la route, nous nous sommes dirigés au sud, à travers des collines et des vallées ; ensuite nous avons marché au sud-ouest dans une vallée unie qui peut avoir huit à dix werstes de largeur. Elle est bornée, à l'ouest, par le Ksani ; au sud, par le Kour ; à l'est, par l'Aragwi. Pour arroser cette vallée, qui est presque entièrement cultivée en blé, on a dérivé du Ksani des canaux qui l'inondent presque en totalité quand les eaux sont hautes. On pratique ces inondations à dessein au mois d'octobre, quand on a semé le froment et l'orge. Le sol est une argile grise. Au milieu des taillis de chênes et de charmes qui couvrent presque toutes les collines depuis Ola-tzminda jusqu'à cette vallée, se voient le *paliura*, le prunier épineux, le fustet, le cornouiller mâle, et le poirier du Caucase, espèce particulière qui se rencontre aussi dans les parties septentrionales de la chaîne. La ville de Moukhrani s'appelle aussi *Tchioussobani :* le premier nom est proprement celui du territoire qui en dépend; il vient de la grande quantité de chênes qui croissent dans le pays, car un chêne s'appelle *moukha* en géorgien. Moukhrani a l'air ruiné; les murs forment un carré, dont chaque côté a deux cents pas de long. Sur celui du nord-ouest s'élève une tour ronde, haute de trente-cinq pieds; elle fut construite, il y a deux cent quarante ans, par Kostantin Moukhran Bathoni : elle est partagée en trois étages; les deux inférieurs ont autrefois servi de demeure aux rois de Géorgie, quand ils venaient à Moukhrani; celui de dessus est entièrement ouvert, et sert de beffroi. J'y trouvai le nom de *Guldenstædt* gravé sur une pierre, avec la date du 4 mai 1772.

Les murs de Moukhrani sont bâtis partie en briques, et partie en pierres calcaires roulées, prises dans le lit du Ksani. Quant aux maisons des habitans, elles sont souterraines, comme à Ananouri, à Douchethi et en d'autres lieux. Personne n'ose demeurer hors des murs, à cause des Lesghis. Un canal, dérivé du Ksani, coule le long du mur septentrional, entre dans la ville, et fait couler un petit moulin à vanne.

Le territoire de Moukhrani appartient à un prince de la maison des Bagrathides; elle possède ce canton héréditairement, et il en prend le titre de *Moukhran Bathoni,* c'est-à-dire, seigneur de Moukhran.

Ne voyant rien de remarquable à Moukhrani, je quittai ce lieu le lendemain. Je voyageai au nord-ouest, et j'arrivai au village de Ksaurissi, éloigné de cinq werstes, et situé sur la rive droite du Ksani. Il est aussi entouré de murs en carré, et appartient à la famille des princes de Rathichwili : le chemin qui y mène passe par une plaine cultivée en blé. A quelque distance, nous aperçûmes, à droite, les ruines de Tambala. Quatre werstes plus au nord, nous vîmes le village d'Irtossa sur le penchant d'une montagne qui s'abaisse vers le Ksani. En face, de l'autre côté de cette rivière, s'élève le château fort de

Lamiskhana, où était alors une garnison de chasseurs russes, pour défendre le passage contre les Lesghis. A Irtossa, la vallée où coule le Ksani, se rétrécit beaucoup à la gauche de cette rivière ; mais elle s'élargit de nouveau près du petit fort d'Ozissi, situé trois werstes plus haut du même côté, et elle y forme une vallée arrondie d'une werste de diamètre.

Depuis Ozissi nous avons encore côtoyé pendant sept à huit werstes le Seglewis-khewi, torrent qui, dans ce moment, était très-gonflé; il vient de l'orient, et il se joint au Ksani, à sa gauche. Nous avons laissé à droite le village de Seglewi; et, une werste plus loin, nous sommes arrivés, à dix heures du soir, à Akhal-gori ou le Nouveau Gori, ville forte. C'est un lieu misérable, composé d'environ deux cents habitations souterraines, entourées d'un mur assez haut. Il était la résidence des *eristhawi* ou gouverneurs du Ksani, qui portent le titre de *Ksnis-eristhawi*; leur dignité était héréditaire, et a subsisté jusqu'à l'occupation de la Géorgie par les Russes. Ces *eristhawi* font remonter leur origine jusqu'à un Ossète nommé *Rostow*, que l'empereur Justinien nomma gouverneur de ce canton, et gratifia d'un sceau et d'habits d'honneur. Le nombre des lieux qui lui obéissaient se montait à trente-neuf. Le dernier Ksnis-eristhawi, nommé *Davith*, était le trois cent cinquante-septième descendant de Rostow, dans une période de près de douze cents ans.

Après avoir pris, à Akhal-gori, pour guide un Ossète de la tribu de Tirsau, je partis de ce lieu le 13 mars, vers midi. A trois werstes dans le nord, nous avions, sur le haut de la pente des monts, le village d'Ikothi au nord du Gournaéla, ruisseau qui vient du Lordsobani, montagne élevée dans le nord-est, et éloignée du Ksani de cinq werstes en ligne droite. Les environs de ce ruisseau sont déjà habités par les Ossètes : on appelle ce canton *Sapherachethi;* il compte six villages. Au nord du Lordsobani, dont le sommet est nu et le pied couvert de forêts, on voit, sur une hauteur considérable, le village d'Alewi, et à peu de distance une église en pierre sans coupole, dédiée à la très-sainte Trinité et en conséquence nommée *Tzminda-Sameba.* Il s'y trouve beaucoup d'images de saints, de croix, et d'autres objets de culte, qui jadis étaient en or et en argent; mais presque tout a été volé par les Lesghis. Les portes mêmes de ce sanctuaire étaient couvertes de lames d'or, données, suivant la tradition des habitans, par les Persans, qui avaient voulu enlever une image miraculeuse dans une voiture traînée par des bœufs; mais l'image revint d'elle-même dans l'église. Ce prodige toucha le cœur de ces infidèles, et, pour expier leur attentat, ils donnèrent au temple des portes revêtues d'or.

Quand on a gravi jusqu'à la source du Gournaéla, et que l'on a franchi la chaîne de montagnes situées à l'est, on arrive au district géorgien et à la vallée de Tcharthali, entourée de rochers. Le ruisseau qui l'arrose se jette à la droite de l'Aragwi. Ce passage de Ksani à l'Aragwi porte le nom de *Mthioulethis-kari*, ou Porte de *Mthioulethi*: il était jadis défendu par un château fort dont il ne reste pas même de ruines.

Depuis Ikothi, la vallée du Ksani se rétrécit beaucoup; les monts calcaires qui l'enceignent, deviennent plus hauts et plus escarpés. Nous sommes cependant restés sur le même côté de cette rivière, et, après une marche de trois heures à cheval par un chemin très-incommode, nous sommes arrivés au couvent de Largwi, situé à la droite du Ksani, au point où il reçoit le Tchourta; les grosses eaux avaient emporté le pont de bois qui conduit de Lagoché, village ossète, à Largwi. Le passage du Ksani offrait beaucoup de difficultés. Des Ossètes habitent aussi dans les montagnes de Largwi, sur le Tchourta; mais ils sont sujets géorgiens. Le canton où je me trouvais est très-romantique, et le temps favorisait extraordinairement mon voyage.

Le lendemain, nous avons continué notre voyage sur la rive droite du Ksani, qui, depuis sa source jusqu'à Largwi, porte le nom ossète de *Djamouri* : il est ici très-impétueux, et forme presque continuellement des cataractes, dont le bruit empêche d'entendre distinctement quelqu'un qui parle seulement à quelques pas de distance. Depuis Largwi jusqu'à Tsalkaki, qui n'en est éloigné que de quatre lieues, nous avons compté huit villages tous du même côté de la rivière, habités en partie par des Géorgiens, en partie par des Ossètes. On voit aussi plusieurs villages à la gauche du Djamouri, et le château fort de Skhmori sur le penchant d'une montagne escarpée, vis-à-vis de Tsalkaki.

On compte quatre werstes de ce lieu à Lomissa,

situé sur le point le plus élevé de la chaîne qui sépare la vallée du Djamouri de celle de l'Aragwi. Lomissa est une église célèbre dédiée à S. George. Au-dessus de la porte je lus l'inscription suivante, en caractères géorgiens très-anciens :

[inscription en caractères géorgiens anciens, suivie de leur transcription en caractères modernes]

C'est-à-dire : « Le nom de cette maison de » Dieu est *Lomissa.* »

J'ai ajouté sous les caractères anciens les lettres modernes.

Les montagnes calcaires et les schisteuses se séparent ici. Les hauteurs de Lomissa sont tapissées d'herbes et de plantes alpines, tandis que leur pied est couvert de forêts; j'y remarquai, entre autres, l'*azalea pontica* [*ieli* en géorgien] et le *rhododendron ponticum [theka].* L'aspect du pays change totalement : les montagnes voisines, couvertes de neige, paraissent beaucoup plus gigantesques. Je dressai ma tente contre le mur de l'église de Lomissa, et j'y passai la nuit.

Jusqu'alors le temps nous avait presque toujours été favorable : mais, dès le soir du jour de notre arrivée à Lomissa, un brouillard très-épais vint nous envelopper; et, ainsi que cela arrive fréquemment, il se changea en un ouragan de neige qui dura jusqu'à minuit : alors le ciel s'éclaircit de nouveau et les étoiles brillèrent; mais l'air était âpre et froid : il fallut démonter la tente, et jeter la neige qui s'était amoncelée par-dessus. Mes Cosaques, qui devaient me quitter ici, allumèrent un feu clair; nous nous y réchauffâmes, tandis que les manteaux de feutre du Caucase nous mettaient à l'abri du vent perçant qui soufflait des montagnes couvertes de neige : comme il en était beaucoup tombé pendant la nuit, nous eûmes bien de la peine, le lendemain, à aller de Lomissa à l'église de la Sainte-Vierge, qui en est éloignée d'une bonne werste. La montagne sur laquelle elle est bâtie, se nomme *Khodos;* nous descendîmes de là dans l'Aragwi. La partie supérieure de cette rivière est désignée sous le nom de *Khaddé-don* par les Ossètes qui l'habitent. Le premier endroit que nous y avons rencontré, a été le village de Mlethi, habité par des Géorgiens et des Ossètes ; il est appuyé, à droite, contre des rochers passablement escarpés, et éloigné d'une heure de chemin de Lomissa. J'envoyai à Kaichaourt-kari mon interprète géorgien et les chevaux que j'avais loués à Tiflis; il devait m'attendre jusqu'à mon retour des hautes montagnes. En effet, il fallut, de ce lieu, continuer la route à pied, soit parce qu'après Largwi il n'y a plus de relais de poste, soit parce que le chemin ne vaut rien pour qu'on puisse y aller à cheval, et que nos chevaux nous auraient embarrassés si nous n'avions pas pu nous en servir davantage.

Je passai la nuit à Mlethi dans une maison assez propre, bâtie, à la manière ossète, en pierres brutes, sans chaux. Mon hôte, nommé *Doudark,* me donna l'hospitalité à ma demande, et m'accueillit très-bien. On tua en notre honneur un très-beau mouton : mon hôte me servit debout ; toutes mes instances pour le faire asseoir à côté de moi furent vaines. Peu de temps avant mon arrivée, on avait brassé de la bière, qui était excellente et qui ressemblait beaucoup au *porter.* On mangea d'abord la chair du mouton ; ensuite l'on but le bouillon, dans lequel nageaient des boulettes de seigle. Au lieu de pain, nous eûmes de la pâte de millet et de seigle; elle se coupait au couteau, et se mangeait froide ou chaude. Je vis aussi une espèce de pain sans levain, fait de farine de millet et cuit dans la cendre.

Quoique brigands déterminés, les Ossètes observent strictement les lois de l'hospitalité. Il n'y a presque pas d'exemple qu'un seul les ait enfreintes, ou ait fait le moindre tort à son hôte. Cependant, si un tel cas arrive, tout le village s'assemble et juge le coupable. Il est ordinairement condamné à être précipité, les mains et les pieds liés, du haut d'un rocher dans la rivière. Lors même qu'un étranger arrive dans un village où il n'a pas d'hôte, il est sûr d'y être bien traité pendant tout le temps de son séjour; on lui donne à boire et à manger, et l'on se conduit envers lui comme envers un parent : mais, s'il quitte le village sans être accompagné de quelqu'un, il court le risque d'être pillé et arrêté par le même homme chez lequel il a dîné la veille. Je ne balançai donc pas un instant à renvoyer toute ma suite; jusqu'à mon interprète géorgien et mon domestique allemand, et je me fiai entièrement à la conduite de trois Ossètes de Mlethi qui jouissaient du droit d'hospitalité chez les Tirsau et dans la tribu de Tagata *[Tagaour]*. Notre compagnie était composée de six personnes : on nous fit à la hâte des souliers à neige, composés de planches longues de trois pieds et larges de sept pouces; on y joignit une autre espèce de souliers, appelés *arkité*, avec lesquels on peut marcher très-sûrement dans les chemins les plus glissans et les plus escarpés, et sauter de rocher en rocher.

Mlethi appartient encore au district géorgien de Mthioulethi, et confine à celui de Gouta, occupé par les Ossètes : les Géorgiens le nomment *Goudos-khewi*, c'est-à-dire, vallée de Gouda ; et les Ossètes, *Khaddé-koum*, parce qu'il est situé sur le Khaddé-don. Depuis un temps immémorial, il fait partie de la Géorgie, et obéissait autrefois au moourawi de Douchethi. Indépendamment de Mlethi, il comprend encore d'autres villages.

Le dialecte que parlent les habitans ossètes de ce territoire, ne s'écarte nullement du langage des Ossètes au nord du Caucase; ces tribus se ressemblent aussi parfaitement par la manière de vivre.

Le lendemain, 16 mars, nous nous sommes réveillés d'assez bonne heure, et, à notre grand chagrin, nous avons trouvé l'atmosphère chargée d'épais nuages qui nous dérobaient la vue des montagnes couvertes de neige : il avait même déjà beaucoup neigé, mais pas assez cependant pour que nos souliers à neige fussent nécessaires. Nous sommes partis vers huit heures de Mlethi, accompagnés de toute la famille de notre hôte, qui voulait nous suivre jusqu'aux sources de l'Aragwi. Nous n'avons pris que le plus nécessaire de notre bagage, que nos trois guides ossètes ont porté sur leurs épaules; ce qui leur a valu une gratification d'un rouble par jour : c'est un usage dans tous les endroits où l'on ne peut pas aller à cheval. Jadis on donnait des chemises ou d'autres objets ; mais, depuis l'occupation de la Géorgie par les Russes, les habitans ont appris à mieux connaître la valeur de l'argent.

Alors nous avons continuellement monté le long de la rive droite du Khaddé-don ou Aragwi.

La route passait, tantôt sur des plaines schisteuses qui s'étendaient jusqu'au torrent, tantôt sur des quartiers de rocher et des cailloux roulés, arrachés des montagnes par la violence des eaux. La rivière formait, en différens endroits, des cataractes de toutes les dimensions, et devenait toujours plus étroite. Après une route fatigante de trois heures, nous atteignîmes le lieu d'où elle sort, c'est-à-dire, où plusieurs ruisseaux se réunissent pour la former au-dessous d'un haut rocher de schiste. Ce point est à peu près à neuf werstes de Mlethi. Je me trouvais donc à la source de l'*Aragon* des anciens, dont Strabon place l'origine dans le Caucase, et qu'il fait tomber dans le *Cyrus*. Les environs étaient extrêmement sauvages : des pins et des sapins couvraient les montagnes schisteuses jusqu'à la moitié de leur hauteur. En plusieurs endroits, des sources acidules sortaient des rochers, mais se mêlaient aussitôt avec les eaux des neiges fondues. Peu à peu les nuages s'abaissèrent, et les montagnes, sur-tout le Khokhi, montrèrent, au nord-ouest, leurs cimes couvertes de neiges brillantes et éclairées par les rayons du soleil. Les deux fils et la fille de mon hôte se séparèrent de nous en cet endroit, après que nous eûmes dîné. Le repas consistait en mouton rôti et en gâteaux de millet cuits sous la cendre.

Le temps était très-favorable, la neige entièrement fondue; il nous restait encore une heure de l'après-midi pour gravir la crête schisteuse qui nous séparait du Terek. Nous nous sommes donc mis en route vers l'ouest-nord-ouest, toujours montant jusqu'à ce que nous eussions atteint la sommité de cette crête, encore couverte d'une neige épaisse. Notre marche a duré deux heures. Nous nous sommes reposés quarante minutes en ce lieu, et nous avons joui de l'aspect magnifique des montagnes escarpées qui s'élevaient devant nous. Dans la vallée à nos pieds coulait le Terek; à l'orient nous apercevions le Gouda, ou la montagne de la Croix, que traverse la route de Géorgie en Russie, et le Kouro, couvert de neige. Au nord, le Mqinwari, de forme pyramidale, se trouvait joint par une chaîne peu élevée au Khokhi, caché de même sous des neiges éternelles, et des flancs duquel sortent le Terek, le Fiag, l'Arre-don, les deux Liakhwi et le Ksani. Derrière nous, au sud, nous découvrions des montagnes schisteuses, à côté desquelles le Lordsobani ou mont d'Alewi s'élançait du milieu de montagnes calcaires.

Après nous être réchauffés avec un verre de grog, nous nous mîmes à gravir, en nous dirigeant au nord-ouest, la vallée escarpée dans laquelle l'Outsfars-don, torrent impétueux, précipite ses eaux par des caractes continuelles jusqu'à ce qu'il se joigne à la rive droite du Terek. Sur ses bords, à une werste et demie du Terek, est le petit village d'Outsfars-kau, qui appartient à la famille ossète de Djantiaté, et qui consiste en une trentaine de misérables huttes en pierre. Nous y passâmes la nuit, parce que notre guide y jouissait du droit d'hospitalité : nous y fûmes très-bien reçus. Notre hôte avait déjà entendu parler de nous par des gens de sa connaissance qui étaient arrivés ici la veille du jour où nous partîmes de Mlethi. On nous régala d'un festin pour lequel on tua un mouton, et nous bûmes d'excellente bière. L'hôte, conformément à la coutume des Ossètes, nous servit debout. Durant le repas, il se tint assis près de la porte, un bâton à la main : rien ne put le décider à se mettre à table avec nous, quelques instances que nous lui fîmes. Après que nous eumes fini, il alla manger dans une autre chambre.

Les filles du village étaient blondes, presque toutes jolies et gaies ; elles firent parade de leur adresse dans une danse qui a quelque ressemblance avec la valse. Avant le mariage elles sont d'une sagesse exemplaire : mais on n'en peut pas dire autant des femmes mariées; car on obtient aisément leurs faveurs pour un joli mouchoir de Moscou ou quelque autre bagatelle. Au commencement de l'intrigue, le galant seul fait des présens : mais, dès que la connaissance est devenue plus intime, sa belle les rend avec usure.

Après un long sommeil qui répara mes forces, je partis du village le 17 mars, par une matinée belle, mais froide. Quinze Ossètes m'accompagnaient. Après une demi-lieue de marche, nous avons commencé à gravir, par une route très-escarpée et difficile, jusqu'au point où l'Outs-fars-don se jette dans le Terek. Nous avons eu ensuite pendant une lieue un chemin encore plus mauvais le long de la rive droite de cette rivière, qui a ici à peine dix pas de large ; elle était cependant gonflée par la fonte des neiges. Ce côté de ses bords est inhabité. Nous avons continué à monter, et nous avons atteint le pied du Khokhi, nommé aussi *Istir-Khokhi*, c'est-à-dire le Khokhi élevé. Nous sommes enfin arrivés à un lieu où de grosses pierres amoncelées dans la rivière en facilitaient le passage pour entrer dans le village de Tsiwratté-kau, où nous avons déjeûné : c'est là que se réunissent les petits courans d'eau qui forment le Terek. Satisfait d'être parvenu au but de mon voyage, je versai un verre de vin de Hongrie dans le fleuve, et je fis une seconde libation au génie de la montagne dont le Terek tire sa source. Les Ossètes, qui crurent que je m'acquittais d'un devoir religieux, me contemplèrent avec recueillement. Je fis tracer en couleur rouge, sur un énorme rocher schisteux dont les pans étaient lisses, la date de mon voyage, ainsi que mon nom et celui de mes compagnons; ensuite je montai encore un peu jusqu'au village de Ressi.

La vallée où le Terek prend sa source, est habitée par la tribu ossète des Tourtsi, nommés *Tourso* ou *Throusso* par les Géorgiens; c'est ce qui a fait appeler cette vallée *Tirtzi-wsek*, c'est-à-dire, la vallée des Tirtzi, ou *Tertzig-koum*, la demeure des Tirtzi (1). Elle est fermée de deux côtés par des montagnes calcaires, et terminée à l'ouest par d'autres de porphyre granitique. Quand on va de la source du Terek droit à l'occident, en franchissant la pente peu escarpée du Khokhi, on rencontre les sources de l'Arre-don, ou rivière Furieuse, qui coule d'abord d'orient en occident, et ensuite du midi au septentrion, et se jette dans le Terek à gauche, à peu près à un mille au-dessus de Tatartoup : une crête semblable sépare l'Arre-don des sources des grand et petit Liakhwi, près desquelles habitent aussi des tribus ossètes depuis long-temps sujettes de la Géorgie. Le Terek commence par couler pendant vingt-cinq werstes de l'occident à l'orient; il tourne ensuite un peu au nord jusqu'à Kobi, où il reçoit le Thethri-tzqali, torrent qui sort du mont Gouda; puis il se dirige droit au nord.

Le Khokhi, au sud duquel le Terek a sa source, est de forme conique; il est presque aussi haut que

---

(1) Voici comment s'exprime la Géographie géorgienne citée plus haut : « Throusso consiste en trois vallées rocailleuses. L'une commence aux monts de Sakha, une autre au Caucase de Maghrandwalethi, la troisième au mont Khokhi : dans cette dernière, vers la montagne, est située une petite église dédiée à la mère de Dieu. Ces trois vallées renferment huit villages. »

le Mqinwari, situé vis-à-vis du Stephan-tzminda, mais moins aigu : il se termine par deux cimes unies, comme on l'a vu plus haut, par un dos de selle, et placées, l'une au nord, l'autre au sud. Cet aspect lui donne beaucoup de ressemblance avec l'Elbrouz dans le Caucase occidental.

En sortant de Ressi, je gagnai la rive gauche du Terek, que nous suivîmes le reste du jour. Après avoir parcouru une werste, nous avons rencontré le village de Kalagaté-kau, et, une werste plus loin, celui de Bourmazik-kau, ou le village de la Tour jaune; une werste et demie au-delà on voit Khoudzouri ou Karaté-kau, grand village avec des tours. Vis-à-vis, de l'autre côté de la rivière, est un petit village qui n'a point de nom particulier, et qui est composé de quatorze maisons; on le regarde comme faisant partie du précédent : c'est le dernier situé, chez les Tourso, sur la rive droite du Terek. Nous avons encore fait deux werstes jusqu'à Ketouété-kau, gros village défendu par plusieurs tours. Nous y avons passé la nuit.

Le 18 mars, à dix heures du matin, nous étions à Abano-kau, village distant de trois werstes du précédent, et habité par quarante familles environ. Sur la rive opposée du Terek, la vallée s'élargit un peu : on y voit la forêt sacrée, nommée *Djouaré-kadu* ou la Forêt de la Croix, à peu près à une werste d'Abano-kau. Les Ossètes de la tribu de Tourso y vont prier et sacrifier des brebis devant l'image de *S. Ilia* [Élie]. Ils mangent la chair de l'offrande : quant à la peau, ils la suspendent aux arbres, en l'honneur du saint. Ils croient que quiconque abattrait du bois dans cette forêt, serait frappé d'aveuglement par la main de Dieu, et qu'il ne recouvrerait la vue qu'après avoir sacrifié un bœuf.

Nous n'avons eu qu'une werste à parcourir depuis Abano jusqu'à Kchetrich-Koaïté-kau, dernier village de la tribu de Tourso, dont les habitans sont regardés par leurs voisins comme de grands voleurs ; mais, à cause du lien d'hospitalité qu'ils avaient formé avec notre conducteur, ils ne nous molestèrent aucunement. Cinq werstes au-delà de la vallée de Tourso, on voit deux hautes tours situées vis-à-vis l'une de l'autre, bâties en quartiers de rocher, et nommées *Okrokana* [champ ensemencé d'or]. On compte six werstes depuis ces tours jusqu'à Kobi. A la distance de deux werstes on voit *Noakh-kau* [le

Nouveau Village], en géorgien *Akhal-zopheli*, petit endroit sur la droite du Terek. Nous avons passé sur cette rive et nous y sommes restés jusqu'à Kobi : ici la vallée s'élargit beaucoup et forme une plaine fertile, nommée *Ados-mindori*. Les Ossètes de Kobi s'appellent *Kobi-Abaïté*, et sont la plupart des fugitifs de la montagne qui ont commis des meurtres; ils sont venus s'établir en ce lieu pour échapper à la vengeance du sang; quand la fantaisie leur en prend, ils abandonnent aussi ce lieu. Nous y avons passé la nuit chez le chef des Cosaques, à qui j'avais déjà rendu visite au mois de décembre de l'année précédente.

En quittant Kobi, nous avons suivi la route ordinaire qui conduit de Russie à Tiflis. Le 19, nous sommes partis de très-bonne heure, et nous avons gravi le Gouda ou mont de la Croix, nommé par les Ossètes *Berzef-wtsek*, c'est-à-dire, la Hauteur de la nuque. A gauche, au-dessus de la source du Goubta, habite, avec sa famille, un vieillard nommé *Aftseghel-Bedâr :* il reçoit de la couronne un traitement annuel de 30 roubles en argent pour héberger les voyageurs que la profondeur des neiges empêche d'aller plus loin. Malgré la neige et le vent, nous sommes arrivés vers onze heures à la croix de pierre placée sur le point le plus élevé de la route, et d'où les montagnes s'abaissent vers la Géorgie. Nous avons, de nouveau, aperçu de là le Khokhi, que nous avions perdu de vue à Kobi. Le temps s'éclaircit. Nous avons passé la nuit à Kaichaourt-kari ; j'y retrouvai mes chevaux, une grande outre de vin et d'autres provisions, que mes amis de Tiflis m'y avaient envoyées. Je renvoyai mes guides ossètes à Mlethi, après les avoir richement récompensés : ils se séparèrent de moi les larmes aux yeux, et je fus obligé de leur promettre d'aller les revoir quand je retournerais en Russie.

Le 20, je suivis, sur la rive droite de l'Aragwi jusqu'à Ananouri, la route que j'ai déjà décrite. Le lendemain j'entrai à Mtskhetha, où nous fûmes obligés de faire une quarantaine de trois jours; de sorte que je ne pus arriver à Tiflis que le 24 au soir. J'avais, dans ce voyage, atteint le but que je m'étais proposé; car je m'étais désaltéré aux sources du Terek et de l'Aragwi, et j'avais déterminé celles de l'Arre-don, du Didi-Liakhwi, du Patara-Liakhwi et du Ksani.

CHAPITRE XXII.

Voyage à Thianethi. — Départ de Tiflis. — Natloughi. — Source de naphte. — Lilo. — District de Sa-Gouramo. — Tarentules et Phalanges. — Martqophi sur le Lotchini. — Montagnes de Koukhéthi. — L'Yori, rivière. — Semence pour préparer le chagrin. — Peuplades des Pchawi, Khewzouri, Touchi et Dido. — Leurs mœurs et leurs usages. — Voyage à travers les montagnes calcaires jusqu'à l'Aragwi, pour rectifier une erreur de Reineggs. — Nikarni. — L'Aragwi blanc. — Jinwani. — Awenissi. — Ruisseaux et vallées à la gauche de l'Aragwi jusqu'à Mtskhetha. — Fort Sa-Gouramo. — Monts d'Ertzo et Zedadseni. — Couvent Djwaris-Monastiri. — Retour à Tiflis.

APRÈS m'être reposé quelques jours, j'entrepris une petite excursion dans les parties du Caucase situées entre le Kour et le Yori, et dont une partie appartient au Kakhéthi. Accompagné simplement de mon domestique allemand, je partis de Tiflis, le 29 mars, dans la matinée, avec quatre Géorgiens, et je traversai le pont nommé *Awlabaris-khidi,* qui conduit de la ville proprement dite à Isni, sur la rive gauche du Kour. Au sud du pont est la sépulture du martyr Abo, que les Persans firent mourir à Tiflis. A l'extrémité du pont, nous avions à droite le fort et l'église de Methekhi, dédiée à la mère de Dieu. L'architecture de ce temple, situé sur un rocher, est d'un bon style : elle est l'objet de la vénération des Géorgiens. Elle était restée long-temps déserte, parce qu'elle avait été cédée aux Persans, avec le fort, par Irakli I.er; mais Irakli II, l'avant-dernier roi de Géorgie, l'a restaurée. La forteresse n'est pas mauvaise pour le pays. Les Turcs la réparèrent en 1728; mais ils ne l'achevèrent pas.

Nous avons suivi, jusqu'à Natloughi, la rive gauche du Kour, qui est remplie de rochers et très-escarpée : ce village est à un petit mille au sud de Tiflis; il tire son nom de la naphte qui découle d'un rocher sur le bord du Kour, et que le voisinage de cette rivière empêche de recueillir en grande quantité. On voit en ce lieu les ruines d'un fort bâti par l'avant-dernier roi, et nommé, d'après lui, *Iraklis-tsikhé.* Quelques werstes plus loin, sur l'autre rive du Kour, on voit Soghanloukhi, village où, au mois de mai précédent, était le camp russe commandé par le feld-maréchal Goudowitche. La roche est ici d'un grès grisâtre, avec des trous de feldspath.

Nous avons ensuite voyagé droit au nord, en partie au pied et en partie sur la pente de montagnes qui allaient en diminuant vers le sud. Le soir, après avoir fait quinze werstes, nous sommes arrivés à Lilo, lieu désert, situé directement à l'orient de Tiflis; nous y avons dressé nos tentes. La soirée était superbe; nous avons fait encore une promenade jusqu'à un petit lac voisin, fréquenté par des troupes nombreuses d'oiseaux aquatiques, et, entre autres, par des grues. A Lilo, que l'on nomme aussi *Kwithkiris-Lilo,* commence une vallée sans eau, qui formait la limite entre le Karthli et le Kakhéthi. Ce qui est au nord de cette vallée et de celles de Dsmari et de Martqophi, est appelé *Sa-Gouramo,* du nom de Gouram-Kouratpalati, trente-neuvième roi de Géorgie. Ce territoire confine, à l'occident, au Kour et à l'Aragwi; à l'orient, aux monts d'Ertzo, qui le séparent de la rivière d'Yori; et au nord, aux monts Yaloni. Il est très-fertile en froment, vin, fruits; il abonde en bestiaux, et les forêts y sont pleines de gibier. Nous y avons sur-tout remarqué des perdrix, ainsi que le djaïran, espèce d'antilope.

J'aperçus dans la terre, autour de notre tente, beaucoup de trous de tarentules, ayant un pouce de profondeur et à peu près autant de largeur, cylindriques et perpendiculaires : l'ouverture est entourée d'un rebord saillant à peu près d'un pouce au-dessus du sol, et composé d'argile, de brins d'herbe très-fins et de toiles d'araignée. On entend rarement parler de personnes piquées par la tarentule : quand cela arrive, on se sert, pour opérer la guérison, d'huile dans laquelle on a fait tremper cet insecte. On ne sait rien, dans le Caucase, de la musique employée comme remède contre cette piqûre. Comme les moutons mangent les tarentules, on croit généralement qu'elles ne sont pas à craindre pour l'homme quand il dort sur la peau d'un de ces animaux, ou sur un tapis de feutre fait avec leur laine ; mais la véritable raison est que la rudesse du feutre ou de la peau empêche l'insecte d'y ramper. Il en est un autre très-fréquent dans les monts inférieurs du Caucase et dans les plaines de la Géorgie, et bien plus dangereux que la tarentule : c'est l'araignée-scorpion *[phalangium araneoïdes]*, qui a souvent trois pouces de long et qui vit aussi dans des trous en terre. Sa morsure, si l'on n'y apporte pas sur-le-champ le remède convenable, cause immanquablement la mort. Une de ces araignées-scorpions et une tarentule ayant été mises dans un bassin de cuivre, il s'ensuivit un combat très-remarquable qui dura près d'un quart d'heure, au milieu de sifflemens continuels et très-forts. La tarentule, plus faible, mais qui s'était bien défendue, fut tuée, et son ennemie suça son cadavre.

Le lendemain, 30 mars, nous avons marché à l'orient, et, après avoir franchi la crête appelée *Lilos-mtha,* ou la montagne de Lilo, nous avons passé devant Noria; puis nous sommes arrivés à Martqophi, village situé sur la rive droite du Lotchini, ruisseau qui sort des monts du Kakhéthi, coule au sud et se jette dans le Kour. Autrefois il s'appelait *Omanis-khewi.* Martqophi est situé dans un territoire fertile et très-sain, à peu près à vingt werstes à l'orient de Tiflis. Antoni, un des treize saints personnages qui vinrent en

Géorgie sous le règne de Pharsman IV, bâtit un couvent dans ce canton : il habitait, à peu de distance, dans le creux d'un rocher, et menait la vie d'ermite [*mart-mqophi* en géorgien, c'est-à-dire, homme qui vit tout seul]; ce qui a fait donner à ce lieu le nom qu'il porte. Au sud, est la plaine aride et nue de Samgoris-qéli, qui est limitrophe de la plaine Qaraga. Samgori est le nom de trois collines situées dans cette plaine, qu'elles servent à faire distinguer.

Martqophi était autrefois au rang des villes et avait son moourowi.

Nous avons ensuite remonté la vallée de Lotchini en marchant au nord-ouest, et, une heure et demie après, nous avons franchi les monts de Kakhéthi, qui la séparent de la rivière d'Yori, près de laquelle nous avons dressé nos tentes pour y passer la nuit. Ses bords étaient garnis de chênes, de fustets, de cornouillers mâles, d'hièbles, de paliures, de châtaigniers, de pommiers, d'aunes, de poiriers, de pruniers épineux, de hêtres, d'ormes, de charmes et de trembles.

Le 31 mars, nous sommes restés sur la rive droite de l'Yori, et, laissant du même côté le fort d'Oudjarma, nous avons traversé le torrent de

Werkhoueli. Après avoir fait vingt-deux werstes, nous sommes arrivés vers midi à Thianethi. Nous avions trouvé en chemin un sac de cuir rempli de graines noires dont nous ne connaissions pas l'usage ; je m'en informai ensuite : j'appris que leur nom était, en géorgien, *thitmawala*, et en arménien, *alabouta;* que l'on s'en servait pour préparer le chagrin : j'ai ensuite reconnu qu'elles appartenaient à une espèce de *chenopodium*. On expose au soleil les peaux humectées, en les tenant étendues à terre avec des chevilles de bois pointues; puis on les couvre d'une couche épaisse de ces graines : elles ont une qualité si pénétrante, que le côté opposé de la peau prend l'empreinte de leur forme et la représente en relief. L'opération terminée, on enlève les graines.

Thianethi est un petit endroit le plus au nord-ouest du Kakhéthi, situé au pied des montagnes et à la droite de l'Yori, qui vient du nord du pays des Pchawi. Cette dernière peuplade est séparée des Khewzouri par le Thethri-Aragwi ou Aragwi blanc, qui sort des hautes montagnes dans le nord-est, et se réunit à l'Aragwi noir ou Aragwi proprement dit, au-dessous des ruines de l'ancienne forteresse de Jinwani. Les Géorgiens le nomment aussi *Pchawi-Khewzouris-tzqali*, ou rivière des Pchawi et des Khewzouri; c'est un torrent considérable et impétueux. Les Pchawi parlent un dialecte de l'ancien géorgien; ils ne sont pas aussi nombreux que leurs voisins de la droite de l'Aragwi, et passent chez les Géorgiens pour être d'un caractère simple. Les bornes de leur territoire sont, à l'est, les montagnes qui le séparent de la vallée de Makhwilos-khewi; au sud, Thianethi; au nord, les hautes montagnes du Caucase, qui le séparent des Ingouches et du pays des Ghligwi et Mitzdjeghi; et à l'ouest, les monts au-delà desquels habitent les Khewzouri.

Plus à l'orient que les Pchawi, se trouvent les Touchi. Le Touchethi, leur territoire, consiste en deux vallées arrosées par une rivière qui coule du sud-ouest au nord-est et se joint au Khona, qui se jette dans le Terghi ou Terek, à Beragani (1). Au-delà des hautes montagnes du Caucase, cette peuplade a trois grands villages,

---

(1) C'est le grand Argoun; car les Géorgiens pensent qu'il se jette dans le Terek à Baragoun, et reçoit la Soundja à gauche. Nous nous exprimons différemment, et nous disons qu'il se jette dans la Soundja.

Tzowa, Gometzari et Tchaghma, et trente-sept autres plus petits. Une route mène de Tchaghma à Thorghi et dans la vallée de Lopoti, dans le Kakhéthi. Au nord, est la vallée de Pharsmani, la seconde qui appartienne aux Touchi, et comprenant trente-six villages. Les Touchi ont à l'est les Awares et les Tchetchentses; au sud, les Dido; à l'ouest, le Kakhéthi; au nord, les Mitzdjeghi. Les Touchi, qui confinent au Kakhéthi, élèvent beaucoup de moutons; les pâturages des vallées de leurs montagnes sont excellens en été : en hiver ils conduisent leurs troupeaux dans les prairies du Ghaghmamkhari, ou dans la vaste plaine de Qaraya; voilà pourquoi ils obéissent aux Kakhéthiens. Les Touchi de Pharsmani font aussi le commerce et tirent des denrées du Kakhéthi; mais ils ne sont pas sujets des princes de ce pays : ce peuple est belliqueux et brave, mais grossier et peu civilisé. Quand une femme est près d'accoucher, elle est entièrement mise à l'écart; après la naissance de l'enfant, personne ne s'approche d'elle, à l'exception de quelques vieilles femmes qui lui apportent à manger : ce n'est qu'au bout de quarante jours qu'on la ramène avec son enfant. Quelqu'un montre-t-il de la lâcheté dans un combat ; on le fait manger dans l'auge des chiens, et il ne lui est plus permis de s'asseoir à table avec ses compatriotes. Quoiqu'entourés de voisins adonnés au brigandage, ils n'imitent pas leur exemple ; ils mènent une vie tranquille, et ne cherchent qu'à se défendre contre les Lesghis, leurs ennemis. Ils professent, comme les autres Géorgiens, la religion grecque. Ils ont une petite église en bois, appelée *Kartchaskhnéli*, qui relève de l'évêque d'Alawerdi en Kakhéthi : leurs ecclésiastiques sont ignorans et entendent peu le service divin. Le pays est rempli de rochers hauts et escarpés, où ils vont honorer S. Élie et lui sacrifier des moutons et des vaches. Ils se prosternent à terre devant ces masses, et regardent comme une prédiction certaine ce que leurs prêtres leur disent alors, ou ce qu'ils voient en songe. Le commerce illicite entre les deux sexes est très-rare chez eux : si quelqu'un prend une femme de force, celle-ci s'ôte la vie, et le coupable est mis à mort par le peuple. Les Touchi qui habitent plus près des tribus des Mitzdjeghi, sont plus fins que les autres ; leur langue et leur religion sont plus altérées par des mélanges étrangers. Les Touchi fournissaient autrefois une garde aux rois de la Géorgie, et ils eurent la réputation d'être très-braves et dévoués à leur maître.

Au sud-est de Touchethi l'on trouve les Dido. Les Géorgiens nomment leur pays *Didoéthi :* il a pour bornes, à l'ouest, le Ghaghmamkhari, province du Kakhéthi, située de l'autre côté de l'Alazani, et dont les villages de Lopoti, Gremi, Childa, Qoureli et Tchaoura, sont les plus près des Dido ; à l'est et au sud, le Caucase sépare ce pays des Awares et des autres Lesghis ; au nord, il confine aux montagnes du Touchethi. Le Didoéthi consiste en deux vallées fertiles : l'occidentale, la plus grande, est arrosée par le Qozloukhi ; l'orientale est aussi traversée par un ruisseau qui se réunit au précédent. Des rochers hauts et escarpés mettent ces vallées à l'abri de toute attaque hostile ; mais leurs habitans sont pillards, farouches, malpropres et très-laids : leur langage diffère beaucoup de tous les autres dialectes lesghis, et tient néanmoins de celui des Awares. Les Dido sont païens, ou plutôt n'ont pas de religion ; car on ne peut appeler ainsi la croyance générale des Caucasiens, qui regardent les rochers ou les phénomènes de la nature comme des dieux.

Voici ce que les Géorgiens racontent de l'origine de ce peuple : Lorsqu'Alexandre-le-Grand assiégeait le faubourg de Mtskhetha, nommé *Sarkinethi*, et fondé par les Turcs qui s'étaient réfugiés en Géorgie, les habitans, voyant qu'ils ne pouvaient pas résister plus long-temps, creusèrent le rocher contre lequel leurs habitations étaient appuyées, et s'enfuirent dans les montagnes. Ils ont, dit-on, conservé la forme de gouvernement et la religion qu'ils avaient autrefois. Dans les mariages, ils n'ont égard à aucun degré de parenté; ils mangent toute sorte d'animaux. Le père prend pour son fils, encore tout jeune, une fille adulte, et vit avec elle comme avec sa femme, jusqu'à ce que son fils ait atteint l'âge de se marier : alors les enfans qu'il a procréés sont partagés également. Le fils considère comme les siens ceux qui font partie de son lot; les autres restent avec le père, comme ses fils.

Lorsqu'il survient des difficultés, les anciens s'assemblent, les décident, ou bien concilient les parties. Ils sont mal armés et mal vêtus. Leurs habillemens consistent en drap noir ou en feutre grossier; ils fabriquent différentes espèces de draps étroits. Leurs manteaux de feutre n'ont pas de longs poils. Les Dido limitrophes des Lesghis dépendent d'eux, et ils ont en partie embrassé l'islamisme : ceux qui habitent près du Kakhéthi étaient soumis aux princes de ce pays et leur payaient tribut; mais ils n'étaient pas tenus de fournir des troupes. Le commerce les attirait fréquemment dans le Kakhéthi, dont ils tiraient des denrées et des étoffes de laine.

Reineggs s'exprime ainsi (tom. II, pag. 85):
« Au-dessous d'Ananouri, l'Arakoui *[Aragwi]*
» prend sa direction au sud-est, et y reçoit, à
» gauche, l'Alatsohni, petit bras qui s'est détaché
» de l'Alazani. » Ce passage m'avait paru surprenant, même avant d'aller en Géorgie; car dans les hautes montagnes il est bien rare qu'un bras d'une rivière aille se jeter dans un bras d'une autre rivière : quant à celui dont il est question, il faudrait, pour que cela fût possible, qu'il traversât d'abord l'Yori, qui se trouve entre l'Alazani et l'Aragwi. Je résolus donc d'éclaircir par moi-même cette bévue de Reineggs, et le 1.er avril, dans la matinée, je partis de Thianethi pour aller

à Ananouri, en franchissant les montagnes calcaires. Nous avons d'abord fait à peu près un mille dans une plaine entrecoupée de collines et entourée de montagnes; puis nous sommes arrivés au Werkhoueli, qui est très-impétueux en ce lieu et rempli de pierres calcaires : le chemin suit sa rive gauche; quatorze werstes plus loin, il passe à sa droite, jusqu'à sa source près de Nikarni, village situé dans le haut de la montagne, et distant de vingt-six werstes de Thianethi. Nous avons été obligés d'y passer la nuit, parce que la route par le sommet des montagnes qui séparent le bassin de l'Yori de celui de l'Aragwi, est raide et difficile. Le temps était froid et nébuleux; mais vers minuit il s'éclaircit.

Le lendemain, 2 avril, nous sommes partis de bonne heure. Le chemin pour passer les montagnes a été très-difficile. Nous avons souvent été forcés de descendre de nos chevaux et de les mener à la main; en outre, le temps était froid et désagréable. Après onze werstes d'une marche fatigante, nous sommes descendus dans la vallée dans laquelle l'Aragwi blanc, ou rivière des Pchawi, coule avec grand fracas. L'ayant traversé, nous sommes restés sur sa rive droite, qui est très-escarpée, jusqu'au point où il se jette dans l'Aragwi à droite, et où s'élevaient autrefois la ville et la forteresse de Jinwani, dont il ne reste plus que des ruines. Après avoir parcouru trois werstes le long de l'Aragwi, nous avons rencontré Awenissi, village situé vis-à-vis du fort d'Ananouri : comme je n'y avais rien à faire, et que le passage de l'Aragwi, dont les eaux étaient très-hautes, présentait beaucoup de difficultés, nous avons, après dîner, repris le chemin de Jinwani, et, à quelque distance, nous avons traversé l'Aragwi blanc, pour gagner le pont qui passe sur l'Aragwi noir, au-dessous du lieu où cette rivière reçoit la précédente. Ce pont ne consistait qu'en quelques troncs d'arbre liés ensemble. Trois de mes guides géorgiens qui allaient en Douchethi nous quittèrent ici ; je restai sur la rive gauche de l'Aragwi, afin de me convaincre de la fausseté de l'assertion de Reineggs sur le bras de l'Alazani.

Nous avons parcouru trois werstes très-pénibles, et nous sommes entrés dans la vallée de Bodawis-khewi, arrosée par un ruisseau qui vient des montagnes du Thianethi et se jette dans l'Aragwi. A peu près à sept werstes de cette rivière, en remontant la vallée, on trouve le village de Bodawi; quatre werstes plus loin, nous avons rencontré celui de Tzirdali sur le ruisseau du même nom, et à l'ouest de ce dernier, celui de Poulat'chaouri : ce ruisseau, nommé aussi *Satskhawotelo*, vient des montagnes du Thianethi. Encore trois werstes au-delà, nous avons vu le ruisseau et la vallée de Nokornis-khewi. Sa partie supérieure, dans les monts de Thianethi, renferme un couvent fondé par Artchil, quarante-quatrième roi de Géorgie, et dans lequel il est enterré. Bientôt après, nous avons atteint le ruisseau et la vallée de Bokotzinis-khewi : cette vallée, qui se réunit à celle de l'Aragwi, près de Djigaouri, village désert, prend naissance aux montagnes d'Ertzo, situées au sud de celles de Thianethi. Ensuite nous sommes arrivés à la vallée de Thedmis-khewi ou Kherkis-khewi, dont le ruisseau sort aussi des montagnes de Koukhethi, et qui, de même que tous les précédens, coule de l'est et du nord-est au sud-ouest, et tombe à gauche dans l'Aragwi. Au sud de cette rivière, et dans cette vallée, se trouve Sa-Gouramo, ancien fort, qui a donné son nom à tout le pays au sud, jusqu'à Lilo et Martqophi. Depuis cet endroit jusqu'au Kour, les montagnes à la gauche de l'Aragwi se nomment *Koukhethi* ou *Zedadseni* : elles sont très-hautes ; mais plus à l'est, c'est-à-dire vers Oudjarma et Khoragou en Kakhéthi, elles s'abaissent par-tout ; elles sont bien boisées et abondent en gibier. A la droite de l'Aragwi, vis-à-vis les monts de Koukhethi, sont ceux de Sarkinethi, qui les égalent en hauteur : c'est pour cette raison que les premiers portent le nom d'*Yaloni*. On dit que Pharnadj, quatrième roi de Géorgie, éleva sur leur sommet une idole appelée *Zadeni;* ce qui les a fait désigner par le même nom. Sur le sommet méridional des monts de Koukhethi, vis-à-vis de Mtskhetha, est situé *Djwaris-monastiri*, nommé ainsi d'après une croix que Ste Nino fit avec le bois d'une colonne, et qu'elle érigea en ce lieu. Gouram-Kouratpalati, trente-neuvième roi de Géorgie, y fit ensuite bâtir une église; son fils Dimitri l'acheva, et y plaça un archimandrite. Du flanc occidental de la montagne sur laquelle se trouve cette église, sort une belle source dont les Géorgiens du voisinage regardent l'eau comme un remède pour différentes maladies.

Le 3 avril, nous avons eu sept werstes à parcourir pour arriver à cette source; un peu auparavant, nous avons aperçu les ruines de l'ancienne église et du fort de Natzikhwari, sur un rocher escarpé, suspendu au-dessus de la rivière. Bientôt après, nous avons passé devant les ruines du village de Tsitsamoura, situées vis-à-vis du fort et de la quarantaine de Samthawro, de l'autre côté de l'Aragwi. La crainte de subir les formalités de cette quarantaine nous a fait rester sur la rive droite de l'Aragwi et du Kour. Depuis le pied du mont Yaloni, nous avons eu une plaine jusqu'au ruisseau de Grdaniskhewi, qui s'appelle aussi *Awtchala* et se joint au Kour, près du village de même nom; il vient du canton où les montagnes d'Ertzo se rattachent à celles de Zedadseni ou Koukhethi. En quittant les deux villages d'Awtchala, nous sommes retournés à Tiflis par la route décrite dans le chapitre précédent. J'avais ainsi acquis de mes propres yeux la preuve de la fable inventée par Reineggs, relativement au bras de l'Alazani.

CHAPITRE XXIII.

Mtskhetha.—Kawthis-khewi.—Ancienne église. — Rivière Tana. — Ateni, ancienne ville. — Rivière Skra. — Mamtsinari. — Goudjarethi.—Dsama et Mdsorethi. — Thoriskhewi. — Karéli. — Rivières Liakhwi. — Gori. — Krtzkhinwali. — Districts ossètes. —Couvent de Samthawissi.—Rivière Ksani. — Ghartis-kari. — Retour à Tiflis.

Depuis mon retour de Thianethi à Tiflis, le printemps avait fait de grands progrès; le temps était devenu plus constant : je résolus, en conséquence, de parcourir la partie occidentale de la Géorgie, et notamment d'examiner le pays situé le long du Kour. Je fixai mon départ au 20 avril : mais, ayant appris de mon interprète géorgien que plusieurs princes et nobles de cette nation devaient, le 22, faire avec leur monde une excursion le long du Kour, jusqu'aux frontières d'Akhal-tsikhé, pour chercher, jusque dans leurs repaires, les brigands lesghis qui inquiétaient le pays, je pensai qu'il valait

Tom. II.   F

mieux me joindre à cette troupe : je demandai la permission de l'accompagner ; elle me fut accordée.

Notre troupe, composée de deux cents hommes armés de fusils et de pistolets, et allant les uns à pied, les autres à cheval, quitta Tiflis à dix heures du matin, le jour fixé. Nous avons suivi la rive occidentale du Kour, et la route ordinaire qui passe par le pont de pierre de Weriskhewi et par la plaine de Dighomi [*Dighomis-mindori*]. Vers midi nous étions à *Dewis-na-moukhli* ou le Genou du Diable. Nous y avons fait halte, et une partie de notre monde s'est mise à chasser. On a tué quelques djaïrans ou antilopes, dont la chair était de très-bon goût. On marchait sans aucun ordre ; chacun allait comme il voulait. A sept werstes de Dewis-na-moukhli, nous avons rencontré le lieu appelé *Moukhatgwerdi*, situé sur le Kour. Il y avait jadis un village. Vers six heures du soir, nous sommes arrivés au pont de Mtskhetha, et nous avons campé sous les murs de ce couvent. La plus grande partie de notre monde a passé sur la rive orientale de l'Aragwi, à son embouchure ; j'y ai fait aussi conduire mes chevaux, parce que sur la rive occidentale de cette rivière, près de Mtskhetha, ce ne sont que des champs de blé, où les animaux ne pouvaient point pâturer. Il n'y eut pas plus d'ordre dans le campement que dans la marche. Ce fut, pendant plus d'une heure, un vacarme inconcevable, parce que chacun appelait ses camarades, qui, dans le désordre de la marche, s'étaient dispersés avec les chevaux de bagage. Pendant la nuit on tira souvent des coups de fusil : je pensai d'abord que des ennemis s'étaient montrés; mais on m'assura que ce n'était que par divertissement, et que c'était un usage invariable dans toutes les expéditions guerrières des Géorgiens. Devant attendre à Mtskhetha soixante hommes de plus de Tiflis, nous sommes restés campés jusqu'au 23 au soir : nous sommes alors allés au-devant d'eux jusqu'au pont qui nous a ramenés sur la rive droite du Kour, et nous les y avons effectivement rencontrés. Nous nous sommes ensuite dirigés à l'ouest, en déviant un peu au nord, et toujours parallèlement à la rive méridionale du Kour. Deux lieues plus loin, nous avons atteint le village de Dsegwi, où nous avons passé la nuit sur le bord du fleuve.

Le lendemain matin, j'ai pris connaissance des lieux où nous nous trouvions : ayant marché la veille dans l'obscurité, je n'avais pu rien observer. Je reconnus que la ville de Moukhrani était située de l'autre côté du fleuve, vis-à-vis de nous, mais un peu à l'ouest. L'embouchure du Ksani dans le Kour était à peine à une werste de nous, dans la même direction. Dsegwi est situé dans une vallée arrosée par un ruisseau du même nom, qui vient des montagnes de Skhaldidi, dans le sud-ouest. A dix heures du matin, notre troupe a décampé. Au bout de sept werstes, nous avons traversé le Nitchbissi, ruisseau qui vient du mont Didgora dans le sud, et se jette dans le Kour. A leur jonction, est un petit couvent très-ancien, d'où l'on passe le Kour par le gué Kotzakhouris-phoni, en suivant le chemin de Moukhrani. Vers midi, nous avons de nouveau fait halte près de Kawthis-khewi, lieu ruiné, sur la rive occidentale d'un ruisseau du même nom, qui vient aussi du Didgora dans le sud. Notre route était toujours à l'ouest, avec quelque déviation vers le nord, et parallèlement au Kour. La distance de Mtskhetha jusqu'ici peut être de vingt werstes. Nous avions d'abord traversé des rochers d'un grès âpre et nu, mêlé de particules de mica jaune très-fines; ensuite nous étions descendus dans des plaines où abondaient le *stipa pennata*, le *chrysocoma villosa*, et d'autres plantes des steppes. Le savinier, que je n'avais pas encore observé dans les montagnes du Caucase, se rencontrait fréquemment dans les rochers de grès, ainsi que le genévrier commun. Je vis aussi un arbuste de quatre pieds de haut, qui me parut être l'*ephedra distachya*; mais je n'en suis pas certain, n'y ayant pas trouvé de fruits. Les autres végétaux les plus nombreux étaient ensuite le paliure et le poirier du Caucase : çà et là on voyait aussi le pin commun, le câprier, la fabagelle, le *peganum harmala*, l'aurone, et plusieurs autres espèces d'*artemisia* et de soude. Je suis réellement surpris de la diversité de ces plantes, que j'avais aussi rencontrées dans les parties du Caucase avancées au nord, mais tout différemment groupées. Le tremble et l'osier étaient très-communs sur les bords du Kawthis-khewi; et la réglisse tapissait les hauteurs arides. Des Géorgiens de ma connaissance me donnèrent une perdrix et un faisan que l'on avait pris en vie dans les champs. Durant la marche, nous avions rencontré une troupe de cerfs : ce qui est un cas assez rare ; car ce n'est que dans le temps du rut, en septembre et en octobre, qu'on les voit en troupes si nombreuses. Tout le monde se dispersa pour leur donner la chasse. Comme elle fut abondante, et que la chaleur avait été très-forte, on résolut de rester en ce lieu jusqu'au lendemain, et de passer la journée à se divertir.

On dressa le camp sur une hauteur escarpée : les tentes des principaux personnages étaient en cercle les unes près des autres ; ce qui formait une place ronde assez considérable. Deux des meilleurs cerfs furent écorchés, vidés, et coupés en morceaux, en dehors de cette enceinte ; ensuite on les apporta en dedans pour les faire rôtir à des broches de bois, ou cuire comme des *beef-steaks*, après les avoir saupoudrés de poivre et de sel. Vers sept heures du soir, une décharge générale des petites armes à feu donna le signal du repas. Je m'assis, avec les princes et leur suite, autour d'un tapis de Perse étendu sur le sol. Le festin commença par un mets entièrement nouveau pour moi, et que je ne me serais pas attendu à trouver de si bon goût ; c'était un morceau de jeune buffle à moitié rôti, et qui avait trempé pendant une semaine dans une sauce au vinaigre, à l'ail et aux ognons. Il fut mangé froid ; il était extrêmement tendre et propre à aiguiser l'appétit. Un des princes l'avait fait apporter de Tiflis, dans un vase de terre bien fermé. Le cerf rôti et grillé fut ensuite servi avec des herbes potagères crues. Durant le repas, et sur-tout après, on but beaucoup de vin rouge, mais qui avait déjà perdu de sa qualité ; car en Géorgie on ne sait pas le faire pour qu'il se conserve plus d'un an : dès l'été suivant, il est donc moins bon, mais cependant encore potable. Les personnes de notre suite qui savaient la musique, entonnèrent des chansons géorgiennes et tatares, de sorte que nous passâmes une soirée fort gaie.

Vers dix heures, des paysans du voisinage annoncèrent que, dans la journée, on avait vu une troupe d'environ quarante Lesghis remonter la vallée dans laquelle nous étions. En conséquence, les princes jugèrent qu'il était nécessaire de disposer quatre postes d'observation dont la force fût égale à celle des brigands, et la joyeuse compagnie fut obligée de se séparer. La nuit se passa néanmoins fort tranquillement, et les rapports des postes furent très-satisfaisans : on en conclut que les Lesghis s'étaient retirés plus loin, en franchissant les montagnes. Cependant, pour s'en assurer, notre chef envoya, le 25 au matin, un parti armé battre l'estrade dans les environs. Il se rendit lui-même, à cheval, à un vieux couvent qu'il n'avait jamais vu, et m'invita à lui tenir compagnie. Nous avons marché au sud-sud-ouest, parallèlement au ruisseau de Kawthis-khewi, pendant six werstes, d'abord sur sa rive occidentale, ensuite sur l'orientale. Deux werstes plus loin, nous avons tourné à l'ouest, laissant le ruisseau à l'est, et nous en avons suivi un plus petit qui se jette dans le premier. Le vieux couvent est situé près de la source du petit ruisseau; tous deux portent le nom de *Kwatha-khewi.*

L'église en est construite dans le même goût que celle de Mtskhetha; mais elle est de moitié moins grande : elle est entourée d'un mur en carré, dont chaque côté est long de cinquante pas. Tout autour on voit des murs de bâtimens chétifs et à moitié ruinés. Suivant l'histoire de

Géorgie, ce couvent fut détruit par Lang-The-mour *[Tamerlan],* qui en chassa les moines, et leur fit attacher au cou des cloches dont le son répétait, *Malheur à nous d'être obligées de sonner ainsi.* Un grand nombre de Géorgiens périt aussi pour la foi en cette occasion. Le peuple prétend qu'on trouve dans cette église des ossemens humains, et que l'on y sent encore une odeur très-agréable. Je trouvai simplement qu'il y puait; le pavé était couvert des os des moutons que les Lesghis y avaient mangés, parce qu'en passant ils y viennent souvent camper dans la nuit. Ce sont ces os de mouton que probablement l'on prend pour des reliques de saints.

La position de cette église dans la vallée la rend très-propre à être un repaire de voleurs. La route qui y conduit est très-étroite, et monte toujours, tantôt par-dessus des rochers âpres, tantôt à travers des buissons épais; en outre, la vallée est environnée de hautes montagnes. A moitié chemin, nous avions rencontré, sur le bord oriental du Kawthis-khewi, une autre vieille église avec quelques mauvais bâtimens. Plus haut, dans la vallée, l'on voit, au pied du

Didgora, sur un haut rocher, les ruines d'un ancien fort.

Durant cette excursion, je fis quelques observations sur la nature des montagnes qui se prolongent sur la rive droite du Kour. Leur partie inférieure est de grès gris, assez fin et solide. L'église dont j'ai parlé plus haut est bâtie de cette pierre, dans laquelle j'ai trouvé plusieurs pétrifications, les premières que j'eusse aperçues dans le Caucase méridional. A une certaine hauteur, le grès cesse, et le calcaire lui succède; il y est gris de fer, et composé de particules très-fines, entremêlé quelquefois de veines de spath et de quartz qui annoncent des métaux. Le grès et le calcaire sont disposés en couches épaisses, tantôt d'un demi-pied, tantôt de plusieurs pieds, et qui s'inclinent au nord. Je vis aussi, à Kawthis-khewi, du granit gris roulé, d'où je présume que des masses de granit se trouvent sur les plus hauts sommets du Didgora. Les parties inférieures, occupées par les couches de grès, étaient couvertes de charmes, de frênes, de paliures, de genévriers, de fusains, de cornouillers mâles, de troènes et de coudriers. Sur les hauteurs, composées de calcaire, ces arbres devenaient plus rares : le pin et le hêtre y étaient au contraire plus communs. La mousse couvrait le sol, où je n'aperçus ni fougère ni champignons. Dans le voisinage du couvent, je vis beaucoup d'hièble, d'*alcea ficifolia,* de lamiers blancs et de ballotes : la vigne et le noyer sont encore abondants dans les lieux détruits. La rose de chien, la ronce et la clématite blanche s'entrelaçaient dans les buissons.

Vers midi, nous sommes rentrés dans notre camp; tout y était prêt pour le départ. Durant notre absence, notre petite armée s'était renforcée d'un grand nombre de paysans armés, qui pouvaient s'élever à cent : ils étaient prêts à prendre part à notre expédition, pour se venger des Lesghis, qui, tous les ans, leur causent des dommages infinis, et ils se promettaient de nous aider à les chercher dans leurs repaires. Ces hommes, et ceux qui étaient venus de Tiflis, ne reçoivent pas de solde, pas même de poudre ni de vivres : ils doivent se pourvoir de toutes ces choses. Chacun porte sur son dos une peau de mouton ou de chèvre remplie de farine. Quand cette provision est achevée, il faut nécessairement que la campagne se termine, et qu'ils retournent chez eux. Ils sont armés de fusils, de sabres et de poignards.

A trois heures après midi, nous sommes partis de Kawthis-khewi, et nous avons quitté le territoire de Sa-Djawakho, dont il forme la limite. Nous sommes entrés dans celui de Sa-Tarkhno : huit werstes plus loin, nous avons passé, derrière Akhal-kalaki, le Thedsma, ruisseau qui vient des montagnes situées entre Tchwarebi et Thorissi. A l'endroit où il se jette dans le Kour, se trouve le couvent de Methekhi, dédié à la Sainte-Vierge. Nous avons ensuite traversé le Khowlé, ruisseau qui sort du mont Razmithis-mtha dans le sud-ouest, et se joint au Kour. Sur la rive occidentale, on voit beaucoup de champs de blé, de vignobles et de vergers. A vingt werstes d'Akhal-kalaki, nous avons rencontré le ruisseau de Tana, qui vient aussi du sud-est, et sort des monts Satzkheni et Djamdjami ; nous avons fait halte sur ses bords après le coucher du soleil. Notre route avait été dirigée à l'ouest-nord-ouest, parallèlement au Kour, et à trois à quatre werstes de ses rives ; nous avions suivi une steppe d'argile qui s'abaisse vers ce fleuve, et qui s'étend jusqu'aux hautes montagnes couvertes de forêts. Dans toute cette étendue, la rive septentrionale du Kour est passablement escarpée et inégale : il reçoit, à environ une werste à l'ouest de Tana, le Liakhwi, rivière qui vient des montagnes au nord, et sur la rive occidentale duquel est située la ville de Gori sur le Kour ; c'est la plus considérable de la Géorgie après Tiflis. Les eaux du Thedsma sont accrues, au-dessus de son embouchure, par celles du Dsaglassi, autre ruisseau qui vient de l'est. Le pays d'alentour a jadis été très-peuplé; j'y comptai plus de huit villages ruinés : il n'en reste plus que deux qui soient habités. Akhalkalaki, l'un d'eux, est situé sur la rive orientale; et Tchochethi, l'autre, sur la rive occidentale. Au sud-est, on voit les restes de l'ancien couvent d'Ertha-tzminda. A l'époque des semailles, on dérive de petits canaux du Thedsma pour arroser les champs voisins. Les cailloux qu'il roule dans son cours, sont généralement de calcaire gris-clair, et sont entraînés de la gorge des montagnes, de laquelle il sort, dans le sud-sud-ouest. Le Tana suit la même direction ; il est à vingt werstes de distance à l'ouest. Sur la rive occidentale, à peu près à deux werstes de son embouchure, était la ville de Tanis-piri. La plaine, qui s'abaissait vers le Kour, était couverte de *stipa pennata*, de *chrysocoma villosa* et de *lolium perenne*, plantes qui sont un excellent fourrage pour les chevaux.

Nous avions passé la nuit à Tanis-piri, sur les bords du Tana. Les montagnes sont ici très-âpres, et composées d'un grès mêlé de nombreuses particules de mica doré. Cette roche est dans une position perpendiculaire, et se divise en lames minces; j'y trouvai, entre autres, le petit arbrisseau appelé *kankara* en géorgien, et que je regarde comme un jasmin. Le Tana était bordé de trembles et de tamariscs; les mûriers et les noyers étaient communs dans les endroits autrefois cultivés. Ce canton produit le meilleur vin de la Géorgie, nommé l'*Atenis-ghwino*, ou *Atenis-tchakhir*, parce que tout le pays au sud du Kour, le long du Tana, s'appelle *Ateni*, de même que la plaine du Kour, depuis le Thedsma jusqu'au Tana, porte le nom de *plaine de Moessi*. Un peu avant de se jeter dans le Kour, le Tana reçoit le ruisseau de la vallée de Tskhedissi, où se trouve un petit fort, près duquel il y avait autrefois des vignobles et des

vergers. Une autre vallée qui se joint à celle de
Tana ou d'Ateni, est celle de Weris-khewi. On
y voit également, sur un haut rocher, les ruines
d'un ancien fort entouré aussi de vestiges de
vignobles. A l'ouest, au pied du mont Danakh-
wissi, était Ateni, ville aujourd'hui détruite, et
jadis habitée par des Géorgiens, des Arméniens
et des Juifs; elle avait un château fort sur un
rocher. Au sud on aperçoit une haute montagne,
dont le sommet aigu est souvent couvert de
neige en été; à ses pieds on cultive le célèbre vin
d'Ateni. Plus haut, la vallée de Bobnawi et
celle du Ghaï se réunissent à celle du Tana, qui
vient des monts Satzkhenissi: là, le pays devient
plus sauvage; la vallée se rétrécit, et n'offre
plus que d'âpres rochers jusqu'à la forêt de
Kotsakhma. Au nord de Bobnawi est le fort de
Kikanathberi, au milieu des rochers. En allant
ensuite à l'ouest dans les montagnes, on arrive
à l'église de Saint-George le Thaumaturge; la
tradition raconte que les portes en sont toujours
ouvertes, parce que ni voleur ni bête n'osent y
entrer. Au nord de Tskhedissi, et vis-à-vis Gori,
est Goris-djwari, autre église, dédiée au même
saint, dont on y conserve la tête. Jadis il n'y

avait pas d'eau ; mais la reine Roussoudan y en amena par un canal qui vient des montagnes de Berthi.

Le 26, à dix heures du matin, nous avons quitté notre camp; puis nous avons parcouru dix werstes jusqu'au ruisseau de Skra; il y a sur sa rive orientale un lieu du même nom, aujourd'hui abandonné. Nous avons suivi, pour y arriver, un défilé étroit, garni de chênes et de charmes; j'y observai aussi le genévrier, le pin commun, ainsi que le pin oriental, que je voyais ici pour la première fois. Ce pin est plus petit que les nôtres; ses feuilles sont de moitié moins longues, proportionnellement plus minces, et émoussées; on y reconnaît assez distinctement quatre angles; elles sont isolées ou très-rapprochées, disposées des deux côtés des branches et dirigées en haut : le bois a l'odeur du sapin commun.

A l'extrémité du défilé, près du ruisseau de Skra, j'ai observé dans le grès une bande large de cinq pieds, d'un vert foncé, mêlé de taches brunes. La partie de la roche teinte de cette couleur n'était que du grès, mais extrêmement fin, de sorte qu'au toucher il ressemblait à de l'argile durcie; mais sa mollesse ne permettait pas de l'appeler du jaspe. La couleur verte est due probablement à du fer ou à du cuivre. Dans les fentes de cette bande, je trouvai du mica doré très-compacte.

Dès que nous avons eu quitté le défilé et le ruisseau de Skra, nous sommes arrivés dans une plaine ouverte qui s'abaisse vers le Kour, en même temps que la chaîne des montagnes. Nous y avons parcouru six werstes et traversé plusieurs petits ruisseaux qui viennent du sud-ouest et se rendent dans le Kour. Ils sont presque tous couverts de roseaux ; le plus considérable est le Khwedourethi, qui vient du mont Satzkheni. La direction des seize werstes que nous avons parcourues aujourd'hui depuis le Tana, a été à l'ouest-nord-ouest; au milieu de cette distance, le Kour forme une grande courbure au sud : aussi la route qui suit ses bords est plus longue, mais en même temps plus unie et bien préférable à celle que nous avions prise, qui est mauvaise, étroite, boueuse et pierreuse. De notre camp, l'on jouissait d'une belle vue de la plaine située au nord du Kour vers les hautes montagnes, traversée par le Liakhwi, et fermée à l'ouest par une chaîne de montagnes

Tom. II. G

qui s'étend à peu de chose près en droite ligne du nord-nord-ouest, depuis celles qui sont couvertes de neige au sud-sud-ouest, presque jusqu'au Kour, et qui forme la limite entre le Karthli et l'Iméréthi.

Le 27, à 8 heures du matin, nous avons décampé et suivi la chaîne de montagnes parallèle au Kour et souvent citée. La route côtoie d'abord, pendant six werstes, le ruisseau de Khwedourethi; elle était très-étroite, pierreuse, ombragée de forêts épaisses : nous n'avons pu avancer que très-lentement dans ce défilé très-resserré et qui monte constamment; car les paquets heurtaient à chaque instant les arbres ou les rochers, et le choc les renversait de dessus le cheval à terre. La longueur de ce défilé peut être de trois werstes en ligne directe au sud-ouest. Nous avons encore parcouru vingt-cinq werstes sans interruption dans la même direction. Cette route, qui est commode et couverte d'herbes presque par-tout, se prolonge jusque sur les points les plus hauts des montagnes. La nuit nous obligea de faire halte, malgré l'incommodité du lieu; car l'air y était froid, et des rochers couverts de pins élevés nous environnaient de toutes parts : la crête des montagnes où nous étions, porte le nom de *Satzkhenissis-mtha.*

Le lendemain matin 28, nous avons continué notre voyage, et nous avons parcouru huit lieues principalement au sud-ouest; nous sommes arrivés au Moukhalethis-khewi, petit ruisseau qui coule dans cette direction. Ici, près de sa source, il n'est pas très-fort; dix werstes plus loin, il se jette à la droite du Mamtsinari : nous l'avons suivi jusque-là. La route a été très-difficile, parce qu'il fallait sans cesse monter et descendre des hauteurs escarpées.

La direction de la route a changé en ce lieu : nous avons marché plus au sud, le long du Mamtsinari, tantôt sur une rive, tantôt sur l'autre, jusqu'au point où, treize werstes plus loin, il reçoit, à droite, l'Aboukhalo, et où nous avons campé. Nous n'avions, durant tout notre voyage, aperçu aucun Lesghi ; comme mon objet principal, en me joignant à la troupe, avait été d'obtenir, des prisonniers que nous pourrions faire, des renseignemens sur leur pays, et que l'espoir de rencontrer bientôt quelque individu de cette nation disparaissait entièrement, je jugeai qu'il valait mieux me séparer de mes compagnons, qui d'ailleurs voyageaient très-lentement, et de continuer ma route tout seul. Ce qui me décida encore à prendre ce parti, fut le projet qu'ils avaient formé, le soir même, de franchir les montagnes de Tchwarebi, de gagner Thrialethi, et de retourner à Tiflis; cela n'entrait nullement dans mon plan, parce que je voulais encore examiner plus en détail le Kour et le Liakhwi.

En conséquence, nous nous sommes séparés le lendemain 29 avril, après avoir déjeûné amicalement. L'armée poursuivant sa marche au sud, je restai dans ma tente, sur les bords de l'Aboukhalo, jusque vers dix heures. Un peu au-dessus, un de mes gens avait rencontré des excavations dans les rochers, et dans l'une d'elles les restes d'une vieille église. Quatre Géorgiens et un Tatare, las de l'expédition, s'étaient joints à moi : ce renfort me vint bien à point; car il n'eût pas été commode de faire seul ce voyage, avec mes domestiques, dans des montagnes peu accessibles et presque inhabitées, où nous pouvions rencontrer des bandits lesghis. De l'Aboukhalo, nous avons traversé le Mamtsinari, et ensuite parcouru dix werstes presque à l'ouest, à travers les montagnes, jusqu'à la vallée de Goudjarethi, autrefois très-bien cultivée, mais depuis soixante-dix ans entièrement dévastée et inhabitée. Nous avons vu fréquemment des ruines d'anciennes églises et de vieux châteaux : mais ce qui m'a le plus intéressé, a été le grand nombre de montagnes de beau schiste tabulaire noir qui se montraient de toutes parts. N'ayant aucun motif de prolonger jusqu'au Kour la vallée de Goudjarethi, je résolus de suivre les montagnes schisteuses jusqu'aux sources du Thoris-khewi, qui vient du nord-est, reçoit le ruisseau du Goudjarethi, et se jette dans le Kour, au-dessus de Sadgheri. Nous avons gravi effectivement jusqu'au soir le mont de Thori, et nous y avons passé la nuit.

Le 30, nous avons franchi une petite crête de montagne qui nous séparait des sources du Dsama, que nous avons suivi par une route escarpée et difficile, vers le nord-est. A midi nous sommes arrivés au point où le Mamtsinari se jette à la droite du Dsama et augmente le volume de ses eaux; ensuite nous avons suivi le confluent du ruisseau de Gwezinethi, et le soir nous sommes arrivés, très-fatigués, à Mdsorethi, petite ville située sur la rive droite du Dsama. Depuis long-temps elle est déserte. Sous le règne d'Irakli II, elle était le repaire des Lesghis, qui souvent se servirent de ses tours pour se défendre contre les Géorgiens. Aujourd'hui quelques familles juives et arméniennes y habitent dans des huttes souterraines.

Le lendemain, 1.er mai, nous sommes restés constamment sur la rive droite du Dsama, alors très-fort; huit werstes au-delà, nous sommes arrivés à la vallée et au ruisseau d'Imeris-khewi, qui vient du sud et tombe dans le Dsama : sur ses bords sont les ruines de Dsamis-monastiri, ancien couvent; nous nous y sommes arrêtés pour dîner. Nous avons acheté de bergers qui passaient, un mouton pour deux roubles en argent; il était de la race turque, qui ressemble beaucoup à la calmouque : ces moutons sont de forte taille, ayant la laine touffue et longue, la queue grosse et épaisse, et les oreilles longues; ils n'ont pas de cornes. Sa chair nous parut d'autant plus savoureuse, que nous n'avions pas mangé de viande depuis cinq jours; nous avions uniquement vécu de pain cuit sous la cendre et de riz crevé dans l'eau. Une lieue plus loin, nous avons trouvé, au sortir des montagnes, une plaine qui s'étend jusqu'au Kour. Le soir nous sommes entrés dans Karéli, ville située sur la droite du Dsama, au-dessus de son confluent dans le Kour, et éloignée de vingt werstes d'Imeris-khewi.

Je vais présenter ici le résultat de mes observations sur la nature des montagnes que j'ai parcourues : elles sont de grès jusqu'au point où, sur le bord du Thoris-khewi, commence le schiste noir, qui s'étend probablement au sud jusqu'à la chaine de Pambak, et forme les hautes montagnes entre le Sa-Atabago et le Karthli. Au nord, le Kour et une plaine fertile séparent le grès du calcaire du Caucase méridional; ce grès ressemble parfaitement à celui des rameaux qui s'avancent au nord dans la grande et la petite Kabardah : mais il s'élève plus que celui du nord, où l'on voit une couche considérable de calcaire sur le grès. Il me semble aussi que ces montagnes égalent en hauteur celles de calcaire qui touchent au schiste des points élevés de la chaine; car, dès le mois d'octobre, elles étaient couvertes de neiges épaisses, qui fondent entièrement en été. Malgré leur élévation considérable,

ces montagnes n'ont rien de l'âpreté des Alpes :
on n'y aperçoit aucun rocher pyramidal saillant
et nu; ceux qui s'y trouvent sont couverts d'argile jaunâtre et de beaucoup de terre. En outre,
les hauteurs dont elles se composent, sont
aplaties, très-inclinées et séparées par de profondes vallées : l'ensemble est tapissé de forêts
touffues, sur-tout de pins et de sapins d'une
grosseur prodigieuse. Les petites plaines du
sommet des hauteurs sont dégarnies de bois;
mais, en revanche, elles sont couvertes de graminées et de toute sorte de plantes particulières
aux alpes, telles que le *veratrum album*, le
swertia perennis, l'*astrantia major* et *maxima*,
et autres analogues : à peine y voit-on des
mousses. A l'ombre des pins on rencontre abondamment le *cyclamen* et le *polypodium vulgare*
(les Géorgiens emploient la racine de cette dernière plante contre la toux), le *polypodium
filix mas*, le *lichen caninus*, le *lycoperdon denticulatum* : toutes ces plantes croissent entre les
racines des hêtres et des pins, sur les hauteurs
moyennes, où le lierre [*soure* en géorgien]
grimpe de toutes parts aux tiges des arbres; je
ne l'avais pas encore aperçu dans le Caucase.

Sur les vieux arbres se trouvaient des pézizes et le *boletus versicolor;* le *boletus luteus* se montrait assez fréquemment dans les lieux ombragés. Je n'ai pas vu d'ailleurs d'autres champignons. Ces montagnes n'en sont que plus riches en arbres et en arbrisseaux : j'y ai trouvé tous ceux que l'on rencontre dans le Caucase, depuis les vallées basses arrosées par le Terek, jusqu'aux plus hauts sommets couverts de neige. Au pied des hauteurs, le long des ruisseaux qui coulent au nord-nord-ouest à travers des défilés, on voit le tamarisc, l'aune, le tremble, le peuplier blanc, le chalef à feuilles étroites, l'argousier, l'osier, le saule blanc, la viorne, l'hièble, le troène, le coudrier, les cornouillers mâle et *sanguinea,* l'aube-épine, le frêne, l'orme, les pruniers commun et épineux, la réglisse commune, le fustet, le poirier du Caucase, le poirier sauvage, le pommier, le néflier, le houblon, la clématite, les fusains à feuilles étroites et à feuilles larges, le roure ; dans les lieux occupés par les anciens villages, le noyer, le cerisier, le coignassier, la vigne, le mûrier blanc, restes de l'ancienne culture; sur les hauteurs moyennes, le hêtre, le charme, le chêne, l'épine-vinette, le tilleul, l'érable plane, l'érable commun ; ensuite viennent le pin oriental, le pin commun et le sapin, tous si hauts et si gros, que l'on peut en faire des mâts de navire. Au milieu de ces forêts d'arbres à feuilles acéreuses, on rencontre l'if, le bouleau, le sorbier des oiseaux [*mtchnawi* en géorgien], le chèvre-feuille, le genévrier, le savinier, le *rhododendron ponticum*, le houx [*tchori* en géorgien]. Je n'ai pas retrouvé cet arbre dans le Caucase. La musaraigne, la taupe, le ver de terre, étaient communs dans les montagnes. Nous avons souvent vu des vestiges d'ours ; et, suivant ce que m'ont assuré mes compagnons, on y a pris aussi des *kaphlani* ou léopards. Il y a beaucoup de sangliers, de cerfs, de lièvres, de loups. On entend souvent, pendant la nuit, dans les plaines le long du Kour, les cris du chacal. Je n'ai vu nulle part d'indices de minéraux : on dit cependant que l'on a recueilli du minerai d'argent à Akhaltsikhé, sur le territoire turc ; mais je ne sais pas si les montagnes y sont de même nature que celles des lieux dont je parle, étant séparées par une chaîne schisteuse.

2 mai. Karéli est situé sur la rive orientale

du Dsama, à quelques centaines de pas au-dessus de son embouchure dans le Kour. Le pays des environs est une plaine large de quelques werstes, qui s'abaisse vers le Kour; elle est cultivée en blé. On conduit l'eau du Dsama dans les champs par des tranchées profondes; ce qui en accroît beaucoup la fertilité. Les terrains bas le long du Kour ont de belles prairies où, vers la fin de l'été, l'on fauche du foin; ce qui est une rareté en Géorgie, où l'on nourrit le bétail avec de la paille, soit parce que les prairies y manquent, soit parce que la crainte des brigandages des Lesghis empêche de tirer parti des cantons où l'on pourrait faire du foin. Karéli est ceint d'un mur carré, dont chaque côté a cent pas de longueur : un faubourg d'environ cent maisons entoure ce mur; elles sont, suivant l'usage, sous terre, Ce lieu, ainsi que tout le pays autour du Tana, appartient à la famille Tsitsi-chwili, ou, comme disent les Russes, Tsitsianow, qui est originaire de Mdsorethi. A quatre werstes au sud-ouest, est Samtzewrissi, petit fort, et le dernier endroit de Géorgie habité sur la rive droite du Kour. Vis-à-vis de Karéli, le Prone, rivière qui vient de l'Olumba, haute montagne calcaire au nord, se jette dans le Kour à gauche. Plus haut, dans les montagnes, on rencontre sur cette rivière Rousthawi, le fort de Kornissi, Tsorbissi, Bekmari, Tormanéaouli, le fort de Noulia, Erknethi et Awnewi; ensuite à sa droite, depuis l'issue des montagnes calcaires, dans la plaine jusqu'au Kour, les forts de Doni et Dirbi, Brethi, Tseri et Aradethi.

Je m'étais reposé jusqu'au 5 mai à Karéli, et j'avais mis mon journal en ordre : ce jour-là je traversai le Dsama, et, quelques centaines de pas plus loin, le Kour, qui était extrêmement gonflé; vers la fin de l'été, il n'a guère que deux cents pieds de largeur : ses eaux coulaient doucement; les chevaux le traversèrent à la nage sans beaucoup de peine. La rive méridionale est ici très-plate; la septentrionale, au contraire, est assez escarpée, haute de vingt-cinq pieds, composée d'argile et de pierres calcaires isolées. Vis-à-vis de Karéli, l'on voit sortir de cette rive élevée des sources qui couvrent les plantes voisines d'un résidu calcaire. Arrivés sur la rive septentrionale du Kour, nous la suivîmes parallèlement à l'est, en déviant un peu au sud, et passant dans une plaine argileuse découverte.

A un bon quart de lieue plus loin, nous avons passé le canal de Liakhwi : on prétend que c'est un ouvrage de l'art, exécuté depuis très-longtemps; mais il m'a paru que c'était un bras naturel du Liakhwi, parce que la vallée de ce ruisseau en s'abaissant a deux issues. A la jonction de ce canal et du Kour, est le petit village de Bebnissi. Nous avons ensuite parcouru trois quarts de lieue jusqu'à Rouissi, petit village qui occupe un espace de près de trois werstes, parce que les maisons sont entremêlées de champs et de vignobles : au milieu l'on voit un couvent ancien et célèbre, ceint d'un mur en carré; au-dessus sort une source entourée de grès. Tout le village est creusé de fossés par lesquels l'eau du canal est conduite dans les champs et les jardins. Les côtés de ces fossés sont plantés d'osiers et de trembles. Les vignobles sont bordés de murs en terre garnis de chalefs à feuilles étroites. Derrière Rouissi la plaine s'élève un peu; l'on y voit quelques collines : deux lieues plus loin, elle s'abaisse de nouveau et forme une vallée large d'une werste et demie, où le Liakhwi se jette dans le Kour par deux embouchures : sur sa rive occidentale, à quelques centaines de pas au-dessus de son embouchure, est le bourg de Thine-khidi, et bien plus près, sur l'orientale, la ville de Gori. De Rouissi à Gori, l'on compte quinze werstes.

Le Didi-Liakhwi [დიდი ლიახვი], nommé par les Ossètes *Chaw-koum-Lekhawi-doun*, c'est-à-dire, la rivière Lekhawi de la Vallée Noire, et par les Tatares, قرا قلقان صو [*Kara-Kalkân-sou*], sort du Brouts-sabdseli, haute montagne extrêmement hachée, que l'on appelle aussi *Sekari*, mot qui signifie *semblable à une porte [kari]*; mais *Brouts-sabdseli* veut dire *Magasin de paille hachée*, nom qui a été donné à cette montagne à cause de la difficulté que l'on éprouve à la gravir : elle s'étend depuis le Mqinwari et le Khokhi, à l'est, jusqu'à la vallée de Kasris-khéoba, à l'ouest. Le grand Liakhwi vient du nord-nord-ouest, se grossit des eaux de plusieurs torrens, tourne au sud, et, à vingt werstes au-dessus de son embouchure, traverse une grande plaine par laquelle les hautes montagnes s'abaissent vers le Kour. Le cours du Liakhwi est uni, mais très-rapide : dans les basses eaux, sa largeur est de cent pas, et sa profondeur de deux pieds; alors il était gonflé, et, par conséquent, plus large et plus profond. De même que tous les torrens du Caucase méridional, il roule des lames de granit grises et rouges, et des cailloux calcaires blancs; ses bords étaient garnis de buissons peu touffus de tamarisc, d'argousier et d'osier. A la rive orientale du Liakhwi touche une montagne de grès, qui s'abaisse à l'ouest vers cette rivière; au sud, vers le Kour. La montagne qui court parallèlement aux embouchures du Ksani et de l'Aragwi, en est une continuation.

Au midi du pied de cette montagne est la ville de Gori [გორი], et à l'occident, le fort du même nom. Cette ville est, après Tiflis, la plus considérable de la Géorgie : on y compte trois cents maisons, entourées d'un mur circulaire. Le fort est au nord-est au-dessus de la ville et sur une haute montagne de grès, à quatre-vingts pieds au-dessus de la plaine du Liakhwi; il forme un carré allongé, dont les côtés ont deux cents pas de longueur et soixante de largeur : les murs ont cinq pieds d'épaisseur et quinze de hauteur; des murs plus bas, mais plus larges de dix pieds, sont élevés parallèlement aux premiers, à vingt pas de distance. Au milieu du mur méridional est une porte; au mur de l'ouest, qui est moins long, une ouverture du côté du Liakhwi sert à porter les eaux de cette rivière au fort. Pour tenir ce passage libre et préserver le fort du manque d'eau, on a construit, le long de la hauteur qui s'abaisse vers la rivière, deux murs parallèles, à la distance de vingt pieds l'un de l'autre : cinq murailles transversales, hautes de quinze pieds, les joignent, et mettent à l'abri les hommes qui entrent et sortent; les extrémités des longs murs, aboutissant à la surface du Liakhwi, sont jointes par un mur en demi-cercle, haut de vingt pieds, et au bas duquel coule la rivière : on y vient puiser de l'eau, que l'on recueille ensuite dans un réservoir en briques, large de douze pieds, long de seize, profond de quatorze, et situé entre le mur transversal le plus haut et le mur occidental où est la petite porte de l'eau. Pour écarter l'ennemi de ce passage, des tours de vingt pieds de haut ont été élevées à chaque mur transversal, sur les longs murs parallèles; et contre le mur demi-circulaire d'en bas on a établi des planches placées les unes au-dessus des autres : des hommes peuvent s'y tenir debout, et, par les trente trous qui se trouvent à chaque étage, tirer des coups de fusil contre un ennemi qui s'approcherait. Dans chaque mur transversal il y a deux trous assez grands pour y braquer du canon; ce qui donne la facilité d'éloigner l'ennemi de l'eau, et, dans le cas où il se serait emparé des postes inférieurs, de l'en chasser. Le fort est aujourd'hui totalement abandonné; on ne fait plus usage que d'une petite chapelle, située dans un coin du sud-est.

Tout a aussi l'air bien désert dans la ville inférieure, parce qu'on ne fait aucune réparation aux anciens bâtimens. Les maisons sont généralement au-dessus du sol, comme à Tiflis; elles consistent en quatre murs, hauts de dix à quinze pieds, du milieu desquels s'élève une cheminée conique, proportionnée à leur grosseur; elle a un trou rond, large de trois pieds, qui sert pour laisser échapper la fumée et pénétrer la lumière, mais qui laisse aussi pénétrer la pluie. Le foyer est à terre, au-dessous de ce trou. Quelques maisons s'éloignent un peu de cette construction, et sont à peu près bâties à l'européenne; on y trouve

Tom. II.

des chambres de forme oblongue, blanchies à la chaux, pourvues de cheminées, de portes et de fenêtres : celles-ci diffèrent de celles d'Europe en ce qu'elles ont cinq pieds de haut et descendent jusqu'à terre ; au lieu de carreaux de verre, elles en ont de papier ; pendant la nuit, elles se ferment avec des volets. Des toits en saillie s'avancent de chaque côté des fenêtres et des portes; ce qui met à l'abri de la pluie, mais cache aussi la lumière du jour. Les murs sont construits en brique et en cailloux roulés, tirés de la rivière et unis par de la chaux. Les toits sont plats, et couverts d'argile, sur laquelle l'herbe croît.

Gori a trois églises construites en grès; deux appartiennent aux Géorgiens, la troisième aux Arméniens. Les Arméniens catholiques en ont une petite, dans laquelle un capucin italien fait le service divin; mais il était parti depuis peu. Il n'y a de missionnaires européens en Géorgie qu'à Tiflis, Gori et Koutathissi.

J'avais passé la nuit dans une maison assez propre. Le 6 mai, dans la matinée, je sortis pour voir le marché du lieu, qui consiste en une centaine de boutiques : elles sont grandes; mais la provision de marchandises est si petite, que chaque commerçant peut aisément l'emporter sur son dos : ce sont des étoffes de soie et de coton de qualité médiocre, des bonnets, des souliers. Je ne trouvai en pelleteries que des petits-gris et de mauvaises peaux de renard et de loutre. La plupart des boutiques étaient remplies de denrées, telles que esturgeons, caviar *[khizalala]*, fromage *[qweli]*, ognons *[khakhwi]*, miel *[thaphli]*, sel *[marili]*, châtaignes *[tsadli]*, noix *[nikossi]*, pommes *[waskli]*, poires *[mtskhali]*, coins *[komsi]*, nèfles *[s'khmartheli]*, figues *[legwi]*, raisins *[tchamdji]* &c. En drogueries, j'y trouvai de la litharge *[mourdassan]*, du vert-de-gris *[djengara]*, du vitriol *[djabi-aman]*, de l'alun *[chabi]*, du cinnabre *[lakhosteg]*, du bol rouge *[tzithelimitza]*, du savon *[saponi]*, du fard rouge *[pheri]*, de la rhubarbe *[rewandi]*, de la garance *[endro]*, du bois de sandal rouge *[sandali]*, du curcuma *[sandartcho]*, du gingembre *[kodja]*, de la muscade *[djawissi]*, du poivre *[pipeli]*, du cumin *[sira]*, du girofle *[mekhaki]*, des amandes *[nouchi]*, des noix de galle *[gounda]*, de l'encens *[saqmeli]*, du mastic *[tana masta-*

kewi], de la térébenthine *[kewi]*, du sucre candi *[mginwari-tchakari]* : le sucre *[tchakari]* était noir et en petits pains qui pesaient une demi-livre ; il vient de Perse. J'y trouvai du thé, mais très-mauvais ; le café, au contraire, qui venait de Turquie, était excellent.

Gori a quelques fabriques d'étoffes de coton minces et larges d'un demi-archin, et de couvertures de coton : ces deux espèces de tissus sont teints en bleu avec l'indigo, ou en rouge avec la garance ; ensuite on les imprime en toute sorte de couleurs. Les habitans de la ville sont Géorgiens et Arméniens ; ils se livrent au commerce dont j'ai parlé plus haut, et s'occupent peu de la culture du blé ou de celle du vin. La plus grande partie de la ville appartient au prince Amilakhwari ; d'autres cependant, et nommément les Khnis-eristhawi, en possèdent aussi quelque chose. Quelques-unes des pierres de grès qui composent les murs sont des conglomérats, et renferment des calamites, qui se trouvent ici dans les montagnes.

Vis-à-vis de Gori, sur la rive méridionale du Kour, on voit, sur une hauteur considérable, Goris-djwari, couvent abandonné, dont j'ai parlé plus haut : on pourrait de ce point aisément canonner la ville et le fort. Ce défaut essentiel se retrouve dans la plupart des places fortes de Géorgie. Je suis aujourd'hui retourné à Karéli, en suivant la même route par laquelle j'étais venu hier, et j'y suis arrivé à six heures du soir.

Le 7 mai, je partis de Karéli vers midi ; je traversai le Kour, et je gravis la rive opposée, haute de quelques toises : la route passe ensuite par une plaine argileuse, unie, découverte, et remplie de cailloux calcaires roulés ; on la nomme *Daghaloula*. Elle va en pente imperceptible, au sud, depuis les montagnes secondaires contiguës aux alpes, et couvertes de charmes jusqu'au Kour. Au pied de ces montagne, est Krtzkhinwali, ville située tout près de la rive occidentale du Liakhwi. De Karéli jusque-là, on compte vingt-quatre werstes, que j'ai parcourues en trois heures et demie. Cette étendue est aussi celle de la distance du commencement de la plaine, depuis le midi des montagnes secondaires jusqu'au Kour. La route de Karéli à Krtzkhinwali traverse cette plaine, garnie de plusieurs villages, et entièrement labourée; elle est traversée par de nombreux fossés, par lesquels l'eau du Liakhwi est conduite dans les endroits ensemencés : on y fait des récoltes abondantes de froment et d'orge. A deux werstes de la route on voit, sur le grand canal dérivé du Liakhwi, Bebnissi; à une heure de Karéli, Sassirethi; une demi-heure plus loin, Wariani; à un quart d'heure au-delà, Sarachethi; encore à un quart d'heure, Talatouba; et à une heure un quart, Patara-Nikosi, situé sur le Liakhwi. A l'occident de la route, nous avons vu, dans le voisinage de Sassirethi, le fort de Dirbi et le village de Brethi, sur des hauteurs baignées par le Prone, petite rivière, et séparées par une vallée profonde qui s'étend à l'ouest. A l'ouest de Patara-Nikosi, ou le petit Nikosi, se trouve Didi-Nikosi, le grand Nikosi, village beaucoup plus grand que tous les précédens, et qui a une belle église.

Krtzkhinwali est situé au pied de montagnes boisées, et environné de vignobles et de plantations de saules, de trembles et de mûriers; les branches des deux premiers arbres servent à faire des échalas de vigne. La ville forme un carré oblique, entouré de murs, dont chaque côté a deux cents pas de long. Le mur oriental est baigné par le Liakhwi, sur lequel on a construit un pont de bois solide, appuyé sur des piles de pierre. La ville est entourée d'un faubourg ; on peut évaluer le nombre total des maisons à quatre cents. Dans la ville même est un marché. On vend, dans les boutiques, de mauvaises étoffes de coton, de la chandelle, du savon, du miel, du beurre, du vin, de l'esturgeon séché à l'air, du caviar, des pois, des haricots, des fruits et d'autres denrées communes. On cultive ici beaucoup de vin, de froment, d'orge, que l'on exporte. Les maisons sont, comme à l'ordinaire, construites sous terre ; on en trouve cependant quelques-unes bâties au-dessus et avec des cheminées coniques, comme à Tiflis et à Gori. Les bords du Liakhwi sont escarpés, hauts de quelques toises, et composés de couches minces, unies entre elles par de l'argile. A trente werstes environ au nord-nord-ouest de Krtzkhinwali se trouve la mine d'argent de Dsaghina : elle était très-productive du temps du roi Wakhtang V ; et, suivant Reineggs, elle a même été exploitée sous Irakli II. Pour y aller, on passe par Thbéthi, village dévasté ; par Awnewi, sur la rive gauche du Prone, que l'on y traverse à gué; on arrive ensuite au fort de Noulia, où la route tourne à l'ouest, et conduit, par une montagne calcaire escarpée, à Akhalcheni, encore éloigné de quatre werstes de Dsaghina : à moitié chemin on traverse, à cheval, le ruisseau de Ptsi, et, à sa rive gauche, on trouve la mine située au pied des montagnes.

Le lendemain 8 mai, je passai par les villages de Prissi et d'Argwissi, et, à huit werstes de là, j'arrivai au fort d'Eredwi; il est situé sur le petit Liakhwi, et appartient à la famille géorgienne de Pawleni-chwili. L'église est sous l'invocation de S. George : tous les ans, le 15 août, fête de l'invocation de la Sainte-Vierge, on y vient en pélerinage des divers points de la Géorgie. L'après midi, je fis une autre excursion : j'allai de Krtzkhinwali à Thamaracheni, fort éloigné de cinq werstes, sur la droite du Didi-Liakhwi, et le dernier habité par les Géorgiens, le long de cette rivière; une lieue et demie plus haut, il y a encore quelques petits villages géorgiens : ensuite on trouve le territoire ossète de Djawkoum, appelé par les Géorgiens *Djawis-khéoba*, situé en grande partie sur le Patza, qui s'unit au

Didi-Liakhwi à droite ; le principal village en est Djawi, qui lui a donné son nom : ensuite, sur les deux rives du Liakhwi, est le village de Goupta, où demeure l'ancien de la famille Ghoubiltha, et celui de Skhlébi, où l'on trouve une terre dont l'odeur est si forte, qu'elle fait revenir à elles les personnes qui ont perdu connaissance. De la source du Liakhwi jusqu'à son confluent avec le Patza, on trouve, en descendant, les territoires suivans, habités par des Ossètes, tous déterminés brigands : 1.° Ours-twalta, c'est-à-dire, le *Twali* ou *Dwali blanc* [*Maghran-Dwalethi* en géorgien]. Guldenstædt les confond avec le district géorgien de Medjouris-khewi, et non pas Medjouns-kewi. Il comprend les trois villages d'Erema, près de la source du Didi-Liakhwi, Khods, les deux villages de Kabousta, Kalaka et Takho. 2.° Birta-aoûl, sur une rivière du même nom, qui s'unit au Liakhwi à l'ouest, et renferme dix petits villages. 3.° Czelet ou Keliet, sur une rivière du même nom, qui, sous le nom de *Takho*, se joint au Liakhwi à l'ouest ; il est habité par trois cents familles. 4.° Sgobir, à l'ouest et au-dessous de Czelet, a quarante familles. 5.° Djomakh, aussi sur une rivière du même nom, est à l'ouest du Liakhwi. 6.° Sba, avec un village du même nom, à la famille Abaité, est, de même que les territoires suivans, sur la rive droite du Didi-Liakhwi. 7.° Rouka obéit aux anciens des familles Toumaï-firt et Chalokha-firt. 8.° Kochki, détruit en 1804 par les Russes, sous le prince Tsitsianow, et dont les habitans étaient de grands voleurs. 9.° Goudis. 10.° Tskhwatskour. A l'ouest du Didi-Liakhwi et du Patza, habite, dans les hautes montagnes du côté de l'Iméréthi, la tribu ossète de Tib, composée de brigands farouches, étrangers à l'hospitalité. La province Mthioulethi est appelée par les Ossètes *Khad;* Krtzkhinwali, *Kreba;* Karthli, *Walaga-gourchi;* et la ville de Gori, *Gouri.*

Aujourd'hui 9 mai, je suis reparti de Krtzkhinwali pour Tiflis : jusqu'au village de Patara-Nikosi, j'ai suivi la rive occidentale du grand Liakhwi, que j'ai traversé, et je suis arrivé au village d'Erghenethi, sur sa rive orientale. Nous avons ensuite parcouru quatre werstes jusqu'au village de Megourekissi, le long de la même rive : de l'autre côté, vis-à-vis et à quelque distance, on voyait Semo-khithi, et Kwemo-khithi. En partant de Megourekissi, le Liakhwi nous est resté à deux werstes à l'ouest; on trouve sur ses bords, cinq werstes plus bas, le grand village de Pkhenissi et la ville de Tchwindissi. Trois werstes au-delà, nous avons traversé à gué le პატარა ლიახვი *Patara Liakhwi*, nommé par les Ossètes *Tzitzil-Lekhawi* ou *Tzitzil-Lewakhi*, dénomination qui signifie, de même que celle donnée par les Géorgiens, *petit Liakhwi*.

Cette rivière sort d'un petit lac situé à une grande hauteur au sud-ouest des sources du grand Liakhwi, au point où les montagnes schisteuses sont contiguës aux calcaires. Il coule d'abord au sud-ouest, ensuite plus au sud, jusqu'à son embouchure dans le grand Liakhwi. Son lit, large de plus de cent pas, est entièrement couvert de cailloux calcaires roulés : l'on n'y rencontre pas de granit ; ce qui prouve qu'il ne vient pas des montagnes les plus élevées : il était alors assez impétueux ; mais l'on me dit qu'en automne il n'a que dix pas de largeur. Il se jette dans le grand Liakhwi, à droite, vis-à-vis de Tchwindissi.

Les villages suivans des Ossètes sont situés sur le Patara-Liakhwi, à partir de sa source :

Knoug [*Gnougo* en géorgien], dans les montagnes schisteuses, près de la source, où l'on voit aussi Bekhtcho, forteresse déserte à une journée de route, au-dessus de Belothi, sur la rive occidentale de la rivière (autrefois les Géorgiens y entretenaient un poste); Gnasour et le fort de Siata, sur un ruisseau qui tombe dans le Liakhwi; Kobaïs, sur les deux rives de la rivière, et ayant un ruisseau à sa droite. Dans ce territoire sont les villages de Lekon, Rekhi et Oudaneti, à la gauche; Tsinoubani, Baghin, Somkari et Pokhala, à la droite, ainsi que le fort d'Adseris-khewi, qui appartient aux Géorgiens; Potnisa, petit canton sur un ruisseau au nord-ouest de Belothi; Grya ou Tsrou, en ossétien *Saw-koum,* sur un gros ruisseau qui se jette dans le Patara-Liakhwi à droite, entre Eredwi et Belothi. Ce canton comprend aussi les villages de Soboloké et Douloula, et s'étend jusqu'au Didi-Liakhwi; Patchour, sur un ruisseau qui vient du nord-est et se jette dans le Patara-Liakhwi à gauche, au-dessous de Gnougo : il renferme aussi les villages de Tchaparoug; Bissoï [*Bril* en géorgien], Latschaouri et Inaouri à droite; Tkoupta à l'est du ruisseau de Tkouptoura, au-dessous de Patchour, et dont Tsipor est le principal village ; Tchambiani, à l'est et tout près des précédens.

Ayant commencé à parler des Ossètes établis en Géorgie, je vais énumérer les autres districts qu'ils y occupent d'après leur situation d'occident en orient. A la source du Medjouda, Boselta, dont le village principal est Skhlébi ; Tchourta, sur le ruisseau du même nom, qui se jette dans le Ksani, à droite, près du couvent de Largwi ; Djamour ou Djimour, sur le haut Ksani, jusqu'à Largwi ; Sapherachethi, à l'ouest de la vallée de Wedsath-khewi et du fort d'Ananouri et au pied septentrional du mont Lordsobani, comprend six villages ; Gouda à la source de l'Aragwi, avec les villages d'Ereto, Khati-kau [*Khati-zopeli* en géorgien], Fallakaou, Ieloïte-kaou, Iedate-kaou, Noak-kaou et Meket. Au nord de ce territoire, sont le ruisseau et l'étroit défilé de Tsiskari, où l'on voit soixante tours de défense, et une petite église à l'ouest : la route mène au district de Khewi, au nord des hautes montagnes, et à l'ouest il y avait jadis un palais royal.

Après avoir traversé le Patara-Liakhwi, nous

avons passé devant les villages de Tchertouli et de Sewari, et, dix werstes plus loin, nous sommes arrivés au bord du Medjouda, qui, au-dessus de Gori, se réunit au grand Liakhwi; en été il est presque à sec. On voyait, à deux werstes au sud-est, le village de Rekhi, et, à quatre werstes au sud-ouest, Karalethi, village situé à l'orient du grand Liakhwi, à dix werstes au-dessus de Gori : à l'ouest du Medjouda, à peu de distance de la route à droite, était le village de Tartissa. Depuis le Medjouda, nous avons encore parcouru quatre werstes jusqu'à Kheltoubani, ville où nous avons passé la nuit. Il y a de Krtzkhinwali jusqu'ici environ trente werstes : la route se dirige au sud-est, à travers une plaine qui est, à l'est, une continuation de celles où j'avais voyagé en allant de Karéli à Krtzkhinwali; elle est de même cultivée en grains, et coupée de nombreux fossés où l'on a amené l'eau de la rivière. Kheltoubani est ceint d'un mur en carré, dont chaque côté est long de deux cents pas; les murs sont entourés, sur-tout au nord-ouest, d'un faubourg d'une centaine de maisons. Cette ville est située dans une plaine au pied de la montagne qui commence à l'ouest de Gori. Tout autour des maisons jaillissent des sources qui se réunissent dans un petit ruisseau nommé l'*Anaskouthi;* il coule au sud-ouest, et se jette dans le Liakhwi, à trois werstes au-dessus de Gori.

Nous avons quitté ce lieu le 10 mai, au lever du soleil, et, pendant trois heures, nous avons marché à l'ouest-sud-ouest, le long du pied des montagnes, dans une plaine d'où, au milieu de cette distance, nous avons aperçu au sud Siskhas-khewi, village situé sur les montagnes, entre des collines et des sources, et un peu à l'est, Natsarethi. Nous avons atteint, au bout de ces trois lieues, un petit ruisseau qui se dirige au sud-est à Lekhoura ou Rekhoula, où nous sommes entrés à trois quarts de lieue plus loin. Le pays y est montueux, sur-tout au sud, où les hauteurs sont couvertes de buissons de chênes et de paliures; elles bornent à l'orient la grande plaine qui forme le district de Gwerdissire, se prolonge au nord du Kour, le long du Liakhwi, et est fermée à l'ouest par une autre chaîne de collines assez hautes, qui s'étendent du nord au sud à dix werstes de Krtzkhinwali. Nous avons traversé à cheval le Lekhoura, qui vient des montagnes calcaires au nord, et se jette dans le Kour. Sa rive occidentale, à peu près haute de vingt pieds, consiste en argile mélangée de cailloux calcaires roulés : tout près de ses bords est le couvent de Samthawissi, ou *des trois Têtes,* qui donne son nom à un évêque de Karthli ; il est environ à une werste au-dessus de Tchala. Ces deux endroits sont entourés de bons murs en carré, dont chaque côté a deux cents pieds de long ; tous les habitans demeurent dans leur enceinte. A Samthawissi l'on voit une grande église construite en grès ; au nord-ouest de Tchala, l'on aperçoit, sur une hauteur considérable, les ruines d'un lieu détruit par les Lesghis il y a cinquante ans.

La route passait tout près du couvent de Samthawissi, et, à une demi-lieue au-delà, se dirigeait presque au sud, parallèlement au Lekhoura : elle était étroite, montueuse et bordée de buissons des deux côtés ; ce qui la rend très-dangereuse en été, parce que les Lesghis s'y peuvent aisément embusquer. Nous avons ensuite abandonné le Lekhoura, et, deux lieues et demie plus loin, au-delà d'une plaine découverte, nous sommes arrivés au Ksani, qui, à sept werstes d'ici, quitte les montagnes du nord, et, à deux werstes au sud, traverse la seconde chaine de montagnes, et se jette dans le Kour. Son lit a deux cents pas de largeur; son cours était assez rapide. On y voyait des cailloux calcaires roulés, et d'autres de granit brun rougeâtre et gris de fer. Ses bords aplatis étaient garnis de trembles, de saules, d'argousiers et de tamariscs dont les tiges avaient l'épaisseur du bras. Sur les hauteurs croissaient de petits chênes enlacés de lierre, des saviniers et des genévriers. Au pied des montagnes, à quatre werstes au-dessus de la route, à l'est du Ksani, on voit le fort de Ksaurissi, nommé par les Russes *Ratéewa-Krepost,* parce qu'il appartient aux princes Rathi-chwili; encore quelques werstes plus haut, sur le même côté, est Lamis-khana. En quittant le Ksani, nous avons parcouru quatre werstes à l'est-sud-est, jusqu'à Moukhrani, où je m'étais trouvé il y avait un mois: j'y passai la nuit.

Pour arriver dans la journée à Tiflis, je partis de Moukhrani le 11 mai, à cinq heures du matin, et, traversant la fertile plaine de ce nom [*Moukhranis-mindori*], je marchai droit à l'Aragwi. En trois heures et demie, j'arrivai sur sa rive droite, au-dessous de sa jonction avec le Narekwawi. La plaine entre l'embouchure de ce ruisseau et l'Aragwi est couverte de bois. Sur la partie de la route parallèle à cette rivière, à peu près au milieu du défilé jusqu'à Mtskhetha, on voit une grande ravine qui va de l'ouest à l'est, en s'abaissant depuis le point des montagnes le plus haut jusqu'à l'Aragwi; c'est par là qu'au printemps les eaux des neiges se précipitent : elle porte le nom de *Ghartis-kari*. Ses côtés, élevés de cent pieds au-dessus de l'Aragwi, sont de cailloux roulés de grès et calcaires, liés fortement ensemble par une argile durcie. Le passage dans cette ravine forme un demi-cercle : les Lesghis y viennent fréquemment épier le voyageur sans défense; ils ont de plus la facilité de se cacher dans une vieille tour, au nord de la ravine : c'est pourquoi je jugeai à propos de prendre douze hommes d'escorte à Ghartis-kari, poste de Cosaques de l'Aragwi, pour m'accompagner jusqu'à Mtskhetha. Une demi-lieue avant d'arriver à cet endroit, nous avons vu, sur un haut rocher, à la droite de l'Aragwi et de la route, Natsikhwari, fort ruiné.

Nous avons eu bien de la peine à échapper à la quarantaine à Samthawro ; ensuite nous avons traversé le Kour sur le pont de Mtskhetha, et, le soir, nous sommes entrés à Tiflis.

CHAPITRE XXIV.

Voyage de Tiflis à Wladikawkas. — Source salée d'Ananouri.—Voyage à Dallag-kaou ou Nijneï-Tchim, en passant par les hautes montagnes.—Excursion à Chaniba.—Description du territoire des Ossètes-Tagaours. —Rivières Gnal-don et Kizil-don.—Caverne du prophète Élie. — Ascension des hautes montagnes. — Nature des chaînes voisines.—Brèche calcaire.—Arrivée à Wladikawkas. — Territoire des Wapi sur le Moukil ou Makal-don. — Le Kistethi et le Dsourdsoukethi des Géorgiens. — Stephantzminda.—Passage du Mont de la Croix.— Kaichaourt-kari. — Pachanaouri.—Vallée de Tcharthalis-khewi. — Ananouri. — Mtskhetha. — Quarantaine. — Tiflis.

Je n'avais pas encore reçu, à la fin de mai, les fonds qui devaient m'arriver tous les six mois, et dont les derniers étaient échus le 1.ᵉʳ février précédent. Néanmoins, comme je ne pouvais pas rester plus long-temps à Tiflis sans perdre le meilleur temps pour voyager, je partis de cette ville avec tout mon monde, le 29 mai, et, prenant la route ordinaire le long de la rive droite du Kour par Mtskhetha, puis suivant l'Aragwi du même côté, j'arrivai assez tard à Ananouri, où je passai la nuit. On estime à soixante-deux werstes ou près de neuf milles la distance de Tiflis à cet endroit; du moins c'est ce que l'on paie aux Cosaques pour leurs chevaux : mais en ligne droite il n'y a que six milles.

Le lendemain 30, je visitai une source salée, située un peu à l'ouest d'Ananouri, dans la vallée de Wedsath-khewi, qui se joint à celle de l'Arkala, rivière qui tombe dans la droite de l'Aragwi à Ananouri. Cette source jaillit d'un rocher calcaire sablonneux; elle était entourée de l'argile bleuâtre ordinaire aux sources de cette nature. Le bassin de la fontaine a six pieds de profondeur : mais l'eau est peu abondante, car elle ne passe pas par-dessus les bords; elle semble se tarir par les côtés. Elle ne donne que trois un quart pour cent de sel pur cristallisé, et par conséquent n'est pas employée. On fait usage, dans toute la Géorgie, du sel gemme qui vient de Bayazïd par Ériwan.

Dans l'après-midi je partis par un très-mauvais temps, et je parcourus quarante-deux werstes jusqu'à Kaichaourt-kari, où je passai la nuit. Le temps s'éclaircit, et le 31 mai, dans la matinée, je gravis le Gouda ou mont de la Croix, que j'avais passé le 26 décembre de l'année précédente; et, quatre heures et demie plus loin, j'arrivai au village de Kobi, au pied septentrional des hautes montagnes : j'y trouvai des Ossètes de Chaniba sur le Gnal-don, arrivés la veille de Géorgie et retournant chez eux. Ils consentirent, pour une légère récompense, à m'emmener avec eux et à me ramener par la route militaire qui passe par la vallée du Terek. Je voyageai donc avec eux jusqu'à Dallag-kaou, village habité par leurs compatriotes et situé au pied du mont Kharkhi, appelé par les Russes, *Nijneï-Tchim* ou *Kaïtoukhowa*, où je m'étais trouvé le 25 décembre précédent ; j'y passai la nuit.

Le 1.ᵉʳ juin, je parcourus à pied, en trois heures, la route de Dallag-kaou à Chaniba, qui se dirige à l'ouest-sud-ouest : on peut aussi la faire aisément à cheval, car il n'y a que deux passages extrêmement étroits, à cause d'un abime qui se trouve au sud, ou bien se servir de charrettes ou de traîneaux. Les habitans ne font usage des traîneaux que dans les hauteurs escarpées. Au reste, ces deux endroits un peu difficiles s'élargiraient aisément, parce que la montagne consiste en roche schisteuse brune assez tendre. Un peu avant d'arriver à Chaniba, il faut décrire un demi-cercle autour d'un précipice, à l'extrémité occidentale duquel est une tour haute de quelques toises, nommée *Lazé-Afstoan* par les Ossètes, et qui défend l'entrée du village.

Le Gnal-don, ou rivière du Gnal, sort du pied septentrional du Mqinwari, un peu au-dessus de Chaniba, et coule au nord-nord-ouest; à sa droite on voit, en descendant, les villages suivans : Dallag-Chaniba, c'est-à-dire, le bas Chaniba, ou, comme prononcent les Ossètes de ce lieu, Ssaniba, tout près de la rivière; il appartient à la famille Koundoukhaté. Oulag-Chaniba, ou le haut Chaniba, est au nord du précédent, sur une hauteur; il appartient à la famille Iessenaté. Gnal, à six werstes de distance, sur une haute montagne, est habité par des Ossètes libres et chrétiens, de la famille Tzomarta; mais ils sont peu instruits de leur religion. Les bords du Gnal-don, depuis ce point jusqu'à la jonction de cette rivière avec le Kizil-don, dans une étendue de douze werstes, deviennent si escarpés et si couverts de bois, qu'ils sont absolument inhabités. Sur la gauche du Gnal, il n'y a que trois villages tout près les uns des autres, et vis-à-vis Chaniba, dans l'ordre suivant, en descendant : Ribankak-Toumané-kaou, ou le village supérieur de la famille de Toumanaté; Indag-Toumané-kaou, ou le village inférieur de la famille Toumanaté; et Kani, situé vis-à-vis Oulag-Chaniba, et qui est à la famille Sanaté ou Chénat. Tous ces villages sont de la tribu ossète de Tagata, nommée par les Géorgiens, *Thagaouri;* par les Tcherkesses, *Teghei;* par les Russes, *Thagaourtsi.* Comme les Ossètes qui habitent sur le Kizil-don en font aussi partie, je vais décrire leurs villages.

Le Kizil-don se nomme *Kizil-aousse* en tcherkesse; il sort du pied septentrional du Khokhi, à la droite de Jimara, village qui appartient à un chef de la famille Djantiaté : celle-ci n'est pas comprise parmi les Ossètes-Tagaours. Après

Jimara, l'on voit, à la gauche du Kizil, un vieux fort en ruine, dont on attribue la construction aux rois de Géorgie; ensuite vient Lamar-don, à six werstes de distance, et un peu plus loin, sur une montagne, Qaqadour, grand village défendu par plusieurs tours. Entre ces deux endroits coule un ruisseau qui vient de l'ouest, et qui va se jeter dans le Kizil : quand on remonte six werstes le long de sa rive gauche, on arrive à une haute plaine, au nord de laquelle est un rocher escarpé, sur le sommet duquel se trouve le Wats-Ilia-leghetté, ou la caverne du prophète Élie, regardée par les Ossètes comme un sanctuaire : ils en racontent des prodiges sans nombre. Ils disent que sa partie supérieure est verte; qu'il y a au milieu une pierre élevée qui tient lieu d'autel, et sur laquelle est, dans un enfoncement, un gobelet d'argent rempli de bière : l'entrée n'en est connue que de l'homme qui vient annuellement y offrir des sacrifices pour les peuples; et l'on ajoute qu'un sentier le long des rochers y conduit du côté du sud. Toute autre personne qui a voulu y pénétrer, a éprouvé des accidens. Au-dessous de la hauteur où est cette grotte, les bestiaux paissent sous la protection du saint en toute sûreté, sans qu'on ait besoin de les garder, parce que la mort et l'aveuglement punissent quiconque ose y toucher. Au lieu de faire un serment solennel, il suffit de monter avec confiance de la plaine vers la caverne. Les Ossètes du voisinage racontent qu'un de leurs compatriotes fait prisonnier s'était enfui d'un des pays de l'occident, et que, comme il ne trouvait pas de route pour s'enfuir, un chat, qui se métamorphosa en aigle, l'enleva et l'apporta par-dessus les mers et les montagnes jusqu'à cette vallée, où il descendit chez les habitans. Le chef de cette famille, qui demeurait autrefois à Lamar-don, fait tous les ans un pélerinage à cette caverne; il doit être en état de pureté et vêtu d'habits neufs, faits par lui-même. Durant le sacrifice il aperçoit une lumière sacrée; et, quand le gobelet de bière placé sur l'autel déborde, il prédit de riches moissons, le repos, l'unité, et des temps heureux. Les habitans de Jimara, les Tagaours, ainsi que les Ossètes de Kourtat et de Saka, honorent cette caverne, et tous les ans ils célèbrent au-dessous, en été, une grande fête, dans laquelle ils offrent à Élie de la bière, des bœufs, des moutons. Le lendemain, le grand prêtre reçoit de chaque métairie la moitié d'un mouton et un peu de pain, et mange ces provisions avec les anciens des villages de Lamar-don, dans un festin public, pendant lequel il raconte les différentes apparitions et prophéties dont il a été favorisé (1).

On voit sur la rive gauche, après Qaqadour, Tzitzil-Qoban où le petit Qoban, qui appartient à la famille Khankouaté; et sur une montagne escarpée, dans la forêt, Ghizi, petit village de dix maisons. Au-dessous de Tzitzil-Qoban, le Kizil est enfermé de tous côtés entre des forêts et des rochers, et inhabité jusqu'à sa jonction à la droite du Fiag ou Pog. A la droite du Kizil, sur une montagne haute et escarpée, est situé Darghaffs, grand village défendu par des tours, et appartenant aux trois familles tagaouriennes de Mamtzirre-firt, Sahah et Khankouaté ou Éristhowi-firt. A six werstes au sud-est de Darghaffs, se trouvent Kani et Chaniba sur le Gnal-don. Dans les mon-

---

(1) On dit qu'il y a sur le Gnal-don une caverne semblable, nommée *Gnala-Furnighidagé*; sur le Kizil, un ancien bâtiment sacré, le Kantseghé-Kaouzed; et sur le Fiag, près de Kourtat, le Swghis-Dsouare. J'en parlerai plus bas.

tagnes, entre le Kizil et le Gnal-don, à cinq werstes au sud du confluent de ces deux rivières, sont les villages d'Istir-Qoban ou grand Qoban, aux familles d'Alikaté, Betaté, Mirsa-beg et Tal-towi-firt.

Je partis le 2 juin de Dallag-Chaniba, et je me dirigeai au sud, avec la résolution de gravir le Mqinwari jusqu'aux limites des neiges. Un chemin frayé pour le transport du foin et peu escarpé y conduisait : mon guide ne voulut pas me conduire et attendit en bas mon retour. Je montai néanmoins si haut, que le baromètre ne marquait plus que vingt pouces quatre lignes, tandis qu'à Dallag-kaou, sur le Terek, il se tenait à vingt-quatre pouces huit lignes : nous avions encore plus de cent toises à parcourir jusqu'aux neiges; cet espace était très-escarpé et rempli de rochers, contre lesquels j'eus le malheur de briser mon dernier baromètre. La neige était d'ailleurs très-profonde et peu solide; je fus obligé de rebrousser chemin, parce que je n'avais pas de souliers tels qu'il en fallait, et que nous étions dépourvus de tout l'appareil nécessaire pour gravir les endroits couverts de neige.

La montagne que j'eus occasion d'observer dans cette course, était de schiste brun noir; ses couches étaient non pas horizontales, mais ordinairement obliques, et plus souvent verticales. En plusieurs endroits elle était entièrement nue; en d'autres, recouverte d'argile jaunâtre et de terre végétale tapissée de plantes employées à faire du foin (1). Les parties inférieures étaient remplies de bouquets de bois composés principalement de bouleaux mêlés de sorbiers des oiseaux, de merisiers à grappes, de viornes, de groseilliers des alpes et de framboisiers. J'y trouvai aussi le *lonicera cœrulea*, arbrisseau fameux chez les Tatares, sous le nom de *togoustoun*; on en emploie le bois dur, lourd, mélangé de blanc et de vert, à faire des bâtons. On y rencontrait encore l'*azalea pontica*, nommée *salgat* par les Ossètes; ils regardent son charbon comme le meilleur pour faire la poudre à canon. Sur les points les plus élevés où nous sommes parvenus, il ne croissait plus d'arbres; le sol était tapissé de mousses,

---

(1) *Plantago media, alchemilla vulgaris, cistus helianthenum, phleum pratense, clinopodium grandiflorum, veratrum album, rhinanthus crista galli, parnassia palustris, polygonum bistorta.*

entre autres du *polytrichum commune*, au dessous duquel rampaient les racines de *rhododendron ponticum* et de *vaccinium vitis idæa*, dont les feuilles, toujours vertes, étaient étalées à terre ; je trouvai au milieu de ces plantes le *salix myrsinites*, le bluet, l'*oxalis acetosella*, le *lycopodium selago*, et le *lichen caninus*.

La route pour retourner à Chaniba passait dans une cavée dirigée au sud-ouest, par laquelle la montagne qui vient des glaciers s'abaisse, et qui se termine au nord par la montagne calcaire escarpée, dont le sommet le plus haut, entièrement nu, s'élève à plus de cent toises au-dessus du schiste qui lui est contigu. Celui-ci est peu compacte, brun, et mêlé de parties calcaires, de sorte qu'il fait un peu effervescence avec les acides. Sur une montagne pyramidale qui s'élève au milieu de cette ravine, et qui est couverte de terre fertile et de plantes, s'élève, au sud et près du village d'Oulag-Tsmi-kaou, [*Werkhnoï-Tchim* en russe], un rocher calcaire de vingt pieds carrés, arrondi, à plusieurs pans, informe, nommé *Ouéghi-dour* par les Ossètes, et devant lequel passe le chemin de Chaniba. Ce rocher ne consiste qu'en petits fragmens calcaires unis par un gluten qui en forme une brèche. Une fente large de quelques doigts, et qui a sans doute été faite par la foudre, divise ce rocher en deux parties inégales.

La route, pour retourner de Chaniba à Dallag-kaou, m'avait extrêmement fatigué : aussi, le 3 juin, je ne parcourus que vingt werstes jusqu'au fort de Wladikawkas, situé à l'issue des montagnes. J'y voulais attendre le départ d'un grand convoi destiné pour Mozdok, parce que les incursions des Tchetchentses rendaient très-périlleux le voyage dans la grande Kabardah : mais, dès le lendemain, un exprès expédié de Tiflis vint m'annoncer que l'argent que j'attendais depuis si long-temps y était arrivé, et que, pour le recevoir, ma présence était nécessaire dans cette ville; je laissai, en conséquence, mon secrétaire avec tout le bagage à Wladikawkas, et, suivi d'un seul domestique, je retournai à Tiflis par le même chemin que j'avais suivi en venant. Je partis de Wladikawkas le 5 juin de grand matin, et, dix werstes et demie au-delà, j'arrivai à Baltach ou Balta, première station de Cosaques, sur la gauche du Terek. Ce village et ceux de Tsmi-et de Laars, qui font partie du district ossète de Chimithi, ou *Tchimithi* en géorgien, appartiennent à la famille de Slonaté, nommée *Doudaro-chwili* en géorgien. On compte quinze werstes et demie jusqu'à la station suivante ; à la moitié de cette distance, le Moukil, torrent nommé *Makal-don* par les Ossètes, venant du sud-est, se jette à la droite du Terek. Il sort d'une haute montagne couverte de neige, située sur les limites des Pchawi et des Khewzouri, dont les vallées portent aussi le nom de *Pkhoéli:* sur sa partie supérieure est le territoire des Mitzdjeghi [*Dsourdsoukethi* en géorgien], et au-dessous le Kistethi proprement dit. Ces deux territoires comprennent, à partir d'en haut, les villages suivans, dont les habitans se donnent à eux-mêmes le nom de *Fapi* ou *Wapi*, et sont désignés par les Géorgiens sous celui de *Komoïthi*, savoir : *Best, Khola, Djawon, Arsia, Garaka, Leftzig, Fetkhal, Obin, Baghir, Kalmoukawat,* et *Djaïrak* ou *Djariékhi* (1). Ce der-

---

(1) Dans la Géographie géorgienne déjà citée, ce village se nomme *Chouachi-Djariékhé*, et au-dessous est celui de Khethadsé, sur le Terek. Un Géorgien m'a donné un peu différemment les noms des villages des Moukils ; les voici : *Tarchi, Patkhalaga, Artsia, Landjaga, Obni, Malarcho, Garaka, Baïna, Baghiri, Rompa, Pemata, Djariékhi, Kalmikawat* et *Osmi*.

nier endroit est à trois werstes de distance de Dallag-kaou, et sur un plateau élevé à la droite du Moukil, un peu avant sa jonction avec le Terek. Ce village est, à proprement parler, composé de quatre plus petits, dont deux sont habités par les Ossètes. A l'ouest de la vallée du Moukil, il faut franchir une montagne escarpée, pour arriver dans la vallée du Koumbaley, où habite la tribu ingouche de Ghalgaï [*Ghlighwi* en géorgien]; elle dérive son nom d'un petit-fils de Dsourdsoukos. Les peuplades Mitzdjeghi nomment les Khewzoures, *Pkhia,* et le Khewi, *Bonia.*

Le troisième relais après avoir quitté Wladi-kawkas est Dariela, ou la porte du Caucase, qui n'est éloignée de Laars que de cinq werstes, et que j'ai décrite dans le chapitre XVI. Nous avons eu ensuite à la droite du Terek la vallée et le village de Gioulethi ou Golet, nommés jadis *Gelathi*, et situés sur le Defdaroki, ruisseau qui sort du Mqinwari. A deux werstes au sud-ouest dans les montagnes, est Tzoudo, Sto ou Psedo. A Dariela un pont nous a conduits à la droite du Terek, que nous avons suivie jusqu'à Stephan-tzminda, quatrième station, distante de onze werstes de Dariela : on compte seize werstes et demie de ce lieu à Kobi, qui est la cinquième et dernière station avant d'arriver aux montagnes couvertes de neige ; nous y avons passé la nuit. A cinq werstes, sur la gauche du Terek, que nous avions reprise à Stephan-tzminda, nous avions vu Panchethi, village sur le ruisseau du même nom : tout auprès est un immense rocher de grès rouge qui se détruit, et qui renferme des fragmens de granit à mélange fin. Le basalte y diminue beaucoup ; le granit et le porphyre le remplacent. Vis-à-vis du village de Ghoris-tsikhé, la vallée d'Atchkhothi [Atchkho-tis-khewi], qui vient du sud-est, se joint à la droite du Terek; elle est habitée par les Ghou-djaouri, tribu farouche et adonnée au brigandage. On y voit les villages suivans, à partir d'en haut : Sno avec des eaux minérales, Akhal-tsikhé, Kargoutcha, Migouda et Artkhmo ; une route traverse cette vallée et mène chez les Goudamaqari, qui demeurent au sud des montagnes couvertes de neige. A Sioni, le Khakh-mena-don se jette dans le Terek à droite ; au sud est la montagne de Milwani ; plus loin, au sud de celle-ci, celle de Karbachin, et ensuite la plaine d'Ados-mindori, où est Kobi. Les Géorgiens nomment *qéli*, c'est-à-dire, cou, les prairies des montagnes où se trouvent les meilleures pâturages. Nous avons bivaqué près de Kobi, parce que les maisons étaient remplies et malpropres : la nuit fut fort belle.

Le lendemain 6 juin, nous avons remonté l'Ours-don ou le Thethri-tzqali, qui coule du sud au nord dans la vallée de Chtamawali, et vient du Mont de la Croix. Dans l'après-midi, nous avons franchi cette montagne, et, après avoir parcouru quinze werstes et demie, nous sommes arrivés à Kaichaourt-kari ; ensuite nous avons fait quatre werstes sur la rive droite de l'Aragwi, où sont les lieux suivans : Arakhlethi, Kimbarieni, Tzetzli-djwari, ou l'église du Feu, dans la vallée de Kharkhlethis-khewi, et la vallée Amirth-khewi ; puis nous sommes arrivés au Tchabaroukhi, fort ruisseau qui coule dans la vallée de Khandos-khewi, sort des montagnes de Lomissa, et se jette dans l'Aragwi, à droite, vis-à-vis du Goudamaqari. On y trouve, à vingt werstes de Kaichaourt-kari, Pachanaouri, station de Cosaques, où nous avons passé la nuit. Le lendemain 7 juin, nous sommes restés sur la droite de l'Aragwi ; nous avons d'abord vu la vallée de Tcharthali, qui vient de l'ouest, et qui se réunit à cette rivière ; le ruisseau qui l'arrose, sort du Lordsobani, haute montagne calcaire, qui sépare le territoire de Bazalethi de la vallée du Ksani, et qui s'étend depuis Lomissa jusqu'à Odsissi sur le Ksani. Au nord de Tcharthalis-khewi est Mthioulethis-kari, ou *la porte de Mthioulethi*, passage étroit, autrefois défendu par un château fort ; un peu avant Ananouri est Tsikhé-siri. D'Ananouri nous avons passé par Ragaspiri et Ghartis-kari, et nous sommes entrés à Mtskhetha, où nous avons fait quarantaine pendant trois jours. Le 11, j'ai suivi la droite du Kour, jusqu'à Tiflis, où je suis allé loger chez mon ancien hôte, l'Arménien Khaïthmassiani, qui m'accueillit avec beaucoup de cordialité.

CHAPITRE XXV.

Départ de Mozdok. — Camp de Timour. — Ruines de Djoulad. — Tatar-toup. — Kabardah. — Fiag. — Arré-don — Ours-don. — Voyage le long de l'Ouroukh, dans le pays des Dougours. — Passage des montagnes de neige. — Ratcha, district iméréthien, sur le Rioni. — Oni. — Retour chez les Dougours. — Maskwawa. — Grande Kabardah. — Ancienne Mission russe chez les Ossètes. — Grigoripolis sur le Koumbaley. — Retour à Mozdok par la petite Kabardah.

Après avoir terminé toutes mes affaires à Tiflis, je quittai définitivement cette ville et la Géorgie, et, suivant la route de la vallée du Terek, si souvent décrite, je rentrai à Mozdok le 14 juillet : j'y laissai mes gens malades. Comme on m'y refusa, à cause de la peste, l'escorte que je demandais, je pris à mon service deux Ossètes qui connaissaient bien toute la montagne et qui avaient par-tout des amis auxquels ils étaient unis par les liens de l'hospitalité.

Le 17, je partis de Mozdok avec eux, et je

passai le Terek en bac. Depuis le lazaret de Mozdok nous avons fait quinze werstes dans la haute steppe de la petite Kabardah, toujours à l'ouest, et nous sommes arrivés à un lieu nommé *Gorodichtché* par les Russes; ce qui indique les ruines ou l'emplacement d'une ancienne ville. Cet endroit est situé à l'embouchure du Kourp, ruisseau qui vient du sud dans le Terek, dont le cours se dirige à l'est : ils coulent tous les deux dans des vallées de collines basses et boisées, larges de quelques centaines de pas, entreprises et terminées par une steppe en pente, escarpée et haute de plus de cinquante pieds. Sur cette pente, on voit, au sud-est du confluent du Kourp, un rempart, long de cinq cents pas, qui commande les collines basses le long de la rivière : il semble avoir été un camp, et doit vraisemblablement son origine à la guerre de Toktamich et de Timour. Derrière ce rempart, haut à peine de cinq pieds, est une colline élevée d'où l'on peut apercevoir toute la steppe.

Vers dix heures avant midi, nous avons quitté ce lieu, et nous avons marché directement au sud, toujours à une certaine distance du Kourp, sur la steppe bien unie. A une distance de dix werstes, nous avons traversé ce ruisseau; puis nous avons encore parcouru deux werstes sur la rive occidentale, jusqu'à un puits entouré de pierres, où des Ossètes qui allaient dans la montagne se sont joints à nous. Tout le monde était très-fatigué de l'excès de la chaleur et du grand nombre de mouches; nous avons fait halte en ce lieu.

Je me trouvais au milieu de la chaîne montagneuse qui s'étendde l'occident à l'orient, depuis le Terek jusqu'à l'embouchure de la Soundja. Elle paraît n'avoir pas plus de vingt toises d'élévation au-dessus du niveau de la rivière ; ici elle était composée d'argile jaune-grisâtre, calcaire, dans laquelle des couches de silex étaient éparses. Dans ce canton, et à trente werstes tant à l'est qu'à l'ouest, cette chaîne est entièrement dénuée de bois. Le Kourp est un ruisseau qui prend sa source dans la seconde chaîne de montagnes, coule du sud au nord, et se jette dans le Terek à peu près à quinze werstes au-dessus de Mozdok. Sa largeur est à peine de quelques toises à son embouchure, et ne va pas même à une entre les deux chaînes. Ses bords sont par-tout très-escarpés, et s'élèvent en se rapprochant de son embouchure. Il coule au milieu d'une argile jaune-grisâtre ; ce qui donne à ses eaux une couleur jaune. Les collines basses qui l'entourent à son embouchure, sont couvertes de chênes, d'ormes, de prunelliers, de coudriers et de charmes.

A quatre heures, nous sommes partis du puits sur le Kourp, et nous avons d'abord parcouru encore trois werstes au sud, le long du Kour; puis douze werstes presque à l'ouest, dans une steppe découverte, jusqu'au ruisseau d'Ak-bach [Tête blanche]. Il prend sa source dans des hauteurs à peu de distance; ses bords sont peu élevés; son eau est claire, son lit rempli de cailloux. Il reçoit le Bdaya, qui coule plus à l'ouest, et que nous avons passé cinq werstes plus loin. Nous avons vu là plusieurs villages de la famille Taw-sulthan, abandonnés à cause de la peste, et des huttes nouvellement élevées par les anciens habitans. Nous avons passé la nuit près du ruisseau. Mes compagnons de voyage avaient pourvu à ce que, même lorsque nous serions obligés de camper en plein air et dans des cantons sauvages, il ne nous manquât rien. Un de mes guides avait tué un cerf près du puits du Kourp; on en fit cuire le filet; on fit des gâteaux de millet, et l'on finit le service par le bouillon mêlé d'un peu de lait, qu'on buvait.

Le lendemain matin, je fis cinq werstes le long du Bdaya, dans des prairies basses et humides, remplies de roseaux, de *glycyrrhiza glabra,* de valériane, d'ulaire, de lysimachie et de ronces. Le Bdaya s'y réunissait à l'Ak-bach. Nous avons traversé ce ruiseau, et nous avons vu les restes du village tcherkesse de Kambakhwèhé, aussi abandonné à cause de la peste; il a été considérable, et a renfermé cent familles. Le Koyan prend sa source à l'ouest, se perd dans la steppe quelques werstes plus loin, et n'arrive pas au Terek. Nous avons encore eu cinq werstes à faire au nord, jusqu'aux ruines de Djoulad, situées à l'extrémité occidentale de la chaîne de montagnes dont j'ai souvent parlé.

Djoulad [جولد] est une ancienne ville, qui, selon le Derbend-Nameh (1), existait déjà dans le second siècle de l'hégire, et avait un gouverneur qui obéissait au khakan du Decht-kaptchak. C'est aussi celle dont Cherif-eddin, dans son *Histoire de Timour* (2), fait mention sous le

---

(1) *Voyez* tom. I.ᵉʳ, pag. 179.
(2) Ms. persan n.° 70 de la Bibliothèque du Roi de France.

nom de *Djoulât* [جولات]. Ce conquérant, ayant, au printemps de l'année 1397, quitté son camp sur le Samour, pour marcher contre Toktamich, khan du Kaptchak, alla à Derbend, anéantit une bande de Tatares de Kaïtag [قيتاغ], se dirigea sur Tarkou, passa le Koïsou et la Soundja [آب سونج], où il campa pour attendre le reste de l'armée, qui était demeuré en arrière. Toktamich était à quelque distance, dans un camp retranché : Timour voulut l'y attaquer; mais Toktamich se retira jusqu'à la Koura. Timour avait trouvé un passage pour traverser le Terek [آب ترك]; cependant le manque de vivres le força de remonter ce fleuve jusque dans les environs de Djoulât (1), où les provisions abondaient. Toktamich, qui suivait de près l'armée de Timour, le contraignit de se retrancher sur les bords élevés du Terck, et vraisemblablement près de Gorodichtché, où j'étais hier. Le mercredi, 22 du mois djoumadz-

---

(1) صاحب قران كنار كنار آب بطرف ولايت جولات روان شد

ultsani de l'an 799 de l'hégire [1397] (1), les deux armées en vinrent à une bataille rangée; Toktamich, entièrement défait, fut obligé de prendre la fuite.

Les ruines de Djoulad consistent en une mosquée et un minaret. On ne voit que les fondations de la première : les deux côtés les plus longs ont cinquante pas de longueur; les deux autres, vingt-cinq. Un morceau du mur septentrional est encore debout : c'est une porte cintrée, haute de quatorze pieds, large de dix. Sur cette muraille, à l'est de la porte, est le minaret, haut de quarante pieds : la partie inférieure est un piédestal carré, large de dix pieds et haut de quatorze; le reste est de forme cylindrique, et a dix pieds de diamètre. Cette tour a six pieds de largeur en dedans ; on peut monter jusqu'en haut par un escalier de cinquante-cinq marches. L'entrée d'en bas est tournée au sud. Le tout est construit en briques très-solides et unies par un mortier très-dur.

Ces ruines sont situées à l'angle sud-est d'un

---

(1) روز سه شنبه بیست و دوّم جماد الثانی سنه تسع وتسعین وسبع مایه

emplacement carré, dont chaque côté a deux cents pieds. Celui de l'occident, tourné vers les collines basses baignées par le Terek, est perpendiculaire, et haut de cent pieds; les trois autres côtés sont très-escarpés. Cette surface est couverte de tombeaux, mais plus modernes que la mosquée. Personne ne put nous dire par qui ni à quelle époque celle-ci avait été construite; cependant les Tcherkesses prétendent que les tombeaux ont été élevés dans les temps modernes par les Tatares Nogaïs, dont une horde, sujette du prince de la petite Kabardah, s'établit dans ce canton : elle en fut chassée par les Kalmouks, il y a soixante-dix ans, et enlevée aux Kabardiens. Je ne trouvai que des inscriptions arabes sur deux tombeaux; mais elles étaient presque effacées. Je pus cependant lire distinctement les années 1130 et 1133 de l'hégire, qui correspondent aux années 1717 et 1721 de l'ère chrétienne.

Le Terek est éloigné de plus de mille pas de la hauteur sur laquelle est située Djoulad; mais un petit bras de cette rivière passe au bas, et serpente dans les plaines basses au nord-est du Terek, avant de s'y réunir de nouveau : ses bords sont couverts de mûriers noirs et blancs de la grosseur d'un homme, et d'une belle végétation. Ces arbres ont sans doute été plantés par les anciens habitans de la ville ; car les Tcherkesses ni les Tatares n'entendent rien à l'éducation des vers à soie. Entre ces mûriers, on voit beaucoup de vignes, dont les raisins, d'après l'assertion des Tcherkesses, sont plus gros et plus doux que ceux qui croissent sauvages sur les bords du Terek : il est probable que ces vignes proviennent aussi de l'ancienne culture. Sur le Koyan, qui coule à l'orient du Djoulad, on voit aussi des mûriers, des vignes, des pommiers, des poiriers, des coignassiers d'une espèce meilleure que celle qui est dans le pays.

Vers le soir, nous sommes retournés à notre camp de Bdaya, et nous y sommes restés jusqu'au lendemain matin. Des Tcherkesses, qui s'étaient joints à nous, m'apprirent qu'ils teignaient leurs étoffes de laine en brun foncé avec l'origan et le petit lait aigre, et en jaune foncé avec la suie et l'alun. Ils se font, contre les rhumatismes, des fomentations avec du sureau ; les chèvres mangent avec plaisir les feuilles de cet arbre. Les femmes se teignent les ongles en jaune brun, avec le carthame que l'on cultive dans les jardins : les Arméniens emploient la balsamine au même usage. Ils tirent du chanvre, du fil pour coudre ; cette plante s'élève à huit pieds. Ils mangent le maïs grillé ou bouilli ; la provision en est rarement assez considérable pour que l'on puisse en faire de la farine et du pain.

Le poisson doré *[cyprinus rutilus]* n'est pas rare dans le Bdaya. Les Tcherkesses le prennent dans des corbeilles d'osier ovales, longues de trois pieds, larges d'un pied et demi. Un homme se place avec cette corbeille dans le ruisseau ; un autre y descend environ vingt pieds plus bas, et chasse le poisson vers lui. Les sangliers sont très-communs dans ce canton : ils fréquentent principalement les champs de millet, où ils commettent de grands dégâts. Mes compagnons de voyage en avaient tué deux, qui nous firent un excellent souper.

Nous avons quitté notre camp le 19 juillet au matin, et nous avons parcouru huit werstes en remontant jusqu'à sa source. Nous avons vu sur cette route plusieurs villages entièrement abandonnés par la peste ; ils étaient à la famille noble tcherkesse de Chaloch. Les plaines basses sur le Bdaya leur produisaient d'excellentes récoltes de foin ; et les hauteurs, de très-bon millet. Ils tiraient du Terek le bois dont ils avaient besoin. Ayant le plus grand desir de voir le monument chrétien de la petite Kabardah décrit par Guldenstædt, j'allai à huit werstes au sud-est du Bdaya pour le voir : il est au pied septentrional de la chaîne méridionale ou secondaire de la petite Kabardah, entre l'Assokaïa et le Mandokh. On voit sur les bords de ces deux ruisseaux une centaine de petites collines couvertes de pierres, qui s'étendent sur une ligne du sud au nord : les trois du milieu sont les plus grandes. Entre les deux méridionales, se voit un bloc de grès haut de huit pieds, ayant la forme d'une croix, dont les bras horizontaux ont à peine deux pieds de saillie. Je me convainquis que la figure donnée par Guldenstædt est très-fidèle ; ce qui me dispense de décrire ce monument. Un espace circulaire de dix pas de diamètre autour de cette pierre est pavé de morceaux de grès, dont plusieurs étaient des agglomérats de camites pétrifiées, tels qu'on en trouve dans les carrières des montagnes voisines. La croix est toute couverte de lichen. Les Tcherkesses voisins ignorent entièrement l'âge et l'histoire de cette pierre. Il paraît que c'est un lieu de sépulture dont l'origine est due plutôt à une bataille qu'à une longue habitation dans les environs. La forme de la pierre montre qu'elle a été érigée par des chrétiens, et l'inscription grecque copiée par Guldenstædt le prouve encore davantage. Cet auteur la traduit ainsi : « Jusqu'à la seconde venue de Notre-Seigneur » Jésus-Christ, Theodotos, fils de Noa, s'est » endormi le... mai..... » A moins d'une werste à l'est de ce lieu remarquable, il y avait trois petits villages tcherkesses, nommés les *Ioutsedshekwèhé;* ils sont aujourd'hui totalement abandonnés. Nous avons ensuite pris notre chemin à l'ouest de la chaîne des montagnes, et nous avons traversé le Mandokh, le Saré-sou et le Psougabché, ruisseaux bourbeux, qui en sortent et se qui jettent dans la steppe. Après avoir parcouru six werstes dans cette direction, nous nous sommes tournés au sud, parallèlement au Terek; puis nous avons fait encore deux werstes le long de ses bords; nous avons trouvé Ieletouqwa, village qu'il arrose : à une bonne werste au sud, est celui de Thousar-kha.

Nous avions passé la nuit sur les bords du Terek, près d'Ieletouqwa; la crainte de la contagion nous avait empêchés d'y entrer. Vis-à-vis, sur la rive occidentale de la rivière, on voit les ruines de Tatar-toup [تاتار توب], nom qui signifie *colline des Tatares* : elles consistent en trois minarets éloignés de quelques centaines de pas les uns des autres, et entièrement semblables à ceux de Djoulad : on y trouve aussi deux églises en pierre, entièrement dans le goût russe. Sur les parois intérieures sont peintes des figures de saints, qui viennent peut-être du XVI.ᵉ siècle, époque où, après les conquêtes brillantes du tzar Iwan Wassiliewitch, des missionnaires russes convertirent les Tcherkesses au christianisme : mais ceux-ci prétendent que ces églises ont été bâties par des *Frenghi* ou Européens qui ont habité en Tatarie. Guldenstædt a décrit avec beaucoup d'exactitude les ruines de Tatar-toup, qui étaient, de son temps, dans un état moins déplorable qu'elles ne sont aujourd'hui.*

Tom. II.

Tatar-toup (1) est vraisemblablement le même endroit dont il est fait mention, dans l'Histoire de Derbend, sous le nom de *Cheheri - Tatar* [شهر تاتار], et qui avait ses gouverneurs particuliers; il faisait partie de l'empire des Khazares; et il est, par conséquent, probable que des Mahométans, des Chrétiens et des Juifs, y habitaient à-la-fois. Ce lieu est désert depuis long-temps : car les tombeaux nogaïs modernes, l'un desquels, de l'an 1159 de l'hégire [1746 de J. C.], a été décrit par Guldenstædt, ne prouvent pas qu'à cette époque il ait été habité, parce qu'il y a soixante ans que, de même qu'à Djoulad, des hordes de Nogaïs nomades erraient aux environs. Ces tombeaux peuvent aussi avoir appartenu à des Tcherkesses Mahométans. M. de Sainte-Croix, dans ses *Éclaircissemens sur les pyles caucasiennes et caspiennes*, n'a pas été heureux

---

(1) *Toba* signifie colline en nogaï; *toubé* [توبه], en tatare de Kazan et de Tobolsk; diminutif, *toubètchik* [توبه‌چك] ou *baïr* [باير]. *Depé* [ده] ou *tepé* [تپه], en turc, colline ou cime d'une montagne; diminutif, *depedjik* [ده‌جك] ; *depelik* [ده‌لك], lieu montueux ; *thagh depesi* [طاغ دپسى], sommet d'une montagne. *Dobo* [ᠳᠣᠪᠣ], colline, en mongol.

dans la recherche qu'il a faite de l'étymologie du nom de Tatar-toup. Voici comment il s'exprime :
« Les Huns occupent et s'étendent jusqu'aux
» Palus Méotides. Une horde de ce peuple,
» appelée *Sien-pi*, et, plus communément,
» *Topa*, donna, dans la suite, son nom à une
» partie de ce défilé, qui est encore connu sous
» le nom de *Tartar-toup* ou *Topa*. » Mais *Thopa* est le nom des princes de la tribu de *Soŭtheoŭ*. Cette tribu n'avait rien de commun avec Tatar-toup; elle habitait, du temps de Jésus-Christ, le lac Baïkal. Elle ne s'étendit que jusqu'à la Chine, où, en 398, elle fonda la dynastie des Oueï.

Nous sommes partis d'Ieletouqwa le 20 juillet, de bonne heure, et nous avons parcouru trois werstes au nord-ouest, en descendant le long du Terek, pour trouver un endroit où le passage fût commode : en sortant du défilé par lequel il s'échappe de la chaîne de montagnes, il traverse une campagne absolument plate, et se partage en plusieurs bras sur la largeur d'une werste. Depuis quinze jours ces bras s'étaient réunis en un; mais alors l'eau diminuait sensiblement, parce que la fonte des neiges dans les hautes montagnes, qui avait eu lieu dans le mois de juin, avait déjà cessé de gonfler la rivière, qui n'était plus entretenue que par les pluies accidentelles et par l'eau des glaces que la chaleur du soleil, dans le milieu du jour, faisait fondre sur le sommet des montagnes. Son lit est encore rempli de cailloux dans ce canton; mais à Djoulad l'on ne trouve que de la boue, et il reste tel jusqu'à son embouchure dans la mer. Ses bords ne sont garnis ici que de coudriers, d'aunes et de saules blancs. A l'endroit où nous l'avons traversé, il avait souvent trois pieds de profondeur; et il était très-rapide; ce qui faisait croire que les chevaux marchaient contre le courant : mais c'est une illusion d'optique, dont il est très-facile de s'apercevoir en fixant son œil sur un point du bord opposé; car on reconnaît que le cheval, bien loin de remonter, descend le fleuve en ligne oblique. Dans ces régions, où l'on est si fréquemment obligé de traverser des rivières, les voitures tatares ou *arba* sont très-utiles par leurs hautes roues; ce qui empêche le coffre d'être mouillé. Après nous être reposés quelque temps sur le bord occidental du Terek, nous avons parcouru encore onze werstes au sud, le long d'une montagne qui s'abaisse insensiblement jusqu'à ses bords. A son extrémité septentrionale, nous avons passé devant les ruines de Tatar-toup. A trois werstes environ, nous avons vu les restes d'un bâtiment dodécagone, de quinze pieds de diamètre, et près duquel était un minaret semblable à celui de Djoulad. Ce bâtiment avait pourtant plutôt l'air d'un tombeau, tel que ceux de Madjar, que d'une mosquée. Guldenstædt a fort bien décrit ces ruines.

C'est dans ce lieu que nous avons fait notre halte de midi : le temps étant frais, et les mouches ne nous tourmentant pas autant que les jours précédens, je profitai du moment où les Ossètes préparaient le repas, pour traverser le Terek et le remonter jusqu'au point où il reçoit le Koumbaley. Placé là sur une colline, je voyais distinctement les embouchures du Fiag, de l'Arre-don et de l'Ours-don, dans le Terek, à gauche; au milieu d'une belle plaine.

A l'occasion de mon excursion à Chaniba sur le Gnal-don, j'ai décrit le cours du Kizil et du Gnal, ainsi que les territoires que ces rivières arrosent; je pense que je puis de même ici passer en revue ceux qui sont le long du Fiag et de l'Arre-don; ce qui complétera la description de l'Ossétie : ensuite j'y joindrai celle du pays des Dougours ou Ossètes occidentaux, que j'ai parcouru.

Le Fiag, en tcherkesse *Pog-aousse*, et en russe *Pog* ou *Faïouk*, prend sa source au nord du Khokhi, près de Markhat, village de la famille Kaloté et du district de Saka, qui s'étend au sud-ouest jusqu'à l'Arre-don. Ce village est situé à la gauche du Fiag. Une route praticable mène de là par-dessus les hautes montagnes, et à travers la vallée située entre deux cimes couvertes de neige, et qui en est rarement embarrassée : on peut non-seulement parcourir cette route à cheval, mais aussi la rendre commode pour les voitures. A douze werstes au sud de ces montagnes, on arrive chez les *Nara*, tribu ossète sur les bords de l'Arre-don; elle est séparée du Karthli par d'autres monts très-hauts. A cinq werstes de Markhat, sur la gauche du Fiag, est Khillak, village qui appartient à la famille Bougoulté : la rivière, qui jusqu'à ce lieu a coulé au nord-est, se tourne au nord; à peu de distance, elle reçoit, à droite, le Jamara, qui vient du sud-est, et le long de la rive droite duquel habite la tribu de Tri ou Trinch. A trois werstes de Khillak, est un autre village du même nom, mais qui appartient à la famille Goutiaté ; les maisons en sont en pierres assez chétives, et très-serrées les unes contre les autres. La rivière y coule au milieu de rochers hauts, rapprochés, escarpés ; un pont la traverse près du village : sur sa rive droite, on voit une forêt de sapins sacrée. Ce canton est froid, stérile et mal boisé. A deux werstes au-dessous de Khillak-Goutiaté, on rencontre les ruines d'un ancien mur, au-dessus duquel s'élèvent des tours ; il fut construit par les anciens rois de Géorgie, pour fermer le passage du Fiag. Les Ossètes racontent qu'un khan des *Frenghi* s'empara par ruse de cette fortification après un siége très-long : la femme du chef des assiégés avait, par des signaux convenus, livré ce poste ; elle épousa ensuite le khan européen, dont les troupes exploitèrent les mines d'argent du voisinage. On trouve encore des morceaux de minerai dans les pierres de la rive plate de la rivière ; ils ont sans doute été entraînés des hautes montagnes. Toute la contrée est très-riche en minéraux, et le lit de la rivière offre du cristal de roche, ainsi que beaucoup de cailloux de quartz. Au-dessous de ce mur, le Tchichi se jette dans le Fiag à gauche. A deux werstes de distance, sur une hauteur du même côté, on rencontre Ghariskin, village près duquel est un pont *[khidokous]*. La vallée, qui est jusque là très-étroite, s'élargit alors et devient plus unie. Dans les hautes montagnes, à l'ouest, sur un petit ruisseau, est le village de Kwara ou Kora, d'où un chemin mène à Nara sur l'Arre-don; il appartient à la famille Tomaïte, comprend quinze maisons, et a un moulin à eau.

A trois werstes au-dessous de Ghariskin, sur la droite de la rivière, est situé le village de Tsmitti-khidokous, ou le pont de Tsmitti. Vis-à-vis de cet endroit, le Tsaritté-don, fort ruisseau, se jette dans le Fiag à gauche; à quatre werstes à l'ouest, sur cette rivière, se trouve Istir-Tsmitti, ou le grand Tsmitti, montagne, et, plus haut encore, Kadat. Des Ossètes de la tribu de Tsmitti habitent les deux villages. A peu près à une werste à l'est de Tsmitti-khidokous, on aperçoit les villages de Ladj, près desquels, suivant le récit des habitans, il y a des tombeaux de géans ou de héros. Devant ce lieu, on remarque de grands rochers de schiste, sur lesquels on distingue des trous ; ils servaient de pièces aux héros pour jouer aux échecs. On recueille dans les vieux murs des environs beaucoup de salpêtre que l'on échange avec les habitans du voisinage. A quatre werstes au-dessous de Tsmitti-khidokous, et sur la droite de la rivière, est Barsou-kaou, qui appartient à la famille Goutiaté, et vis-à-vis, du côté opposé, bien haut dans les montagnes, Tsellikaté sur le Khalghon-kaw. Tout près de Barsou-kaou, du même côté, et au-dessous, l'on a Kourtat ou Kourtat-khidokous, avec un bâtiment en pierre sur la rivière, où l'on dépose les cadavres. Un pont traverse le Fiag à Kourtat, et mène au village de la famille Iessiaté. Près de Kourtat, on voit encore les villages de Fartig et Wallassé, et, à une werste au-dessous, le Fakzan-don, qui vient de l'ouest-sud-ouest, et se jette dans le Fiag, à droite : on voit là les deux villages de Gani-kaou et de Garri-kaou, et, deux werstes plus haut, à la droite du Fakzan, Choari-kaou, d'où une route, qui se dirige à l'est, passe devant la caverne Wats-Ilia-leghetté, décrite plus haut, et mène chez les Ossètes-Tagaours, et à Lamar-don, Darghafs et Qoban sur le Kizil-don. Depuis l'embouchure du Fakzan dans le Fiag à droite, on ne voit plus de villages ossètes sur cette rive; il n'y a que deux maisons isolées. Sur la rive gauche, vis-à-vis de Kourtat, sur la pointe d'une montagne haute et escarpée, est Gakouna, la plus ancienne demeure des Ossètes-Kourtats, lieu aujourd'hui abandonné à cause de la difficulté des chemins. A gauche, il y a encore trois villages, Dallag-kaou, Missi sur un ruisseau, et Gouli, et enfin Swghis, c'est-à-dire, *le bout*, parce que ce dernier village termine la vallée du Kourtat, qui monte de là jusqu'à Tsmitti-khidokous, où est la limite de ce territoire. Swghis est au sud de rochers escarpés qui forment un passage où la vallée, arrosée par le Fiag, n'a guère que cent cinquante pieds de largeur. Sur les montagnes on aperçoit encore les murs d'un ancien fort en brique, et une église en pierre de taille, dédiée à S. George, que les Ossètes nomment *Swghis-dsouare*; elle ne s'ouvre qu'une fois l'an, le jour de la fête du Saint : elle a encore deux cloches, et renferme deux grandes chaudières de cuivre et des gobelets d'argent.

Suivant d'autres relations, il y aurait encore des livres, des vêtemens sacerdotaux, des calices et des crucifix cachés dans des endroits secrets. On ajoute que cette église a été d'ailleurs féconde en miracles et habitée par un grand nombre de moines.

A la fête de S. George, les Ossètes du voisinage s'y réunissent, et y font un grand festin. Quelqu'un y est-il frappé de la foudre ; on le regarde comme un saint : toute la famille du mort se rassemble, l'enterre au lieu même où il a été tué, et célèbre sa mort durant plusieurs jours; on immole ensuite un bouc noir, dont on empaille la peau, que l'on élève près du tombeau, au bout d'une longue perche. Sur un rocher au nord de l'église, on voit plusieurs grottes auxquelles conduisent des escaliers en pierre, et qui offrent des vestiges d'anciennes habitations : on raconte que ces grottes sont très-profondes et s'étendent jusqu'à Walaghir, au bas de la montagne. Au-dessous de Swghis, un sentier va du Fiag, le long d'un ruisseau vers l'est, à Qoban.

Environ cinq werstes au-dessous de Swghis, le Fathaghi-don ou Kartsaï-don, torrent considérable qui vient du sud-ouest, se jette dans le Fiag à gauche. Sept werstes plus loin, on voit, des deux côtés de cette rivière, les villages de Kartsa et Tesiaté bâtis par des Kourtats fugitifs. Le premier à gauche consiste en mauvaises huttes de bois, sur une colline escarpée et isolée au milieu de la vallée ; on voit les anciennes maisons en pierre, entourées de murailles et de tours, la plupart mal entretenues et tombant en ruine. A quatre werstes à l'ouest, sur la hauteur à droite de la rivière, est situé le village de Kartsa, qui appartient à la famille Datiaté, et dont les habitans sont des Walaghirs fugitifs ; ce lieu est un peu isolé des autres. Sur les montagnes environnantes, il y a de bons pâturages et de nombreux troupeaux de bestiaux ; vers le nord, sur le sommet des montagnes boisées, croît le meilleur if rouge. A une werste et demie à l'ouest, sur la même hauteur, on voit un second village, sur un ruisseau qui vient du sud.

Dix werstes au-dessous de son confluent avec le Faïnaghi-don, le Fiag sort des montagnes, et, vingt-cinq werstes plus loin, se jette dans le Terek, après avoir reçu le Kizil-don à droite, et, à trois werstes de là, l'Arre-don à gauche.

Toute la vallée du Fiag est appelée par les Géorgiens, *Phaikomi*.

L'Arre-don, ou rivière fougueuse [*Ardan* en tcherkesse, et *Ordan* ou *Iordan* en russe], sort du pied méridional du Khokhi, très-peu à l'ouest des sources du Terek, dont il n'est séparé que par une chaîne basse qui vient du Khokhi, et que l'on peut franchir en deux heures; il coule d'abord du sud-est au nord-ouest, tourne ensuite au nord, et se jette dans le Fiag à gauche, au-dessous de l'embouchure du Terek; son cours est tortueux et très-impétueux. Au-dessous de sa source est Saka, gros village, qui appartient à la famille Abaïté, et Bitarté, près duquel on voit une petite église. Des chemins vont de là à Throusso et à Maghran-dwalethi, ainsi qu'à Shba, sur le Didi-Liakhwi. Ce village dépend du territoire de Saka, qui renferme trois vallées. Guldenstædt nomme les petits villages suivans, qui, dans le fond, n'en forment qu'un, de sorte que leurs noms ne sont que ceux des familles qui les habitent : *Saka, Abaïté-kaou, Baï-koum, Srigat, Regakh, Tchamel, Noak-kaou, Pouriat, Khousmazaï, Khou zor, Tchifskaou*. Le territoire de Saka s'étend à l'est, jusqu'au canton supérieur du Fiag; on trouve ensuite le village et la vallée de Srgo : le ruisseau qui les arrose vient des montagnes de Saka, coule de l'est à l'ouest, et se jette dans l'Arre-don à droite. En face, et sur la rive opposée, est l'embouchure d'un petit ruisseau qui vient des glaciers Sekara ou Brouts-sabdseli : là, commence le territoire de Sramaghi ou Serrimeg, à gauche de l'Arre-don, et il s'étend jusqu'au bas Sramaghi, éloigné de vingt werstes de Saka.

Guldenstædt cite encore dans ce territoire un grand nombre de petits villages : leurs noms sont ceux des familles qui les occupent; les voici rectifiés : Liseri, Tli, Tib, Kleat, Djomchit, Milaka-kaou, Sramaghi ou Serrimeg, Bali, Djepchena, Etchapa et Tchebat. A la droite de l'Arre-don, après Srgo, vient le district de Nara, qui renferme une vallée arrosée par un ruisseau venant du Khokhi et coulant de l'est à l'ouest; on compte huit villages dans cette vallée : Nar, le principal, est à la droite de l'Arre-don, à huit werstes au-dessous de Saka, et renferme cent cinquante maisons. Les habitans sont regardés par le reste des Ossètes comme très-braves, parce qu'ils n'ont jamais été assujettis, et qu'ils peuvent mettre cinq cents hommes armés sur pied. Six werstes plus loin, du même côté de l'Arre-don, est Bigoulaté-kaou, dont les habitans appartiennent aussi à la tribu de Nara; à peu de distance au-dessous de ce village, le ruisseau de la vallée de Shghela, qui vient des monts de Kedela au sud, sur les frontières de Ratcha, se joint à l'Arre-don à gauche. Des routes qui traversent cette vallée, passent par le Kedela, et mènent à Gloli et à Koudara dans Ratcha, ainsi qu'en Karthli; on y voit aussi le village de Kalaki, près duquel est une grosse source intermittente. A la jonction du ruisseau de Shghela et de l'Arre-don, est situé le bas Sramaghi, village avec beaucoup de tours; auprès on voit les ruines d'un fort bâti par la reine Thamar : ce village s'étend beaucoup sur la gauche de la rivière; ses habitans sont des brigands insignes, étrangers à tout sentiment d'hospitalité. On comprend dans le territoire de Sramaghi les habitans et les villages de la vallée de Shghela ; les Ossètes le nomment *Mammisson;* et les Géorgiens, *Mapsouani.* A douze werstes au-dessous du bas Sramaghi, dans un canton désert, à la droite de l'Arre-don, est l'ancienne église de Rekom-dsouare, dans laquelle on dit que se trouvent encore des ustensiles d'argent et d'autres objets. Tous les deux ans, les Ossètes voisins font venir un prêtre du village géorgien le plus prochain, et, le jour de l'Ascension, ils offrent un sacrifice, puis font un repas solennel. Le chemin de cette vieille église va de Bigoulaté-kaou à droite, et ne peut être parcouru qu'à pied, tant il est en mauvais état. Au-dessous de cette église, la vallée arrosée par l'Arre-don se rétrécit tellement, qu'elle forme un passage étroit, auquel les Ossètes ont donné le nom de *Kassara,* et les Géorgiens, celui de *Kasris-kari,* c'est-à-dire, la porte de Kasri. Les rois de Géorgie l'ont fermé d'un mur construit en pierre et en chaux; jadis il y avait constamment une garnison qui ne laissait passer que les Ossètes qu'elle reconnaissait pour amis. Les rochers qui entourent ici la rivière, tiennent, à droite, aux montagnes de Lagaté qui vont du Khokhi au nord-est, et, à gauche, à une autre chaîne qui va de Gloli au Ratcha, et fait partie des monts de Kedela : on y trouve du minerai de plomb en abondance; les habitans le fondent. Il y a aussi des mines de soufre et d'argent; mais ils n'entendent rien à l'exploitation des dernières. Il découle des rochers une matière dont ils tirent du salpêtre. Les Géorgiens appellent toute la partie de la vallée de l'Arre-don qui se trouve au sud du défilé de Kassara, ქასრის-ხეობა *[Kasris-khéoba]*, et la comprennent en général dans le district de Dwalethi. Au-dessous du défilé, et sur les bords de l'Arre-don, commence le territoire des *Walaghir*, dont le premier village, nommé *Noutzahl*, est situé à la gauche de la rivière, précisément au bas du passage. A sept werstes sur la droite est Moussour, dont les habitans sont renommés comme des voleurs très-adroits; ensuite à trois werstes, à la gauche de l'Arre-don, dans les montagnes, et sur le ruisseau Khoddé-don, est Khod, dont les habitans sont des hommes pacifiques. A peu de distance de Moussour, on voit encore à droite le gros village de Rkhon, sur le Rkhon-don; à deux werstes du même côté, est Ounahl: à quatre werstes au nord-est, dans les hautes montagnes, et sur une petite rivière, Tzamnate, gros village qui a ses moulins sur l'Arre-don. A trois werstes au-dessous d'Ounahl, sur un petit ruisseau, à peu

Tom. II.   M

près à une werste de la rive droite de l'Arre-don, est Daghom, gros village, et non loin de là, Ours-don, sur le ruisseau du même nom ; à deux werstes, Donisser, qui comprend cinquante maisons ; plus loin, au-dessous, sur un rocher escarpé, à la gauche de l'Arre-don, Biss, village walaghir. De là jusqu'à la sortie de la rivière du sein des montagnes, on compte dix werstes, et sur sa rive gauche on voit Salougherden [Salikardon], qui appartient aux *Masadeh*, famille walaghire, et vis-à-vis à droite, *Biregseng-kaou* [village de la patte de loup]. Guldenstædt cite les endroits suivans dans le district de Walaghir : Noak-kaou, Nousal, Nasighin, Sghet, Massour, Tcheda, Ghimi, Kholeste, Kora, Ounal, Donefars, Dagoum, Tzamat et Sghit. Selon la géographie géorgienne, les habitans de Walaghir appartiennent aux tribus ossètes de Tchakhilidsé et de Sidamoni. Il n'y a plus ensuite d'habitations ossètes sur l'Arre-don ; après Biregseng-kaou, il parcourt encore vingt-cinq werstes dans la grande Kabardah, et se jette dans le Terek.

Le 20 juillet après dîner, nous avons marché vers l'extrémité méridionale du défilé. A l'embouchure de l'Ours-don, en ossète, ou Pse-khouch, en tcherkesse, dont les noms signifient *eau blanche*, nous avons trouvé d'anciennes sépultures tcherkesses; elles sont surmontées de constructions carrées ou coniques en cailloux et en chaux, absolument semblables à celles qui sont représentées dans la septième vignette du dernier Voyage de Pallas. Ce sont les tombeaux des princes Aslan-beg Hharmirsouko, dont le village, appelé *Eltouqwèhé*, est situé vis-à-vis, à la droite de l'Ours-don à son embouchure dans le Terek. A peu de distance, on voit aussi Otpannié, village du prince Moursa-beg Hharmirsouko, qui résidait sur la Malka, à peu de distance de Prokhladnoï, d'où il a été chassé par la peste. Cette maladie a fait, en général, mourir beaucoup de monde et a causé une confusion extrême dans la grande Kabardah. Ainsi le village de Dokhsoukqwèhé, sur le Tcherek, appartenait au prince Mahmet Dokhsoukoqwa; mais il l'a abandonné avec la plupart des siens, et s'est retiré sur le Kouban. Les Bezlénié sont originaires de Dokhsoukqwèhé. Les ouzdens Koudeneti n'habitent plus sur le Naltchik; ils se sont établis sur le Chalougouo;

et les ouzdens Tambié ont quitté le Chalougouo et demeurent près du Kichbek, qui se jette dans la Malka.

Les tombeaux dont je viens de parler sont creux en dedans, et ont, au midi, une ouverture élevée au-dessus de terre.

A quatre werstes au sud de Ieletouqwa, l'Ours-don, ou rivière Blanche, se réunit au Dourdour, et se jette avec lui dans le Terek à gauche. Nous sommes restés sur la plaine, entre les deux rivières; et, le soir, nous sommes arrivés aux premiers villages dougours sur l'Ours-don, situés au sud-ouest d'Ieletouqwa. Il y en a trois, dont un au nord, à la gauche, et le second au sud, vis-à-vis, et à la droite de la rivière; ils portent le nom de *Koubati*, qui est celui de leurs possesseurs actuels, de la famille Koubati-firt, issue de la race des *Badillathé :* le troisième village, à l'est, à la droite de l'Ours-don, se nomme *Karagheus*, d'après une autre famille des *Badillathé*. Ces *Badillathé* [*Badelidsé* avec la terminaison géorgienne], ou *Badill,* dominent sur une grande partie des Dougours, et sont originaires de Madjar, qu'ils ont abandonné quand ce lieu fut détruit par les armées de Tchinghis-khan. Avant l'arrivée des *Badillathé*, les Dougours étaient entièrement libres, sous un gouvernement républicain ; ils élisaient les plus braves d'entre eux pour protecteurs et pour juges : ceux-ci exerçaient ainsi leur autorité sans droit héréditaire fixe; mais, les deux frères Badill, qui s'annonçaient comme les fils du khan de Madjar, étant arrivés dans les vallées des Dougours, les juges cessèrent d'exister. Les Badills furent accueillis amicalement par les Dougours ; ils s'établirent au sud des montagnes où passe la route de la vallée du Garniské, et y cultivèrent un petit terrain stérile, qui a tout au plus deux cents pas de tour, et qui porte encore aujourd'hui le nom de *Badilleï-khoum*, ou le champ des Badills. Ils se chargèrent de la défense du passage étroit de Hadserté; ce qui leur fit accorder, pour leur entretien, une contribution volontaire; qui devint peu à peu héréditaire; ils s'enrichirent par des excursions de brigandage, augmentèrent la considération dont ils jouissaient, et finirent par devenir les maîtres de la plus grande partie des villages dougours. Depuis cette époque, ils ont toujours augmenté leur puissance par des mariages et des alliances avec les princes tcherkesses, et ils sont aujourd'hui la tribu dougoure la plus considérée. Quand un Badill arrive quelque part, on lui fait le meilleur accueil; on tue un mouton, et l'on brasse de la bière en son honneur, si le temps de son séjour le permet. Les Dougours se donnent à eux-mêmes les noms de *Tougourrs,* ou *Tougourr-lak* [hommes de Tougourr]; leurs voisins les nomment *Dougours, Dougores* ou *Digors;* les Tcherkesses les appellent *Dighor-Kouch'ha* [habitans des montagnes de Digor]. A quelques werstes à l'ouest des villages de Koubati, est Dourdour-kaou, riche et gros village, situé entre les deux ruisseaux dont le confluent forme le Dourdour, nom qui signifie *cailloux ;* il appartient aux *Tourgano-firt,* famille Badill.

Le 21 juillet, nous sommes partis du village septentrional de Koubati, qui consiste en maisons de bois ; nous avons passé l'Ours-don devant le second village, bâti en pierre, et qui a une grande tour; puis nous avons repassé la rivière de droite à gauche, où nous avons trouvé une route incommode et boueuse, à travers des forêts épaisses et des buissons. Au bout de quelques werstes, nous sommes arrivés à une grande pierre nommée par les Dougours *Dour-awort* [pierre posée]; ils racontent qu'un géant la posa en ce lieu pour prendre plus à son aise ses ébats avec une belle. Bientôt nous avons atteint la prairie riante de Sourkh, qui a à peu près une werste de diamètre, et qui produit du fourrage excellent : les Dougours y tiennent en hiver une partie de leur bétail. Cette prairie porte le nom de *Sourkh* [rouge], parce que le sol en est d'une argile de cette couleur : elle est remplie de silex, les seuls que possèdent les Dougours pour faire des pierres à feu; aussi sont ils très-estimés et très-chers. Cette prairie est à peu près à quatre werstes de l'Ours-don. A une bonne werste de distance, par un chemin difficile, nous sommes arrivés à l'Aftseg-Ouach-Ghirghis, ou la nuque de Saint-George : c'est un rocher tout nu, près duquel nous avons passé la nuit ; il est calcaire, et s'élève à une hauteur considérable à la droite de l'Ouroukh ou Iref.

Le 22 juillet, nous avons parcouru une bonne werste dans le défilé de Hadserté, un des plus forts de tout le Caucase, et le seul passage pour venir du nord dans la vallée des Dougours. L'Ouroukh coule entre deux rives de rochers hauts de deux cent cinquante pieds, qu'il mouille de chaque côté. A l'ouest ou à gauche, ces rochers s'élèvent en hautes montagnes, dont les cimes sont en hiver souvent couvertes de neige ; elles se prolongent, au nord, jusqu'au Lesghen, et, à l'occident, elles touchent au Terek, sans laisser de passage nulle part. A l'est, ou à gauche de l'Ouroukh, ces montagnes s'abaissent un peu vers la rivière : mais un rocher inégal, qui forme graduellement une haute muraille, ne permet de passer que près de l'Ouroukh, par un rocher aplati, qui porte le nom de *Ritzaou,* et dans lequel on a taillé des marches. A une werste au sud, il y a un rocher devant le sentier, sur la hauteur qui se termine à la rivière par un rivage escarpé : il paraît que l'on y a taillé une route, large de quelques toises et longue de vingt. Derrière ce rocher, nous avons trouvé une grotte spacieuse, taillée dans le roc et nommée *Akhtchinchi-leghetté,* et où l'on arrive par une petite prairie qui produit de l'herbe excellente. Je profitai de la pause que nous fîmes à midi pour visiter d'anciens bâtimens situés à l'ouest sur le haut des montagnes, et dont le plus considérable se nomme *Dougour-izet,* ou le sanctuaire des Dougours. L'approche en est très-difficile; je fus obligé de me déchausser pour grimper plus aisément, et de me faire jeter une corde d'en haut. L'intérieur en était noirci et enfumé par les nombreux sacrifices qui s'y font tous les ans : on voyait dans de vieux coffres et par terre une grande quantité d'os et de cornes des victimes; parmi les dernières, j'en remarquai plusieurs d'une grandeur incroyable, qui, d'après le récit de mes compagnons, viennent d'un grand animal qu'ils nommaient *doumbaï :* il paraît, d'après leur description, que c'est l'urochs; mais cette espèce d'animal a disparu de leurs forêts depuis quatre-vingts ans, et ne se trouve plus que dans le haut Kouban. Quelques-unes de ces cornes appartenaient au bouc sauvage du Caucase [*capra rupicapra*], très-commun en Ossétie et en Kakhéti, où les montagnes schisteuses forment des cimes très-hautes ; on le trouve aussi en grand nombre à la source du Terek et du Kouban. Les Ossètes le nomment *dsabuter;* les

Dougours, *sabaoudour;* les Ingouches et les Karaboulak, *hokh;* les Tcherkesses, *tchougouldour;* les Dido, *athlai;* les Russes, туръ. Il est en rut au mois de novembre : la femelle met bas en avril; ce qui est le terme de la gestation de nos chèvres domestiques. On en prend souvent des petits, de même que de petits chamois [*ské* en dougour]; mais ils ne tardent pas à mourir en captivité. Les montagnards et les Géorgiens regardent la chair de ce bouquetin comme un morceau friand : avec les cornes ils font des vases à boire.

Vis-à-vis de la grotte, sur la rive gauche de l'Ouroukh, on voit, dans le haut des montagnes, sur un ruisseau, les deux villages de Ribankak-Lesgoré, et d'Indag-Lesgoré [haut et bas Lesgoré], de même que ceux de Kakadour et de Donifars, situés à quelques werstes au sud; ils vivent entièrement séparés du reste des Dougours, ont maintenu leur liberté, et n'ont pas été soumis aux *Badillathé*, contre lesquels ils défendent leurs forts. Ces derniers villages sont sur le penchant des montagnes, et baignés par le Donifars-don; ils renferment plus de cent maisons, et ont des tours fortifiées. Leurs habitans sont des brigands déterminés ; ils attaquent souvent les Tatares de la tribu de Balkar, qu'ils ont à l'ouest, et, dans ces excursions, ils enlèvent hommes, bestiaux, meubles ; ce qui oblige leurs voisins d'être continuellement sur leurs gardes. A l'ouest de Donifars, est la caverne de Saint Nicolas *[Ouach Nicolaï-leghetté]*. Les Donifars y font souvent des sacrifices ; ils prétendent que le saint leur apparaît sous la forme d'un aigle. Il est naturel que les aigles se montrent souvent dans une caverne située au milieu de hautes montagnes, et où ils trouvent des chairs immolées. Quand les Donifars aperçoivent un aigle avant le combat, ils regardent cette apparition comme le gage d'une victoire certaine ; cette idée superstitieuse les rend invincibles.

L'après-midi, nous avons continué notre route, et nous sommes descendus dans une cavée arrosée par un petit ruisseau : nous avons passé devant Sadeleské et Khanasa, villages que nous avons laissés à gauche ; ils sont sur des ruisseaux qui se jettent dans l'Ouroukh à l'est. Vers le soir, nous sommes entrés à Nara, sur la même rive ; nous y avons passé la nuit. Vis-à-vis Nara, à la gauche de l'Ouroukh, et sur un petit ruisseau, est le village de Koumboulta.

Le 23 juillet, nous avons parcouru une werste jusqu'au Garniské ou Dougour-don, rivière qui vient des hautes montagnes du sud-est, et, au-dessous du pont, se jette dans l'Ouroukh à gauche. Nous avons campé en ce lieu, afin d'attendre des anciens de la famille Badill, Tourgano-firt, à qui appartiennent les villages situés sur cette rivière et compris sous le nom commun de *Dougours*, la permission de voir les curiosités des pays voisins. Vers neuf heures, un des anciens parut, et offrit d'être mon guide : j'acceptai sa proposition ; je restai avec lui à la droite du Garniské, où la route des Dougours se dirigeait au sud-est. Sur les hauteurs était le champ Badill, où l'on voyait encore les ruines d'un ancien établissement : il y en a à droite et à gauche de la rivière, souvent très-près les unes des autres ; quelques-unes ne consistent qu'en quatre à cinq maisons, et ne méritent, par conséquent, pas le nom de villages. Guldenstædt en cite, par leurs noms, vingt-quatre dans ce territoire, et onze autres dans celui qui est près de la source du Dougour-don. Huit werstes plus loin, nous avons passé, sur un petit pont, de la rive droite à la rive gauche du Garniské : on y voit, dans une belle plaine, le temple commun de ces villages, nommé *Stona;* il est très-ancien et de forme carrée; il est bâti en pierres informes ou plates ; ses longs côtés n'ont que vingt pas de long, les autres en ont à peine la moitié : le toit est plat, rompu en plusieurs endroits ; le pavé est couvert des ossemens et des cornes des victimes. Je n'y vis pas de traces de doumbaï ; il n'y avait que des têtes et des cornes de bouquetin. Nous ne sommes pas restés long-temps en ce lieu, et nous avons gagné un village au nord, sur le Tcherek-don, où l'on nous a donné à dîner. Tous les villages sur le Garniské appartiennent aux *Badillathé,* qui se divisent en quatre familles : Tourgano-firt, Bito, Koubati-firt, et Abi-Solomi. Les *Tourgano-firt* habitent les villages dougours, où nous étions alors ; les *Bito* demeurent sur les bords de l'Olokomi-don, du Sangouti-don, et du Khong-sari-don, qui, en se joignant, forment le Dougour-don ou Garniské. Les *Koubati* ont un village sur un ruisseau à la droite du Garniské ; il porte leur nom. Enfin les *Abi-Solomi* habitent le canton nommé *Olokom,* au-dessous des hautes montagnes ; le village de

Doumi, sur le Khong-sari-don, et des maisons éparses dans le voisinage.

L'après-midi, nous avons rebroussé chemin, et repassé le Garniské. A son embouchure dans l'Iref ou l'Ouroukh, à droite, est le tombeau du dernier et du plus célèbre des héros et juges des Dougours : sur un emplacement oblong et arrondi, couvert de pierres, un peu au nord, on voit une grande quantité de pierres énormes qui indiquent la sépulture des autres héros ; elles sont brutes, sans inscription ni signe quelconque. Au printemps, les Dougours apportent des offrandes au tombeau de leur dernier héros, et le décorent de branchages verts.

Nous avons traversé le pont, et bientôt nous en avons trouvé un autre qui nous a menés de la droite à la gauche de l'Iref. Les mauvais chemins ayant excessivement fatigué nos chevaux, nous avons campé dans ce lieu pour y passer la nuit. La rive opposée de la rivière était très-escarpée.

Le 24 juillet, après avoir parcouru quelques werstes, nous avons traversé le Santushalenghé, ruisseau qui vient de l'ouest et se jette dans l'Iref. Trois werstes plus au sud-ouest, nous avons passé le pont du Belaghi-don, qui vient du même côté et se joint aussi à l'Iref. Plus haut dans les montagnes, à droite, nous avons vu Akhzaoué, petit village de quinze maisons. A peu près à la même distance, nous avons traversé le Tchillikaï, ruisseau qui tombe dans l'Iref à gauche. A sa rive méridionale, est la prairie de Moské, où les bestiaux des villages voisins pâturaient. Au sud, cette prairie est bornée par le Kharwaché-don ou Istir-Dougour-don, torrent fougueux, formé par la réunion de plusieurs petits ruisseaux, qui vient du sud-ouest, et se jette dans l'Iref à gauche. Sur cette rivière et ses affluens, sont situés les villages dougours de la famille Tcherkessathé [*Tcherkessidsé* en géorgien]; elle est, après les *Badillathé,* la plus puissante des vallées dougoures, et, comme son nom l'indique, d'origine tcherkesse. C'est à tort que Pallas la regarde comme une nation particulière. Ses deux villages les plus septentrionaux se nomment *Acherghin,* et sont situés sur le Souré-don, qui se jette dans le Kharwaché-don à gauche. Au sud, du même côté, est Istir-Dougour, ou le haut Dougour : c'est le village le plus considérable; on y compte trois cents maisons; il est entouré de plusieurs petites habitations et de tours. Au sud-ouest, sur la même rivière, on voit Koussou. Noak-kaou, dont j'ai parlé plus haut, est un cinquième village de cette famille.

Par une faute inexplicable, le village d'Istir-Dougour est, sur la Подробная карта, placé à la droite de l'Iref, au point où cette rivière reçoit le Garniské.

Outre leurs maîtres étrangers, les *Badillathé* et les *Tcherkessathé*, les Dougours ont encore des anciens pris dans leur sein, qui portent le nom d'*eldar* : ceux-ci possèdent des esclaves achetés ou faits prisonniers, qu'ils emploient dans le ménage, et en même temps des serviteurs libres qui peuvent changer de maître et de demeure. Ils ne peuvent prendre pour domestiques, ni vendre ni donner séparément, des paysans libres ; mais ils ont le droit d'aliéner des villages entiers avec leurs habitans. Les esclaves enlevés et achetés sont considérés comme une propriété réelle, et leur maître en peut faire ce que bon lui semble. Souvent ils prennent auprès d'eux des hommes libres qui les servent et qui reçoivent en échange un salaire, ou que, pour récompense, ils marient à une esclave, qui, par-là, devient libre. Si un de ces serviteurs voulait prendre pour épouse une femme libre, le maître chez lequel il est, paie un kalim, et le temps du service est prolongé. Les enfans illégitimes des *eldar* sont, de même que leur père, réputés nobles, et reçoivent une portion de l'héritage ; mais, en guerre, ils sont tenus de prêter secours à l'héritier légitime.

Les Dougours, à proprement parler, n'ont pas de religion : les principaux seulement font profession du mahométisme ; mais ils n'en observent pas les préceptes. Il faut cependant excepter les *Badillathé*, qui sont des musulmans zélés. La foule se dit chrétienne *[khristôn]* : mais, à l'exception du nom et de la pratique de quelques jeûnes, elle n'a pas la moindre idée du christianisme. Les anciens édifices dans les montagnes où les Dougours offrent des sacrifices, semblent être des églises construites jadis par les Géorgiens ; c'est ce qu'indique aussi le nom de *djouare* qu'elles portent.

Parmi les produits de leur industrie, ils vendent, en Iméréthi et le long de la ligne, du drap étroit et grossier qu'ils teignent en jaune et en noir avec du vitriol de leur fabrique. L'archin vaut 10 à 12 kopeks ; et la meilleure sorte, 15. Ils font avec ce drap des *tscheckmens* ou surtouts tcherkesses, des culottes et des bachlyks. Ils vendent aussi des manteaux de feutre *[nimet]*, 2 roubles; des feutres noirs, 80 kopeks; du fromage; des peaux d'agneau, dont les meilleures coûtent 60 kopeks; des peaux de mouton courtes, de 3 à 5 roubles : en échange ils achètent des étoffes de soie à bon marché, de la toile, de grosses étoffes de coton rayées, des chites et autres tissus de coton, du fil d'or et d'argent, de la soie écrue, &c. Ils apportent sur leur dos les achats qu'ils ont faits dans l'Iméréthi : mais ils chargent sur des chevaux ce qu'ils se sont procuré le long de la ligne; car les montagnes dont leur territoire est hérissé ne leur permettent pas de se servir de charrettes : au contraire, les Dougours qui habitent les plaines ont un grand nombre d'arbas; ce qui les met en état d'aller vendre leurs marchandises dans la Kabardah, et même jusqu'à Mozdok. Le fer est très-rare chez eux; ils en tirent la plus grande partie de Tzedissi, village iméréthien, où on le fond : c'est aussi de là qu'ils tirent les chaînes de fer dont ils font usage. Ils forgent avec ce fer des charrues, des faux, des faucilles, des couteaux, des poignards, &c. Ils achètent des Tcherkesses et en Géorgie les fusils et les sabres.

On trouve dans les environs de la prairie de Moské une très-belle argile blanche, dont les Dougours fabriquent différens vases, et, entre autres, des têtes de pipe qui sont très-recherchées. A l'ouest, sur la gauche du Souré-don, on voit beaucoup de veines métalliques et de belles pyrites bien cristallisées *[ardsat]*.

Le 25 juillet se passa en négociations avec les principaux de la famille Tcherkessathé à Istir-Dougour, qui devaient nous procurer des hommes pour porter notre bagage par-dessus le Tziti-khong, haute montagne couverte de neige. Ils demandèrent d'abord des prix exorbitans ; mais, après que je leur eus annoncé que je reviendrais, c'est-à-dire, que j'irais par Djinaghi-kaou sur l'autre rive de l'Iref ou Ouroukh, nous finîmes par être d'accord dans la soirée. Le port de 4 pouds, ou 160 livres de Russie, fut fixé à cinq chemises grossières, dont le prix est de 3 roubles en cuivre; chacun des conducteurs des chevaux eut de la toile pour deux chemises (valeur d'un rouble 20 kopeks) : cet arrangement conclu, nous sommes partis. Nous avons traversé Istir-Dougour jusqu'au pont qui mène à la droite de l'Istir-Dougour-don, où nous avons passé la nuit.

Le 26 juillet, nous avons voyagé entre deux ruisseaux et de hauts rochers de schiste, toujours en montant; il fallut bientôt descendre de nos montures, et gravir à pied la montagne jusqu'aux neiges et aux glaces perpétuelles. Le temps était très-brumeux, et de nombreuses fentes entrecoupaient les glaces; ce qui nous forçait de faire des détours, ou de passer ces crevasses sur de fortes planches que nous avions apportées : mais nous étions presque obligés de tirer nos chevaux avec violence pour qu'ils nous suivissent. Vers le soir, après avoir gravi la plus grande partie des neiges, nous sommes arrivés à une vaste grotte, où les marchands qui voyagent vont passer la nuit : nous en avons fait autant. Le brouillard m'avait empêché de reconnaître les objets qui m'environnaient ; mais dans la matinée le ciel s'éclaircit, et je pus contempler une des plus belles perspectives imaginables de toute la chaîne du Caucase, et sur-tout des vallées de Ratcha et d'Iméréthi.

Le 27 juillet, nous avons toujours descendu,

et nous sommes entrés dans une vallée étroite des monts schisteux méridionaux : nous l'avons suivie jusqu'à Ghebi, premier village iméréthien dans la province de Ratcha; il est situé sur les deux rives du Rioni, qui reçoit à gauche le Tchessouri, venant du nord-ouest. La distance d'Istir-Dougour à Ghebi est de douze werstes en ligne droite; mais les détours et les inégalités des montagnes la rendent bien plus longue. Le Rioni sort, à peu près à vingt-cinq werstes au nord-ouest de ce lieu, du pied de l'Elbrouz ou Patza; au pont de Ghebi, il se courbe plus au sud-est. Nous avons continué notre route dans cette direction, sur sa rive droite : trois werstes plus loin, nous étions vis-à-vis de Tchiora, village de sa rive gauche. Ayant encore parcouru trois werstes, nous sommes arrivés au pont du Rioni, qui mène à Glola, village à gauche, entre le Tchirali et le Bokwi, torrens fougueux, et au pied du Kedela, nom qui signifie *mur*, et qui a été donné à cette montagne à cause de son extrême raideur. Un chemin mène de Glola, par la montagne, à Shghela, village ossète; et de là, par la porte de Kassara [*Kasris-kari*], dans le territoire des Ossètes de

Mammisson sur l'Arre-don, à la Kabardah. Depuis le pont dont je viens de parler, le Rioni change son cours, et coule au sud-ouest. Les Géorgiens nomment *Rioni*, cette rivière, ainsi que l'Ouroukh.

Après avoir parcouru trois werstes, nous avons passé à Djidro; et, une werste et demie plus loin, à Outsera, où il y a des sources ferrugineuses et acidulées; et, une werste et demie au-delà, au pont de Tchala, qui nous a conduits à la gauche du Rioni. Nous avons ensuite fait encore quatre werstes jusqu'à Oni ou On, gros bourg iméréthien, où nous avons traversé le Garoula. Oni est à la gauche du Rioni, dans l'angle que cette rivière forme avec le Djedjo, qui vient du nord-est. La position d'Oni est marquée inexactement sur la Подробная карта; ce lieu étant placé trop au nord dans les montagnes à la source du Bokwi. Un chemin bien plus commode que celui que nous avions pris, mène d'Istir-Dougour à Oni. On suit l'Istir-Dougour-don jusqu'à sa source, on traverse les montagnes, et on arrive au Rioni; mais les *Tcherkessathé* ne veulent pas l'ouvrir, de crainte d'être surpris par les Iméréthiens.

Je fus instruit, à Oni, des difficultés et des dangers auxquels je serais exposé en continuant mon voyage vers l'Iméréthi; mes guides refusèrent aussi de m'accompagner plus loin. Il fallut donc retourner à Dougour.

Les Géorgiens donnent aux Juifs le nom d'*Israéli* ou d'*Ouria* [ceux qui ont tourmenté le Christ]. Les Juifs habitent plusieurs villages au-delà de Krtzkhinwali, près de la frontière d'Iméréthi, sans se mêler avec les Géorgiens et les Arméniens : ils cultivent la terre et élèvent un peu de bétail; mais ils ne peuvent pas vivre sans faire un peu de trafic, besoin qui paraît être inné dans ce peuple. Ils achètent, à Tiflis, du coton que leurs femmes filent, et dont ils fabriquent des étoffes qu'ils teignent et impriment en diverses couleurs. Ils fabriquent sur-tout des *leïni* [*bourmet* en russe], sorte de tissu persan qu'ils exportent en Iméréthi, de même que la plupart de leurs produits. Indépendamment d'un dialecte hébraïque corrompu, ils parlent le géorgien, et ils ont des rabbins, qu'ils nomment *khakham*. On rencontre aussi plusieurs familles juives éparses dans les villages géorgiens et ossètes; elles vivent de trafic, et vont acheter leurs marchandises à

Gori et à Tiflis : ils ne paient pas des impôts plus forts que les sujets géorgiens.

Les Juifs sont beaucoup plus nombreux en Iméréthi qu'en Karthli : mais ils y habitent rarement dans des villages où il n'y ait qu'eux seuls, et ils n'y cultivent pas la terre ; ils s'y occupent uniquement du négoce, qui est très-considérable. On rencontre beaucoup de ces Hébreux dans les villes de Koutathissi, Khoni et Oni ; ils y apportent, aux foires annuelles, des marchandises de Géorgie et de Turquie : quelques-uns sont passablement riches. Ils paient au roi des impôts considérables ; souvent, et sur-tout dans les temps anciens, ils ont été persécutés. Ils y fabriquent aussi divers tissus de coton. A Oni, ils vendent à crédit les produits de leur industrie aux marchands iméréthiens, qui les portent sur leur dos à travers les montagnes couvertes de neige, aux Dougours et aux Balkars, et qui paient à leur retour. Les Juifs se sont établis dans ces contrées à une époque très-reculée : ils n'ont pas de manuscrits bien anciens, et ils font usage de l'ancien Testament imprimé à Amsterdam.

Le 27 juillet, j'appris à Oni que la route était infestée par des partis de vagabonds que les

Lesghis avaient mis en campagne : je fus donc obligé de rebrousser chemin. Je donnai mes lettres à un marchand arménien, qui devait traverser en grande hâte la Kabardah par Istir-Dougour ; il me promit de les mettre à la poste à Mozdok : j'appris ensuite qu'il s'était complétement acquitté de ma commission.

Avant de quitter Oni, je présenterai encore quelques observations sur le district ossète voisin de Dwalethi ou Twalta. *Dwalethi* est proprement un nom général donné à tous les Ossètes méridionaux qui appartiennent à la Géorgie et à l'Iméréthi : mais le territoire particulièrement désigné par ce nom est situé sur le Djedjo ; on le regarde comme compris dans l'Iméréthi, parce qu'il appartenait aux Ratchis-Éristhawi ; cependant la famille princière iméréthienne des *Djapharidsé*, qui a des possessions dans le voisinage, prétend à une certaine suzeraineté sur le Dwalethi, et les rois de Karthli la réclament aussi. Le Djedjo sort du pied du Kedela, reçoit plusieurs petits ruisseaux, coule à peu près directement à l'est à travers les montagnes schisteuses, entre dans la région calcaire à Koudari, et, au-dessus d'Oni, se jette à la gauche du Rioni : cette rivière est très-rapide et roule beaucoup de rochers. Les *Dwali* vivent comme le reste des Ossètes ; ils ont, de même, des anciens, et passent pour être à peu près aussi adonnés au brigandage. Guldenstædt nomme les lieux suivans en Dwalethi : *Guilanta, Nourdabas-khewi, Naksebawi, Koretcheri, Kewmo-Bodja, Didi-Bodja, Kobiata, Morekha, Sibatara, Djawiss-thawi, Mats-Khowa, Sadsnari, Tkebourta, Leta, Sraga, Kchetta, Samtharethi*. Je ne puis rien dire de certain sur la position de ces lieux.

Lorsque j'étais à Oni, l'on me raconta que, quelque temps auparavant, on avait trouvé enfoui dans le Dwalethi un grand vaisseau de terre, semblable à ceux dont on se sert en Géorgie pour conserver le vin ; il contenait une substance semblable à la poix : quand on la flairait avec force, ou qu'on en mettait dans la bouche un petit morceau, on tombait dans un sommeil long et profond. On ajoutait qu'il ne croît aucune plante dans l'endroit où ce vaisseau est caché sous terre, et qu'en hiver la neige n'y séjourne pas. Les *Dwali* appellent cette substance *louton*. Je suis fâché de n'avoir pas pu rester plus long-temps dans ce canton, pour examiner la vérité de ce récit, et la nature de cette substance, qui ressemble à l'opium.

Obligé de retourner chez les Dougours, je résolus de prendre une autre route par les montagnes couvertes de neige. Je partis donc le 29 juillet, de très-bonne heure, d'On ou Oni, et je passai sur le pont qui mène à la rive droite du Rioni, au-delà de Tchala, et qui est éloigné de quatre werstes d'Oni. Nous repassâmes, sur cette route, le Garoula ou Garis-tzqali, ruisseau qui forme en quelque sorte la limite des montagnes calcaires : car sa rive méridionale offre du calcaire très-blanc, traversé par des couches nombreuses d'hématites foncées; et sa rive septentrionale, du schiste noir avec des couches puissantes d'amphibole, qui deviennent plus faibles en remontant plus haut. On donne le nom de *gari* aux conduits d'eaux du genre de ceux dont on se sert en Géorgie pour arroser les vignobles. De Tchala je parcourus directement à l'est une werste jusqu'au grand village de Seglewi, situé au pied d'une haute montagne couverte de neige, d'où sort, au nord-ouest, le Sakourta, qui se réunit au Rioni : on voit sur ses bords les deux villages de Sakawi, et plus bas, à sa droite, celui de Laugwanta ; ils sont habités par des Géorgiens, des Arméniens et des Juifs. La partie inférieure de cette montagne est de schiste noir en table, posé sur une couche d'amphibole ; mais, dans sa partie supérieure, il passe au schiste micacé. En sortant de Seglewi, je suivis la pente de cette montagne à l'ouest, puis au nord-ouest, jusqu'à la source du Sakourta ; puis je revins à l'est. Je rencontrai dans cette dernière direction une petite source dont les eaux déposaient considérablement : elle est éloignée de près d'une werste des bords du Rioni, située près d'un petit ruisseau, et à une demi-werste en ligne droite de Tchala. Le calcaire reparut là sur les bords du Rioni, et nous accompagna presque jusqu'à la vieille église, qui est à trois werstes de Tchala. On voit le long de cette route plusieurs sources qui sortent de terre à gros bouillons et sont fortement chargées de gaz acide carbonique, ainsi que d'autres qui tiennent du fer, et d'autres qui déposent un sédiment terreux. A une werste de la vieille église nous avons trouvé Djidro, et, trois werstes et demie plus loin, le pont qui mène à la rive gauche du Rioni. Il fallut, avant d'y arriver, franchir avec peine une montagne assez raide. La route jusqu'au pont fut la même généralement que celle que nous avions eue en allant de Ghebi à Oni ; nous avons traversé le pont et passé à la gauche du Rioni, qui reçoit au-dessus le Bokwi : ce ruisseau se joint ensuite, à Glola, où nous sommes arrivés, une werste plus loin, au Tchriali, qui vient du nord. Glola ou Glawi est un petit village habité par des Iméréthiens et quelques Ossètes-Dwalis, et situé au pied du Kedela, haute montagne couverte de neige, dont la cime se distingue par deux pics couverts de glace, et qu'on ne passe qu'avec la plus grande difficulté. Le schiste noir tabulaire passe ici au schiste corné compacte, qui renferme beaucoup de rognons de quartz, et a la cassure très-raboteuse. Nous avons passé la nuit à Glola.

Le 30, nous avons repris notre course dans les hautes montagnes ; nous avons remonté le Bokwi, le long de sa rive droite, dans la direction du nord-est, par une route assez commode ; ensuite nous avons franchi une crête assez escarpée, où quelques cimes basaltiques se montraient à nos côtés, et nous avons trouvé immédiatement au-dessous des montagnes de neige la belle prairie de Laserté, d'où le chemin allait en montant par une pente assez raide. Il fallut donc ôter le bagage de dessus le dos des chevaux, et le porter à bras au-delà des montagnes : la route, qui n'est pas à beaucoup près aussi difficile que celle d'Istir-Dougour à Ghebi, offre beaucoup de crevasses et d'abimes dans la glace, et serpente presque constamment dans la direction du nord-est, le long du pied des glaciers, dans leurs vallées couvertes de neige ; c'est pourquoi l'on fait prendre ce chemin aux chevaux, aux ânes, aux mulets, au gros bétail et aux moutons, qui ordinairement parviennent sans accident au lieu de leur destination. Le temps nous a favorisés singulièrement, et à quatre heures après midi nous sommes arrivés, par un grand champ de neige, à un rocher escarpé de sélénite, au pied et sur les flancs duquel, à une hauteur assez considérable, se trouvent des cavernes assez vastes, nommées, par les Géorgiens, *kwabi*, c'est-à-dire, chaudrons, qui servent de gîte aux voyageurs : quoiqu'il fût encore de bonne heure, il fallut y passer la nuit, parce qu'il n'est pas possible d'arriver avant la nuit à Djinaghi-kaou, premier village dougour au nord de la montagne. On jouit en ce lieu d'une vue magnifique : nous découvrions tout l'Iméréthi, une partie du Karthli jusqu'à Gori ; à l'est, les plus hautes cimes neigeuses du Caucase, les sommets hachés du Brouts-sabdscli, à la source du Liakhwi ; le Khokhi et le Mqinwari ; et à l'ouest, les sommets en selle de l'Elbrouz ou Patza.

L'intérieur des cavernes était presque entièrement noirci par la fumée et très-sale, les voyageurs qui les avaient occupées auparavant, y ayant laissé toutes les ordures. J'en cherchai donc une autre qui fût propre : j'en trouvai une dans laquelle je supposai que personne n'avait habité, parce que l'accès en était très-incommode ; j'y fis allumer du feu, car le froid était piquant ; et, après un bon repas, je m'y endormis.

Le lendemain matin 31, nous franchîmes la crête couverte de neige, et nous descendîmes dans la vallée, à la source du Karagomi-don, dont nous suivîmes la rive droite jusqu'à Djinaghi-khan, où nous étions vers midi.

Pour venir de Russie dans le pays des Dougours, on peut arriver en voiture par la grande et la petite Kabardah jusqu'au village dougour de Maskouawa, ou Karadjai, sur l'Ouroukh, et ensuite continuer assez aisément jusqu'au pied des montagnes : mais on ne peut les franchir qu'à pied, ou tout au plus à cheval; car là les neiges, par leur chute, changent journellement les traces des chemins, et les crevasses de la glace opposent des obstacles insurmontables aux voyages en voiture. Je pense donc que cette route, quand même elle serait très-sûre, ne pourra jamais servir aux transports ; mais on peut la conseiller aux courriers destinés pour l'Iméréthi et la Mingrélie : toutefois il serait à propos de s'assurer auparavant des dispositions pacifiques des Tcherkesses et des Dougours. Malgré l'incommodité de ce chemin à travers des montagnes couvertes de neige, les Dougours et les Iméréthiens ont ensemble de fréquentes relations de commerce, et les derniers sur-tout portent souvent aux autres, par cette voie, diverses marchandises, telles que des tissus de coton coloriés, des toiles de lin, des chites de qualité médiocre, et d'autres étoffes communes, enfin de petits taffetas. Ils achètent en échange aux Dougours des manteaux de feutre, du drap, du feutre grossier [войлокъ] et de la laine, qu'ils vendent dans l'Iméréthi.

Le 1.er août, à Djinaghi-kaou, le baromètre ne monta qu'à vingt-cinq pouces trois lignes, mesure de Paris; mais, à midi, le thermomètre de Réaumur était à 21 degrés. Quatre ruisseaux, se précipitant des montagnes voisines, se réunissent au-dessous du village, et forment l'Ouroukh, nommé *Iref* par les Dougours. Le plus oriental de ces ruisseaux est le Saw-dorghini-don, c'est-à-dire, l'Eau de la pierre noire, parce qu'il coule sur du schiste tabulaire noir. Sur une éminence considérable, à sa rive droite, est situé le village de Goulár-kaou, au pied du mont Goular-saw-khong; plus bas, et à la gauche, se trouve Djinaghi-kaou : ces deux villages et les suivans renferment en tout soixante-dix maisons, et sont habités par la famille de *Tourgano-firt,* qui appartient à la race de Badillathé. Près Djinaghi-kaou, et à quatre-vingts toises environ de la maison des *Tourgano-firt,* dans la vallée de Goular, à deux toises au-dessus du Sawdorghini-don, le mont Goular-saw-khong, qui est schisteux, contient de la galène argentifère en morceaux détachés, que l'on trouve dans des blocs tombés à terre et déjà en décomposition. La cime de cette montagne, qui consiste en une roche compacte, offre, à fleur du sol, une couche riche en plomb. Les habitans ont leurs champs de blé à peu de distance. Le troisième ruisseau est le Bartu-don; sur sa rive occidentale on rencontre Noak-kaou ou le village nouveau : entre ce ruisseau et le Karagomi-don s'élève un pic glacé très-escarpé et de forme conique. A une werste et demie de la maison de Barisba, de la famille des *Tourgano-firt,* près du village de Noak-kaou, et à quinze toises à peu près au-dessus du Bartu-don, on trouve, dans une terre noire qui a une forte odeur de soufre, de petits morceaux de calamine : cette montagne est très-haute, couverte de forêts, et se nomme *Kindsi-touadoli-khong.* Tout ce territoire est très-riche en métaux ; mais la raideur extrême des montagnes empêche de les examiner en détail. Enfin le quatrième ruisseau est encore plus à l'ouest; c'est le Kharwaché-don, nommé plus haut. Les villages d'Istir-Dougour, qui appartiennent à la famille de Tcherkessathé, sont situés sur ses bords. L'eau de ces ruisseaux est très-froide, mais trouble, parce que, les montagnes dont elle descend étant très-raides, elle coule avec une extrême rapidité et entraîne beaucoup de parties terreuses : on ramasse dans leurs lits de grands morceaux de granit et de porphyre roulés.

Dans la soirée, nous sommes partis de Djinaghi-kaou, et, traversant le Saw-dorghini-don, nous avons, à une bonne werste plus loin, passé, sur un pont consistant en quelques planches, à la rive gauche de l'Ouroukh. Nous sommes restés toute la nuit dans la prairie de Moské, voisine de là, afin que nos chevaux, qui jusqu'alors n'avaient eu que de très-mauvais fourrage, pussent se rassasier. Le lendemain 2 août, nous avons pris, pour repasser le pont du Belaghi-don, la même route que nous avions suivie le 23 juillet en allant à Istir-Dougour ; ensuite nous avons passé à la droite de l'Ouroukh, et nous avons campé, pour la nuit, devant le pont construit sur le Dougour-don. Cette rivière a sa source à peu près à trente werstes de là, dans des montagnes couvertes de neige ; elle reçoit beaucoup de ruisseaux, et coule du sud-est au nord-ouest vers l'Ouroukh, à la droite duquel elle se jette, à une werste au-dessous du lieu où nous étions. La rive droite de cette rivière est garnie de beaucoup de petits villages peu éloignés les uns des autres : près de sa source, où elle porte le nom de *Sangouti-don*, habitent des *Olokomi*, dont les habitations éparses ne comprennent que trois cents maisons, presque toutes situées sur les hauteurs, et qui se prolongent jusqu'aux bords du Khong-sari-don, qui se réunit au Sangouti-don à gauche. A la source du Khong-sari-don, au-dessus de Doumi, village olokomi qui appartient à un certain Abi-Solomi-Ghewis, on rencontre en terre, dans une plaine spacieuse, beaucoup de blocs de pierre, et dans le nombre une roche de couleur noire avec des taches blanches, qui contient une grande quantité de pyrites incrustées ; enfin une couche horizontale de pyrites, qui aboutit à la surface du terrain. Plus haut, à la source véritable du Khong-sari-don, ruisseau de la cime du mont, à peu de distance des champs de blé, du vitriol découle en abondance du milieu d'une roche de cette montagne. Les Dougours et les Ossètes nomment ce vitriol *atchoudas*, et s'en servent pour la teinture : dans le voisinage on trouve beaucoup de pyrites. Entre ce ruisseau et le

Sangouti-don, s'élève le Darismak-khong : cette montagne très-haute est escarpée, rocailleuse, entièrement nue ; elle se prolonge jusqu'à une distance de quatre milles : on trouve là des filons de galène argentifère.

A l'ouest du confluent du Khong-sari-don, s'élève la haute montagne de Douman-sagat, que l'on nomme aussi *Izdi-khong*, ou le mont du Plomb, à cause de la richesse de ses mines. Vis-à-vis, à droite du Dougour-don, et sur un petit ruisseau, sont les petits villages de la famille Koubati-firt, renfermant environ trente maisons. L'Iskatikomi-don et le Sardi-don, petits ruisseaux, se réunissent au-dessous du mont Douman-sagat, et se jettent dans le Dougour-don à droite. Deux petits villages se trouvent sur leurs bords. On voit ensuite, du même côté du Dougour-don, qu'un pont traverse en ce lieu, les villages nommés *Dougour,* qui sont petits, distincts, avec des tours : deux sont situés sur les hauteurs, et les autres dans la plaine, sur le Tcherek-don; ils renferment en totalité quatre cents maisons, et appartiennent à la famille Tourgano-firt, de la race des *Badillathé.* A peu de distance, et un peu au sud-ouest de ces

villages, se trouve le fameux temple dougour
de Stona, où leurs habitans sacrifient tous les ans,
comme on l'a déjà dit en parlant des Ossètes. A
deux werstes à l'ouest du village de Tsakota, qui
appartient à la même famille que les précédens,
le Tcherek-don prend sa source dans le Wokadji-
saw-don, montagne assez haute, sur la pente de
laquelle paraît un filon de plomb dans du quartz
dont la puissance est d'un demi-pied, mais que
les Dougours n'ont jamais pu fondre, quoiqu'ils
y aient ajouté beaucoup de fer.

Le 3 août, nous avons pris, pour retourner
jusqu'au rocher Aftseg-Ouach-Ghirghis, la même
route que nous avions suivie en allant aux montagnes, et nous avons passé la nuit près de ce
rocher. Desirant visiter le village de Karadjai,
ou Maskouawa, j'y allai le 4, en parcourant
d'abord l'espace de quelques werstes à travers
les forêts, jusqu'à un pont qui nous conduisit à
la gauche de l'Ouroukh; puis la plaine de Dindinati, où les habitans de Maskouawa tiennent
leurs bestiaux en hiver; elle est bornée, à
l'est, par des forêts. Sur sa surface s'élèvent de
petits tertres d'argile d'un gris foncé, hauts d'un
archin à une sagène; l'argile est disposée en

couches obliques : on y découvre fréquemment des cornes d'ammon et d'autres coquilles transformées en pyrites, qui, exposées à la pluie ou à la neige, se décomposent aisément, et offrent des feuillets dorés et chatoyans : on y trouve aussi du talc stéatite commun, ou craie d'Espagne, dont les Dougours font usage dans les blessures pour étancher le sang ; ils s'en servent aussi avec succès dans les rétentions d'urine.

Dindinati est à trois werstes de Karadjai, ou plutôt Maskouawa; car ce village n'a reçu le premier nom que de ses possesseurs, de la famille Karadjai, de la race des *Badillathé*. Il est situé sur une montagne très-escarpée de tous les côtés, baignée à droite par l'Ouroukh, et à gauche par le Kharsin-don, qui, cinq werstes plus bas, se joint au premier, à gauche. Au sud de ce village, des forêts s'étendent jusqu'aux montagnes noires. Les champs de blé des habitans sont à la droite de l'Ouroukh; il n'y en a qu'un petit nombre sur le Kharsin-don, parce que le terrain y est moins fertile : leurs récoltes sont ordinairement si abondantes, qu'ils vendent une grande partie de leurs grains aux Dougours qui habitent les hautes montagnes. La forêt à la droite de l'Ouroukh donnant le plus beau bois, les habitans de Maskouawa ont, contre l'usage des Ossètes, bâti leurs maisons en charpente. La forte position de ce village en fait un point important, dans le cas où les Russes soumettraient entièrement ce canton, et voudraient exploiter les mines du territoire des Dougours. A huit werstes au-dessous de Maskouawa, sur une hauteur à la gauche de l'Ouroukh, dans le défilé étroit que forme cette rivière par un promontoire qui s'avance au nord, on voit les deux villages de Watchilo *[Basile]* et de Thouma, qui appartiennent aux enfans naturels des *Badillathé*. Les villages kabardiens de Kogolkin au nord confinent, dans ce défilé, à ceux-là ; ce qui engendre beaucoup de querelles avec les princes de la petite Kabardah. A huit werstes plus à l'ouest, on rencontre Kobanté-kaou, dernier village dougour. Tous ces villages, de même que Koubati et Dourdour, sont de nouveaux établissemens de la partie de ce peuple qui habite les hautes montagnes.

Le 5, nous avons passé, sur le pont, à la droite de l'Ouroukh ; puis, par un chemin commode à travers la forêt, le Tchogola, le Khoursfrak et le bras gauche du Dourdour-don, et nous sommes arrivés au village de Dourdour. La distance parcourue jusque-là peut s'élever à douze werstes. Un Arménien qui venait d'arriver de Prokhladnoï sur la Malka, me donna la note des rivières qu'il faut passer pour venir de ce lieu jusqu'ici : ce sont, la Malka [*Balka* en tcherkesse]; le Bakhzan-ych ou le vieux Bakhzan, qui est considérable; le Makzan [*Bakhzan* en tcherkesse], très-fort; le Tcheghem, aussi très-large; le Djalouko, médiocre; le Naltchik, l'Arwan; le Tcherek, grand; l'Argoudan, petit; le Lesghen, médiocre; le Tchekir ou Kharsin, le Tchogola : ces deux petits ruisseaux se jettent dans l'Ouroukh; le Khoursfrak, petit, se réunit au Dourdour; le bras gauche du Dourdour.

En quittant le village de Dourdour, nous avons repris le chemin du Terek, et passé le bras droit du Dourdour-don; nous sommes arrivés le soir à Koubati sur l'Ours-don, ayant parcouru l'espace de douze werstes.

Le 6, nous en partîmes, traversant la rivière de Karagheus, et le village de même nom, situé sur sa rive orientale. Nous avons rencontré successivement, à trois quarts de lieue plus loin, le

Kourroups, qui, ainsi que les précédens, sort des montagnes avancées, coule sur un terrain uni et roule de petits cailloux; à une lieue de là, l'Eskhalté-chakh, qui se jette dans l'Arre-don; et celui-ci, à une petite distance. Après que l'Arre-don est sorti des montagnes, il se divise en huit bras, éloignés les uns des autres de plus de huit werstes : les trois plus orientaux sont les plus profonds; les chevaux y avaient de l'eau jusqu'au poitrail. Cette rivière étant en même temps très-rapide, il est difficile de la passer sans accident. Les bords de l'Arre-don [*Ardan* en tcherkesse] sont ici très-bas; cependant la rive orientale du bras le plus éloigné est haute de trois toises. A l'époque des hautes eaux, en juin, tous ces bras ne forment qu'un seul torrent. Depuis les bords de l'Arre-don, nous parcourûmes encore trois quarts de mille jusqu'au lieu où était autrefois Elmourzié, village appartenant à une famille d'ouzdens tcherkesses; il fut ensuite transporté sur les bords de l'Ours-don : il n'en reste plus que vingt maisons, que la peste a épargnées; il se trouvait ici sur le Khytteghyps, petit ruisseau peu profond, et comprenait sept petits villages *[kabak]*, où demeuraient plus de cinq cents familles, et qui n'étaient éloignés les uns des autres que de quelques centaines de pas.

Nous avons ensuite parcouru l'espace d'une lieue trois quarts jusqu'au Fiag, rivière que les Russes nomment Фока : nous l'avons passé à cheval ; l'eau n'allait pas au ventre des chevaux. Je m'arrêtai dans le village de Boroukwèhé, situé sur le bord oriental de cette rivière. Depuis Koubati jusqu'ici, sur une longueur de vingt-huit werstes, le chemin avait constamment suivi la direction de l'est-sud-est, parallèlement à celle des montagnes, à peine à deux ou trois werstes d'éloignement, dans des prairies basses et humides : la chaleur était forte. Les taons *[tabanus bovinus]* tourmentaient beaucoup nos chevaux, qui étaient tout en sang. L'hièble, la bardane, l'aunée et la grande scabieuse, étaient communes dans les prairies humides, dont le sol noir leur convenait beaucoup ; car elles s'y élevaient à la hauteur prodigieuse de vingt pieds : au milieu de ces plantes on apercevait la *siegesbeckia orientalis* et la *parnassia* des marais.

Nous avions passé la nuit sur le même lieu où se trouvait autrefois le couvent des missionnaires russes chargés de convertir les Ossètes : on le nommait Осетинской подворъ. Ma tente était dressée à l'ombre de trois noyers immenses chargés de fruits presque mûrs : ces arbres, ainsi que des coignassiers et des pruniers que l'on voit auprès, viennent de ces missionnaires. A peu de distance il y avait un petit moulin à roues horizontales, mis en mouvement par des canaux dérivés du Fiag : c'est sur des canaux semblables que sont situés les huit kabaks du village de Boroukwèhé, dans lesquels on comptait autrefois cinq cents familles, qui ont été singulièrement diminuées par la peste. Boroukwèhé et Elmourzié étaient soumis à la famille des princes Taw-sulthan de la petite Kabardah : leurs habitans étaient des ennemis invétérés des Ossètes-Kourtats, qui leur enlevaient fréquemment des hommes et du bétail.

Le 7, après un quart d'heure de route, j'étais sur les bords du Meremedik ou Mermedik, qui se trouvait entièrement à sec; trois quarts d'heure après, sur ceux du Kizil, dont l'eau n'allait pas au ventre des chevaux; et un quart de lieue plus loin, sur ceux de l'Argoun, dont les eaux étaient encore plus basses. Il me fallut ensuite une heure pour arriver au bois de coudriers et d'aunes, sur le Terek, où je m'arrêtai : la route avait suivi la direction de l'est-sud-est, parallèlement aux montagnes, dans des prairies unies.

Ayant entrepris le voyage des montagnes sans avoir pris de passe-port du commandant de Mozdok, et sans lui en avoir donné avis, parce que je savais qu'il m'en aurait empêché, je pensai qu'il était à propos de ne pas aller à Wladikawkas, et de laisser ce lieu à droite. Je cherchai aussi à éviter la quarantaine de Mozdok, parce que j'y aurais été retenu pendant plus de trois semaines avec les personnes de ma suite, si l'on eût appris que je n'étais pas venu de Tiflis par le chemin direct. Le 7, je traversai donc le Terek, et, restant sur sa droite, à vingt werstes de distance, je laissai Grigoripolis, ou Koumbaley, à droite, et je passai le ruisseau de ce nom, qui était extrêmement gonflé et tout jauni par l'argile ; ensuite je franchis, dans une direction orientale, la crête méridionale de la petite Kabardah, je suivis l'Iamankoul jusqu'au point où il se perd dans les sables, et j'arrivai fort tard au confluent du Kourp à la droite du Terek.

Le 9, nous fîmes passer ce fleuve à la nage à nos chevaux; nous prîmes notre route au nord, dans la steppe, entre Alexandria et Podpolnoï, et, nous dirigeant au sud-sud-est sur Mozdok, nous descendîmes, en avant de cette ville, dans un jardin où nous laissâmes les bagages et les chevaux; le soir nous gagnâmes à pied notre logis, d'où nous avions été absens pendant vingt-trois jours, sans que l'on s'en fût aperçu.

CHAPITRE XXVI.

Origine des Ossètes. — Leurs différentes familles. — Dougours. — Physique. — Habillement. — Armes. — Hospitalité. — Occupations domestiques. — Femmes et mariages. — Division de l'année. — Religion et superstition. — Sermens. — Cérémonies funèbres. — Essai pour les convertir au christianisme. — Villages, agriculture et animaux domestiques. — Manière de les soumettre.

Parmi les peuples qui habitent le Caucase, les Ossètes sont un des plus remarquables; ils vivent des deux côtés de la chaîne des montagnes neigeuses : par leur langage et leur physionomie, ils diffèrent des autres peuplades du Caucase; mais ils s'en rapprochent par leurs mœurs grossières et par leur penchant au brigandage.

Je regarde les Ossètes comme étant les Sarmates mèdes des anciens, et comme les Alanes et les Asses du moyen âge, et je traiterai de l'origine de ce peuple dans le vocabulaire des langues du Caucase, qui termine ce volume.

Autrefois les Ossètes étaient gouvernés par leurs princes, et habitaient les plaines de la petite et de la grande Kabardah et les branches avancées du Caucase. Suivant l'histoire de la Géorgie, ce fut Azon, nommé gouverneur de la Géorgie par Alexandre-le-Grand, qui rendit tributaires les *Ossi,* les *Leki* et les Khazares : mais Pharnawaz, premier roi de la Géorgie, s'étant rendu indépendant d'Azon, excita à la révolte les *Ossi* et les *Leki,* qui refusèrent de payer à ce gouverneur le tribut accoutumé ; un grand nombre passa même du côté de Pharnawaz, le servit avec fidélité, et l'aida à se faire proclamer roi. Son fils Sourmag, ayant été chassé par les Géorgiens, se réfugia auprès des *Ossi,* qui l'aidèrent aussi, et, par leur secours, il parvint à recouvrer le trône de son père. L'histoire géorgienne se tait sur cette nation pendant un assez long intervalle (1), jusque vers l'an 90 de J. C., époque où les deux rois de Géorgie, Azork et

---

(1) En effet, la porte caucasienne nommée *Dariel* ou *Daroubal* fut fortifiée par le troisième roi Mirwan, qui régna depuis l'an du monde 3787 jusqu'en 3837. Ce ne fut pas contre les irruptions des *Ossi*, mais contre celles des *Dsourdsoukethi* ou *Dourdsoukethi,* qui sont les *Mitzdjeghi* ou *Khisti* d'aujourd'hui, qu'il éleva cette défense.

Armazel, appelèrent les *Ossi* et les *Leki* à leur secours contre les Arméniens. Bazouk et Abazouk, frères du roi des *Ossi*, s'illustrèrent dans cette guerre et y perdirent la vie. Depuis ce temps, les *Ossi* sont restés toujours amis et alliés des Géorgiens jusque vers l'an 184 de J. C. A cette époque, une troupe nombreuse d'*Ossi* fit une irruption dans la Géorgie par la porte de Dwalethi [c'est-à-dire, *Kasris-kari*, sur l'Arredon], dans le dessein de détruire Mtskhetha, capitale du pays. Ils furent battus près de cette ville par le roi Amzasp, qui les chassa au-delà des montagnes. L'année suivante, ce même roi, s'étant réuni aux Arméniens, fit une incursion dans le pays des *Ossi*, et s'en retourna après l'avoir saccagé. Peu de temps après, le peuple s'étant révolté contre Amzasp, le roi d'Arménie pénétra en Géorgie à la tête d'une armée, s'unit aux Grecs, et invita les *Ossi* à se joindre à lui : ceux-ci acceptèrent l'offre avec joie, pour se venger d'Amzasp. L'issue de cette guerre répondit à leur attente, puisqu'Amzasp fut battu et ensuite mis à mort par les Arméniens. L'an 263 de J. C., Kosros, roi des Arméniens, faisant la guerre à Kasré, roi de Perse, de concert avec Asphagour, roi de Géorgie, ce dernier s'ouvrit un passage à travers le Caucase, et appela à son secours les *Ossi*, les *Leki* et les Khazares, avec lesquels il aida le roi d'Arménie contre les Persans, qui furent complétement battus. Cependant ils parvinrent à faire assassiner Kosros, dont les soldats envahissaient continuellement la Perse; ils conquirent l'Arménie, et firent une excursion dans la Géorgie. Asphagour se réfugia chez les *Ossi*, qui lui donnèrent du secours; mais il mourut l'an 265 de J. C., et la Géorgie fut soumise aux rois de Perse. Environ l'an 298 de J. C., Mirwan, premier roi de Géorgie de la famille persane des Kosroniens, marcha en Perse pour y combattre son frère Bartam, qui lui disputait la succession au trône. Les *Ossi*, profitant de la circonstance, entrèrent dans la Géorgie par Pherochi et Koautsia, et saccagèrent le pays : c'est pourquoi Mirwan, aussitôt après son retour, pénétra en Osséthi et détruisit tous les lieux habités, jusqu'au pays des Khazares; puis il revint à Mtskhetha, en passant par la porte de Dwalethi [*Kasris-kari* sur l'Arre-don]. Pendant la minorité du vingt-troisième roi, le vaillant Wakhtang-Gourgaslan, qui régna de 446 à 499 de J. C., les *Ossi* firent plusieurs excursions dans la Géorgie ; mais ce roi, parvenu à l'âge mûr, soumit ce peuple ainsi que tout le Caucase. Dans une bataille qu'il livra aux *Ossi*, il tua de sa propre main Tchagatar et Bagatar, deux de leurs généraux les plus braves et les plus renommés. Vers l'an 570, Justinien I.er, empereur d'Orient, qui venait de nommer Stéphanos roi de Géorgie, éleva un Ossète, nommé *Rostow*, à la dignité de Ksnis-eristhawi, ou gouverneur du pays arrosé par le Ksani en Géorgie ; il lui remit un sceau particulier et le gratifia d'habits d'honneur : son gouvernement comprenait trente-neuf villages, qui, par la suite, furent transportés ailleurs, détruits, ou désignés par d'autres noms. Telle est l'origine des *Ksnis-eristhawi* : Dawith, le dernier, est le trois-cent-soixante-quinzième. Ce fait prouve au moins qu'à cette époque des *Ossi* habitaient au sud du Caucase, sur les limites de la Géorgie, et qu'une partie de ce peuple avait probablement embrassé le christianisme. Pendant les malheureux troubles auxquels la Géorgie fut en butte durant les trois premiers siècles de l'islamisme, les Ossètes reconquirent probablement leur liberté ; mais ils se soumirent de nouveau à Dawith-aghma-chene-beli, qui régna à Tiflis de 1089 à 1130. Pour mieux défendre la porte du Caucase, il fit élever sur un rocher, au sud et à une petite distance de Dariela, à l'est du Terek, un château fort, dont on voit encore les ruines. Environ cent ans après, la célèbre Thamar, reine de Géorgie (de 1171 à 1198), soumit toute la partie occidentale du Caucase jusqu'à la mer Noire, et par conséquent l'Osséthi, dont les habitans furent convertis à la religion chrétienne-grecque; mais, dès le temps de son fils Lacha Ghiorghi, qui fut son successeur et qui régna de 1198 à 1211, les Mongols de Tchinghis-khan envahirent la Géorgie, et ce fut probablement à cette époque que le Caucase redevint libre. Lorsque Batou-khan, petit-fils de Tchinghis et premier khan mongol de Kibtchak, eut envahi à main armée l'Osséthi, et eut chassé les habitans des plaines de la Kabardah, ils furent contraints de se retirer dans la partie haute du Caucase, et de s'y établir dans les vallées, auxquelles ils imposèrent les noms de leurs principales familles, telles que *Bassiani, Badillathé, Tcherkessathé, Tagata, Kourtat, Sidamoni* et *Tchachilathé*.

Voilà ce que racontent les Géorgiens. Dans leur idiome, les Ossètes donnent des noms un peu différens à plusieurs de ces familles. Il est pourtant plus probable, et même presque certain, que les hautes vallées du Caucase, ainsi que la Kabardah, étaient, dès cette époque, habitées par des Ossètes, et que leurs principales familles demeuraient dans la plaine : elles s'enfuirent dans les montagnes avec leurs partisans, et y usurpèrent ou obtinrent le pouvoir suprême sur les habitans, ainsi que cela arriva aux *Badillathé* et aux *Tcherkessathé*.

Lorsque Batho-ghaen et Our-khan (ajoute l'histoire de Géorgie) détruisirent les villes et les édifices de l'Osséthi, ce royaume ne fut plus qu'une seigneurie, et le peuple se retira sur les hautes montagnes. Au nord du Caucase, se forma l'empire des Tchinghis-khanides dans le Kabtchak, avec lequel les Ossètes, appelés alors اس, *As* ou *Asses* (1) par les Tar-

---

(1) L'identité des *As* et des *Alains* est indubitable. — Josaphat Barbaro (Ramusio, II, 92, b) dit clairement : *L'Alania è derivata da popoli detti* Alani, *li quali nella lor lingua si chiamano* As. — *Voyez* aussi, dans la collection de Bergeron, Plan-Carpin, pag. 58 ; Rubruquis, pag. 24 ; et le moine Bacon, pag. 13.

tares, étaient souvent en guerre : mais il paraît que Toktamich-khan, qui commença à régner en 1376, les subjugua entièrement, puisqu'ils servirent dans les armées de ce souverain contre Timour. Lorsqu'en 1397 ce dernier eut battu Toktamich, il ravagea la Russie, conquit Azak [ازاق] *[Azow]*, humilia les Tcherkesses du Kouban, et marcha contre Bouraberdi et Bouraken, princes des Asses (1). Le mot *As* est le même que *Os*, pag. 235. Les Russes écrivent Осетинцы; mais ils prononcent *Assetintsy*.

Depuis, les Ossètes firent la guerre aux khans de la Crimée, et furent chassés des montagnes inférieures, principalement par les Tcherkesses,

---

(1) جون خاطر خاطیر صاحب قران جهانگیر از مهمات ولایات روس وچرکس پرداخت بانتمامی عساکر کردون مآثر بصوب البرزکوه بازکشت .... ورایت کشورکشای به نیت غزا متوجه بوری بردی ویراقن که حاکم قوم اس بود ودر ان طریق جنگلها بود ودرختان انداخته و راه ساخته امیر حاجی سیف الدین را با اغرق بکذاشت بقصد جهاد بالبرزکوه برامد ودر قلعهای کوه ودرهای محکم با مخالفان دین محاربة بسیار کرد ؛

« Après que le maître du destin et le régent du monde eut, dans» qui occupèrent les deux Kabardah et s'y établirent à leur place. La puissance des princes tcherkesses ayant graduellement pris de l'accroissement, les Ossètes furent réduits à devenir leurs tributaires. Cependant, les *Twali,* qui habitaient au sud des monts neigeux, restèrent sous la domination des rois de la Géorgie, et soumis aux *eristhawi* de l'Aragwi, du Ksani et de Ratcha. Lorsqu'en 1424 Aleksander Ier, roi de Karthli, partagea son royaume entre ses trois fils, Twalta ou Dwalethi demeura dépendant du Karthli; et ses habitans ont été, jusque dans les derniers temps, sujets des rois de ce pays : mais ils profitèrent souvent de la faiblesse de leurs maîtres pour s'affranchir pendant quelque temps. Maintenant que la Géorgie est devenue

---

» sa haute volonté, terminé la guerre dans le pays des Russes et
» des Tcherkesses, il tourna ses phalanges et ses drapeaux victo-
» rieux vers le mont *Albrouz*...... Les étendards du conquérant
» des régions se dirigèrent, dans l'intention de la victoire, contre
» *Yourí berdi* et *Yiraken*, qui étaient les chefs de la tribu des *As.*
» Le chemin était tortueux et couvert de bois; mais il le fit net-
» toyer, et, en y laissant l'*Amir Hhadji-seif-eddin* avec les bagages,
» il porta la guerre au mont *Albrouz*, en combattant sans cesse
» les infidèles, tant dans les châteaux forts des montagnes que dans
» leurs défilés inaccessibles. » *Histoire de Timour* de Cherif-eddin Yezdi, ms. persan, n.° 70, cité à la pag. 153.

une province de l'empire russe, les Ossètes qui habitent en deçà de la frontière, quoique soumis au gouvernement de Tiflis, sont encore très-remuans, et leur fidélité est équivoque.

Les progrès des Russes, jusqu'au Kouban et au Terek supérieur, ayant beaucoup affaibli les Tcherkesses, les Ossètes qui habitent les pays au nord des montagnes, ont profité de la circonstance, et ne sont plus sujets des Tcherkesses, toutes les fois que leur intérêt ne le leur commande pas. C'est ainsi, par exemple, que les Dougours ou Dougors tiennent encore aux princes de la grande Kabardah, et sur-tout à ceux de la petite, et qu'avant la dernière peste ils étaient encore tributaires de la famille des princes de Taw-sulthan : ce sont principalement les villages dougouriens de Koubati sur l'Ours-don, de Karadjai et d'Akhtchinchela sur l'Ouroukh et de Kobanté-kaou sur le Lesghen, bâtis il y a environ soixante ans, à l'issue des montagnes, quand la famille de Taw-sulthan quitta le territoire qu'elle habitait auparavant, et se retira, plus au nord, dans la petite Kabardah. Ces familles de Dougours, qui habitent et cultivent les terres des Tcherkesses, se regardent, avec toute la nation, comme vassales des princes de Taw-sulthan, auxquels ils paient des impôts qui consistent en moutons, mais principalement en chaudrons de cuivre, qu'ils tirent de l'Iméréthi. Les Taw-sulthans envoyaient même élever leurs enfans à Istir-Dougour; et cette mesure renforçait beaucoup l'attachement mutuel, puisque le prince devenait, pour ainsi dire, membre de la nation, et apprenait la langue du pays. Dans la grande Kabardah, quelques familles de princes ont aussi des Dougours pour tributaires. En général, ces derniers ne peuvent pas se passer de la Kabardah, parce qu'ils en tirent du sel et le millet qui leur est nécessaire dans les années de mauvaise récolte, si communes dans le pays haut: ils envoient aussi paître leurs troupeaux dans les plaines de la Kabardah, lorsque les fourrages d'hiver sont consommés; car, à la fin de mars, elles sont déjà couvertes d'herbe, tandis que les montagnes sont encore dépourvues de végétation.

Pendant l'été, les Tcherkesses sont obligés, à leur tour, de retirer leurs bestiaux des plaines, où tout est desséché, et où les taons et les cousins les tourmentent, et de les envoyer dans les montagnes habitées par les Dougours. C'est ainsi que les deux nations sont liées l'une à l'autre et vivent en bonne intelligence par un effet de leurs besoins mutuels.

Les autres tribus ossètes ont peu de rapports avec les Tcherkesses : cependant les *Chimit*, dans la vallée du Terek, étaient soumis à la maison des princes Ghilakhsan de la petite Kabardah; mais, il y a environ cinquante ans, ils se brouillèrent avec elle, et cessèrent de lui payer tribut. En général, les Ossètes, à l'exception des Dougours, sont en état d'hostilité avec les Kabardiens, et ces deux peuples s'attaquent réciproquement.

Les Ossètes se donnent le nom d'*Ir* ou *Iron*, mot qui n'a aucune signification dans leur langue; ils appellent leur pays *Iron-sag* ou *Ironistan*. Cette dénomination prouve également qu'ils sont d'origine mède, puisque, selon Hérodote, les Mèdes s'appelaient *Arioï* [Ἄριοι]; et encore aujourd'hui toute la Perse porte le nom de ايران *[Iran]*. Les Nogaïs et les autres Tatares nomment les Ossètes *Os* et *Tawli*, ou montagnards, parce qu'ils habitent la partie supérieure du Caucase. Les Tcherkesses les appellent *Kouch'ha*, nom qu'ils donnent aux plus hautes montagnes, et qui signifie *os*, mais non dans cette acception. Les peuples mitzdjeghis leur donnent le nom de *Hhiri*, qui n'est probablement qu'une corruption du mot *Ir*. Les Lesghis nomment les Ossètes, *Otzi* ou *Otz;* les Géorgiens, *Ossi* ou *Owsi*, et leur pays, *Ossethi*, dont les Russes ont fait Осетинцы : mais ce nom est étranger à la nation, qui ne s'en sert que pour s'accommoder à l'habitude des étrangers.

Les Ossètes sont assez bien faits, forts, vigoureux et ordinairement de taille moyenne ; les hommes n'ont guère que cinq pieds deux à quatre pouces: ils sont rarement gras, mais charnus et carrés ; c'est ce que l'on observe surtout chez les femmes. Ils se distinguent principalement de leurs voisins par leur physionomie, qui se rapproche beaucoup de celle des Européens. Les yeux bleus, les cheveux blonds ou roux, sont très-communs chez les Ossètes ; il y en a fort peu qui soient vraiment noirs. C'est une race d'hommes saine et féconde. On ne voit pas beaucoup de vieillards âgés de plus de soixante-dix ans. Les femmes sont ordinairement petites et peu jolies; elles ont le visage rond et le nez camus : elles sont robustes ; le travail et une nourriture frugale contribuent à les rendre encore plus fortes. Celles du territoire de Tagaour font une exception en ce point par leur beauté et leur taille svelte; elles ressemblent aux Géorgiennes, et la régularité de leurs formes vient probablement du mélange de leurs ancêtres avec les femmes géorgiennes.

Les Ossètes s'habillent comme les Tcherkesses; sinon que leurs vêtemens sont un peu plus longs et taillés avec moins de goût. Une chemise courte *[khadon]* et une culotte *[khalaf]* couvrent leur nudité; celle-ci n'est pas de rigueur : mais ils portent par-dessus un surtout tcherkesse *[tzouka]* de drap grossier, qu'ils fabriquent eux-mêmes, ou qu'ils achètent des Balkars et des Tchetchentses leurs voisins. Leur bonnet *[khoud]* est rond, petit, et aussi à la circassienne : l'hiver, ils portent une pelisse de peau de mouton. En voyage, et pendant l'été, quand il fait mauvais temps, ils s'enveloppent d'un manteau de feutre du Caucase *[ouelag-nimet]*, que les Russes appellent *bourka*, et ils couvrent leur tête d'un capuchon de drap, nommé *bachlyk* en langue tatare, et *bazlak* en langue ossète. Comme ils ne savent pas faire les manteaux de feutre, ils les achètent des Tcherkesses et des Bassianes ; ces derniers les font très-bien. Lorsqu'ils quittent leurs villages, ils sont armés d'un bon fusil *[top]*, d'un sabre *[akhzar* ou *ksargard]*, d'un pistolet *[dambatza]* , et d'un poignard large et à double tranchant *[kama]*. Ils ont deux poches cousues à la poitrine sur le devant de leur surtout, et partagées en petits compartimens, qui sont munis de cinq à huit cartouches dans des tuyaux de bois ou d'os. Ils portent aussi deux bâtons liés ensemble par une courroie, pour y appuyer leur fusil ; une grande poire à poudre, qui est en bois, couverte de cuir, et qui contient quelques livres de poudre : ils attachent à la courroie étroite de leur ceinture la boîte à poudre, un poignard, un couteau, un briquet, un petit sac de peau avec des balles, un autre plein de pierres de fusil et d'autres bagatelles, une boîte avec de la graisse ou de l'huile pour nettoyer leurs armes ; une petite corne remplie de poudre fine, laquelle est suspendue par un cordon à leur cou, et gardée soigneusement dans la poche cousue sur la poitrine. Leur fusil est constamment couvert d'une peau de blaireau. Ils tiennent leurs armes très-propres, sans cependant les user, parce qu'en les nettoyant constamment et en les frottant avec de la moelle, et les essuyant lorsqu'il fait beau, ils les préservent de la rouille. La baguette de leur fusil est de bois dur, avec un bouton de fer à l'extrémité ; ils l'entourent d'un morceau de linge, avec lequel ils nettoient leur fusil après chaque coup. Leurs charges sont calculées avec exactitude, d'après la qualité de la poudre, et ils la versent sans enveloppe; elle est pressée dans le fusil par la balle qui est ajustée au diamètre du canon, dans lequel elle se maintient par l'effet de deux saillies qui se croisent à sa surface.

Les Ossètes, ainsi que les autres habitans du Caucase, portent toujours le poignard dans l'intérieur de leurs maisons. Ils ont des souliers [*arkité*] de peau de chevreuil ou de chamois, quand ils parcourent les montagnes : en hiver, ils les remplissent de foin menu, et les attachent avec des courroies qui passent par-dessous; ce qui leur donne la facilité de gravir les montagnes les plus escarpées sans le moindre danger, et de sauter d'un rocher à l'autre : l'hiver, on y attache aussi une espèce particulière de sabots très-larges, qui les empêchent d'enfoncer dans la neige.

La rapine est l'occupation favorite des Ossètes et de la plupart de leurs voisins. Les jeunes gens font preuve de leur adresse par des larcins : le brigandage consolide leur réputation ; et lorsqu'ils ont commis un homicide, ils acquièrent la célébrité d'un héros. Un Ossète se vante de ses friponneries; il s'enorgueillit d'avoir assassiné, ou d'avoir exercé la vengeance du sang. Tous les Ossètes ne pillent pas de la même manière : dans la vallée du Terek et en général sur la route de Mozdok à Tiflis, ils ne font pas des attaques en règle ; mais une vingtaine ou une trentaine d'entre eux se cachent dans les bois ou derrière les rochers, où ils attendent les passans, et chacun choisit son homme sur lequel il tire. Ayant de bons fusils et tout ce qu'il leur faut pour atteindre commodément leur but, ils manquent rarement leur coup : quand ils ont tué la plus grande partie d'une escorte, ils se montrent pour s'emparer des effets des voyageurs, et pour les partager entre eux à portion égale; mais ce partage ne se fait pas toujours sans dispute et sans effusion de sang.

Lorsqu'ils vont piller les villages des Tcherkesses dont ils sont voisins, ils s'y prennent d'une autre façon, pour en enlever les chevaux, les bêtes à cornes, et quelquefois aussi les habitans. Une troupe de douze à vingt Ossètes choisit une nuit orageuse et pluvieuse, se rend à pied dans un de ces villages, et, tandis qu'une partie se place en sentinelle devant les maisons, tenant le bout du fusil dirigé vers la porte pour empêcher les habitans d'en sortir, les autres vident les écuries et les étables, et emportent tous les effets dont ils peuvent s'emparer. Cela fait, toute la troupe se retire le plutôt possible avec son butin. Les Ossètes qui habitent entre le Terek et le Fiag, se glissent souvent le long des plus hautes montagnes de neige, par des sentiers écartés et impraticables qu'eux seuls connaissent, pour arriver ainsi aux habitations des Balkars et des Tcheghem, où ils enlèvent tout ce qui leur tombe sous la main, et sur-tout les jeunes filles, qui, dans ces cantons, sont très-bien faites; ils gardent leur butin, ou bien ils le vendent à leurs voisins, suivant les circonstances. Les Walaghirs et les autres Ossètes qui demeurent sur les bords de l'Arre-don, sont dans un état perpétuel de guerre avec les Dougours, et font souvent des incursions sur le territoire de ces derniers.

Lorsqu'ils appuient leurs fusils, ou lorsqu'ils sont assis par terre, ils tirent bien, et ne manquent jamais leur but; mais ils sont lents à charger, et ils y emploient plusieurs minutes. Lorsqu'ils sont à cheval, ils sont obligés de mettre pied à terre pour charger ou pour enfoncer la balle dans le canon de leur fusil; lorsqu'ils font feu, ils ont soin de choisir un petit abri pour se mettre à couvert : ils ménagent tellement leurs munitions, qu'ils attendent patiemment leur ennemi pour l'atteindre avec plus de sûreté. Lorsqu'ils sont plusieurs réunis, ils se défendent partiellement, jamais ensemble, et attendent, pour avoir le temps de décharger, l'un après l'autre : ils se placent, pour se défendre, à quelques pas de distance les uns derrière les autres; et lorsqu'ils battent en retraite, celui qui est le plus avancé lâche son coup et se retire derrière le dernier, afin de recharger à son aise. Dans cette position, ils cherchent à gagner un terrain en pente pour s'y placer en échelons: ils savent généralement si bien profiter de leurs montagnes, que dix hommes peuvent se défendre contre cent. Leurs guerres et leurs excursions sont plutôt des surprises que des attaques régulières. Ils sont impétueux dans leur premier choc, mais leur fougue se ralentit ensuite : ils se défendent avec bravoure et avec opiniâtreté derrière un rempart; s'ils sont cernés, ils se battent comme des désespérés.

Quoique les Ossètes soient des brigands déterminés, ils ont, ainsi que tous les autres peuples du Caucase, un très-grand respect pour les lois de l'hospitalité *[kounagh]* ; on ne connoît presque pas d'exemple qu'ils les aient violées, ou que ceux qui ont obtenu l'hospitalité chez eux, aient été offensés ou pillés.

Si quelqu'un se rend coupable de ce crime, tout le village se rassemble pour le juger ; il est presque toujours condamné à être précipité, les mains et les pieds garrottés, du haut d'un rocher dans la rivière. Un étranger qui se présente dans un village ossète, est sûr d'être bien traité pendant son séjour; on lui donne à manger et à boire, et on le regarde comme un parent :

mais, s'il quitte le village sans être muni d'une escorte, il court risque d'être pillé par les mêmes hommes qui, la veille, lui avoient donné l'hospitalité. Les Ossètes ont un proverbe qui dit : « Ce que nous rencontrons en chemin, c'est » Dieu qui nous le donne. » Si le prisonnier a des biens, il peut se racheter par une somme en argent, ou par un équivalent en armes et en bestiaux : le marché une fois conclu est censé être sous la sauvegarde de l'hospitalité ; et le village où il avait été pris, est obligé de le défendre toujours. Les Ossètes ne maltraitent leurs prisonniers que lorsque ceux-ci cherchent à s'évader; autrement on les regarde comme appartenant à la famille.

Lorsqu'un étranger arrive dans la maison d'un Ossète, celui-ci s'empresse de tuer un mouton, le fait cuire, et le sert tout entier; il fait de la bière (1), et sert lui-même son hôte. Pendant

---

(1) La bière *[bagani]* des Ossètes est la meilleure de tout le Caucase ; lorsqu'elle est bien préparée, elle approche beaucoup du *porter* anglais. On en envoya à Saint-Pétersbourg, au prince Potemkin, qui, l'ayant trouvée excellente, fit venir des paysans ossètes pour en préparer; mais, leur bière étant toujours mauvaise, on fut obligé de les renvoyer : de même, le bon *porter* ne se fait qu'à Londres.

que celui-ci mange, le maître de la maison reste assez près de la porte, tenant un bâton à la main, sans prendre aucune part au repas : très-rarement on s'écarte de cet antique usage. Un Ossète sacrifierait tout pour défendre son hôte et pour venger les outrages qu'on lui aurait faits; il n'aurait pas de repos qu'il n'eût donné la mort à son meurtrier. Là vengeance du sang, exercée généralement dans tout le Caucase, règne aussi chez les Ossètes avec une rigueur extrême; il arrive très-rarement qu'elle puisse se racheter : c'est pourquoi le meurtrier abandonne ordinairement son village, et se réfugie dans ceux qui sont sur les bords du Terek; et s'il ne s'y croit pas en sûreté, il se fixe à Mozdok : lorsqu'il n'a plus rien à craindre, il revient dans ses foyers.

Lorsqu'un Ossète a vengé la mort d'un de ses parens ou de son hôte, il se rend au tombeau de ce dernier, et annonce à haute voix qu'il a tué le meurtrier et vengé le sang du défunt. La vengeance du sang est héréditaire, et passe de père en fils et jusqu'au petit-fils; elle devient souvent le motif d'hostilités qui se propagent entre deux villages. Quoiqu'elle ne puisse jamais être abolie entièrement, on a la coutume de la suspendre pendant quelque temps par des dons à la partie offensée. Le meurtrier s'enfuit dans une tour fortifiée, où il se défend, avec quelques-uns des siens, contre les attaques des parens de celui qui a été tué ; il envoie de là un de ses amis vers les anciens du village, qui rassemblent ceux-ci et les engagent à conclure pour un an, avec leurs adversaires, un traité par lequel le meurtrier est obligé de donner un certain nombre de moutons ou de bœufs aux offensés, et ceux-ci s'obligent, par serment, de le laisser tranquille pendant la durée du traité : l'accord peut être renouvelé, du consentement des deux parties, après l'expiration du terme.

Les hommes labourent, forgent, bâtissent les maisons, fabriquent des instrumens d'agriculture et des selles, préparent la poudre à tirer, et le cuir pour les souliers et les courroies. La chasse est, après le pillage, leur occupation la plus agréable ; ils aiment beaucoup à aller chez leurs amis et leurs voisins pour y faire bombance. Tous les soins du ménage retombent sur les femmes, de même que les travaux des champs, qui, au reste, sont peu importans chez ce peuple. En général, les femmes sont destinées à servir : mais celles qui ont de l'esprit, prennent ici, comme ailleurs, beaucoup d'empire sur leurs maris à moitié sauvages.

L'habillement des femmes ressemble à celui des Tcherkesses et des Koumouks, sauf la coiffure : car, chez ces derniers, les filles et les femmes s'enveloppent la tête de bandes de drap de couleur, auxquelles elles attachent un morceau d'étoffe blanche qui leur descend jusqu'au talon, et qui s'appelle *tastor;* elles s'en servent aussi pour se couvrir le visage en présence des hommes : mais, chez les Tcherkesses et les Ossètes, les filles et les jeunes femmes portent des bonnets ronds comme les hommes. Les femmes d'un certain âge ont un bourlet rembourré de laine, couvert de toile, et de forme convexe, qui s'élève et fait ainsi une saillie de la largeur de la main en avant du front, en se recourbant un peu en haut; l'épaisseur de ce bourlet diminue graduellement vers les oreilles et vers la nuque, où elle n'est pas plus grande que celle d'un bonnet ordinaire. Cette coiffure s'appelle *bogtak :* par derrière pend un grand morceau d'étoffe blanche, dans lequel les cheveux sont souvent entortillés. C'est par cette coiffure que les Kabardiens, les

Ossètes, les Dougours, les Bezlénié, les Temirgoï et les autres peuples qui habitent vers la mer Noire, se distinguent des Tatares : c'est de même par la coiffure des femmes que l'habillement des Mitzdjeghis diffère de celui des Tatares, des Koumouks et des Tcherkesses, auquel il ressemble pour tout le reste, puisque les femmes des Mitzdjeghis portent une coiffure dont le haut a la forme d'une corne de chamois, mais qui est recourbée sur le devant, par exemple :

Cette corne est ordinairement d'écorce de bouleau, creuse et couverte de drap ou d'étoffe de soie ; elle a près de deux pouces de largeur et sept de hauteur : la pointe courbée est tournée vers le front ; elle a pour base une petite guirlande, large de quelques doigts, qui pose sur le sommet de la tête, et qui est garnie de corail : cette coiffure s'appelle *tchougoul*. Les filles des Mitzdjeghis portent des bonnets tcherkesses. Les femmes ossètes ne fuient pas les hommes ; les deux sexes se fréquentent librement. Les femmes venaient souvent dans les endroits où nous étions campés, pour y vendre des poulets, des oies, du beurre, du fromage, du pain de froment et de millet, et d'autres denrées; ce dont s'abstiennent toujours les femmes tcherkesses et tatares. Elles troquaient ces objets contre du fil d'argent faux qu'elles appellent *zerindaghé*, des aiguilles, des dés, du corail, des bagues de cuivre jaune, et de la toile. Mais le fil d'argent m'était le plus utile, puisqu'avec deux pelotons, qui coûtent environ cinq kopeks, j'avais un excellent poulet, et le reste à proportion. Les femmes ossètes n'ont pas de culotte, comme les femmes tcherkesses.

Les femmes se contentent de se lever lorsqu'on entre chez elles; mais les hommes se lèvent, s'inclinent, et ôtent leur bonnet, qu'ils remettent tout de suite : en s'inclinant ils se frappent le front avec la main; et, lorsqu'ils veulent donner une marque de grand respect, ils prennent la main de la personne qu'ils veulent honorer, et la pressent contre leur bouche, ensuite sur leur front. Les gens comme il faut, de même que chez les Tcherkesses, regardent comme messéant d'aller voir leurs femmes pendant le jour.

On voit peu d'exemples de polygamie chez les Ossètes; les riches, tant mahométans que baptisés, sont les seuls qui aient deux femmes et quelquefois trois.

Lorsqu'un Ossète veut se marier, il envoie un de ses parens ou de ses amis chez le père de la jeune fille pour en faire la demande : si les deux parties s'accordent pour la dot, le prétendu charge des femmes d'aller chercher sa future pendant la nuit; il tue des bœufs et des moutons, fait de la bière, et l'on se régale pendant trois jours.

La dot se compose d'armes à feu, de sabres, de poignards, de bestiaux et d'autres objets. Les anciens *[eldar]*, parmi les Ossètes, s'allient aussi avec les gentilshommes tcherkesses *[ouzden]*; et, dans ce cas, la dot s'élève souvent à mille roubles d'argent. Les nobles tcherkesses épousent aussi les filles des anciens chez les Ossètes. Les Ossètes tiennent rigoureusement aux preuves de la virginité; mais, après le mariage, il est honorable pour une femme d'avoir beaucoup d'amans. Au commencement d'une liaison de ce genre, l'amant fait à sa dame de petits cadeaux de la valeur de cinq à dix roubles;

mais par la suite il en reçoit d'elle. Les filles des riches, principalement dans les familles *Badillathé* et *Tcherkessathé,* portent, comme les Tcherkesses, des camisoles ou corsets de peau, qui serrent le sein et maintiennent la taille svelte. C'est le prétendu qui, avec son poignard, coupe pour la première fois cette camisole. Lorsqu'un mari est las de sa femme, et qu'il la renvoie sans motif, il perd la dot ; mais, si la femme le quitte, le beau-père est obligé de lui rendre la dot et de lui donner quelque chose de plus. Si une femme est renvoyée pour cause d'infidélité, le mari ne peut prétendre qu'à la moitié de la dot, parce que l'ayant reçue vierge, il devait la surveiller avec plus d'attention.

Tous les hommes fument du tabac, et les femmes le prennent en poudre. Les pipes sont d'argile : mais ils n'ont pas de tabatière ; le tabac en poudre s'enveloppe dans un chiffon. Les femmes se lavent la tête avec du petit-lait ; ce qui rend leurs cheveux doux et luisans.

Les Ossètes et les Dougours ont notre calendrier : ils appellent notre dimanche, *khouzawibon,* c'est-à-dire, le jour du Seigneur ; ils s'abstiennent ce jour-là de toute espèce de travail ;

ils en font autant le lundi et le vendredi, à moins qu'il ne s'agisse de quelque ouvrage très-pressé. Leurs mois ont des noms particuliers : voici ceux des Dougours, qui ne diffèrent pas beaucoup de ceux des autres Ossètes : ils appellent janvier, *anzour;* février, *kamakhzoun,* c'est-à-dire, le temps des jeux, parce que ce mois est consacré à la danse, aux jeux, aux cavalcades, et aux repas, comme en font les Russes pendant le carême : mars et avril portent le nom de *markhoua doua maï,* ou les deux mois de jeûne; mai est nommé *Nicolaï - maï,* à cause de la Saint-Nicolas, fête de l'église grecque; juin, *amistoulta;* juillet, *zozan,* c'est-à-dire, branler la tête, à cause des chevaux qui, dans ce temps, remuent la tête pour chasser les taons ; août et septembre portent le nom de *rakhana doua maï,* les deux mois où les cerfs brament, parce que c'est l'époque de leur rut; octobre s'appelle *kefti-maï,* mois des poissons; novembre, *gorgouba,* en l'honneur de S. George; et enfin, décembre, *atsolagozart,* le temps où le pain et la viande manquent.

La religion des Ossètes est la même chez toutes les tribus : c'est un mélange bizarre de christianisme et d'anciennes superstitions; car il n'est pas douteux qu'ils n'aient jadis été chrétiens grecs : les Géorgiens prétendent même que leur reine Thamar, qui régna de 1171 à 1198, a converti au christianisme la plus grande partie des habitans du Caucase. C'est dans ce temps-là que furent bâties les anciennes églises que l'on trouve dans les montagnes, et que les Ossètes appellent *dsouaré,* mot dérivé de *djwari,* qui, en géorgien, signifie *croix :* cependant ils se servent du mot *dsouaré* pour désigner indistinctement tout objet sacré. Les Ossètes observent encore le grand jeûne de l'église grecque, qui précède les pâques, et qui dure huit semaines, pendant lesquelles ils s'abstiennent de viande, de beurre et de lait; ils ne mangent alors que du pain, des ognons, des pois cuits avec du sel; quelques-uns observent le carême de la Saint-Pierre pendant tout le mois de juin, ou les jeûnes de la Vierge et ceux de Noël. Après le grand carême, ils se rassemblent solennellement près des vieilles églises et près des oratoires, où les anciens font leurs prières, et l'on mange de la viande en commun ; ce qui se pratique de la manière suivante. Avant le sacrifice le plus âgé de la communauté se met à genoux, tenant à la main un petit bâton, au bout duquel est suspendu un peu de graisse ou un morceau de rognon ; il en distribue une parcelle à chacun des assistans, et jette le reste au feu. La destination particulière de la victime, dont on brûle les os, excepté ceux de la tête, a quelque chose d'analogue avec celle de l'agneau pascal des Juifs. Indépendamment du grand carême, ils offrent du beurre et des moutons pendant la semaine.

Le jour de la Saint-Michel, ils tuent des bœufs et font de la bière ; ils tuent des chèvres à Noël et des cochons le jour de l'an. A l'exemple de leurs voisins de race mitzdjeghie, les Ingouches et les Karaboulak, ils désignent le carême par le mot géorgien de *markhoua*. Suivant Reineggs, « ils croient à l'influence de bons et de mauvais » esprits, auxquels ils donnent des noms par- » ticuliers. Ils s'imaginent vaincre les caprices » de ces êtres par le jeûne, l'aumône et les of- » frandes, et même les adoucir par des exor- » cismes et des sortiléges. » Mais ces assertions ne sont pas exactes, puisque tous les Ossètes que j'ai interrogés à cet égard, ont tout nié. Indépendamment des anciennes églises et des oratoires, ils ont dans les montagnes d'autres lieux saints, tels que cavernes, rochers et tas de pierres situés dans des endroits périlleux, où ils s'arrêtent pour faire leur prière et se faire dire la bonne aventure par des vieillards. Ces endroits sont consacrés au prophète Elie, qui est leur patron principal; à S. George, à S. Nicolas et à l'archange S. Michel. Lorsque des Ossètes ont échappé à un grand danger, ou qu'ils se préparent à une grande entreprise, le chef du village se met à genoux devant un de ces lieux révérés ; il y fait sa prière, et offre quelque mets ou une pièce de ses vêtemens : un peu de poisson salé, qui est une friandise pour eux, est regardé comme une offrande distinguée. Dans les cavernes et les autres endroits consacrés à *Ilia* [Élie], on lui offre des chèvres, dont on mange la chair, et on en tend la peau sur un grand arbre. Le jour de la fête d'*Ilia*, ces peaux sont honorées d'une vénération particulière, afin que le prophète éloigne la grêle et accorde une riche moisson. Les Ossètes se rendent souvent à ces endroits-là, et s'y enivrent avec la fumée du *rhododendron caucasicum* ; ils s'endorment bientôt sur-le-champ, et regardent leurs rêves comme un présage d'après lequel ils règlent leurs actions. Au surplus, ils ont des augures qui habitent les rochers sacrés, et qui, moyennant un cadeau, leur découvrent l'avenir.

Il y a aussi parmi les Ossètes des vieillards et de vieilles femmes appelés *kouris-meh-tsohk*, ou sorciers, qui, le soir de la Saint-Silvestre, tombent dans une espèce d'extase, de sorte qu'ils restent étendus à terre immobiles comme s'ils dormaient. Lorsqu'ils s'éveillent, ils disent qu'ils ont vu les ames des défunts, tantôt dans un grand marais, tantôt montées sur des cochons, des chiens ou des boucs. Lorsqu'ils voient une ame sarclant du blé dans les champs et le portant dans le village, ils en augurent une moisson abondante, &c.

Les Ossètes ont une grande vénération pour les étoiles tombantes, qu'ils appellent *stâlé-atakhti*, étoiles volantes, et *dsouaré-atakhti*, croix ou saints volans. Lorsque la nouvelle lune parait pour la première fois sur l'horizon, tous ceux qui la voient font en l'air, avec leurs couteaux ou leurs poignards, des croix vers la lune et vers les étoiles, et tracent de la même manière un cercle de croix autour d'eux; parce qu'ils regardent l'apparition de la nouvelle lune comme un phénomène très-saint.

Les sermens des Ossètes sont très-singuliers. Lorsqu'ils sont accusés de vol, ils jurent ordinairement par un chien, un chat, et par les morts. L'accusé parcourt le village avec un chien, et s'écrie à haute voix : « Je vais tuer ce chien. » Après quoi le véritable voleur avoue ordinairement son délit, parce qu'ils croient que participer à la mort d'un chien porte malheur. Celui qui prête serment coupe souvent la tête d'un chat, ou bien il pend un chien en disant que l'animal vengera le parjure en égratignant, en mordant et en tourmentant le coupable. Quiconque soupçonne un de ses voisins de l'avoir volé, le conduit à l'endroit où ses proches sont enterrés, et l'accusé, se mettant près du tombeau de son père, de sa mère ou de son frère, s'écrie : « Si j'ai volé, je veux dans l'autre monde servir » de cheval à mon père, à ma mère ou à mon » frère ; mais, si je suis innocent, que cette puni- » tion tombe sur le coupable. » A Chaniba et à Gnal-don, j'ai été témoin d'une autre espèce de serment, qui est bien plus remarquable. L'accusé frappait avec un bâton sur un tas d'excrémens humains, et s'écriait : *Aï me mard bakharad fa-ghys, ked es adaftoun;* c'est-à-dire, « **Que** mes » parens défunts soient ainsi frappés, si j'ai volé. » Mettre les excrémens des animaux au bout d'un bâton et prononcer l'imprécation, *Que le voleur en soit rassasié dans l'autre monde,* garantit mieux un troupeau que ne le ferait un gardien. Pour marque d'une alliance, ils enfoncent un pieu dans la terre, en déclarant que le transgresseur est hors de la loi. Au lieu de contrat par écrit, on se donne réciproquement des baguettes avec des entailles, et chacune marque un point du contrat. Quoiqu'ils ne sachent ni lire ni écrire, ils ont une espèce de chronique formée par les têtes et les cornes qu'ils amassent dans les maisons de sacrifice, et ils se souviennent des événemens qui fixaient l'attention à l'époque où les sacrifices ont eu lieu. Ils comptent leurs années d'après les moissons ; mais leur chronologie est généralement si bornée, qu'ils ne peuvent pas dire quel âge ils ont.

D'après la façon de penser générale des habitans du Caucase, l'usage des Ossètes de manger de la chair de porc prouve évidemment qu'ils professent la religion chrétienne. C'est pourquoi les Tatares appellent *Gaour-taw*, c'est-à-dire,

Tom. II.

montagnes des Infidèles, tout le pays depuis la Soundja jusqu'à la mer Noire, où vivent non pas des Mahométans, mais des Chrétiens dégénérés. Les anciens et les familles les plus considérables parmi les Ossètes et les Dougours, qui ont des liaisons avec les Tcherkesses, sont Mahométans de nom, et ils ne le prouvent qu'en s'abstenant de la chair de porc : du reste, ils ne savent pas même réciter leurs prières ordinaires en langue arabe.

Les Ossètes n'ont plus aucune idée du baptême : quelques semaines après la naissance d'un enfant, l'aîné de la famille ou une autre personne impose à sa fantaisie au nouveau-né un nom que celui-ci porte tout le reste de sa vie.

Lorsqu'un Ossète meurt, tous ses parens se rassemblent : les hommes se découvrent la tête et les hanches, et se fustigent jusqu'au sang ; les femmes s'égratignent la figure, se mordent les bras et poussent des cris épouvantables. La femme du défunt doit se montrer plus furieuse que les autres, et s'abstenir pendant un an de toute espèce de viande et des autres mets prohibés pendant le carême. Ordinairement c'est le frère de son mari qui l'épouse, lors même qu'il à une autre femme, afin sur-tout de conserver les biens dans la famille. Un tel mariage est regardé comme méritoire et honorable.

Chaque famille a sa sépulture particulière, qui, chez quelques tribus, consiste en un vaste bâtiment carré dont l'entrée est très-étroite. Deux hommes y entrent en traînant après eux le corps du défunt, qui est étendu sur des planches. Lorsqu'il est entièrement consumé, on mêle ses os avec ceux des autres, de manière que ces restes des personnes d'une même famille soient confondus ensemble. Quelques tribus, telles que les Dougours, enterrent leurs morts à la manière des autres nations : on les pare de leurs meilleurs habits, et on les dépose dans une fosse qui est peu profonde, mais de la longueur du corps, et revêtue de maçonnerie en dedans. On entasse des pierres par-dessus, et l'on y plante des arbres. On place sur les tombeaux des personnes de distinction, du côté de la tête, des pierres carrées, taillées irrégulièrement, et dont la hauteur excède celle d'un homme : ils bâtissent rarement de petites voûtes sur les tombeaux. On place le défunt la tête tournée vers le couchant. Quiconque est tué par la foudre passe pour très-heureux, parce qu'on croit qu'il a été enlevé par Élie. On pousse des cris de joie, on chante et on danse autour du corps, et tout le monde accourt pour se joindre à ceux qui dansent et chantent : *O Ellai, Ellai, eldaer tchoppeï;* c'est-à-dire, « O » Elie, Elie, habitant les sommets des rochers. » Ils répètent ces mots en cadence, en dansant en rond, avançant et reculant alternativement : le coryphée chante le refrain, les autres le répètent. L'orage passé, on revêt le défunt d'autres habits ; on le replace, étendu sur un coussin, au même endroit et dans la même posture où il a été trouvé, et l'on continue à danser jusqu'à la nuit. Les parens du défunt chantent, dansent et montrent de la gaieté comme à une fête ; car un visage triste est regardé comme offensant pour Élie, et par conséquent comme digne de châtiment. Cette fête dure huit jours, après lesquels l'enterrement a lieu avec beaucoup de solennité, et il est suivi de festins ; enfin on élève un grand tas de pierres sur le tombeau, près duquel on suspend la peau d'un bouc noir à une grande perche, et les vêtemens du défunt à une autre.

Pour assurer le repos des ames des morts, les Ossètes ont un usage très-singulier, qu'ils appellent *dogh*. Deux ou trois cavaliers gravissent, à une distance d'environ dix werstes, une montagne escarpée, et celui qui arrive le premier au sommet est honoré et régalé par les autres. Tous les assistans expriment leur joie par des danses et des banquets.

Les Russes ont essayé de ramener les Ossètes au christianisme. A cet effet, ils établirent en 1752, à Mozdok, une commission composée d'ecclésiastiques russes. Elle fit bâtir un couvent dans le canton où le Fiag, sortant des montagnes, entre dans la plaine de la Kabardah. Ce couvent était situé à la droite de la rivière, à une petite distance du village de Boroukwèhé, appartenant à la famille des ouzdens tcherkesses nommée *Anzorié* : les Russes l'appellent *Baroukaya*. On y avait placé des prêtres chargés de convertir les Ossètes : mais, comme tous leurs travaux apostoliques se bornaient à les baptiser, les Ossètes arrivaient en grand nombre ; quelques-uns y revenaient plusieurs fois, parce que chaque néophyte recevait pour le compte du Gouvernement douze archins de grosse toile ordinaire pour faire des chemises et des pantalons, deux poissons secs et une croix de métal. Les habitans des hautes montagnes n'apprirent du christianisme qu'à s'appeler *khristón* et à faire le signe de la croix. Ce couvent a subsisté pendant quelques années; mais les Ossètes l'attaquèrent et le détruisirent en 1769, parce que l'un des prêtres, qui avait violé la femme d'un riche particulier, avait été pris en flagrant délit. Le général de Medem envoya, au mois de mars 1771, un détachement de ses troupes pour venger la destruction du couvent : mais les choses en restèrent là; le couvent n'a pas été rebâti, et les missionnaires russes se sont établis à Mozdok, où l'on a créé une école pour les Ossètes qui habitent dans les environs. On a renoncé à toute tentative de convertir les habitans des montagnes. Cependant, si l'on employait les vrais moyens, il serait bien facile d'établir de nouveau le christianisme sur les débris de l'ancien culte; ce qui pourrait contribuer beaucoup à la civilisation de ce peuple.

Les Ossètes vivent épars, soit dans les villages, soit dans des maisons isolées. Ils appellent un village *kaou* ou *gaou* (1). Chaque village est ordi-

---

(1) Les villages sont ordinairement très-petits : ils sont si près

nairement soumis à un ou à deux anciens, qu'on nomme *eldar*. Ces chefs cherchent à terminer les différens des habitans, et maintiennent passablement l'ordre : ils sont généralement très-respectés ; mais on ne leur paie aucune espèce d'impôt. Ils se mettent presque toujours à la tête des expéditions de brigandage, et ont une grande influence. Souvent un village est déchiré par des partis, dont les disputes causent de grands désordres. Les villages et les maisons sont très-malpropres ; mais on ne voit pas souvent de l'ordure dans les rues, parce que la pluie emporte aisément tout ce qui se trouve sur un terrain rocailleux. Dans les hautes montagnes, toutes les maisons sont bâties en pierres, qui ne sont pas jointes avec du mortier et de l'argile ; elles sont simplement posées les unes sur les autres, et les jointures en sont garnies de terre ou de mousse : cependant ces murs sont très-solides, et durent plusieurs générations. Les maisons d'un village sont éparses ; mais souvent on en

---

les uns des autres, qu'on croirait qu'ils n'en forment qu'un seul. Chaque village porte ordinairement le nom de la famille qui l'habite. Voilà pourquoi l'on trouve tant de noms de village dans l'ouvrage de Güldenstædt.

trouve cinq dans une seule enceinte formée d'un seul mur, avec une tour. La hauteur des maisons est à peine de deux toises et demie ; elles sont divisées en deux étages, dont l'inférieur renferme les bestiaux, et le supérieur sert à l'habitation des hommes : une mauvaise porte en ferme l'entrée ; le jour y entre par un petit trou carré. Les maisons des villages situés aux issues des montagnes sont en bois ; elles sont bâties en poutres de hêtre rouge et couvertes de paille ou d'écorce de tilleul. On trouve quelquefois aussi des maisons de bois dans les montagnes ; celles-ci sont en solives de pin, mais très-mal construites et fort incommodes. Chaque village renferme un bâtiment qui a cinq à six toises de hauteur et qui sert d'asile dans le cas d'une attaque inopinée. Les femmes et les enfans se réfugient au rez-de-chaussée, tandis que tous les hommes en état de porter les armes se placent dans la partie supérieure, d'où ils tirent des coups de fusil et font tomber des pierres sur les ennemis qui tâchent d'enfoncer la porte, à laquelle on ne peut parvenir que par le moyen d'une échelle. Il est peu de villages ossètes qui soient situés près des rivières ; tous sont placés au-dessus de leur lit et le long des petits ruisseaux qui se précipitent du haut des montagnes.

Chaque ancien a une maison propre, une autre destinée aux étrangers, et une troisième où l'on fait le ménage et la cuisine. La première sert de magasin pour les armes, qui sont suspendues aux murs. Dans une chambre, qui a une cheminée, on voit un tréteau de bois sur lequel sont étalés les couvertures, les oreillers et les tapis de feutre dont on se sert pendant la nuit : le lit, formé de planches, se termine en biais aux deux extrémités, et n'a qu'un pied de hauteur; il est placé à côté de la cheminée : pendant le jour on le couvre d'une natte ou d'un tapis de feutre, et les femmes s'y asseyent alors les jambes croisées à la manière des Turcs; les hommes sont assis sur des bancs très-bas, ou bien sur des fauteuils, mais jamais par terre comme la plupart des Caucasiens. Les oreillers et les matelas sont rembourrés de laine : les riches les font couvrir de toile à raies bleues ; les couvertures sont garnies en laine ou en coton, et couvertes de toiles de coton de Perse; ils en ont aussi en soie et en diverses étoffes. Au milieu de la chambre est une table ronde en bois, à trois pieds, et peu haute. Ils achètent des bouteilles, des carafes, des jattes de verre, des gamelles, des assiettes de faïence, &c., aux marchands russes, sur la ligne; ils percent tous ces objets, ou bien ils y attachent par un moyen quelconque une ficelle pour les accrocher aux murs de leur chambre. Ils gardent leurs autres effets dans des coffres venant de Russie et garnis en fer-blanc. Les maisons des pauvres sont petites et malpropres.

La nourriture ordinaire des Ossètes consiste en pain de froment ou d'orge sans levain, qu'ils font cuire sous la cendre à la manière des Iméréthiens, et en gâteaux de millet ou de seigle, qui se coupent avec un couteau et se mangent tantôt chauds, tantôt froids, au lieu de pain. Ils mangent ordinairement de la viande de bœuf ou de mouton; et les pauvres, du porc. Lorsqu'ils n'ont pas de viande, ils préparent une soupe de gruau de seigle. Ils ne boivent ordinairement que de l'eau de rivière, qui, dans les montagnes, est saine et pure. Ils font de la bière d'orge, de l'eau-de-vie d'orge et de seigle, et du *bouza* de gruau de seigle.

Dans les montagnes, la culture est très-pénible : car ce n'est que dans un petit nombre d'endroits que le roc y est couvert d'un peu de terre argileuse jaune, qui a besoin d'être fumée tous les ans. Les champs sont presque toujours sur des pentes escarpées ; ce qui rend le labourage très-difficile. La charrue dont se servent les Ossètes et d'autres habitans des montagnes du Caucase, est plus petite que celle des Russes ; en voici la forme :

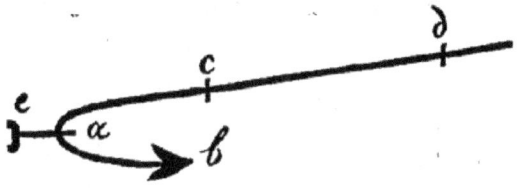

a est une pièce de bois courbée, dont les deux ailes ont un pied et demi de longueur, et ne sont éloignées l'une de l'autre que de huit pouces ; *b* est un soc en fer, formant un triangle équilatéral, dont chaque côté est fixé au bois courbé, et fend la terre ; à l'extrémité *c* du bois courbé, tient une perche longue de six pieds, au bout de laquelle *d* on attelle deux bœufs avec leur joug : *e* est le manche qui sert au laboureur à diriger la charrue de la main gauche ; il fouette les bœufs avec la droite. Comme la distance entre *b* et *c* n'est que de huit pouces, le sillon n'a que six pouces de profondeur. Quelques arbres liés ensemble et traînés par un bœuf servent de herse ; un homme monté sur les branches les presse contre la terre. En automne, on sème le froment d'hiver ; au printemps, le froment d'été, l'orge à six brins *[hordeum hexastichum]*, et quelquefois l'avoine. Les habitans des villages situés aux issues des montagnes et dont les champs sont dans la plaine, ne sèment ni avoine ni orge, mais seulement un peu de froment, beaucoup de millet et une espèce de grain qui lui ressemble beaucoup, quoiqu'il soit plus petit de moitié ; ils l'appellent *galma*, et les Russes, боръ *[panicum miliaceum]*. Les Ossètes sèment aussi des pois verts, des haricots, du maïs, des concombres, du chanvre, et du tabac du Levant *[nicotiana rustica]*, mais en très-petite quantité. Ils coupent le blé avec de petites faucilles, longues de plus d'un pied, très-recourbées, larges de deux doigts, et dont le tranchant est fortement dentelé. La faux pour couper le foin est longue de deux pieds, large de près de trois doigts, peu recourbée, et attachée à un bâton long d'une toise. Le blé est foulé par des bœufs sur une aire, qu'ils ne recouvrent pas de planches comme font les Tatares des steppes, parce qu'alors la paille est entièrement moulue; ce que veulent éviter les Ossètes, qui la gardent avec soin pour fourrage d'hiver. Ils conservent leur blé chez eux, dans de grands paniers faits avec des branches minces. Les moulins sont placés près des petits ruisseaux dont la chute est violente; ils sont pourvus d'une petite roue horizontale, dont les ailes sont mises en mouvement par un filet d'eau qui arrive par une rigole; des dents placées à la partie supérieure de l'axe vertical de la roue font mouvoir la petite meule. La farine est grosse; mais l'opération se fait très-vite. Les meules sont de grès de la Kabardah; la qualité en est excellente : on devrait en faire usage sur la ligne, où l'on manque de bonnes meules, et où la farine est toujours mêlée de sable. Les propriétaires des moulins permettent à leurs parens de moudre leur blé gratuitement.

Après l'agriculture, le soin des bestiaux est l'occupation principale des Ossètes ; les troupeaux de moutons font la principale richesse de la nation : ils échangent leurs moutons, avec les Géorgiens et les Imeréthiens, contre des étoffes de soie à bon marché, de la toile, des tissus de coton, des chites, du fil d'or et d'argent, des vaisseaux et des outils en fer; et avec les Tcherkesses et les Arméniens, contre du sel et souvent du millet et de la toile. Ils élèvent aussi beaucoup de chèvres. Les bêtes à cornes sont plus rares; à peine en ont-ils assez pour le labourage : ils n'en font des échanges qu'entre eux; le prix en est très-considérable. Le fromage se fait avec du lait de brebis; le beurre, avec du lait de vache : mais il est rare. Leur fromage est bon, quoiqu'il soit un peu trop salé. Les montagnes ne produisant pas une quantité suffisante de fourrage, ils ne peuvent pas élever beaucoup de gros bétail. Lorsqu'ils coupent le foin sur les hauteurs, ils en forment des bottes qu'ils font rouler en bas, où se tiennent des chariots pour les transporter ailleurs. Ceux qui ont beaucoup de bœufs, les laissent pendant l'hiver dans des *tabouns* [haras] étrangers, ou bien les confient aux habitans de la plaine pour les nourrir. Les chevaux ne sont pas très-grands; ils ont les pieds si forts, que, quoiqu'ils marchent toujours sur les pierres, on n'a pas besoin de les ferrer (1) : ils sont excellens pour gravir les montagnes ; ils se lassent difficilement, et, lorsqu'ils peuvent poser solidement un pied, ils ne glissent jamais. Les ânes sont encore meilleurs sous ce rapport. Les mulets sont très-rares; tandis que ceux de leurs voisins, les tribus tatares des hautes montagnes, sont renommés.

Les Ossètes montrent un grand respect pour leurs anciens ; les jeunes gens ne s'asseyent jamais en leur présence ; le fils ne s'asseoit pas devant son père, ni un frère cadet devant son aîné, &c.

Tous les anciens, chez les Ossètes, ont leurs paysans, des esclaves qu'ils ont pris ou achetés, qui les servent chez eux, et des sujets libres qui peuvent changer de maître et de domicile.

---

(1) Cependant les fers à cheval tatares sont très-utiles pour voyager dans les montagnes : c'est un morceau de tôle épais, parallèle à la surface inférieure du sabot du cheval et percé d'un trou au milieu; le bord en est un peu plus épais que le reste de la surface, et fait une petite saillie sur tout le devant. Six trous, trois de chaque côté, donnent passage aux clous, dont les têtes ont la forme d'un prisme aigu à double rang ; ce qui aide au cheval à se soutenir sur les pierres nues et sur la glace des hautes montagnes. Il ne peut ni se blesser à la partie inférieure du sabot, qui est couverte, ni avoir le fer arraché avec une partie du sabot.

Ils ne peuvent pas se faire servir par leurs paysans, ni les donner ou les vendre, si ce n'est par village en masse ; mais ils vendent leurs esclaves comme ils veulent : ils n'exigent que des redevances très-modiques de leurs paysans et de leurs esclaves. Souvent des personnes libres s'établissent chez quelqu'un, et le servent moyennant des présens qu'il leur fait ; il leur donne même une de ses filles en mariage, ou bien il paie leur dot lorsqu'ils se marient avec une autre : à ces conditions, ils s'engagent à le servir pendant un temps déterminé.

Il serait très-facile de tenir les Ossètes en bride ; deux régimens de chasseurs, quelques canons de trois, et de petits mortiers, suffiraient pour subjuguer leur pays, puisque la nation ne pourrait opposer que cinq mille combattans, dont à peine la moitié est armée d'un fusil et d'un sabre : d'ailleurs ils manquent de poudre, et sont désunis entre eux ; de sorte qu'ils ne pourraient presque jamais rassembler deux cents hommes en un seul corps. Avec des canons et des mortiers, on peut se frayer un chemin par-tout, et chasser les Ossètes de leurs défilés. Les mois d'août, de septembre et d'octobre, seraient les plus convenables pour une telle campagne, parce que c'est l'époque où l'on trouve une quantité de blé et de foin, qu'on pourrait employer ou détruire. Il serait donc facile d'amener à recevoir telle condition que l'on dicterait, la nation, qui craindrait la disette tant pour elle que pour ses troupeaux. On croit communément, en Russie, qu'il est inutile de faire la guerre aux montagnards, parce qu'ils abandonneraient leur territoire pour se sauver dans un autre ; mais cela est faux et impossible. La petite étendue de terrain qui, dans la montagne, peut se cultiver ou fournir du foin, ne passe jamais d'un possesseur à un autre, parce que celui qui le vendrait s'exposerait à manquer du nécessaire. Si quelqu'un possède une petite pièce de terre dont il lui est possible de se passer, il ne la vend qu'à un très-haut prix : quelques toises carrées coûtent un esclave, ou cent et jusqu'à cent soixante moutons. Les montagnes sont très-peuplées en comparaison de la petite quantité de terrain propre à la culture ; et les habitans seraient redoutables pour leurs voisins, s'ils joignaient à la bravoure l'union entre eux et la connaissance de l'art militaire.

Les noms des principaux héros des Ossètes, qu'ils célèbrent dans leurs chansons et dont les hauts faits leur servent de modèles, sont les suivans : *Ahmed, Arslan-beg, Aïtekko, Amistala, Amour-khan, Bahhateras, Baghir, Bauto, Barisba, Bekbi, Khammits, Doudarouk, Dewlet, Djanchek, Ghewis, Goutchi, Gazi, Ilad, Kazi, Karadjai, Mambed, Missaost, Maxim, Mirza-beg, Merouka, Nasseran, Sossirreko, Soslan, Tezbi, Tewo* et *Tchanzé.*

CHAPITRE XXVII.

Observations physiques sur le Caucase septentrional, notamment sur les environs de l'Ouroukh.

La cime la plus élevée, ou la crête du Caucase, est composée de syénite, de granit, et de porphyre basaltique, qui, en plusieurs endroits, est interrompu, dans la direction du nord, par du schiste argileux, et qui est fréquemment surmonté par des sommets basaltiques. La syénite est communément de couleur verdâtre ou tachetée de blanc, tantôt foncée jusqu'au gris, tantôt plus claire et d'un vert céladon. Cette crête offre une masse de rochers continus; elle est couverte, non de terre ni de plantes, mais de glaces et de neiges perpétuelles : cependant on trouve au milieu de ces montagnes, et au pied des hauteurs, des habitations humaines, parce que des champs, des buissons, de bons pâturages pour les bestiaux, permettent d'en établir. Entre ces montagnes couvertes de neige, on voit de véritables glaciers, qui semblent avoir pour base un mélange de glaces et de blocs de rocher. Les vallées sont bouchées à leur extrémité par des glaçons entassés les uns sur les autres comme des couches de rochers, et qui semblent devoir leur origine à de l'eau de neige d'abord fondue peu à peu, puis gelée de nouveau à l'ombre. Ces masses gelées sont supportées par des arches de glace, où les torrens prennent leur source, et roulent avec un fracas affreux, qui parvient à l'oreille de l'homme marchant sur ces voûtes; à ces glaces succèdent des champs de neige qui couvrent les couches de glaçons. Cette chaîne de partage, souvent coupée par des basaltes, est contiguë à des monts de schiste noir, tabulaire, qui sont très-hauts et très-escarpés : de leurs sommets s'élèvent des pics aigus et nus, séparés par des crevasses profondes, où l'on rencontre fréquemment des neiges et des glaces perpétuelles. Au pied de ces monts, dans les ravines où coulent les ruisseaux, on trouve des pins, des genévriers, des bouleaux, arbres particuliers à la zone froide; mais ils n'y sont pas nombreux. Les hauteurs moyennes sont tapissées de plantes alpines qui donnent d'excellens pâturages et de très-beau foin. Ce schiste, dans les endroits sur-tout où il tient au calcaire, offre beaucoup de veines remplies de spath et de quartz, qui sont généralement des gangues de métaux, et qui contiennent, en divers endroits, de la galène, souvent très-riche en argent, des pyrites cuivreuses, sulfureuses, arsenicales, et des bismuths. Ce schiste est immédiatement suivi du calcaire, qui est de la nature du marbre, tantôt plus fin, tantôt plus grossier, et presque toujours de couleur blanche. Cette chaîne est assez unie, moins haute et moins escarpée que la roche schisteuse, et couverte généralement de terre argileuse, ainsi que de forêts touffues de hêtres et de quelques autres arbres. Ces forêts lui donnent de loin un aspect très-sombre, ce qui lui a valu, de la part des Russes et d'autres nations habitant au nord, le nom de *Montagnes noires*. Les sources salées sont rares au pied de cette chaîne, et l'on n'y rencontre pas la moindre trace de métaux.

Le calcaire termine, au nord, la chaîne principale du Caucase; un grès souvent marneux compose la chaîne secondaire, formée par deux rangées de montagnes, séparées l'une de l'autre et de la chaîne principale par une argile d'un gris jaunâtre qui remplit de larges plaines, et qui couvre aussi l'immense plaine dont l'étendue se prolonge jusqu'au Wolga et au Don. Dans les grès on voit des coquilles pétrifiées ; mais je n'en ai jamais aperçu dans le calcaire ni dans le schiste. Cette chaîne secondaire du nord est interrompue, en plusieurs endroits, par le passage des rivières qui sortent de la chaîne principale et coulent vers la plaine au nord, de sorte que, dans les endroits où plusieurs rivières coulent les unes près des autres, on ne trouve pas de traces de cette chaîne secondaire : par exemple, au passage de la Malka, du Bakzan et du Terek. Les parties les plus hautes de la chaîne sont semblables et unies, sans pics saillans, et généralement couvertes de bois de chênes et de hêtres : elles sont rarement assez élevées pour que le calcaire y ait formé des couches; je n'en connais qu'un exemple sur le Bech-taw; entre les branches de la Kouma. Cette chaîne est riche en pyrites sulfureuses, sources sulfureuses froides et chaudes, naphte, gypse, vitriol, sel gemme, natron, et autres sels naturels : mais je n'y ai pas trouvé d'autre métal que le fer.

La partie septentrionale de la principale chaîne du Caucase est beaucoup plus escarpée que la méridionale : le granit, le basalte et le schiste ont notamment une pente très-raide ; car, sur une largeur de quinze werstes en ligne horizontale, depuis le milieu de la crête de glace en allant au nord, la chaîne présente, le long des rivières, des parois perpendiculaires et nues qui ressemblent à des murs, et les sommets s'élancent en cimes basaltiques dentelées, qui de loin offrent l'apparence d'édifices en ruine.

Les ravines les plus considérables du Caucase septentrional se dirigent principalement du sud au nord ; elles sont baignées par de grands torrens qui sortent des montagnes de glace. Indépendamment de ces crevasses, il y a, notamment dans les parties de la chaîne de glace les plus hautes, des ravines secondaires qui se réunissent presque toujours, au sud-ouest ou au sud-est, aux ravins principaux ; c'est ce qui partage toute la chaîne en montagnes coniques tronquées et isolées. Dans ces petites ravines latérales, coulent des ruisseaux et de petites rivières qui reçoivent généralement leurs eaux des sources de l'intérieur des monts, et les versent des deux côtés dans les courans principaux; elles ne sont pas escarpées, et présentent plutôt une pente douce : aussi sont-elles couvertes, à quelques pieds de profondeur, d'une argile jaune, et elles pourraient être mises, soit en champs cultivés, soit en prairies; c'est pourquoi la plupart des villages sont situés dans ces ravines latérales. Les côtés des ravines principales sont ordinairement très-raides; ces ravines sont bien moins communes que les ravines latérales, et toujours éloignées de plusieurs werstes l'une de l'autre : elles se terminent presque toujours au nord de la chaîne de glaciers, à l'exception de celles du Terek, de l'Assaï et de l'Argoun, qui prennent leur source au-delà de cette chaîne de séparation.

Le long de l'Ouroukh, le schiste forme des couches épaisses de plusieurs sagènes au-dessous du granit : il est d'un noir brillant, et se fend aisément; la surface de ses lames est chatoyante. Je le trouvai le plus abondamment près de Jinaghi-kaou et de Goular, sur les bords du Saw-dorghini-don. En s'approchant du calcaire, le schiste était couleur de foie, brillant, moins compacte et plus grossier; il paroît être alumineux. J'en rencontrai de tel.le long de l'Ouroukh, entre les villages de Sadeleske et de Nara. La roche calcaire est en couches larges de quelques pieds, et s'abaissant un peu vers le nord. Dans les montagnes secondaires, on voit, dans la prairie de Sourkh, une argile rouge, ferrugineuse, contenant de véritables pierres à fusil; ce qui est une rareté dans le Caucase. Les montagnes dont les extrémités aboutissent aux rivières, sont composées de couches de cailloux roulés, hautes de dix à vingt sagènes ou davantage; il y en a depuis le poids d'une demi-once jusqu'à un poud, et même de si gros que les mains des hommes ne pourraient les mouvoir. Ces couches sont entremêlées d'argile et de granit, qui les rendent plus inhérentes les unes aux autres : mais, quand les flancs des montagnes sont baignés par les fleuves et très-escarpés, ils n'offrent pas ces couches d'alluvion, parce que l'eau, rendue plus rapide par le rétrécissement de l'espace où elle coule, les a entraînées dans son cours; plus l'on approche de la sortie des montagnes, plus les couches d'alluvion diminuent.

La chaine secondaire au-dessous de l'Ouroukh est entièrement couverte de forêts où le hêtre est l'arbre le plus commun ; on y trouve aussi le charme, le chêne, l'érable et l'érable plane, le fusain, l'orme, l'aubier, le sureau, l'épine-vinette, l'aube-épine, le néflier, le tilleul, le frêne. A l'entrée des montagnes, les poiriers et les pommiers sauvages se voient assez fréquemment; et j'aperçus dans la prairie de Sourkh des cerisiers et des pêchers sauvages.

Dans les alpes moyennes et les plus hautes, les forêts ne sont pas si fréquentes; on n'en voit que dans les ravines à parois obliques et situées le long des rivières : elles se composent de pins, genévriers, bouleaux, arbres qui ne se rencontrent ni dans la chaîne secondaire, ni dans les plaines du Terek, et qui sont entremêlés de sorbiers, allouchiers, viornes, groseilliers épineux, *spirea crenata*, et framboisiers, que l'on ne trouve pas non plus le long du Terek inférieur, c'est-à-dire, depuis le confluent de la Malka; l'*azalea pontica*, le *lonicera alpigena*, la ronce des haies et le houblon, sont communs dans les forêts, depuis la chaîne secondaire jusqu'aux hautes alpes. Je n'ai pas découvert le long de l'Ouroukh l'if, que j'avais souvent vu sous les hêtres, près du Koumbaley. Enfin les forêts cessent dans la partie la plus haute de la chaîne en allant vers les glaciers; les pins mêmes disparaissent tout-à-fait. Le sol est tapissé de mousses touffues, mêlées de lucets, *vaccinium vitis idœa*, *pyrola secunda*, et autres plantes rampantes, qui trouvent à ces hauteurs glacées leur climat naturel. On peut juger de la température de la chaîne au pied des glaciers, où le baromètre ne s'élevait qu'à vingt-trois pouces et demi, en comparant l'époque de la floraison des mêmes plantes à cette hauteur et dans la plaine. Par exemple, la filipendule, dont les fleurs, sur les bords du Terek inférieur, étaient déjà fanées à la fin de mai, commençait seulement à fleurir, au pied des glaciers, à la fin de juillet et dans la première semaine d'août; les tilleuls n'y fleurissaient non plus qu'à cette époque, et par conséquent sept semaines plus tard qu'à Berlin. Les fraises et les framboises n'étaient pas encore mûres; on commençait la récolte du froment et de l'orge, ainsi que la coupe du foin. La chaîne secondaire renferme entre les forêts des prairies peu nombreuses, et par cela même d'autant plus précieuses; le Sourkh est la plus considérable. On y trouve, entre autres plantes, le fléau des prés, le dactylis, le ray-grass, la filipendule, l'ulmaire, la tormentille; les trèfles rampant, des prés, agraire, des champs; la bétoine, le lotier, les cocrètes oriental et à crète de coq, l'alchimille commune, la sanguisorbe officinale, l'eufraise vulgaire, l'aigremoine officinale, la gentiane à feuilles d'asclépias, la *parnassia* des marais, l'eupatoire à feuilles de chanvre, le *clinopodium* commun; en un mot, à l'exception de quelques végétaux particuliers aux contrées orientales et alpines, tous les autres étaient ceux de nos contrées septentrionales de l'Europe. Le *polygala* commun, le ciste hélianthème, la mille-feuille commune, la coronille bigarrée, les molènes noire et commune, le caille-lait à feuilles de garance, la potentille argentée, la germandrée *chamædrys,* le mille-pertuis officinal, le *veratrum* blanc, sont aussi très-communs dans ces prairies. A l'ombre des forêts de la chaîne secondaire, rien de plus fréquent que la fougère nommée *osmunda struthiopteris*, et ensuite l'oxalis des bois, la parisette à quatre feuilles, l'hièble, l'aunée officinale, la bardane, la chicorée sauvage, la saxifrage cymbalaire, le *myrrhis* sauvage, le *menanthes* des murailles, la laplane commune, l'échinope azurée, la fraxinelle cultivée, l'ortie dioïque, la festuque des prés, la cardiaque officinale, la sauge gluante et verticillée. Le long des chemins on voit abondamment le plantain moyen et la renouée ; et sur les rochers nus, notamment à l'embouchure du Dougour-don, la blette effilée, le lin cathartique, la scutellaire orientale, la germandrée d'Orient, la vipérine des Pyrénées, quelques espèces de *sedum*, de joubarbes, de campanules, et le nerprun à feuilles linéaires. Sur les rochers les plus élevés rampent l'*asplenium trichomanes*, la rue des murs, le *lycopodium* dentelé ; dans les prairies on rencontre le lin visqueux, et parmi les plantes qui croissent à l'ombre dans la chaine secondaire, le *stachys fetida*, le *lamium* blanc et pourpre, la benoîte officinale, le muguet, le sceau de Salomon à plusieurs fleurs, les tussilages, pas-d'âne et petasite ; les *melampyrum* des bois et des prés, l'orobanche élevée, la *valantia* croisette, les *ophrys* nid d'oiseau et double-feuille, le *serapias* elléborine, la circée des bois. Les espèces de champignons que je vis étaient des agarics *muscarius* et *piperatus*, les bolets *igniarius* et *luteus*, et une très-petite variété de *clavaria coralloïdes*. Dans les prairies et à l'ombre, se trouvent aussi différentes espèces d'aconit, de pieds-d'alouette, de campanule, de *carduus*, de scabieuse, de seneçon, d'œillet, de lychnis. Le *thesium* à feuilles de lin, l'œil à ombelle, la balsamine des bois, le filago pyramidal, l'*eryngium amethystinum* et le boucage saxifrage font aussi partie des plantes des prairies ombragées, situées au pied des glaciers et des neiges perpétuelles près de Moské et de Jinaghi-kaou.

Des bouquetins [*saboudour* chez les Dougours] et des chamois [*ske* ou *tsaou*] errent dans les hautes montagnes de l'Ossétie, auprès de la source des grandes rivières. Les cerfs, les daims, et les *doumbaï* ou ures, dont je n'ai vu que les têtes, ont, dit-on, été tués à l'entrée des montagnes. Ni les bouquetins, ni les chamois, ne vivent avec les chèvres domestiques : ceux que l'on a pris jeunes et mis avec ces animaux, ne tardent pas à mourir. Le loup, le renard, le chat, le lynx et l'ours, se trouvent dans les forêts de la chaîne secondaire, mais n'y sont pas communs : j'y ai vu aussi des hérissons, des lièvres et des rats. On aperçoit très-peu d'oiseaux dans ces montagnes ; je n'y ai rencontré que des choucas et des geais ; le serin saute solitairement entre les rochers. Les Ossètes n'ont d'autres oiseaux domestiques que des poules, des canards et des oies ; encore n'en élèvent-ils pas beaucoup à cause du dégât qu'ils font dans leurs champs. Je n'ai vu que deux espèces de poissons, le barbeau et la truite saumonée [*kez'alga* chez les Dougours] ; on pêche celle-ci dans l'Ours-don, près de Koubati. Le barbeau remonte peut-être de la mer Caspienne, de même que le saumon, que l'on prend aussi dans ces montagnes pendant l'hiver ; mais la truite est un poisson absolument particulier aux montagnes.

Je n'ai rencontré parmi les amphibies que la grenouille [*kaffeh*] ordinaire et le lézard [*gakgouri*] commun dans les prairies. La montagne est très-pauvre en insectes, à l'exception de quelques espèces de mouches. Dans la chaîne secondaire et dans les plaines qui lui sont contiguës, les taons sont très-communs ; ils y martyrisent les bœufs et les chevaux : on n'y trouve d'ailleurs ni cousins, ni moucherons, qui sont un vrai fléau sur les bords du Terek inférieur.

Arrivé à Mozdok, je n'y retrouvai plus mon secrétaire russe, que j'y avais laissé malade, et qui était mort d'une fièvre bilieuse; mon domestique allemand s'étant cassé le bras en venant de Wladikawkas par la petite Kabardah, il en résulta une inflammation gangréneuse, qui le mit au tombeau huit jours après.

Les fatigues du voyage dans les montagnes, et l'influence du climat extrêmement malsain des bords du Terek, auquel je n'étais pas accoutumé, me causèrent également une violente fièvre tierce. Néanmoins je partis de Mozdok le 24 août, et je gagnai Gheorghiewsk. La fièvre s'étant un peu apaisée, je fis des excursions à Madjari ainsi qu'à Oust-Labinsk sur le Kouban; mais mon mal m'empêcha d'en profiter comme je le desirais. Je restai à Stawropol pendant le mois d'octobre et une partie de novembre : de là j'allai en traîneau, par Tcherkask sur le Don, à Woronech; puis je retournai par Toula à Moscou et à Saint-Pétersbourg, où j'arrivai, bien malade, le 11 janvier 1809.

LANGUES

DU CAUCASE.

جبل القيتق جبل ألسن

LANGUES

DES LESGHI.

Le Caucase oriental, compris entre le Koïsou, l'Alazani et les plaines baignées par la mer Caspienne, est nommé داغستان [*Daghistân*] ou لزكستان [*Lezghistân*] par les nations turco-tatares, qui appellent ses habitans *Lezghi* لزكی ou لكزی [*Lekzi*]. Nous ne connaissons pas l'origine de ce dernier nom, mais il doit être très-ancien; car déjà Strabon (1) et Plutarque (2) parlent des *Leghes* et *Gheles* qui sont entre les Albaniens et les Amazones, et séparés de ces dernières par le Mermodalis ou Mermodas. Les *Gheles* se retrouvent vraisemblablement dans les *Galgaï*, tribu des Ingouches, qui habite près des sources du Chalghir ou Ossaï, lequel se jette dans la Soundja.

---

(1) *Strabonis rerum geographicarum lib.* XI, edit. Almeloveen, pag. 769.
(2) *Plutarchus, in Pompeio,* edit. Francof. tom. I, pag. 638.

Le nom de *Leghes* se rapproche plus aussi du nom radical caucasien que le mot tatare *Lesghi :* car les Géorgiens les désignent par la dénomination de ლეკი *[Leki]* ; les Arméniens, par celle de *Leksi* ; les Ossètes, par celle de *Leki* (1). Moïse de Chorène (2) fait mention d'une bataille qui se donna sous le règne de *Bab*, roi d'Arménie (de 370 à 377 de J. C.), et dans laquelle Serghir [Cherghir], roi des *Leki*, fut tué. Dans la Géographie mal-à-propos attribuée à cet écrivain, les *Lek'* [Ղէկ, *Ghek*] sont comptés parmi les peuples du Caucase. Selon la tradition géorgienne, les ლეკთა *[Lek'tha]* (Lesghi) descendent de *Lek'os*, cinquième fils de Thargamos, qui, après la mort de son père, obtint le pays à l'ouest de la mer de Derbend, jusqu'au Lomek'i, que l'on nomme aussi *Terki*, et qui coule dans le grand pays des Khazares. Les Lesghi reçoivent des Tcherkesses le nom de *Hhannoâtché*, et, des

---

(1) On ne doit pourtant pas dériver ce nom du mot ossète *lag*, qui signifie *homme ;* car il fait le pluriel *lagté*, qui ne ressemble guère à *Leki*.

(2) Il vivait vers 463 de notre ère. *Historiæ Armeniacæ lib. III*, edit. Londin. pag. 276.

Tchetchentses, celui de *Soueli*. Je n'ai pu en apprendre la signification : ils me semblent de vrais noms propres.

Les peuples qui habitent le Lesghistân, quoique de même origine, vivent généralement séparés les uns des autres, et ne se désignent point par un nom commun : ils connaissent le mot de *Lesghi*. ou *Leski;* mais ils ne s'en servent que par complaisance pour les étrangers, et ne peuvent en donner la signification. Un prince lesghi que je vis à Tiflis pensait qu'il dérivait du mot aware *leh* [ici], qu'ils prononcent souvent dans leurs incursions : mais il vient probablement du mot qasi-qoumouq *lez* [homme].

Les Lesghi qui parlent des dialectes awares se donnent ordinairement le nom de *Maroulal* [montagnards], au singulier *Maroul*, qui dérive de *mehr* [montagne]. Par conséquent, rien de moins fondé que l'opinion suivant laquelle les Lesghi forment une même nation : on ne doit se servir de ce mot que comme on employait autrefois celui de *Scythe* ou de *Tartare* pour désigner tous les Asiatiques du nord. Je voudrais bien lui en substituer un autre ; mais il est difficile d'en trouver un convenable. Au reste, on sait par Strabon que jadis le Daghistân était habité par différens peuples; car il compte en Albanie vingt-six langues, parce que les tribus qui vivent dans ce pays ont peu de rapports les unes avec les autres. Chez Aboulféda le Caucase oriental se nomme جبل القيتق *[Djebal ol-Qaïtaq]*, et, suivant Al-Azizi, جبل ألسن *[Djebal Alsouni]*, c'est-à-dire, *montagne des langues*, parce que, dit cet auteur, les peuples qui l'habitent parlent trois cents langues différentes. Édrissi écrit ce nom جبل القبق *[Djebal ol-Qabaq]*, qui, selon Massoudi, est celui que l'on donne communément à cette montagne; tandis que, dans les livres, elle porte celui de جبل الفتح *[Djebal ol-Fathh*, mont de la Victoire*]*. Mais قبق *[qabaq]* et فتح *[fathh]* sont vraisemblablement des corruptions de قيتق *[Qaïtaq]* et de قتخ *[Qaïtakh]*, nom d'une puissante peuplade du Caucase oriental.

Guldenstædt a observé dans le Lesghistân huit dialectes principaux, qu'il range dans l'ordre suivant :

1.° Le dialecte *aware*, qu'on parle dans les territoires de Khoundsakh ou Aware, de Kaizerouk, d'Hidatle, de Moukratle, d'Ounsokoul, de Karakhle, de Goumbet, d'Arrakan, de Bourtouna, d'Antsoukh, de Tebel, de Toumourgi, d'Akhti, de Routhoul, de Tchari et de Belakan;

2.° Celui de Dido et d'Ounso;

3.° Celui de Kaboutch;

4.° Celui des Andi;

5.° Celui d'Akoucha, de Koubitchi et de Tsoudakhara;

6.° Celui des Qazi-Qoumouq;

7.° Celui des Qaïtak, de Qara-Qaïtak et du Thabasserân;

8.° Celui de Koura.

Mais, d'après des recherches exactes, je trouve que l'on ne parle réellement dans le Lesghistân que quatre dialectes principaux, qui cependant paraissent dériver d'une source commune, quoique le temps les ait considérablement altérés.

Le premier, que je nomme l'*aware*, règne dans les territoires rangés ci-dessus sous le n.° 1, ainsi que chez les Andi et dans le Kaboutch, avec des dialectes très-différens. Ses bornes physiques sont, à l'ouest, l'Aksaï; au nord, les monts avancés au sud de l'Aksaï, d'Endery [*Anderia*] et de Tilbak; à l'est, le Koïsou; et, au sud, il s'étend jusqu'au Samour supérieur et au mont Chad ou Chadagh.

La langue des territoires de *Dido* et d'*Ounso*, sur le Samour supérieur, est contiguë à la première; quoique mêlée de beaucoup de vieux mots caucasiens, on ne peut s'empêcher de la reconnaître pour un dialecte de l'aware.

Le second est la langue des Qazi-Qoumouq, qui se parle aussi, avec différens dialectes, chez les Qara-Qaïtaq et dans le Thabasserân. Ses limites sont, à l'ouest, le Koïsou; au sud, le Gourieni; à l'est, les monts du Thabasserân et du Daghestân septentrional; et, au nord, les sources de l'Ozen. Les Qaïtaq de la mer Caspienne parlent un dialecte turc.

Le troisième est celui d'*Akoucha*, qui a beaucoup de mots communs avec le précédent, mais qui diffère de tous les autres; il domine aussi à Tsoudakhara, à Koubitchi, et, en général, dans les monts schisteux situés entre le Koïsou, le Manas supérieur et les sources du Bouam.

Enfin le quatrième se parle dans le territoire

de Koura du Daghestân méridional : c'est celui que je connais le moins; en conséquence, je ne puis rien dire de positif sur son étendue.

Les mots lesghi montrent beaucoup de rapports avec d'autres langues du Caucase et avec celles de l'Asie septentrionale, principalement avec les dialectes samoïède et finnois de la Sibérie : j'ai recueilli plusieurs de ces rapprochemens dans la liste suivante, qui précède le *Vocabulaire des langues lesghi.*

An.....	Dido, *tlebi*............	Ostiake de Berezow, *tal, tiel.*
	Antsoukh et Tchari, *soso*.	Touchi, *cho.*
		Ingouche, *tsachou.*
Argile...	Aware, *tchabar*........	Mongole, *chabor.*
Avoine..	Akoucha, *soussoul*.....	Tchetchentse, *sous, souious.*
Barbe ...	Aware, *mech*..........	Tchetchentse, *maje, maïjé.*
	meiech..........	Ingouche, *mekach.*
Barque ..	Aware, *ghiammi*.......	Turc, *ghiami.*
		Géorgien, *ghemi.*
Beau, bon.	Aware, *khlik*..........	Tchouwache, *laikh.*
	Andi, *tsons*...........	Zyraine, *chan.*
Blanc ...	Aware, *kaha*..........	Ingouche, *kai, kaïn.* Ostiake de Loumpokolsk, *kaghi.*
Bœuf..,.	Kaboutch, *os*..........	Wotiake, *och.*
	Tchari et aware, *otz*	Wogoule, *ochka, ouch.*
	Dido, *is*..............	Zyraine, *ich.*

Bouche..	Dido, *hakou*............	Samoïède de Narym et de Tymsk, *ak*.
Bronze...	Andi, *ghez*............	Tchetchentse et ingouche, *ghez*. Tcherkesse, *djes*.
Cerf.....	Tchari, *tchaan*.........	Abaze, *tchâ*.
Champ...	Aware, *khour*.......... Qazi-qoumouq, *kourou*.	Ostiake de Narym, *kira*; de Loumpokolsk, *kara*. Samoïède du Ket, *kyra*.
Chariot..	Andi, *relli*.............	Karélien, *reghi*.
Cheval...	Aware, *tchou*...........	Samoïède, *tchiounde*. Karagasse, *tchiou*. Tcherkesse, *tche*.
	Andi, *kôto, kôtou*.......	Ieniseïen et kotowe, *kout, khout*.
	Kaboutch, *soya*........	Pehlwi, *sossia*. Hébreu, סום [*sous*].
	Koubitchi, *aksia, artch*..	Abaze, *atché*.
Cheveux.	Qazi-qoumouq, *tchara*...	Hébreu, שער [*sea'r*]. Arabe, شعر [*cha'r*].
Chien ...	Aware, *khoi, houé*..... Akoucha, *khwa*.	Tcherkesse, *khâh, hah*.
Cœur....	Qazi-qoumouq, *dakou*...	Tchetchentse, *dugh*. Ingouche, *dog*.
	Akoucha, *ourki*........	Kourde, *our*.
Coq.....	Aware, *heleko*. Tchari, *helk*. Andi, *alkouts*.	Grec, ἀλέκτωρ. Pehlwi, *alka*.
Cunnus..	Kaboutch, *byto*. Dido, *beti*.	Tchetchentse et ingouche, *but*.
	Akoucha, *kouta*........	Tcherkesse, *gout*. Abaze, *gout*.
Dent....	Aware, *ziw, siw, tsiwt, sib*.	Esclavon, *zub*.
Dieu....	Qazi-qoumouq, *saal, bsual*. Akoucha, *tsalla*.	Ingouche, *daia*. Tchetchentse, *dalé*.
Donne...	Aware, *tlé*..............	Ostiake, *tallel*.
	Antsoukh, *possi*........	Tcheremisse, *pauské*.

DES LESGHI.   299

Dos. .... Aware, *moukh*........ Ostiake de Narym, *moga*.
Andi, *mikhal, makhol*... Samoïède, *makha, mogal, mogol, mokhal*.

Dur..... Aware, *tsakaw*........ Ingouche, *tchaagwou*.
Antsoukh, *tsagab*....... Touchi, *tchâgwa*.

Épaule... Antsoukh, *bouhoun*..... Wogoule de Berezow, *wagyn*; de Werkhotourie, *woïn*.

Fer..... Dido, *gher*........... Suédois, *iärn*.

Feu..... Aware, *tsa*. Dido, *tsi*.. Tchetchentse, *tsé, tsié*.

Feuille... Akoucha, *kéré*........ Zyraine, *kore*. Permien, *koras*. Wotiake, *kwar*.

Fille..... Aware, *ias, iasse*...... Samoïède, *itché*.
Andi, *iochi*........... Kamache de Krasnoïarsk en Sibérie, *aiché*.

Fleuve... Aware, *or, khor, hor*.. Arménien, ոռու [*arou*].
Iakoute, *orios*.
Samoïède-motore, *orgobi*.

Fossé.... Aware, *baka*......... Ostiake de Loumpokolsk, *bok*.

Frère.... Aware, *waas, wats, ouats*. Tchetchentse, *wacho*.
Abaze, *oacha, atché*.

Front ... Aware, *nodo*......... Tcherkesse, *nata*.

Fumée... Aware, *koui*......... Samoïède du fleuve Taz, *kwoë*.

Garçon .. Aware, *ouassa, waas, ouch*. Wogoule, *ouas, ous, ouch*.

Genou... Akoucha, *kouqoua*..... Tchetchentse, *goua*.

Glace ... Andi, *sâr*........... Arménien, սառն, *sarn*.
Tchari, *tser*.......... Breton, *sorn*.
Aware, *tsouer*........ Samoïède de Poustozersk, *sar*.

Gosier... Andi, *konki*......... Samoïède de Poustozersk, *khoungo*; d'Obdorsk, *khyngo*.

Graisse	Qazi-qoumouq, *mai*.	Tchetchentse et ingouche, *miékh*.
Grand.	Aware, *khalada*.	Ostiake de Loumpokolsk, *hellé*.
Grêle	Tchari, *goro*.	Tchetchentse, *k'arou*.
Gros	Andi, *peké*.	Estonien, *paks*. Finlandais, *paksou*. Karélien, *paktou*.
Hache	Aware, *hachti*.	Français, *hache*. Allemand, *axt*.
Haut.	Antsoukh, *tchahab*.	Touchi, *tchagho*.
	Qazi-qoumouq, *lawai*.	Tchetchentse, *ljaken*.
Hiver.	Aware, *t'lin*.	Wogoule de Berezow, *teli*. Ostiake, *telli*.
Jour.	Andi, *tkhtsal, tliäd*.	Samoïède-karagasse, *tield, tcheld*. Samoïède-tawghi, *diälle*; de Tomsk, *täll, telga*; de Narym, *tchel*.
Laid.	Aware, *kouech*.	Ostiake de Narym, *kochiga*. Samoïède du Taz, *kochega*.
Langue.	Aware, *mas, maats*.	Tchetchentse et touchi, *mot, mout*. Ingouche, *motté*.
Lune.	Tchari, *botso*. Dido, *boutsi*.	Tchetchentse et ingouche, *bout*.
Main.	Aware, *kouer, kwer*.	Grec, $\chi\epsilon\iota\rho$. Zyraine, *kirrim*. Mongole, *gar*.
	Kaboutch, *koda*.	Mordouine, *ked, kedé*. Mokchane, *kiad*. Wogoule, *kat, kata, ket*.
	Andi, *kachou*.	Estonien, *kaissi*.
Maison.	Andi, *akko*.	Pehlwi, *aké*.

DES LESGHI. 301

Mère....	Aware, *ebel, cwel*.....	Ostiake du Wasiougan, *cwel*.
		Samoïède de Tomsk, de Narym, etc, *ewel*.
	Dido, *enniou*..........	Dans les dialectes toungouses, *enn;* mandchou, *enié*.
Mesure..	Aware, *botsai, wotsè*....	Tcheremisse, *wissa*, *witcha*. Tchouwache, *wissia*.
Miel....	Aware, *hodtso*.........	Allemand, *honig*.
Millet...	Aware, *moutch*........	Tchetchentse, *bourts*.
	Andi, *betcha*.	
Mont....	Aware, *mehr, mar*.....	Samoïède de Touroukhansk, *mari*.
	Andi, *bil, pil*.........	Ostiake de Berezow, *pelle*; de Loumpokolsk, *pel*.
Mouche..	Aware, *neki*...........	Samoïède de Mangascïa, *enek*.
Nez.....	Aware, *meer*. Andi, *mahar*.	Tchetchentse, *mara*, *maré*.
Nom....	Andi, *tsiér*............	Ingouche, *tsié*.
Non.....	Andi, *sou, tsou*........	Touchi, *tso*.
Nuit.....	Antsoukh, *zourdo*......	Tchouwache, *siour*.
Œil.....	Aware, *beer*..........	Tchetchentse, *berik*. Ingouche, *berg*.
Œuf.....	Aware, *hono*.	Samoïède-karagasse, *heng*.
	Akoucha, *hano*.	Grec, ὠόν.
	Akoucha, *to'ka*........	Persan, تخم, *tokhm*.
Ongle...	Tchari, *maakh*.........	Abaze, *mawkh*.
Or......	Akoucha, *mourié*.......	Wogoule de Berezow, *mortan*.
Orge....	Akoucha, *mouké*........	Tchetchentse et ingouche, *mouk*.
	Qazi-qoumouq, *ka*......	Tcherkesse, *ha*.

Os......	Dido, *tlouza*..........	Samoïède, *ly*, *louy*.
	Akoucha, *likka*.	Ostiake, *louou*, *loukh*.
Pain.....	Koubitchi, *kats*.......	Arménien, Հաց [*h'ats*].
Peau....	Andi, *khoutcha*.......	Permien et zyraine, *koutchik*.
Penis...	Akoucha, *tana*.........	Tchetchentse et ingouche, *ten*.
	Koubitchi, *douna*.	
Petit....	Tchari, *tina*...........	Samoïède d'Obdorsk, *tiänio*.
Pierre...	Aware, *itso*...........	Zyraine et permien, *is*.
Pigeon..	Aware, *kokho*.........	Ingouche, *kok*. Turc de Ieniseïsk, *kouko*. Turc-kangatse, *kouk*. Karélien, *kiogkiné*. Finlandais, *kykyiné*.
Pluie....	Qazi-qoumouq, *gwaral*, *koural*.	Touchi, *karé*.
Plume...	Andi, *t'lirou*..........	Samoïède de Poustozersk, *t'ly*. Wotiake, *tyly*.
	Qazi-qoumouq, *bäl*..... Akoucha, *pala*.	Tchetchentse, *piélek*.
Poisson..	Aware, *tchoua*.........	Arménien, Ձուկն, *tzougn*. Kriwo-livonien, *tsouwé*.
Porte....	Tchari, *noutsa*.........	Ingouche, *nä*. Samoïède, *nia*, *nio*, *no*, *nioda*.
Prendre..	Aware, *wokä*..........	Wogoule de la Tchioussowaïa, *wakh*.
Rouge...	Aware, *baraf*. Antsoukh et tchari, *baram*.	Estonien, *werew*. Hongrois, *wörös*, *piros*. Ostiake, *wirté*.
	Andi, *hiri*, *iré*........	Ostiake de Berezow, *yrto*. Permien, *ghird*.
Sable....	Andi, *kerou*...........	Ostiake de Berezow, *kora*.
	Akoucha, *kaïr*.	Samoïède de Tymsk et de Narym, *khora*. Kamache, *kora*.

DES LESGHI.

Sang.... Aware, *piéh*, *bi*....... Samoïède de Poustozersk, *bycié*.
Andi, *hin*............ Samoïède, *khim*, *khym*.
Sol..... Andi, *khour*.......... Ostiake de Berezow, *khar*.
Aware, *lamizé*........ Samoïède du Ket, *lem*.
Souris... Aware, *iounk*. Andi, *inkou*. Ostiake du Wasiougan, *iounké*.
Terre.... Andi, *miza*........... Permien, *mou*. Wotiake, *mouziem*. Géorgien, *mitza*. Ostiake, *myg*, *mykh*.
Koubitchi, *mouza*.
Tetons... Aware, *kaka*, *keké*..... Abaze, *kika*.
Dido, *kiki*.
Tonnerre. Antsoukh et tchari, *gourgour*. Mingrélien, *gourgin*.
Trou.... Aware, *karat*.......... Samoïède de Narym, *kyrout*.
Vent.... Andi, *mats*............ Tchetchentse, *mokh*.
Ingouche, *moukh*.
Samoïède, *miäsi*, *medjé*.
Tchari, *khouri*........ Samoïède de Tourou-khansk, *kharrou* [ouragan]. Finnois, *kourria*.
Ventre... Aware, *tchekh*......... Persan, کشم, *chekem*.
Ver..... Aware, *bokhor*........ Hongrois, *bogár*.
Andi, *perkol*.......... Wogoule de la Tchioussowaïa, *bierko*; de Tcherdym, *perk*.
Viande... Qazi-qoumouq, *dik*..... Ingouche, *dilkh*. Touchi, *ditch*.
Akoucha, *dih*.
Vieux... Aware, *herau*......... Grec moderne, *geros*.
Wotiake, *keres*.
Ostiake de Narym, *ira*.
Vin..... Andi, *tchono*, *jono*..... Abaze, *sana*, *zana*.
Vite..... Andi, *pel'ka*.......... Wogoule de Tcherdym, *palk*.

Voleur .. Aware, *karnykh*........ Ingouche, *koar*.
Wogoule de Berezow, *kaïr*.
Wotiake, *kórok*.

VOCABULAIRE

DES

LANGUES LESGHI.

Tom. II. V

FRANÇAIS.	AWARE.	ANTSOUKH.	TCHARI.
A			
Abeille.........	Na............	Na............	....
Acier.........	Tcheran........	Tcheran........	....
Agneau........	Tlehel.........	Hokh.........	Keer......
Aigre.........	Tsekab.........	Tsekab.........	....
Air...........	....	....	Kouo......
Aller..........	Ouniougeh......	Wittla.........	....
Aller en voiture..	Bats'i.........	....	....
Amadou.......	Zaak..........	Zaak..........	....
Amer.........	....	T'oab.........	....
Ami..........	....	Houdoula......	....
Amour........	Youtliyâ........	....	Odoulo......
Ane...........	Hamâ *(arabe)*..	Hamâ.........	Hamâ......
Animal........	Diugtchagoli....	....	....
Année.........	Thahel, son.....	Zozo.........	Zozo......
Après.........	....	Makazan.......	Maka, tsinghi.
Arc...........	Kekhal.........	....	....
Arc-en-ciel.....	Kekkhal........	....	....
Arête.........	Ttcha-á........	....	....
Argent........	Arats [*arabe*, عرض].	Arats.........	Arats......
Argile.........	Tchabar........	Tchabar.......	Khyach, tchab.
Attendre.......	....	Tchaa.........	....
Aujourd'hui.....	Chik'kad, djaka..	....	(*kaboutch*, jen
Auparavant.....	Emenckhwa.....	Tsebè.........	Tsebè, noko..

NGUES LESGHI.

ANDI.	DIDO et OUNSO.	QAZI-QOUMOUQ.	AKOUCHA.
....	Tout.	Nai.	Mirk'e.
iron.......	Bourtik.......	Tchandan......	Chaïdan.
ra........	Tkeli.	Tki	Moukwara.
tlin.......	Tsekiou.......	Kourtchiza.....	Tourchou.
uwa *(persan)*.			
....	....	Nazou.........	O'ej.
val terelikoun.			
u.........	Chowki........	Yekhgwi.......	Tapkhana.
....	Nekai.		
otlou......	....	Halmakhsibou...	Almakh.
l'do, gatlini..	....	Bdjeidouri.....	Riikkeko.
orokh......	Amoi..........	Toukou........	Emha.
hon.			
hin........	Tl'ebi.........	Chin..........	Dos.
tsilo.			
or.........	....	Kkourta........	Keyahìgoun.
lt-chor.....	....	Sourai-kourta...	Enei dirka keyal-goun.
, arsi.......	Mitskhir	Arts..	Koumich [*turc*, كومش].
, Khoti...	Tchedo.	Loukhti........	Ant'tché.
....	....	Atsou.........	Ourhalé.
....	Djekoul........	Dekhta........	Isberi.
kaltsemin...	....	Mak.	

V.*

FRANÇAIS.	AWARE.	ANTSOUKH.	TCHARI.
Automne.......	Khassab.......	Khazil........	Khazil.....
Avoine........	Nilia, nekha....	Ougou........	Ougou, oughi
B			
Bas...........	Ouèkhai.......	Toughab......	....
Bataille........	Tawel-arougou..	....	....
Battre.........	Bouakena......	....	....
Beau..........	Khlik, bertsen...	Berzinab......	....
Beaucoup......	Yemeré.		
Belier.........	Ku, eï, kió, ih..	Deon.........	Ku........
Beurre........	Nah..........	Nakh.........	Nakh [kab., je
Bière.........	Bouza........	Tchaa	Tchaa.....
Blanc.........	Kaha.........	Arats........	Arats [kab., dio].
Blé...........	Tched, khonn...	....	Tched.....
Bleu..........	Kchelab.......	Kchelab......	....
Bœuf.........	Ots..........	Ots.........	Ots [kab., os
Boire.........	Khkèh, khek'é...	Heké........	....
Bois..........	Tsoul, dsoul....	Tsoul........	....
Bon...........	Tl'ikabougou, khilk'bougou.	Tl'ihab........	Tl'ihab [kab. to].
Bonnet........	Tagour........	Tougour......	....
Bouc..........	Teng, ih.......	Teng........	Kinj.......

NGUES LESGHI.

ANDI.	DIDO et OUNSO.	QAZI-QOUMOUQ.	AKOUCHA.
bou.........	Imkho.........	Soubtil.........	Bekhni.
a, nekhou..	....	Zouz.........	Sousoul.
onkour, bouo-chou.	....	Koutassa.........	Kantse.
kour'boutletou. ider.			
gou, tsons, pa-ha.	....	Khouiza.........	Djokbassé.
tl'é, arlé, khaï-an.	Mitli.........	Kou.........	Bourherk.
utl'routla.....	Ghes'ridtl' [graisse du lait].	Na............	Nerkh.
ro (turc)....	....	Mit.	
tsa.........	Alouka.........	Tchalassa.......	Tsoubassé.
èmi.........	Niga.........	Nekaiza.........	Khantsassa.
so, ounstsa..	Is............	Nitz..........	Ounts.
'tir, tsaatir...	....	Haitchanza......	Outtchich.
loudi.........	Redoukatsa.....	Taima.........	Ourtsouli.
onchi, tchour-chito.	Rigou.........	Kinza.........	Akhsé.
gara.........	Kouk.........	Kaipa.........	Kapa [koubitchi, kapa].
uka.........	Tseki.........	Kaitsa.........	Bourheratsa.

FRANÇAIS.	AWARE.	ANTSOUKH.	TCHARI.
Bouche....	Kaal, kal.....	Kaal.......	Kaal......
Boue.......	....	....	Khayach...
Boule.......	....	....	Gourghinaou.
Branche.....	Artel, artliàwi...	....	....
Bruit.......	....	....	Dewl......
Brûlant......	Bakkaba.		

C

Cacher.....	Bakhtchoula....	....	....
Canard.....	Roukloul-anko...	....	Ourdak *(turc)*
Carême.....	Kalko........	Kalkhoué.....	....
Ceinture....	Ratchel.......	....	....
Cercle......	....	....	Akiver......
Cerf........	Ghitoutch.....	Ridj........	Tchaan.....
Cervelle.....	Korts........	Adamakhou....	Adalmahou...
C'est.......	Pougou, bougou.	....	....
Chaleur.....	Khenti.......	Hhenti.......	Khen'khlou...
Chameau....	Warani, warané.	Ourania......	Dewa *(turc)*..
Champ......	Meidan.......	....	Awlag......
Chanter.....	Akh'slogou....	....	....
Charbon....	Tteurtchi.....	....	....
Charrue.....	Brouts.......	Bourous......	....
Chat.......	Kettoh, gheto...	Ghetou.......	Pichik [*kab.*, ki
Chaud......	....	Khenab.......	....

ANDI.	DIDO et OUNSO.	QAZI-QOUMOUQ.	AKOUCHA.
ol, kol.......	Hakou.........	Soumabek, soumoun.	Myiouli [*koub.*, moli, mougli].
heïmel.			
urkouma.			
ntchewal.....	....	Kiourtli........	Kali.
amkhalé.			
rnachetoum.			
dek, yortek (*turc*).	....	Ordek (*turc*).	
litchir.......	Kal.	Souma........	Douniboutsali.
tlon.........	....	....	[*koub.*, iri].
urkouma.....			
lir.........	Jid...........	Burni.........	Bardkouya.
ˉairoutlhono...	Ata........ ˙..	Nai......,...	Mee.
hi.			
tsaa........	....	Kiriza.	
anari.......	Omokwilo (*géorg.*)	Wanari........	Wari.
our, relamessa.			
urmeti.			
....	....	Kkelyach.......	Kantré.
eb, raptsoukel.	Bourous........	Karas.........	Dourats.
hedou, kheto..	Keto.	Titou.........	Kata.
anza........	....	Gheliza.	Botsarlé [*koub.*, boutzi].

FRANÇAIS.	AWARE.	ANTSOUKH.	TCHARI.
Chaux........	Tkaé.........	Kiradj [arabe, ٯبىر].	....
Chemin.......	Noukh........	Noukh........	....
Chemise.......	Retèl.........	Gourde........	....
Chêne........	Mikitsoul......	....	....
Chérir........	Otfoulo.......	Houatli.......	....
Cheval.......	Tchou, tcho, tziou.	Tchou........	Tchou [kab. soïya].
Cheveu.......	Galal, zab, halyal.	Zab..........	Zab, ras.....
Chèvre.......	Tse..........	Tse..........	Tse.........
Chien.........	Khoï, houé, zohi.	Rog..........	He, dawaj [ka woï].
Ciel..........	Zob, zouw......	....	Zob.........
Cire..........	Hoé..........	Hé..........	Hé..........
Clou.........	....	....	Mar.........
Cochon.......	Bolton, boton...	Boton........	Boukhon [ka boutlo].
Cœur........	Rak, kehren....	Rak..........	Rak [kab., jak
Colline........	....	....	Meer.........
Coq..........	Helekó........	Heleko........	Helko........
Corne........	Tl'iar, tl'ar......	....	....
Cou..........	Gabour, choukar.	Goubour......	Gabour......
Coucher.......	Ouweghisai.....	....	....
Coude........	Keïché........	Keiché........	....
Couper........	Kotai.........	....	....

ANDI.	DIDO et OUNSO.	QAZI-QOUMOUQ.	AKOUCHA.
itsa-ondj [*hatsa*, blanc].	Ker.	Kirach.	Tsouwantchi.
kkh.	Houni.	Khouldou.	Khouni.
urdo.	Ghed.	Houkwa.	Haou'a [*koubitchi*, khewa].
ot.			
hilito, chil'do..	. . . .	Bjiza.	Wukkoulé.
tou, kooto . . .	Tchou.	Tchou.	Ourtchi [*koub.*, akzia, artch].
ghi, tlotsli. . . .	Kodi.	Tchara	Atchmé.
a.	Tchan.	Tsoukow.	Ettcha.
oï.	Gwaï.	Ketchi.	Khwa [*koub.*, koy].
chin, ser (*voy.* ieu).	Souw.	Sour.	[*koub.*, zoub].
. . . .	. . . .	Kan.	Mourtcheli.
'koloumia.			
ounta, khouna.	Betlo	Bourkou.	Bdjaka.
o, t'eko	Roko.	Daikou.	Ourki.
ajé.			
outsi, alkouts.	Onotch.	Adiari.	Taouha (*turc*).
ultsé.			
ou, khartol..	Metch.	Derbach.	Kaw [*koub.*, kaou].
reken.			
ou.			
. . . .	. . . .	Gouansnou.	Tsaklé.

FRANÇAIS.	AWARE.	ANTSOUKH.	TCHARI.
Couteau........	Nouous, nous....	Nouous.........	[*kab.*, tchité]
Creuser........	Tataoul.........	....	....
Cuiller.........	Gout............	Kossi..........	....
Cuir............	Nakai, tcholoh..	Nakai..........	....
Cuirasse........	Kal'den.........	....	....
Cuire...........	Khal'dezi.......	....	....
Cuisse.........	Maatcho........	Maatch........	Maatcho.....
Cuisse.........	Maho............	Maho...........	Maho........
Cuivre.........	Bakh............	Pakh...........	....
Culotte........	Tajour [*persan et turc*, شلوار].	Hebet..........	....
Cunnus.......	Miz.............	Miz............	Miz [*kab.*, by
Cris...........	....	....	Kharatel.....
Cru............	Bitch'aryagou...	....	....
D			
Dans...........	....	....	Djani........
Demain.........	Sessé...........	....	[*kab.*, chi, cha
Dent...........	Zibi, tsâhbi, tzawi.	Zibi...........	Zibi [*kab.*, si
Dernièrement...	Dahabougou [*arakan*, khantchi].	Dahamekh......	Tinamekh....
Dessous........	....	....	Karchalkouna
Dessus.........	....	....	T'ad........
Dieu...........	Betchas, bedjet [*arak.*, betched].	Bedjèt........	Bedjèt [*kab.*, djet].

ANDI.	DIDO et OUNSO.	QAZI-QOUMOUQ.	AKOUCHA.
zoun	Teek'	Tchila	Dis.
ıinir.			
kom	Kochi	Kouza	Kwalza.
	Iriot	Khangon	Kopts.
hiptchiti.			
ıkhounata.			
ono	Komtchou	Litia	Kik.
ko	Okh	Jira	Outlour.
r	Hirots	Doupsi	Doupsi.
htchok	Ghet'Iou	Haijak	Chalwa [persan, شلوار].
ukou	Beti	Mich	Kouta [koubitchi, koutma].
i.			
atiko.			
ents'bé.			
ela	Gwidé	Hounti	Dj'oual.
wol, tsioul	Kitsou	Kertchi, kkouiartchi.	Tsoulwé [koub., souda].
tligou	Taniol	Bakar, tchaibrouza	Bckhkalla, kwara.
alchéa.			
la.			
w, zo, zob	Bedchet	Saal, b'saal	Zalla.

FRANÇAIS.	AWARE.	ANTSOUKH.	TCHARI.
Dispute........	Ragbougou.....	....	....
Doigt.........	Kilich, kichal...	Nats.........	Ghilich [kab., tlo].
Donne.........	Tl'é, k'lai.......	....	....
Donner........	....	T'lela........	....
Dormir........	K'tilzoun, hwouá-kakh.	....	....
Dos..........	Moukh........	Moukh........	Moukh......
Douleur.......	Yountou.......	....	Ounti.......
Doux.........	Hotso........	Gohab.......	....
Drap.........	Zakoulat [arabe, سكل].	Sakalat.......	....
Droite........	Kwanaragbou...	....	....
Dur..........	Tsakaw.......	Tsagab [aiderab, mou].	....

E

FRANÇAIS.	AWARE.	ANTSOUKH.	TCHARI.
Eau..........	Htlim, htl'i.....	Htlim........	Khim, khlim [k ht'li].
Eau-de-vie.....	Araki.........	Arak.........	Arakim.....
Écorce........	Makkar, ûtk....	....	....
Éléphant.......	Pil.		
Elle [illa].....	Khoudou.......	....	....
Éloigné........	Ridkad [arakan, jikkhad].	Ridjad........	Ridjat......
Enfant........	Timir.........	Timir........	Khimir.....
Ennemi.......	....	Zian-tchi......	....
Envoyer.......	....	Witola........	....

NGUES LESGHI.

ANDI.	DIDO et OUNSO.	QAZI-QOUMOUQ.	AKOUCHA.
etsen.			
ekoïl, tsekabel.	Bachibi........	Tchissa........	Toulwé.
puo.			
....	....	Doula.........	Bekkich.
ptan.			
khol, mikhal.			
k'outh......	....	Tsoutsaoua.....	Itsouli.
....	Niaï..........	Naihouza.......	Mizissé.
ka [persan, جو].	Sakalat........	Tchouka.......	Katchou.
ntchil......	....	Ourtcha........	Leel[koub., kahib]
....	....	Psakaza........	Debkhassé [kant'issé, mou].
tl'en, tlen....	Htli..........	Sin...........	Chin [koub., tsun, chin].
k..........	Araki.........	Arak..........	Haraky.
kar.			
dai.			
lala........	Mački.........	Arkhza........	Hiaklassabé.
tchi, wachcho.	Takwi-ouchi.....	Oirtcha........	Nikasse-dourha.
uchman(pers.).	....	Douchman (pers.)	Douchman.
....	....	Nasou(voy. Aller).	Boutourahach.

FRANÇAIS.	AWARE.	ANTSOUKH.	TCHARI.
Épaule.........	Ghech.........	Bouhoun.......	Ghetch......
Épouse.	Tchezou, tchoujou, tl'yadi.	Tchoujo........	Jenelaou-tchab:
Esprit.........	....	....	Ryouekhkha (a be).
Étain.........	Toukhi.........	Toukhi.........	....
Été..........	Ridal..........	Rii............	Ridal, youermi
Étoile.........	Tsa, tsoa.......	Tsoa..........	Tsabi.........
Eux [illi].....	Doll, khadal [arakan, khoudo].	Hadal..........	Dail, dal.....
F			
Faim..........	....	Raki..........	....
Farine.........	Khara-roodtl'....	Aat............	....
Faux [falx]...	Khari tsad......	Tsoot..........	....
Femme........	Tchoujou, tl'iadi.	Tjoujo.........	Routchaba, tch:
Fer...........	Maakh.........	Maakh.........	Màkh..........
Feu...........	Tza............	Tssa...........	Tsa [kab., tso
Feuille........	Thiamakh, tamakh.	....	....
Fils...........	Timir, ouas.....	Timir..........	Khimir........
Fille [filia]....	Ias.............	Ias............	Ias...........
Fille [puella]...	Iàs.............	Ias............	Ias...........
Flamme........	Routtli'i........	....	....
Foin..........	Kheer..........	Kheer..........	....

319

ANDI.	DIDO et OUNSO.	QAZI-QOUMOUQ.	AKOUCHA.
t-mïer..... [le du bras].	Hiro.............	Katch...........	Koutsnoume.
tch, echka...	Dae-barou.....	Kher..........	Khounoul [koub., konoud, kounoud].
n [persan, حل].			
i (voy. Plomb)	Kaëbou........	Kalai (voy. Plomb)	Kalai.
u, taënou...	Semitl'.........	Gwintoul.......	Eyawlachchala.
(plur. zaalil).	Tsa............	Tsouka.........	Zouri.
etai........	Jedwi..........	Ti............	Haitty.
....	....	Kechilsibou.....	Riski.
our.......	At............	Inikma.........	Betou.
o.........	Nechou........	Tchinikwi......	Kalka.
ika.......	Ganabi........	Ghersa.........	Khounoul - adim [koub., konoud, kounoud].
....	Gher..........	Makh..........	Mekh.
....	Tsi............	Tsou...........	Tza [koub., tzå].
heba.....	....	Qiapi..........	Keré.
....	Ouchi.........	Ers............	Dourha, acho.
yochi, Ia-eki.	Kid............	Douch.........	Doursi.
....	Kid............	Douch.........	Doursi, roussi.
....	....	....	Boutsardé.
ha........	Bikh...........	Goulou, khoulou.	Moura.

FRANÇAIS.	AWARE.	ANTSOUKH.	TCHARI.
Force.........	Goutch........	....	Siw - kaldidou ougou, koi (arabe).
Forêt.........	Tsoul', dzoulal [arbres]......	....	....
Fosse.........	Baka.........	....	....
Foudre........	Pir...........	Pri..........	Pri, piri....
Foyer.........	Mag..........	....	....
Frère.........	Waas, wats.....	Ouats.........	Ouats, ouast [is].
Froid.........	Rohi..........	Bouharab, rohi..	Khouatchala.
Fromage.......	Haan..........	Haan.........	....
Froment.......	Roodl'........	Rodkhi.......	Rokhi [kab., koata].
Front.........	Nodo..........	Nodo.........	Nodo, noudo
Frontière......	Yourkou.......	....	....
Fruit.........	Pik...........	....	....
Fumée........	Koui..........	....	Koui........
Fusil.........	Tomang, maïar [turc, تفنك]	Topang.......	....
G			
Gai..........	Bak...........	....	Twaral, thlio
Garçon.......	Was, ouassas...	Ouassa........	Ouassa......
Gauche.......	Kweab, mouka..	....	....

NGUES LESGHI.

ANDI.	DIDO et OUNSO.	QAZI-QOUMOUQ.	AKOUCHA.
:hi.			
jcho.			
nkil.			
oukhouni, nou- our *(arabe)*.	Makt'I.......	Partidour......	Lantswikouli.
kha..			
s, hods.....	Gloutchessio....	Ouzou.........	Outzou, outzi [*koub.*, osso].
o, zodo, tsoto.	....	Derkou, daroua..	Da'le [*koub.*, diblai].
....	Akri..........	Nis...........	Noussia.
....	Kiki oat.......	Letcha........	Anké.
né, khounaou.	Tlokwa.......	Netebek.......	Anta.
tlamisa.			
oi.			
, koi......	....	Pourkkou.....	Ergo.
nk.........	Toupi........	Topang.......	Toupang.
ighiliti.			
hi, motchi, wa- ou, boulcho.	Ouchi........	Tkiwisa-èrtcha...	Dourha [*koub.*, gahé, darga].
....	....	Qouiyaimour....	Koutsal [*koub.*, kissil].

Tom. II. X

FRANÇAIS.	AWARE.	ANTSOUKH.	TCHARI.
Genoux........	Nakou, nakhkhió.	Nakou...........	Gouga.......
Gens..........	Och, adamal (*arabe*).	Emeraoudji.....	Jamahad.....
Glace.........	Tsouer.........	Rii............	Tsouer, tser..
Glaive........	Kholtchen......	Khaltchin......	....
Gorge.........	Sekér..........	Sekér..........	Sekér.......
Goût..........	....	....	Konéla......
Graisse........	Nakh, tati......	Tati............	....
Grand.........	Kadiab, khalada, koudia.	Koudab.........	Koudab [*ka youko*].
Grand'père.....	Koúda-emin.....	Haidedi [haide-deldede, *bisaïeul*].	Hairo-emen [ro-emen-ts 'dedé, *bisaï*
Grappe de raisin.	Dchwil.		
Grêle..........	....	....	Goro.......
Grenouille......	Bakoh.		
Gros...........	Klaria, ritzatal, (teremal, *mince*).	....	....
Guerre........	Tlal'boudou.....		
Guerrier........	Khlink-aba-khyartchi.	....	
H			
Habit..........	Retel-koúm.....	Reedkouajou....	....
Hache.........	Achti...........	....	
Haut..........	Ekhedé.........	Tchahab........	Tchahab....
Hauteur.......	Ritch'adaa......	....	

ANDI.	DIDO et OUNSO.	QAZI-QOUMOUQ.	AROUCHA.
ko, then......	Eknokou.......	Nikwi.........	Qouqoua.
akh, tchalky..	Och, adam *(arabe).*	Umat..........	Adimté.
, saar.......	Borou.........	Mik...........	Mih.
itchamou....	Matcha........	Tour..........	Tour.
n'ki.			
tsalso.			
i...........	Ritl'..........	Mai...........	Hali.
houka, bouo-	Reko..........	Kounosa, khoundi	Khwallassé.
oula.			
houckhaima..	Etchio........	Boutalpou.....	Tutlechdatutlech.
koonsen.			
é.			
our.			
eka.			
....	Tchetlo........	Yanda.........	Paltar [*koub.*, soktan].
d.			
i, bouotchoua *(voy.* Bas).	....	Lawai.........	Okanné.
houlai.			

FRANÇAIS.	AWARE.	ANTSOUKH.	TCHARI.
Herbe.........	Yourtchina-bougou.	Kher...........	....
Herse.........	....	....	....
Hier..........	Son, meter....	....	....
Hiver.........	Khassel.......	T'lin.......	T'lin......
Homme........	Baharddj, olo-kantchi.	Tchi........	Tchi........
Homme........	Adam (*arabe*), tchi, zozi, genat, bahartch [och, *gens*].	Bahartch......	Bahar-tchi [jar had, *gens*].
Hurlement.....	....	....	Edoula......
Hydromel.....	Hadtsoul-htlim...	Hidtsil-htlin.....	....

I

| Ici............ | Ani [*arakan*, khaníou]. | S'lab......... | Ekhinab, ekhia |

J

Jaune.........	Madjob.........	Madjab........	....
Jeune.........	Khithinaou.....	....	....
Joue..........	Khoumir, khir, khimir.	Khoumir.......	Khoumir.....
Joug..........	....	....	Batchissakou
Jour..........	Djaka, qo......	Ko...........	Ko..........

L

| La............ | Douwekhoun [*arakan*, douba]. | Dabà......... | Dabaï, khoud |

NGUES LESGHI.

ANDI.	DIDO et OUNSO.	QAZI-QOUMOUQ.	AKOUCHA.
otit, karko, untcha.			
ar.			
ın.........	Houtl'........	Lekhou, liakkhou.	Sa, berhan.
ou........	EtTermo......	Kintoul........	Khani.
....	Wiritchou.....	Mourgoul.	
ka..........	Tchekwi.......	Tchou.........	Adim *(arabe)*, tchou.
kkel'tsa.			
utz-tzitl'chaa..	Noutzi-htli.....	Nizal-hen'.......	Wasallah'rouch.
ou, oletsou..	To............	Tchikoun......	Hadjeb.
ekou.......	Itchio..........	Kakiza.........	Boukoutassé.
ché.			
su.			
ghilai.			
, tkhzal, dial.	Djekoul........	Kini...........	Beri [*kouh.*, bigoula].
dil, khoutou.	Dagor.........	Mikoun........	Aïteb.

FRANÇAIS.	AWARE.	ANTSOUKH.	TCHARI.
Laid..........	....	Berzinagouro [pas beau]	....
Laine.........	Kouas........	Kouas........	[koub., th'l'o
Lait..........	Râkh, riakh, hhán.	Râkh........	Râkh [kab., h
Lait aigre.....	Betá........	Beta-râkh....	Ebel-dchara-r
Laiton........	Karbit........	Karbit........	....
Langue.......	Maats, mas.....	Maats........	Maats [kab., m
Largeur.......	Ewa..........	....	....
Léger.........	Intl'aougou....	Tadahab......	....
Lent..........	Khaoukhim, khat'tchoum.	....	....
Lèvre.........	Koutwi........	Kouet........	Koutal (plur.,
Lion..........	Arslan (turc)...	....	Arslan.
Long-temps.....	Emenehhwa [arakan, tsewihou].	Ameramekh.....	Ameramekh..
Longueur......	Khelagwada, halatal [long], qoqab [court].	....	....
Loup..........	Bâtz.		
Lui...........	Dow, khadaou [arakan, khoudo].	Hadab........	Hadab......
Lumière......	Kankhli, kanttióna [clair], betsélio-la [obscur].	....	....
Lune.........	Moots, mots.....	Moots........	Moots [kab., so].

ANDI.	DIDO et OUNSO.	QAZI-QOUMOUQ.	AKOUCHA.
inti........	....	Ekwisa.........	Tsakhsé.
·hi.........	His..........	Bél...........	Pala.
iou, sink, sink-chi.	Ghé..........	Nek..........	Nil.
ugourt *(turc)*.	Tekaëssé-ghé....	Mast *(persan)*..	Youhourt *(turc)*.
es...........	Maëkh........	Doukni........	Es.
....	Mets..........	Mass..........	Limtsi.
khai.			
'kotlé, tlol'kotlé	....	Konklouza......	Kouklé.
'oha........	....	Hióré.........	Ourhalé.
nka........	Hout..........	Mourtchi.......	Kent.
ougou.......	Khomiol'.......	Tchaibrouza....	Bekhkalla.
oula.			
geb, pezil....	Djo..........	Taih..........	Heikh.
nol'tsir.			
ts, partzié...	Bontsi.........	Bars..........	Bats.

FRANÇAIS.	AWARE.	ANTSOUKH.	TCHARI.
M			
Main	Kwer, koumour	Kouer, kwer	Ker, kwer [*ka koda*].
Maintenant			Khinji
Maïs	Tsoroto, roodl'	Bagdad	Pinda-bougda
Maison	Kouk		Rouk
Maître	Khana, bouherdan [*arak.*, beterkhants].	Khaan	Khaana
Malade	Yountoun	Ounthi	
Maman	Baba	Baba	Baba
Manger	Konnallé, konaï, goumallé.	Kouné	
Mari	Bikhin-tchi, olohant-chi, rossaieté.	Bitchin-tchi	Jenelaou-tchi
Mariage			Mak'iariton
Massue	Tïl.		
Matin			Radalissa
Mauvais	Biouchast, tchouaigaï.	Kouechab	
Mauvais	Kouech, kouetab.		Gech'ab [*kal tsatso*].
Méchant	Gechab		
Mer			Rakhiad

ANDI.	DIDO et OUNSO.	QAZI-QOUMOUQ.	AKOUCHA.
jau, taalo.....	Retla..........	Kuai..........	Kak.
anji.			
horal laura...	....	Tchakhnaleke...	Hadjlanke.
o...........	....	....	[*koub.*, kall].
an...........	Aouarak.......	Oussaldou......	Talkan [*koub.*, talgan].
....	....	Hailakaiza, tsoutsaoua.	Itzoulé.
....	Enna..........	Babaï..........	Nech.
ir..........	....	Doukwanza.....	Wkich.
unta........	Tchediou......	Lez...........	Mourgoul.
khr'bikol.			
hodoro, akhotir.	....	Qiorkhel........	Anrouts.
ulou, tpitors..	Djouka........	Èza...........	Wassé.
ulou, kihinti..	Djouka........	Èza.	Wassé.
nghislié *(turc)*.	....	Erklo (*voyez* Rivière).	

FRANÇAIS.	AWARE.	ANTSOUKH.	TCHARI.
Mère.........	Ebel, ewel....	Ebel.........	Ebel, ewel [ka io].
Mesure.......	Botsai........		
Midi..........	Kadmekhbou....	Kouat........	
Miel..........	Hodtso........	Hodtsò......	Hodtsò [kabout noutso].
Millet........	Moutch.......	Moutch.......	Moutch......
Miracle.......			Tamacha.....
Misère........	Khen'koula.....		
Moi..........	Doun [arak., ton].	Doun........	Doun........
Mois....:.....	Moots, moz.....	Moots.......	
Mon..........	Turbougou [arak., don].	Dur..........	Durab.......
Monnaie	Aratso........	Aratso.......	
Mont.........	Mehr, t'hlourou..	Meer........	Meer........
Monter à cheval..		Tcho-ta-zanitla...	
Mort [mors]...	Adjal (arabe)...	Adjal (arabe)...	Khana.......
Mot...........			Rieï........
Mouche........	Neki..........		
Mourir........		Houaroum [ha-ratch, décédé].	
Mouton........	Eu, akhé.......	Eu...........	Eu [kab., bots
Mulet.........	Ourtsen.......	Ourtsen.......	Ertsen.......
N			
Naissance......			Keun'khana...
Narines........	Kalli..........		Kalli........
Neige.........	Azou..........	Azou,........	Azo.........

NGUES LESGHI.

ANDI.	DIDO et OUNSO.	QAZI-QOUMOUQ.	AKOUCHA.
, illi.........	Enniou.........	Ninou..........	Nech [koub. , nem].
on.			
....	Kiehod.........	Akhten.........	Erillij.
unts........	Noutsi..........	Nits...........	Waza.
tcha........	Mteo...........	Khi , gounoughi.	Mitchi , karsak.
l', bolassous.			
hipala.			
n , ten.......	Di.............	Na.............	Dou.
ts..........	Boutsi..........	Bars...........	Bats.
....	Daï............	Toul...........	Dila.
i...........	Mitskir.........	Artsou.........	Arts.
, pil........	Thlad..........	Sountou........	Douboura.
....	....	Boutigou.......	Mourtaïwich.
ttor, ritchtchor.	Haratch.........	Ipkoundi.......	Weepkewle.
cho , rocha.			
nda.			
....	....	Ipkoundi.......	Weepkewlé.
man........	Betl'...........	Dai............	Mazz.
kich.........	Kworitseni......	Wiltsoun.......	Katchir.
ukhorata.			
ereti-kalé.			
nisé , antsé....	Issi.............	Markhala.......	Dahé.

FRANÇAIS.	AWARE.	ANTSOUKH.	TCHARI.
Nez..........	Khomag, meer, bouchi.	Koumoug.......	Mouchouch..
Noir.........	Tcheran, tchee-rab.	Dir...........	Dir [kab., tso lo].
Nom..........	Tsar...........	....	Tsarchip.....
Non..........	Hedjos, hetcheou.	Gourou.......	Hedjab, kh tchou.
Notre.........	Nejer, [arak., ni-jer].	Nejer.........	Nejerab......
Nourriture.....	Kouen.........	....	....
Nous.........	Nij, nijé, nich [arak., don].	Nij...........	Nij...........
Nuage.........	....	....	....
O			
Obéir.........	....	Didaria.	....
Odeur.........	....	....	Miakhtchola..
Œuf...........	Khono, hono....	Hano..........	Hano [kab., tc moutsa]
Oie...........	Kaaz (turc).....	Tchtahahinj.....	Kaaz.........
Oiseau........	Hindi, anke, hedo	Hindj.........	Wajenouka'...
Ongle.........	Matl', masl.....	Maat..........	Maakh........
Or............	Maëzed.........	Maëzed........	Mezed........
Orage.........	....	....	Sob'-abargoun.
Oreille........	Een, aïn.......	In............	Een, eïn.....
Orge..........	Ook...........	Ook...........	Ook [kab., m kha].

ANDI.	DIDO et OUNSO.	QAZI-QOUMOUQ.	AKOUCHA.
ıar........	Mali...........	Maï...........	Kankoubé, kank [koub., mirr, kanki].
chedir......	Kaba..........	Lehiza.........	Tsouttara.
'r.			
u, zou......	Anou..........	Bakari........	Beekou.
....	....	Joul..........	Dikhkhelia.
sideerdai.			
l'go, ichib....	Eli............	Naih..........	Noukhwa.
....	....	....	[koub., girik].
an.			
kon........	Kenatch........	Gounouk.......	To'ka [pers., قمٕ].
, kog......	Kokhgo........	Kaz............	Kaz.
, pourte....	Agitchik.......	Lelekhi, tilkhokh.	Djaniwar.
t'a, moutelts.	Motľoughi......	Mikh..........	Mekwa.
di, metchidi.	Oukrou (géorg.).	Moussi........	Mourhé, altoun (turc).
outirata.			
ka, andika.	Aheabi........	Witchi........	Laï [koub., leghé].
tchina.....	Maka..........	Ka............	Mou'khé.

FRANÇAIS.	AWARE.	ANTSOUKH.	TCHARI.
Os............	Rat'lah-radla....	Radla.........	Rekka......
Où............	Kon............	....	Kiwatchou....
Oui............	Hlik, astou......	....	Eï, khadin...
Ouïe..........	....	....	Riawla......
Ouir..........	Raaraw........	Riela........	....
P			
Pain..........	Tched..........	Tched..........	Tched [*kab.* baba].
Panic cultivé....	....	....	....
Papa..........	Dadi..........	Dedé..........	Dedé........
Paresse........	Kokhialtounoui..	....	....
Parler..........	....	Khabarbedje....	....
Peau..........	Tsoko, tcholoh, tekh.	Kheg..........	Kekh, keg...
Peine..........	....	....	Sakhmat....
Pelisse..........	....	....	....
Penis..........	Beker..........	Beker..........	Beker [*kab.* datla].
Père..........	Dadi, emen.....	Dedè..........	Dedè [*kab.*, a
Pesant..........	....	Pakab..........	....
Petit..........	Koka, hetinaw, khit'ina.	Tina..........	Tina [*kabou* hitino].
Petit-fils........	....	Timasoul-timal..	Timasoul-t
Peu..........	Dahab..........	Dahab.	

ANDI.	DIDO et OUNSO.	QAZI-QOUMOUQ.	AKOUCHA.
di........	Tloussa........	Teurk........	Likka.
uki.			
gaidou, ewkai.	Tcho........	Moukoun.......	Halsabé.
to.			
....	....	Baïyan.........	Ba'kich.
, tchan.....	Sia...........	Tchat.........	Tsoulha [koub., kats].
....	....	Gounoughi.....	Karzak.
....	Obio........	Boutaï.........	Touttech.
na.			
....	....	Galgatisa.......	Haikoule.
utcha, outch'-a.	Bik..........	Bourtchou......	Qouli.
duchlié.			
....	....	....	[koub., tintana].
....	Bilou........	Tchetch.......	Touna [koubitchi, douna].
....	Obio.........	Pou..........	Touttech, pou [koub., doudech].
ro........	....	Kouza........	Deoukle.
higou, mitchi.	Taki.........	Tkiwiza, qewari.	Nikassé.
....	....	....	Dourhalla-dourha.

FRANÇAIS.	AWARE.	ANTSOUKH.	TCHARI.
Peuple.........	Adamal, och....	....	....
Pied..........	Pog, heteh.....	Pog..........	Pog.......
Pierre.........	Itso, hetso.....	Teb..........	Khet'só.....
Pierre à feu.....	Modjo.........	Modjo.........	....
Pigeon.........	Miki..........	....	....
Plancher.......	Kort, lamizai....	....	....
Pleurer........	Odil..........	Maghé........	....
Plomb.........	Goula.........	Goula.........	....
Pluie..........	Tsat, tsad......	Tsad..........	Tsaat.......
Plume.........	Mitir, tt'lehr, raz.	Mitir..........	....
Pointu.........	Bezra, tlioumké..	....	....
Poisson........	Tchoua, tchioua.	Tchouà........	Tchoua....
Poli...........	....	Terenab........	....
Porte..........	....	....	Nouz'a.....
Porter.........	Bokoulabougou..	....	....
Poteau.........	Kazik..........		
Poudre à canon..	Tomangol-kheer.	Kheel.........	....
Poule..........	Ang'ko, anko...	Anako.........	Anko......
Pourquoi.......	Chib..........	....	Tchiwtkhaw
Poussière.......	....	....	Khur......
Prairie.........	Kharkhoualibak..	Meidan (*arabe*).	Ourtchikher
Prendre........	Wokai.........	Harla.........	....
Près...........	Agar [*arakan*, agar].	Hanji.........	Hejé......

ANDI.	DIDO et OUNSO.	QAZI-QOUMOUQ.	AKOUCHA.
alki, khalq,	Os..........	Oumat.........	Adimté *[gens]*.
eka, tchouka.	Rori..........	Djan..........	Kach [*koub.*, tag].
tso.........	Goul.	Tcherou.......	Kwar, karka, tchartcha.
omou.......	Aton..........	Routcha.......	Achoul.
o.			
à.			
....	....	Aitiza.........	Wissoulé.
chi (*v.* Étain).	Hil............	Tchouti (*v.* Étain).	Korhachin.
....	Kema.........	Gwaral, koural..	Kani, kanili.
ou, tslero...	Lelabi.........	Bail..........	Pala.
k'itou.			
oul, moukhol.	Bessuro.......	Haiba.........	Kos.
....	....	Obtchouza......	Laounsé.
zowen.			
atoutkoun.			
r..........	Bikh..........	Yansaoul......	Yansal.
ou, ouetsó..	Akae-ouotch....	Anakwi........	Ar'a.
kakhai.			
wa.			
iar, etsoto..	....	Khoulourdou...	Aoulak.
hotin.......	....	Lazoun........	Bekqoucoukich.
oura.......	Igo...........	Ganza.........	Hamliassabé.

Tom. II.   Y

FRANÇAIS.	AWARE.	ANTSOUKH.	TCHARI.
Prier.........	....	Hiki...........	....
Printemps.....	Okhossa.......	Ikhti..........	Ikhti.......
Profond.......	....	....	....
Profondeur....	Gwoar'ida.....	....	....
Puissance.....	Goutch........	....	Bochi-bougou
Punir.........	....	Elbit'la.......	....
Putain........	Yehouli-tchoujou.	Yekhouli-tchoujo.	Yekhouli-tchal
Q			
Quand........	[arakan, t'lighé].	Haouh'li......	Khississi....
Qui..........	Chouman, meké [arakan, t'il].	Chou.........	Chemouné, ch tchalé.
Qui (à).......	[arakan, kant'lit-sa].	Khil..........	Khibi.......
Qui (de)......	Kisamoun [arak., t'lighé].	Kh'il..........	Kilabi......
Quoi.........	Chiblou, tché [arakan, choumou].	Chib..........	Chebougou[qu ce? tsintchig
R			
Racine........	K'lebil.........	....	....
Rayon........	....	....	Bab, bakoun.
Repos........	Harkhutu......	Harkhutu......	....
Rire..........	Betlankhila....	Reti...........	....
Ris...........	Perinj (persan).	Brinj (persan)..	Brins (persan
Rivage........	....	....	Rayal.......
Rivière........	Hor, khor, ouor, kala.	Or............	Or, khyaré..

GUES LESGHI.

ANDI.	DIDO et OUNSO.	QAZI-QOUMOUQ.	AKOUCHA.
....	....	Doula.........	Gaïkich.
u.........	Atokh.........	Intou.........	Eiaw.
....	....	Kourtoussa.	
ti.			
i.			
....	....	Tembé.........	Bak'ich.
ba *(géorgien)*	....	Kakhba *(géorgien)*	Khorawat.
....	....	Tsou.........	Hilassawivâ.
,imlokoukhai	Chebiol'.........	Tsou.........	Tchassaia.
....	....	Khin.........	Hissawiyâ.
......	Tl'houz.........	Ghildi.........	Hazawiyâ.
i.....	Chebiol.........	Tsiri.........	Zessabia.
......	....	Kiházibou.	
......	....	Kaikisa, qeïori..	Doukouler'ha.
rsan)..	Piranji *(persan)*.	Pirinj *(persan)*..	Berindj.
ar.			
iroulai,	Ehou.........	Nikh.........	Khwalal'ergou, er-klo *(voy.* Mer).

FRANÇAIS.	AWARE.	ANTSOUKH.	TCHARI.
Rouge.........	Baaraf, baaran, ab'arra.	Baaram.......	Baaram [ka tsoudo].
Rude.........	....	Actidab........	....
S			
Sable.........	Tchimig......	....	Khoum (turc
Sain (bien portant).	Rakligoughich, tchago.	Toukhi........	....
Salpêtre.......	Tchamza......	Tchamza......	....
Sang.........	Pih, bih......	Bi............	Bi.........
Sans.........	....	....	Khetcho.....
Seigle........	Rotl'.........	....	Rokhi.......
Sel..........	Tsam, tsian.....	Tsam........	Tsam [kab., tc
Semaine......	Ousmonko......	Tsoantl'é......	....
Semence......	Wahkoulé.		
Semer........	Koutan [géorg., charrue].	....	....
Sentir........	Talef [je sens].	....	Khilla......
Serpent.......	Borok.		
Sœur.........	Yats, yaz	Hiats.........	Hiats, hiast [k akois].
Soie.........	Tchila........	Abrechoumi....	....
Soif..........	....	Ganki........	....
Soleil.........	Baak, qo, ghedé.	Baak........	Baak [kab., b
Sommeil......	Matli.........	Matli [henki, veiller].	Matlo......

NGUES LESGHI.   341

ANDI.	DIDO et OUNSO.	QAZI-QOUMOUQ.	AKOUCHA.
, iré.......	Tsouda.........	Yatoulza........	Hentenassé.
....	....	Tchoutouza......	Tsakhsé.
rou, tsawa...	Gibou..........	Koum *(turc)*...	Kaïr.
asseku.......	....	Tsoulaou'zibou [*santé*].	
saou.......	Tchek..........	Ghentzaouletzou.	Yansaou.
, innea.....	È.............	Ètah..........	E.
tar.			
r.			
n, tsoun	Tsio...........	Psou..........	Dsé [*koub.*, tsé].
lo..........	Moujmar.......	Nourchmar.....	Djouma.
ojaroum.			
nno.			
s..........	Akicssio.......	Zou...........	Doutzou, doutzi, routzy [*koub.*, dossi].
oun........	Arwachoum.....	Zimi..........	Kaknear'hala.
....	....	Maikza........	Moulloughi.
, mitch'si...	Bouk..........	Barkh.........	Beri [*koub.*, zouzi, barghé].
homado, moui-khassou.	....	Chana-chaoua...	Oussounné.

FRANÇAIS.	AWARE.	ANTSOUKH.	TCHARI.
Son	Chendil, dil, ouo.	Yènel (yène, *soi*).	Jenelab (jenc, s
Soufre	Tchabat	Tchabat	
Soulier	Tchegma	Tchegma	
Source	Toudal-htlim	Toudal-htlim	
Souris	Iounk		Ounk
Sueur	Heet	Eet	Eiki

T

FRANÇAIS.	AWARE.	ANTSOUKH.	TCHARI.
Tabac	Tamako	Tambak	Tambouku
Temps			Rikh boutchoi
Terre	Ratl', bak	Ratl'	Ratl'
Tête	Beter, metheri, ada, biber.	Betèr	Bekèr [*kab.*, ke
Tétons	Kaka, keké	Keek	Khoudu
Tigre	Kaplan		
Timide	Pik	Henkoura	
Toile	Hebed	Girdji	
Ton	Dour [*arak.*, tout-sa].	Dour	Dourab
Tonneau	Raklen		
Tonnerre	Gogelehou	Gourgour	Gourgour
Tourbillon			Khiouri
Tronc	Khankouara		
Trou	Karat		
Tu	Moun [*arakan*, mon].	Moun	Moun

ANDI.	DIDO et OUNSO.	QAZI-QOUMOUQ.	AKOUCHA.
habat......	Tchogok......	Tchamatou.....	Alt.
....	Machabi.......	....	[koub., tchekma].
....	Is............	Koula.........	Hinitch.
ou.			
nokhé......	Igodi.........	Houk.........	Maga.
i [fumée]....	Tamakou.......	Tambakou......	Tambakou.
hekour'echin.			
za, bissou,	Tchedo........	Kerki, chaou...	Moussa, mousseka
tskhour.			[koub., moussa].
er, maar.....	Tkin..........	Bek...........	Bek [koub., bek].
ka.........	Kiki..........	Koukou........	Mamma.
do, tikkhoi...	....	Nehaousaisa.....	Orokkan.
ten.........	Katan.........	Keten.........	Katan.
ub.........	Daĕbi.........	Will.........	Elia.
kko.			
oukhoudi....	Khoukhoudori...	Koutibouri.....	Kokkoubikouli.
udil.			
rtso.			
ukin.			
en..........	Mi............	Ina...........	Oug.

FRANÇAIS.	AWARE.	ANTSOUKH.	TCHARI.
Tuer.........	....	Houaram......	....
U			
Union.........	....	....	Tek'ezin......
V			
Va............	A............	....	....
Vache.........	Akà..........	Aka..........	Oka [kab., wa
Vague.........	....	....	Bagaroula....
Vaisseau......	Ghiammi, ggé (géorgien).	....	....
Valet.........	Kismei-khar.....	....	....
Vallée........	....	....	Kálé........
Veau.........	Betchè........	Betchè.......	Betchè.......
Vent..........	....	....	Khouri.......
Ver [vermis]...	Borokh........	....	....
Verser........	T'esai........	....	....
Vert..........	Ourchina, ourtchinab, yourtchina.	Ordjin........	Ordjin [kab., chas].
Viande........	Hân, khian.....	Hân..........	Hân [kab., kh
Victoire......	Wobikhisawona.	....	....
Vie...........	Yomyr (arabe)..	....	Khlikhoughich
Vieillard......	Heraou-tchi.....	Heraou-tchi.....	Heraou-tchi...
Viens.........	....	....	....

NGUES LESGHI.

ANDI.	DIDO et OUNSO.	QAZI-QOUMOUQ.	AKOUCHA.
....	....	Ib'tchana.......	Kaikhoulé.
k'ou.			
tlai, otlai.			
u, tsim.....	Ata..........	Eul..........	Al.
uour.			
oul.			
....	....	....	[koub., awatsikha].
sso.			
edir........	Mechi.........	Bertch.........	Kouatcha.
ts.			
rkol.			
na.			
wetchi, khot-chichi.	Etcheassi.......	Tchouldisa, choldissa.	Berhasse, chenissle.
, rytli.......	Retl'.........	Dik..........	Dih.
sartchissil.			
é-boutli, yoourou (arabe).	....	Ormalakisa......	Akhal-derkwis.
okhor........	Etchrou, tchekwi.	Koudargousa....	Okna.
....	....	Chikounanou....	[koub., ichowanna].

FRANÇAIS.	AWARE.	ANTSOUKH.	TCHARI.
Vierge	Iassé	Iassé	Iassé
Village	Rossoh		
Ville	Rossoh		
Vin	Dja	Dja	Tchakhir (turc djà.
Visage	Berk'al, houmerat.	Berkal	Berk'al
Vite	Khekhou, tsak		
Vivant	Yomyr (arabe)		Khug'
Vivre		Tchaouyouga	
Voir			Bikhoula
Vois	Mi	Mi	Mi
Voiture	Khir		
Voix			Kharatl'
Voleur	Karnykh		
Votre	Noujer [arakan, moujer].	Moujer	Majorab
Vous	Nouj, nouch [arakan, mon].	Mouj	Mouj
Un	Tso	Tso	Tso [kab., hoz
Deux	K'igo	K'igo	K'igo [kab., kon
Trois	Khliabgo, chabgo.	Tawgo	Khabgo [k., ht'a
Quatre	Oukhgo [kab., ounkougo].	Oukhgo	Oukhgo [k., oko
Cinq	Chougo	Chougo	Chougo [k., htlir
Six	Antl'go	Antlo	Ankhgo [k., itlin

ANGUES LESGHI.

ANDI.	DIDO et OUNSO.	QAZI-QOUMOUQ.	AKOUCHA.
idi-γochi, ya-tcheki.	Kıd..........	Douch..........	Doursi [*koub.*, woutzi, roursi].
eger *(persan)*.			
no, tchono, h'ono.	....	Tchour........	Tchahyr *(turc)*.
arkouna......	....	Leghindar.....	Da.
l'ka.			
ujikou.			
....	....	Ermalakisa.....	Akhal-derkwis.
nto.			
n'ono.			
elli.			
otzou.			
apta.			
....	....	Oussoul........	Ouchselia.
el'go.........	Meji..........	Bsou..........	Ouchcha.
w...........	Tsis..........	Tssaba........	Tsa [*koub.*, sah].
tchegou.......	Keeno........	K'ouwa.......	Kou [*koub.*, giwa].
liobgou......	Sonno........	Chammba......	Abal [*k.*, keierbek].
oogou........	Ouino........	Muk'ba.......	Ohwal [*k.*, auff].
chtougou.....	Senno........	Khewa.......	Khouial [*k.*, ykou].
intlgou.......	Isno..........	Rekhwa.......	Oureek al [*koub.*, akeleika].

VOCABULAIRE D

FRANÇAIS.	AWARE.	ANTSOUKH.	TCHARI.
Sept..........	Antelgo........	Antelgo........	Antelgo [*kab.*, telna].
Huit..........	Mitl'go........	Mitl'go........	Mikgo [*k.*, bet' na].
Neuf..........	Itchgo........	Itchgo........	Itchgo [*k.*, atch na].
Dix...........	Antsgo........	Antsgo........	Antsgo [*k.*, ats na].
Cent..........	Nouzgo........	Nousgo........	Nouzgo......
Mille.........	Azargo *(persan)*.	Azargo........	Azargo......

DÉNOMINATIONS DES JOURS DE

Dimanche......	Altani.........	Hatani........	....
Lundi,........	Altkheni.......	Alt'khoni......	....
Mardi.........	Itniko.........	Chadoussi.....	....
Mercredi.......	Hatanek.......	Tchouadoul....	....
Jeudi.........	Hotloko.......	Tl'oro.........	....
Vendredi......	Kourman......	Moujmar.......	....
Samedi........	Chamat........	Chamat........	....

ANDI.	DIDO et OUNSO.	QAZI-QOUMOUQ.	AKOUCHA.
t'khlongou	At'ino	Erroulwa	Weral [koub., wereleika].
eittlgou	Bit'Ino	Mmeiba	Ghehal [k., wesneika].
otchogou	Otchino	Urtchwa	Ourtchemal [koub., orsoumdieika].
hottsogou	Otsino	Ettsk'ba	Wetsal [koub., wazdika].
echonougo	Bichon	Turtchwa	Darchchal [k., lowezeli-bouika].
ziouriougo	Otsino-bichon [dix fois cent].	Azarwa (persan).	Azyr [k., essinzini-bouika].

LA SEMAINE CHEZ LES LESGHI.

obol	Hatan	Khouldoun	Gououa-beri.
haïtchi	Altkhoni	Elhaitkini	Ij-beri.
hourssouhou	Khadous	Itni-kini	Itni-beri.
itchiko-tchoptel	Tchadour	Talat	Djoual.
tlidissi	L'Ioro	Erwa	Tsreal.
usmal	Moujmar	Nourchmar	Djouma-beri.
hamat	Chamat	Khamis	Khwalal-djouma-beri.

NOMS HUNS

RETROUVÉS CHEZ LES LESGHI-AWARES.

HUNS.	AWARES.
Ould, Ouldin	Ouldin, famille aware.
Bleda, ou Boudakh	Boudakh-sulthan.
Attila	Addilla, nom d'homme très-fréquent.
Ellak	Ellak.
Dingitsik	Dingatsik, nom d'une famille.
Eskam, fille d'Attila	Eska, nom de femme.
Balamir	Balamir, nom d'homme.
Almous	Armous.
Leel	Leel.
Tsolta	Solta.
Geysa	Gaissa.
Zarolta	Zarolta.

VOCABULAIRE KOURAËLE COMPARÉ AUX AUTRES DIALECTES LESGHI.

FRANÇAIS	KOURAËLE		QARA-QAITAQ	QAZI-QOUMOUQ	AKOUCHA	KOUBITCHI	ANDI	KROUNPSAKH	AWARES méridionaux	ANTSOUKH	TCHARI	DIDO	KABOUTCH
Dieu	Kyser			Zaal	Tralla		Tsow	Bedjet	Betchas	Bedjet	Bedjet	Betched	Betched
Homme	Adam	Arabe, آدم (adam)		Tchou	Adim (arabe)	Doudech	Heka	Tchi, adam (arabe)	Tchi, taosa	Bahardj	Bahardj, tchi	Tchekw	Abo (arabe)
Père	Baba	Turc, بابا (baba)		Pou, boutai	Touttech	Nem	Issa	Emen, dadi	Emen	Ebel, baba	Ebel, baba	Dede	Io
Mère	Pana		Baag	Ninou, babai	Nech	Beck	Ih	Ebel, laba	Ewel	Ebel, baba	Ebel, baba	Enioni, cana	Kem
Tête	Killa	Arménien, գլուխ kloukh		Bek	Bek		Mier	Beter, tacherri	Ada	Beter	Beker	Tkin	
Bouche	Damma	Samoïede-karagasse, haftat		Zoumbek	Myouli	Mugli, moli	Kol	Kaal	Kal	Kaï	Kaal	Hakou	
Barbe	Sirall	Ostiake du Ieniseï, kotka, kotha	Gakoui	Tchir	Moutsoul	Mousser	Bigsjou	Mejech	Mejech	Mejech	Mejech	Mechigna	Byto
Main	Kell	Turc, جان (sagit), دهان (dehan)	Koga	Kouä	Nah	Nä	Kajon	Kwer	Kouer, kounnou	Kouer	Kér	Reta	Soudu
Pied	Kokar	Turc de la Sibérie, قول, قيل (qoal, qel)		Djan	Kath	Tai	Tcheka	Pog	Htete	Pog	Pog	Kori	Keda
Ventre	Zarar	Zyraine et permien, kok					Bombit	Tchekh	Tchakh	Tchekh	Tchekh		Woi
Cuisses	Nin	Wogoule, sorge, sarg		Mich	Kouts	Kouma	Koukou	Mis		Mis	Mis	Beti	Byto
Doigt	Tapalur	Zyraine et permien, wyt, wel		Tchuna	Toulwé		Tiekoff	Kilich	Kelech	Nato	Glitich	Bachibi	Soudu
Cheval	Balkan	Wotiake, val		Tchon	Oartchu	Artch	Ketsu	Tchon	Taou	Tchou	Tchou	Tchou	Soiya
Chien	Byra	Samoïede, byn, byne; mordouine, pina; tchérémisse, piuk		Ketchi	Khwa	Koi	Khoi	Hour, khol	Zohy	Rog	Hé	Gwaï	Woi
Chat	Kitzi	Mot répandu dans tout le nord de l'Asie		Titou	Katou		Ghedon	Ghetoï	Kettoh	Ghetou	Prelati	Keto	Kito
Mouton	Kiepur, langur			Daï	Matssa	Massa	Haiman	Eou	Alhé	Eou	Eou	Betl	Batsi
Vache	Zawra	Turc de la Sibérie, غير (sighir); onguule, siocar; ostiake de Berezow, sagar, so-ghyr		Eaï	Al	Al	Sjyou	Aka	Aka	Aka	Aka	Ata	Waaa
Renard	Ih												
Loup	Willi	Allemand, wolf; russe, wolk							Batz				
Eau	Iat	Samoïede, yt, ont	Chin	Sin	Chin	Chin	Hifen	Hdim	Hdi	Hdim	Khim	Hdi	Hli
Feu	Tsa	Samoïede, yt, eni	Zggen	Tsou	Trah	Trah	Tra	Tsa	Tssa	Tsa	Tsa	Tsi	Tso
Froment	Kol	Arabe, ذرة (ghellet)		Letcha			Kir	Roodf	Rodf	Rodkhi	Rodkhi	Sikioat	Kakotta
Orge	Monk			Ka	Monké	Monké	Bourtchina	Ook	Ook	Ook	Ook	Maka	Makiha
Pain	Pou, fou	Georgien, phouri		Tchat	Kats, tsoutha	Kats	Gau	Tched	Tched	Tched	Tched	Za	Babz
Foin	Beker			Goulou	Moura		Ountcha	Kier	Kler	Kheer	Bikh	Bikh	

LANGUES

DES MITZDJEGHI.

A l'ouest et au nord-ouest des Lesghi habitent différentes peuplades qui appartiennent à la même tribu et parlent des dialectes de la même langue. Elles ne se distinguent point par un nom commun; leurs voisins, les Tatares, les Tcherkesses et les Lesghi-Andiens, leur donnent celui de *Mitzdjeghi*. Guldenstædt a nommé leur pays *Kistie* ou *Kistethie*, mais avec assez peu de fondement; car le nom géorgien de *Kistethi* n'appartient qu'à une petite partie de ce territoire. En effet, depuis très-long-temps le haut pays, baigné par le Koumbaley, et où les Ingouches habitent, est appelé par les Géorgiens, *Dsourdsou'kethi*, nom ou pays de Dsourdsouk'os. On trouve ensuite sur la même rivière le canton de Kistethi, auquel appartient la tribu ingouche de Wapi du Makal-don du Terek. Les parties inférieures du pays, jusqu'au point où le Koumbaley sort des montagnes, sont nommées par les Géorgiens, *Chouachi-Djariekhi*. On voit donc que le nom des *Kistethi*, qui dérive de celui de la tribu des Kisti, ne peut être appliqué à tous les cantons habités par les peuplades qui parlent des dialectes mitzdjeghi.

Les Russes donnent ordinairement le nom de *Tchetchentses* aux peuples mitzdjeghi ; mais il n'appartient qu'à quelques-uns d'entre eux, et par conséquent il ne doit pas être employé.

Plusieurs circonstances, et sur-tout leur apparition à une époque très-reculée dans l'histoire de Géorgie, donnent lieu de présumer, avec assez de vraisemblance, que les Mitzdjeghi appartiennent aux plus anciens habitans du Caucase. Je ne puis donc partager l'opinion du comte Potocki et du célèbre Pallas, qui les regardent comme étant le reste des Alains, par le seul motif d'une étymologie unique et bien faible. Le périple d'un anonyme, publié par J. Vossius, dit que la ville de Théodosée en Crimée portait le nom d'*Ardauda,* qui, en alano-taurien, signifie *les Sept-Dieux*. Pallas observe, à ce sujet, que, dans la langue des Kisti, on retrouve des mots qui ont la même signification ; car *ouar* veut dire sept, et *dada,* père et dieu. On peut objecter à cette assertion qu'effectivement, dans la langue des Mitzdjeghi, *ouor* signifie sept, mais que *dada* n'a jamais voulu dire ni *dieu* ni *père*. Chez toutes les tribus de ce peuple, *dæle* est dieu, et *da*, père; mais *da* n'est pas *dada*, et *père* n'est pas *dieu :* par conséquent, toute cette étymologie est dénuée de fondement et ne peut avoir aucune valeur historique.

Le pays des Mitzdjeghi est borné à l'ouest par le Terek supérieur; au nord, par la petite Kabardah ainsi que par la Soundja; au sud, par le Caucase, qui les sépare des Khewzoures, des Pchawi, des Goudamaqari et du Kakhéthi : néanmoins quelques-unes de leurs tribus, notamment les Touchi, appelés *Mossok* par les Lesghi, habitent au sud de la chaîne principale, aux sources de l'Alazani. A l'orient, leurs habitations s'étendent jusqu'à la partie supérieure de la rivière Iakhsaï et jusqu'à la ville d'Endery.

Indépendamment des Touchi, les Mitzdjeghi se divisent en trois grandes tribus. La première, à l'ouest, est formée des Galgaï, Halha ou Ingouches, qui se donnent à eux-mêmes le nom de *Lamour* ou montagnards : ils habitent les cantons baignés par le Koumbaley, la Soundja et le Chalgir ou l'Assaï. La seconde tribu est celle des Qaraboulaq [source noire, en turc], qui se désignent eux-mêmes par le nom d'*Archté*, que les Ingouches leur donnent aussi; mais ils reçoivent des Tchetchentses celui d'*Arichtoïaï*: ils vivent dans la grande vallée où coule le Martan, qu'ils appellent *Farthan*, et ils ont leurs pâturages sur les bords de l'Achgan, du Walarek et du Tchalach, qui, plus bas, se jettent dans la Soundja, à droite. Enfin les Tchetchentses qui habitent depuis les Qaraboulaq jusqu'au Iakhsaï, forment la troisième tribu.

Quant à la langue des Mitzdjeghi, quoique la plupart des mots diffèrent de ceux des autres langues caucasiennes, cependant elle offre beaucoup de ressemblance avec celle des Lesghi, sur-tout avec le qazi-qoumouq et l'aware. Il s'y trouve aussi plusieurs mots qui montrent une affinité manifeste avec le samoïède, le wogoule et d'autres langues de la Sibérie, et même avec les dialectes slaves.

VOCABULAIRE

DES

LANGUES MITZDJEGHI.

Nota. Le dialecte des Touchi est mêlé de beaucoup de mots géorgiens, que j'ai notés dans ce vocabulaire.

FRANÇAIS.	TCHETCHENTSE.	INGOUCHE.	TOUCHI.
Abeille	Massour.	Mossarts.	Poutkar. *géorg.*, p'outqari.
Acier.	Bolat. *turc*, پلاد [poulad].	Andoun. *qazi-qoumouq*, tchandan; *wotiake*, andan.	Polat. *turc*, پلاد [poulad].
Agneau	Tchekhi.	Tchoug.	Tchoug.
Aigre	Mousté.	Mousté.	Mousté.
Aile	Tam.		
Aimer	Takawedsé	Takawedsé.	Wedzé.
Amadou	Kadjem.	Kadjem.	Kakamo.
Ame	Essé, sé.	Yè. *mechtcherèke*, is ; *kirgise*, yes.	
Amer	Kaihi.	Kaëndé.	Kahen.
Ami		Daukawedsa.	Ganakopi.
Amour	Wiezè, kouezè.	Bedsentzouan.	
An	Choua, chite-bout [douze lunes].	Tzachau; tyach'ó. antsoukh et tchari, soso.	Cha. *souane*, sai.
Ane	Wir. *géorgien*, wiri.	Wir.	Wir.
Arbre	Khé, khié. *géorgien*, khé.	Khé. *samoïède-motore*, hai.	Khé.
Arc		Khokh.	
Argent	Deri.	Detaou.	Dateb.
Argile	Tapour, khat. *aware, antsoukh* et *dido*, tchabar; *samoïède*, tab, tob.	Tapouri; ker.	Tika. *géorgien*, thikha.

FRANÇAIS.	TCHETCHENTSE.	INGOUCHE.	TOUCHI.
Aujourd'hui...	Ta-khan........	Ta-khan........	Tgada.
			souane, gadi.
Automne.....	Basti..........	Basti..........	Staboyé.
Avoine.......	Ken, sus.......	Ken...........	Ken.
	qazi-qoumouq, sous; *akoucha*, soussoul; *wotiake*, sizi; *wogoule*, soul.		
Bas........	Lokhoun.......	Lakhon, lokha...	Lokhoun.
	bas-allemand, leeg; *suédois*, log.		
Beau........	Khajin.........	Khajin.........	Lamazour.
	qazi-qoumouq, khouisa; *pers.*, خوش [khoch].		*géorgien*, lamasi.
Belier.......	Kaē...........	Kaē...........	Arl'hé.
	aware, ku; *tchari*, ky; *andi*, arl'é.		
Beurre......	Daïté.........	Daïté, det......	Daté.
Bière.......	Sira..........	Ih.............	Yeg.
	turc, صره [srah]; *tcherkesse*, sirré.		
Bisaïeul.....	Deen-deen-da...	Deen-deen-da...	Kani-dada-dada.
Blanc.......	Kaïn..........	Kaïn, kei......	Kouin.
	aware, kaha.		
Bleu........	Siené..	Siené..........	Siené.
	russe, синен.		
Bœuf.......	Stou..........	Oust..........	Oustou.
	aware et tchari, ots; *wogoule*, ochka, ouj; *permien*, ich.		
Bois (je)....	Mallanwalla.....	Mala.	
Bois (le)....	Datchik........	Dos...........	Dos.
Bon	Dikinda........	Dikinda........	Daki.
Bouc.......	Botch.........	Bourrek, gaz ..	Bohé.
		akoucha, bourherk; *allemand*, geis.	

FRANÇAIS.	TCHETCHENTSE.	INGOUCHE.	TOUCHI.
Bouche.....	Bagga........ *italien*, bocca.	Yist.........	Bak.
Boue.......	Kiliéch.......	Khotté.	
Boule......	Gourgendé....	Gouorghi.	
Branche.....	Gyanech, geenech	Tkoou. *wogoule de la Tchioussowaïa*, toou ; *de Berezow*, touou.	
Brebis......	Oustghé, oustkhi.	Oustghé, oustkh.	Dja.
Bruit.......	Selè.........	Garatsou.	
Canard.....	Bat.......... *wogoule*, batta, pot.	Babous, kaghi.. tcherkesse, abaze et ossète, babych.	Ika. *géorgien*, ikhwi.
Carême.....	Markhoua.....	Markha.......	Markha.
Ceinture....	Dikhkau......	Dukhkar.	
Cercle......	Goué.........	Gouou.	
Cerf.......	Zei..........	Zei, sai.......	Zaghé.
Chaleur.....	Yaoukhen..... *samoïède de Touroukhansk*, yawa ; *d'Obdorsk*, youbé.	Yaouekhé, taou..	Yobkhé.
Chameau....	Ankel........	Tewa, enkel.... *turc*, تَوَه [tèwèh].	Aklam. *géorgien*, alklèmi.
Champ......	Yaatchouni....	Ourt, kaat', arié.	
Champ cultivé.	Ourt.........	Kaach........	Eà.
Chapeau, bonnet.	Ku...........	Ku...........	Koud. *géorgien*, k'oudi.
Charbon....	Karrou. *latin*, carbo.		
Charrue....	Gotan........ *géorg.*, gouthani.	Gotangher, serch, ag.	Goutan.

DES LANGUES MITZDJEGHI.

FRANÇAIS.	TCHETCHENTSE.	INGOUCHE.	TOUCHI.
Chat......	Tzitzik......	Tsiské, tsiski...	Koto. *géorgien*, kata; *russe*, кошь; *allemand*, kat-er.
Chaud......	Yaoukhen......	Daoukhan, taou. *samoïede d'Obdorsk*, youbé, youwa; *de Poustozersk*, ouba.	Youbkhé, yobkhé. *de Touroukhansk*, youwa;
Chaux......	Kir...... *géorgien*, Kir; *turc*, قير [qir];	Kir......	Kir. قيرج [qiredj].
Chemin......	Nik......	Nik...... *antsoukh et tchari*, nouch.	Nik.
Chemise......	Kotch......	Kotch......	Peranghi. *géorg.*, peeranghi.
Cheval......	Gaour, diïn..... *samoïede-tawghi*, dunka.	Gour, goour..... *anglais*, horse; *ossète*, ours.	Oulak. *ostiake de l'Oby*, lokh, log.
Cheveux......	Tcho, kajeriack..	Koudj......	Bedj.
Chèvre......	Gazé...... *allemand*, geis.	Gazé......	Gazé.
Chien......	Jari, djaali, borcheï.	Pè...... *koubitchi*, woï; *dido*, gwaï; *tcheremisse*, pii, pié; *permien et zyriaine*, pon; *zend*, peo.	Pèhou.
Ciel......	Stygle......	Sighelié.	
Cire......	Balaous...... *dérivé du mot turc* بال [bal, *miel*].	Balaous......	Santel. *géorgien*, santheli.
Clair......	Sirli.		
Cochon......	Haïké, khaka... *tcherkesse*, kho; *abaze*, khoa; *pers.*, khouk, خوك; *ossète*, khoui, khoï; *anglais*, hog.	Haké, khaka....	Ka.

FRANÇAIS.	TCHETCHENTSE.	INGOUCHE.	TOUCHI.
Cœur.......	Dough.......	Dog..........	Dog.
	qazi-qoumouq, daikou; *andi*, t'eko.		
Colline.......	Irakhoua.......	Bartzé.	
		géorgien, barzwi.	
Coq........	Nali, nani.....	Birgoul, barol, baroul.	Mammal.
			géorgien, mamali.
Corne.......	Mah, magarech..	Moa.	
Coton........	Bamà.........	Bombag........	Bombag.
	mot d'origine indienne, répandu dans toute l'Asie.		
Cou.........	Wártadé.......	Faart.........	Zaké.
Cour........	....	Kou.	
Couteau......	Ours..........	Ours..........	Neka.
Cri.........	Anekin........	Gari.	
Cuiller.......	Aik...........	Agk...........	Kato.
			aware, gout.
Cuir........	Kakka........	Kakka, gaz.....	Pezoug.
Cuirasse......	Barzkha.......	Gag.	
Cuivre.......	Tzasté........	Tzasté........	Tzasté.
Culotte......	Khat'ji.......	Khat'ji........	Khat'jang.
Cunnus.....	But..........	But..........	Bout.
	dido, beti; *koubitchi*, byto.		
Demain......	Kan..........	Kan..........	Kan.
Dent........	Tzergich, tzargich	Tzergich.......	Tzerka.
	qazi-qoumouq, kertchi.		
Dieu........	Dèlé.........	Dèla.........	Dálé.
	akoucha, tzalla; *qazi-qoumouq*, saal.		

FRANÇAIS.	TCHETCHENTSE.	INGOUCHE.	TOUCHI.
Dindon......	....	T'haïed.......	Indarin - kotam, c'est-à-dire, poule indienne ; *géorgien*, indaouri-khathami.
District.....	Katchilik.		
Doigt.......	Palik........... *russe*, палецъ; *permien*, pelou.	Palk'.........	Tarka. *samoïède*, tarka.
Donne.......	Noua..........	Daćetsé, liï..... *latin*, da; *samoïède*, tat, tate.	Lipson.
Dors (je)....	Diloa.........	Iewcha.	
Dos........	Boukg.........	Bouko.	
	aware, moukh; *anglais*, back; *motore dans l'Altaï*, baggada ; *kamache*, bagyn.		
Douleur......	Oun...........	Mogatz, mogotch, tatzit'chouar.	
Doux........	Marsi.........	Mirsendé.......	Matzeli. *andi*, mitza.
Drap........	Tzoka.........	Tzoka........	Máoudi.
	persan et turc, چوقه, tchouqah; *géorgien*, máoudi.		
Dur........	Tchohondau....	Tchaagwa......	Tchaagwa.
Eau........	Khi..........	Khii, khou.....	Khi.
Eau-de-vie....	Aràk..........	Aràk.........	Aràk.
	mot commun dans toute l'Asie.		
Écaille.'......	....	Ban.	
Éclair.......	Styglè-yeké.....	Taségo, dekouka.	Tap.
Écorce.......	Kaoust.........	Yasta.	
Ennemi.......	....	Wedsetz.......	Mastgo.

FRANÇAIS.	TCHETCHENTSE.	INGOUCHE.	TOUCHI.
Entends (j')...	Khassiné, soine..	Khatz.	
Épeautre.....		Foché.	
Épouse......	Istiou........	Zielk........	Stou.
Étain.......	Qalai......... arabe, قلعی.	Saukh........ tcherkesse, zakhou	Tkib.
Été........	Akhké.	Akhké........	Khko.
Étoile......	Séta, Sied......	Séta, suta.....	Térou.
Faim.......	Miské........	Miské........	Matzolé.
Farine......	Har..........	Har..........	Har.
Faux [falx]..	Mangal....... arabe, محل, min-djel.	Mangal.......	Tzoëli. géorgien, tzéli.
Femme......	Styouai, zouden. aware, tchoujou.	Sielk, sé...... antsoukh, tjoujo.	Stouino.
Fer........	Atchik........	Achk.........	Aik. abaze, ikha.
Feu........	Tzé.......... aware, andi, antsoukh, tza; dido, tzi.	Tzé..........	Tzé.
Feuille......	Siïni, ga.......	Gà, pop.	
Fille.......	Yohe, yio...... aware, tchari et antsoukh, yas; andi, yochi; wo-goule, ayi, aya; ostiake de l'Oby, youk.	Youghik.......	Yohé.
Fils........	Oua.......... aware, ouas; andi, ocho; akoucha, acho.	Oua..........	Woë.
Flèche......		P'kho.	
Fleur.......		Ikha.	
Foin.......	Yol..........	Yol..........	Yol.
Force.......	Nitzké........	Nitz.	

DES LANGUES MITZDJEGHI.

FRANÇAIS.	TCHETCHENTSE.	INGOUCHE.	TOUCHI.
Forêt.......	Khun.........	Khun, gghè.	
Fosse.......	Tchag........	Lerma.	
Fossé.......	Akhker.......	Bouroug.	
Foyer.......	Otchag.......	Otchag.	
	turc, اجاق.		
Frère.......	Wacho, waché..	Wacha........	Wacho.
	aware, ouaz, waas; antsoukh et tchari, ouast.		
Froid.......	Chiélin........	Tchiaïlé......	Pchelé.
	assane, tchala; kotowe, tcholtou.		
Froid (le)....	Chilé.........	Chilé.........	Pchèlé.
	inbatze sur le Ienisei, tchala; tcherkesse, chaë.		
Fromage.....	Nekhtchi......	Netkhkhé......	Netklıkhé.
	akoucha, noussia; qazi-qoumouq, nis.		
Froment.....	Ka............	Ka...........	Oh.
Front.......	Hajé, khiaizé...	Hadjé, khijjé...	Haka.
Frontière....	Moukhk.......	Letdousto.	
	ostiake de Berezow, mououkout; basque, mouga.		
Fruit.......	Stouamech.....	Soum.	
Fumée......	Kur, kour.....	Yegog.	
	russe, курить, fumer.		
Fusil.......	Toop..........	Toop..........	Toop.
	lesghi, topang; géorgien, toupi; turc, tioufeng.		
Garçon......	Kanat, bayar....	Baïri.........	Bair.
Garde *[custos]*.	Khaïjar.......	Yelé.	

VOCABULAIRE

FRANÇAIS.	TCHETCHENTSE.	INGOUCHE.	TOUCHI.
Genou......	Goua........	Goua, warou....	Gagou. *tchari*, gouga.
Glace.......	Khilen, cha. ...	Cha, chebelek...	Pcha.
	abaze, dans les deux dialectes, tzaché.		
Glaive......	Tour........	Tour........	Tour.
	akoucha et qazi-qoumouq, tour ; *arménien*, tour.		
Grand......	Dakko, dokon...	Wakkawé......	Dakka.
Grand-père...	Deen-da.......	Deen-da.......	Kani-dada.
Grêle.......	K'arou........	Ch'chié.	
	tchari, goro ; *arménien*, կարկուտ [gargout];		
Goût.......	Lier.........	Messind.	
Graisse......		Kégat.	
Grenouille....		Pet.	
Guerre......	T'ouombo.....	Dom'khanipé.	
Habit.......	Bartchag.......	Bartchag......	Kartchi.
Hache......	Dik..........	Dik, diki.	
	samoïède, touka.		
Haut.......	Lyaken, leken...	Liakkandé, weggé et béggé.	Tchagha, tchaha, *antsoukh et tchari*, tchahab.
Hauteur.....	Tk'ikh.......	Lyakké, khallé.	
Herbe......	Boutz........	Boutz, yol.	
	dido, bikh.		
Herse......	Pkhatielou......	Khanakhol.	
Hier.......	Silkhan, sel'khan.	Kanlam.......	Psara.
Hiver......	Ai...........	Ai..........	Ah.
Homme *[homo]*	Steg, steig.....	Stag.........	Stag.

DES LANGUES MITZDJEGHI.

FRANÇAIS.	TCHETCHENTSE.	INGOUCHE.	TOUCHI.
Homme [vir].	Mailé, Kènakhoi.	Mairilk, mar.... andi, mourgoul.	Mairilk. persan, مرد.
Hurlement...	Wonkhilen.....	Wel'kheri, dirtas.	
Hydromel....	Bal-bouzé......	Millar..........	Tcherbat.
Il..........	....	Yer...........	Woyé.
Son.........	....	Tzoundé.......	Kordihada.
Soi [sibi]....	....	Tozunné.	
Se, se.......	....	Sembé.	
Son bœuf....	....	Tzoun oust.	
Sa vache.....	....	Tzoun yet.	
Jaune........	Maja, bazeren... aware, antsoukh et tchari, majab.	Ajaga..........	Maké.
Joug.........	Douk..........	Kalindé, khalé.	
Jour.........	Deni, dini...... esclavon, день.	Den...........	Tkha.
Laid.........	Ouon..........	Ouon..........	Mazi.
Laine........	Tcha..........	Tcha..........	Tcha.
Lait.........	Chirré, chouré.. pers., chir, شیر; ossète, akhsaïr, akhchir; tcheremisse, chur; wogoule de la Tchioussowaïa, syrtaï; andi, chiou.	Chirré, chourra..	Chourra.
Lait aigre....	Youourt....... turc, يوغورد, yoghourd.	Chəar..........	Chdar.
Laiton.......	Ghes.......... andi, ghes; akoucha, es; tcherkesse et abaze, djes.	Ghes..........	Borsan. ossète, bor, bour.
Langue......	Mot, mout...... aware, maz, maast; tchari et antsoukh, maast; dido, mest; andi, mits; et qazi-qoumouq, mas.	Motté..........	Mot.

FRANÇAIS.	TCHETCHENTSE.	INGOUCHE.	TOUCHI.
Léger	Dai	Dayende.	Dani.
Lentement	Melechen	Tchouarté.	
Lèvre	Bardé	Bardach	Batra.
Lézard		Tzog.	
Lièvre		Paghel.	
Long	Yeakhen	Degkhé. deeken *[longueur]*	
Loup		Bourtz. *aware*, batz.	
Lumière	Sirlalou	Dé.	
Lune	Bout	But, boutto	But.
	akoucha, baz; *qazi-qoumouq*, bars; *andi*, portz.		
Main	Kouik; kouighich.	Koulg	Tota.
	qazi-qoumouq, kuya; *turc*, قول [qoul].		
Maïs	Hadji-ka	Hadji-ka	Simindi.
	akoucha, hadjlan-ka *[froment des pélerins]*.		*géorg.*, simindi.
Maison	Tzá.	Tzaa, tzga.	
Maître	Aëla	Aëla	Oupali. *géorg.*, oup'ali.
Malade	Magatz, mogatz	Mogatz	Tatzitchouar. *géorg.*, satkiwari.
Mari	Maar	Maar.	Maar.
	tcheremisse, mara; *latin*, maritus.		
Massue		Gatch.	
Matin *[mane]*	Yarrou, ouru	Souré.	
Mauvais	Ouonda	Ouonda	Mozine.

DES LANGUES MITZDJEGHI.

FRANÇAIS.	TCHETCHENTSE.	INGOUCHE.	TOUCHI.
Mer.........	Khart...........	Fourt.	
		ossète, fourd.	
Mère.......	Nana, chen.....	Nana..........	Nana.
	dido, enniou, enna ; *qazi-qoumouq*, ninou.		
Midi........	Dcké-kha.......	Mosti-kha......	Youtkma-dedé.
Miel........	Moz...........	Modz.........	Modz.
	dido, moutzi; *kaboutch*, noutzo; *qazi-qoumouq*, nitz;		
	russe, медъ.		
Millet......	Bourts.........	Bourts........	Bourts.
	aware, moutch; *andi*, betcha.		
Moi.........	....	Zo............	Zo.
Mon........	....	Zenda.........	Zen.
Me [*mihi*]...	....	Zouana........	Zouana.
Me, me.....	....	Zouan.........	Zouan.
Mon bœuf...	....	Ze oust........	Zen oustou..
Ma vache...	....	Ze yet.........	Ze yet.
Mois........	Tkeitedé.......	Bout..........	Bout.
			[*lune*].
Monnaie.....	Akhché........	Akhché........	Tater.
	turc, اقچه [aqtcheh].		*géorgien*, thethri.
Montagne....	Lam...........	Lamartch, bird..	Kmati.
			géorgien, mtha.
Mort (la)....	Wallar........	Wellin, légi....	La, hēor.
Mot.........	Douch.........	Douech.	
Mouche......	Masoui........	Mos, mas.	
	lithuanien, moussia ; *lette*, moucha.		
Mulet.......	Barsé.........	Bardsau.......	Bardsau.

VOCABULAIRE

FRANÇAIS.	TCHETCHENTSE.	INGOUCHE.	TOUCHI.
Neige.......	Loua..........	Loo, la........	La.
	mokchane, loou; *mordouine*, low; *ostiake de Narym*, lontch.		
Nez........	Maré, mara.....	Mirha.........	Marhlo.
	aware, meer; *koubitchi*, mir; *andi*, mahar.		
Noir.......	Ardji..........	Ardji.........	Ardji.
Nom.......	Din...........	Tze.	
Non.......	Datz..........	Datz..........	Tzo.
Nuit.......	Boussou.......	Bucha, boussi...	Boussou.
Obscur.....	Yarji.		
Odeur......	Khaajou.......	Merdj.	
Œil........	Berik, berghich.	Berg..........	Berka.
	aware, khoundsakh, *tchari et antsoukh*, beer, ber.		
Œuf.......	Khoua, oué.....	Fou, foach, woch.	Gaga.
Oie........	Kas...........	Gaj...........	Bata.
	turc, قاز [qaz].		*géorg.*, bati; *arab.*, batt, بط.
Oiseau......	Alkhazir, alkhazour.	Al'khodser, lygr..	Prinel. *géorg.*, p'rinweli.
Ongle......	Maré..........	Maré..........	Marou.
Or.........	Dechi.........	Dechaou.......	Oker.
	tcherkesse, diché, dicha.		*géorgien*, okro.
Orage......	Aourech-tekinf...	Yatchighé.	
Oreille.....	Lerik, larghich..	Lerk..........	Lerk.
	akoucha, lai; *koubitchi*, leghé.		
Orge.......	Mouk..........	Mouk.........	Psa.
	dido, maka; *akoucha*, mouké.		

DES LANGUES MITZDJEGHI.

FRANÇAIS.	TCHETCHENTSE.	INGOUCHE.	TOUCHI.
s.........	Diaikhk....... *qazi-qoumouq*, terk.	Tekhk........	Dsoul. *géorgien*, dswali.
Oui.......	Hé...........	Hée..........	Ha.
Ouïe......	Khazar, kazar...	Khedis.	
Pain......	Mèk........... *lette*, maizé; *livonien*, maitzé.	Mèk..........	Mak.
anic cultivé..	Kamé.........	Kamé.	
Parler.....	....	Lie..........	Leor.
eau.......	Kaka, tchkoura.. *antsoukh*, kheg; *tchari*, keg; *aware*, tzoka; *russe*, шкура.	Kaka, tsoualka...	Kaka.
Peine......	Dououkher.....	Kadakhounzou.	
enis.......	Ten.. .... *akoucha*, touna; *koubitchi*, douna.	Ten..........	Ten.
ère.......	Da........... *aware*, dadi; *antsoukh et tchari*, dedé; *akoucha*, touttech; *koubitchi*, doudech; *finnois de Karélie et d'Olonetz*, tato; *mordouine*, taitaii.	Da...........	Dada.
esant......	Dèssi.........	Dedsendé.....	Dadsin.
etit.......	Chama, djemma, charein.	Tzango, semoyou.	Katsgo.
euple.....	Naakh, doukanakh *samoïède*, nainitsia, nainetch.	Naakh.........	Khalkhea. de *l'arabe*, خلق [khalq].
ied.......	Kok, koëghich... *zyraine et permien*, kok; *lithuanien*, kaya; *lette*, kaya; *ossète*, kakh; *akoucha*, kach.	Kog..........	Kog.

Tome II.　　　　　　　　　　　　　　Aa

FRANÇAIS.	TCHETCHENTSE.	INGOUCHE.	TOUCHI.
Pierre	Kera, toulak	Kera	Kera.
	qazi-qoumouq, tcherou; *arménien*, ք֊ա֊ր [kʿar].		
Pierre à feu	Makatz	Makatz	Makatz.
Pigeon	Kiakou	Kok.	
	andi, ḳokho; *turc du Ieniseï et kangatse*, kouk.		
Pleure (je)	Welkh	Wilga.	
Plomb	Dech	Dech	Tkoua.
			géorgien, tq'wia, tqoué.
Pluie	Dagou, dogou	Dog, doo	Karé.
	toungouse, tukdó; *esclavon*, dojd; *islandais*, dïog.		*qazi-qoumouq*, gwaraï.
Plume	Tkamech, piálek.	Tkamech, illar.	Itkh.
	akoucha, pala; *qazi-qoumouq*, baïl.		
Poisson	Haćme, hakhami, tchaara.	Haam, tchlaré	Tcharé.
	qazi-qoumouq, haïba; *samoïède de Mangaseisk et de Touroukhansk*, karré, kharré.		
Poli		Charendé	Saya.
Porte	Miaarach	Nné.	
		samoïède, nu, no.	
Poudre à canon	Maïkhon	Melkho	Tzomaĺ.
			géorgien, tzamali.
Poule	Kotam	Kotum, kouatam.	Kotam.
	géorgien, kathami.		
Poussière	Tchen	Doma.	
Prairie	Tzan, aare-tzan.	Tzan, khokh	Satib.
			géorgien, sathibi

FRANÇAIS.	TCHETCHENTSE.	INGOUCHE.	TOUCHI.
Printemps....	Goura.........	Goura.........	Gassapoul. *géorgien*, gassap-khouli.
Profondeur...	K'argoun'...... *samoïède de Tomsk*, koré; *du Ket*, koréga.	Kargo.	
Pur.........	Tzani..........	Tzani.........	Tzani.
Queue.......	Tsogou.		
Racine.......	Aroumech...... *arménien*, արմատ [armad].	Toronich.	
Raisin.......	Kemsech....... *turc*, kychmych.	Kamsych.	
Rayon.......	Tkhakh........	Merklten-denerch.	
epos.......	Wakha........	Wakha........	Tiwena.
vage.......	Irt............	Chouou.	
Rivière......	Malar, dokhon-khi. [*grande eau*].	Doka-khi.......	Khi [*cuit*].
Riz.........	Dougou........	Plaow [*cuit*]....	Brinj. nom général dans l'Asie occidentale.
Rouge.......	Tzīn..........	Tzié..........	Tzewé.
ude (dur)...	Tchago........	Tchago........	Tchago.
Sable........	Khoum, goum.. *turc*, قوم [qoum].	Tech, goum....	Lams.
Salpêtre......	Janzaou........ *andi*, janzaou; *akoucha*, yanzaou.	Malkhoné-cha... (*voyez* Poudre à canon).	Pcha.
ng........	Tzi, yioh...... (*voyez* Rouge).	Tzi..........	Tzeghi.

A a

VOCABULAIRE

FRANÇAIS.	TCHETCHENTSE.	INGOUCHE.	TOUCHI.
Santé	Mogouch, mogochou.	Denwa.	Denwa.
Sel	Toukhi.	Toukh.	Toukh.

tcherkesse, tchoug, choug.

Semaine	Barkhdé.	Kirra.	Kwiré.

géorgien, k'wiré.

Sœur	Icha.	Icha.	Yacho.

aware, yas; *wogoule de la Tchioussowaïa*, is, icha.

Soie	Haza.	Haza.	Abrechoum.

géorgien et pers., abrechoumi.

Soif	Hagoulé.	Hagoulé.	Hékouosso.
Soir	Sarrakh.	Seire.	

latin et italien, serò, sera.

Soleil	Malkh.	Malkh.	Matkh.

andi, mitli; *souane*, mij.

Sommeil	Gan.	Naap, wasi.	Naap.
Soufre	Sengel.	Sagmal.	Gogird.
		qazi-qoumouq, tchamatou.	pers., كوكرت [goghirt].
Soulier	Matché.	Matché.	Tchekma.
	dido, machabi.		pers. et géorgien.
Source	Koulaou.	Khi-kaast.	Tzkaro.
	qazi-qoumouq, koula.	[source d'eau].	géorgien, tzqaro.
Sourcil	Satsgámech.	Tegilam.	
Souris	Dakhka.	Dakhbè.	

géorgien, thagwi; *samoïède de Tomsk*, tawa, tawou; *de Narym, du Ket et de Tymsk*, taoua.

DES LANGUES MITZDJEGHI.

FRANÇAIS.	TCHETCHENTSE.	INGOUCHE.	TOUCHI.
ueur	Hatser	Hatser	Topg. *géorgien*, op'li.
abac	Tamako	Tamako	Tambako.
erre	Lettekh, latta	Laité, letté	Yobst.
éte	Korté, kiorta, korta.	Korté, kord	Korté.
éton	Tar	Tar	Tar.
onnerre	Délou	Mog	Kebkhé, mebgé.
oucher (le)	Laatzen	Kydideas.	
ous	Masswa	Dridi.	
ourbillon	Yaatchouni	Fouo.	
ranchant	Khadaër	Aré.	
ravail	Boulkh	Bouelkh.	
ronc	Youkhik	Gouder.	
rou	Ourik *turc*, ourou.	Yourka.	
u		Ho	Ho.
on		Henda	Hem.
e [*tibi*]		Honé	Honé.
e, te		Ho	Ho.
on bœuf		He oust	Hem oustou.
a vache		He yet	Yem yet.
ache	Yet	Yet	Yeté, yetto.

dido, ata; *karagasse*, yddou; *taigintse*, ouddou; *motore*, yddé (•trois tribus *samoïèdes* de la Sibérie méridionale).

FRANÇAIS.	TCHETCHENTSE.	INGOUCHE.	TOUCHI.
Vague.......	Toulgounech.... *turc,* دولغون [doulghoun].	Khistedeté.	
Vaisseau [es- quif].	Gaalai.........	Kema. *turc.*	
Vallée.......	Biïrou. .... *géorgien*, bari.	Khoslerou.	
Va.........	Gouga, gouà....	Kowai, gauo, ougo.	Yoai.
Veau........	Asa...........	Asa..........	Asa.
Veiller.......	Samowo........	Samowo.......	Tchenia.
Vent........	Mokh...	Moukh.	
	andi, matz; *samoïède de Mangaseïa*, maisé; *de Tou-roukhansk*, medsé.		
Ventre.......	Gheé..........	Gouiki, byiki. *allemand*, bauch.	
Ver.........	Lèkhè.		
Vert........	Meloché, ha....	Send, yachil.... *turc*, ياشيل [yachil].	Apé.
Viande.......	Gijik, dilikhi...	Dilkh..........	Ditkh.
	qazi-qoumouq, dik; *akoucha*, dih.		
Vie (la)......	Khan..........	Dentzek, weta-lowé.	Deni.
Vieillard.....	Kan-maile......	Kan-mairilk.... [*vieux homme*].	Kani-stag.
Vieille.......	Kan-istiou...... [*vieille femme*].	Kan-sielk.......	Kani [*vieille*].
Vieux	Kan, t'kanim....	Kan, t'kené.....	Kani.
Vin	Tchaghir....... *turc.*	Wun..........	Wun. *géorgien*, ghwino.

DES LANGUES MITZDJEGHI.

FRANÇAIS.	TCHETCHENTSE.	INGOUCHE.	TOUCHI.
Visage......	Youkhé, yokh...	Youkhmérin.	
ite........	Kesten........	Kesté.	
Vois (je)...............		Bariĕgou.	
Voix.......	Ich..........	Tzaga.	
Vue........	Deer.........	Gousnan.	
Un........	Tza.........	Tza.........	Tza.
	aware, tchari et antsoukh, tzé; *akoucha,* tza; *qazi-qoumouq,* tzawa; *tcherkesse,* sé.		
Deux.......	Chi........	Chi.........	Chi.
	samoïede, side, chiddega; *kamache,* chidd'ya.		
Trois.......	Koĕ.........	Koĕ.........	Ko.
	finnois, kolmé.		
Quatre......	Di..........	Di..........	Eou.
	samoïede, te't, tetto', tetté.		
Cinq.......	Pkhi........	Pkhi........	Pkhi.
	tcherkesse, f'khou.		
Six.......	Yalkhi, yelkh...	Yalkh.......	Itkh.
Sept.......	Ouor.........	Ouor, ouokh....	Ouorl.
	akouchá, weral.		
Huit.......	Bar.........	Bar.........	Barl.
Neuf.......	Ich, is........	Ich.........	Is.
	aware, itchgo; *abaze,* ichba.		
Dix........	Itt..........	Itt..........	Itt.
Onze.......	Tza-itté.......	Tza-itté......	Tza-itté.
Douze.....	Chitté........	Chitté.......	Chitté.

FRANÇAIS.	TCHETCHENTSE.	INGOUCHE.	TOUCHI.
Quinze.......	Pkhitté.........	Pkhitté........	Pkhitté.
Vingt........	Tka........... *aware*, khogo; *dido*, kou; *qazi-qoumouq*, koua.	Tka...........	Tka.
Trente.......	Tka-itte........ 20+10.	Tka-itte........ 20+10.	Tka-itte. 20+10.
Cent........	Bakha, byai.....	Bakha.........	Pkheous-tka. *[cinq fois vingt]*.
Mille........	Itt-bakha....... *[dix fois cent]*.	Itt-bakha.......	Itza-pkheous-tka. *[dix fois cinq fois vingt]*.

LANGUE

TCHERKESSE.

Les Tcherkesses, qui s'appellent eux-mêmes *Adighé*, habitaient jadis le Caucase oriental et la presqu'île de Crimée; mais il paraît qu'ils changeaient souvent ces demeures l'une contre l'autre. Ce sont les *Zykhes* [Ζύχοι] des Grecs : on les trouve mentionnés sous ce nom dans le Périple du Pont, composé par Arrien vers la fin du règne d'Adrien. Il semble pourtant que les anciens n'ont désigné par le mot de *Zykhes* qu'une de leurs tribus; car Arrien place ceux-ci sur les bords de la mer Noire, et raconte qu'ils étaient séparés par l'*Akhœus*, au nord-ouest, des *Sanikhi*, dans lesquels je crois retrouver la tribu tcherkesse des *Jani*, qui demeurent encore à peu près dans le même endroit. Selon Arrien, le roi des Zykhes se nommait *Stakhemfax*, et avait été élevé à sa dignité par Adrien. Ce nom est entièrement tcherkesse. Les *Sindi* et les Kerkètes, qui habitaient également les bords de la mer Noire, semblent aussi être des Tcherkesses.

Suivant les traditions de ce peuple, une de ses tribus quitta la Kabardah dans le VI.ᵉ siècle de l'hégire, abandonna ses anciennes demeures sur le Kouban, et se porta au nord jusqu'au Don; mais elle s'en éloigna bientôt, et alla s'établir en Crimée, sur la côte méridionale et dans la plaine entre les rivières Katcha et Belbik, dont la partie supérieure conserve le nom de *Kabardah*, et reçoit encore des Tatares celui de *Tcherkes-tus* [plaine des Tcherkesses]. Il y a aussi dans cette contrée les ruines d'un château nommé *Tcherkes-kermèn*.

Sur la carte de la mer Méditerranée et de la mer Noire, dressée en 1497 par Fredutio d'Ancône, et qui se trouve à la bibliothèque de Wolfenbüttel, on voit le nom des *Kabardi* écrit en lettres rouges un peu à l'ouest de Taganrog; indication qui nous donne la position du pays des *Kabari* de Constantin Porphyrogénète, et en même temps celle de la tribu de Kabardah, qui, dans le VII.ᵉ siècle de l'hégire, abandonna de nouveau la Crimée et se fixa sur l'île que forment les deux bras du Kouban à son embouchure, et que les Tatares nomment *Kysyl-tach*

[Pierre-rouge] : mais les Kabardiens n'y restèrent pas long-temps; et, comme ils étaient devenus puissans, ils allèrent, sous la conduite d'Inal-Teghenn, leur prince, plus à l'est dans le pays au-delà du Kouban, et jusque dans la Kabardah actuelle, où ils soumirent toutes les autres tribus tcherkesses. C'est le même Inal que l'on regarde comme la tige de tous les princes kabardiens.

Les Ossètes disent qu'avant l'arrivée des princes kabardiens de Crimée, les Tcherkesses se donnaient à eux-mêmes le nom de *Kasakh*, qu'ils ont conservé chez ce peuple et chez les Mingréliens : en effet, ces derniers appellent encore les princes tcherkesses, *Kachak-mephé*, c'est-à-dire, rois des Kachak. Le récit de Constantin Porphyrogénète s'accorde aussi avec ces traditions; car il nomme *Zykhia* le pays des Tcherkesses sur la mer Noire, et *Kasakhia*, celui qui est plus haut sur le Kouban, et qui confinait avec les Alains [Ossètes] : ce qui est très-exact; car, selon la géographie géorgienne, les Ossètes demeurèrent dans la grande et la petite Kabardah jusqu'à l'invasion de Batou-khan, et se retirèrent alors dans les montagnes.

Du temps de George Intériano, qui écrivait en 1502, les Tcherkesses ou Zykhes occupaient toute la côte de la mer d'Azow, depuis le Don jusqu'au Bosphore cimmérien; ils en ont été chassés par les Russes et les Tatares. Il est très-vraisemblable, ainsi que je l'ai dit dans le quatrième chapitre de cet ouvrage, que du mélange des Russes et Tcherkesses sont issus les Cosaques de nos jours.

En voilà assez sur l'histoire des Tcherkesses; mais il faut bien se garder d'adopter toutes les fables que Reineggs raconte sur leur origine. Il prouve qu'il n'avait que des idées très-erronées sur ce peuple, en prenant des tribus turco-tatares et abazes pour des tcherkesses, et des tribus tcherkesses pour des tribus turco-tatares : tout ce qu'il dit des anciens et des nouveaux Tcherkesses est faux et ridicule, et ne repose que sur des mal-entendus.

Il résulte clairement de tout ce qui précède, que les Tcherkesses sont un peuple très-ancien du Caucase. Leur langue diffère beaucoup des autres idiomes caucasiens, tant par les mots que par sa syntaxe : elle montre cependant de l'affinité avec des racines finnoises, sur-tout avec celles du wogoule et de l'ostiake en Sibérie. Ces ressemblances donnent sujet de conclure que les Tcherkesses appartiennent, ainsi que les Wogoules et les Ostiakes, à une même souche, qui, à une époque très-reculée, s'est divisée en plusieurs branches, dont une était formée vraisemblablement par les Huns.

Les Tcherkesses occupent aujourd'hui la grande et la petite Kabardah, ou le pays compris entre la Soundja, le Terek, la Malka et les montagnes calcaires du Caucase : quelques-unes de leurs tribus habitent aussi au-delà du Kouban jusqu'à la mer Noire; mais toutes, soit au nord, soit à l'ouest du Caucase. On en compte huit, qui sont les Bezlenié, les Moukhoch, les Abazekh, les Kemourkwähé [en tatare, *Temirgoï*], les Bjedoukh, les Chapchikh, les Jani et les Skhegakeh.

La langue tcherkesse est une des plus difficiles du monde à prononcer, et aucun alphabet n'en peut complétement peindre les sons. Elle offre sur-tout, dans plusieurs lettres, un claquement de langue impossible à imiter, et une modification excessivement multipliée des voyelles et des diphthongues. Plusieurs consonnes se prononcent si fort du gosier, qu'aucun Européen n'en peut rendre les sons. J'ai cherché à les exprimer aussi bien que j'ai pu avec notre alphabet, et je crois m'être plus rapproché de la vérité que Guldenstædt et Reineggs; cela m'a semblé d'autant plus nécessaire, que la prononciation ou l'accentuation inexacte d'une syllabe lui donne une signification absolument différente (1).

---

(1) Constantin Porphyrogénète parle d'un endroit appelé Σάπαξις, situé, à ce qu'il paraît, dans le voisinage de l'embouchure du Kouban; et il ajoute que ce nom signifie *poussière* en langue zykhe. Encore aujourd'hui, les Tcherkesses appellent la poussière *sapa*, et *xis* n'est qu'une terminaison grecque.

TCHERKESSE.

REMARQUES
GRAMMATICALES.

On ajoute à la fin des substantifs un *r* qui sert comme une espèce d'article.

Le genre des substantifs et des adjectifs ne s'exprime pas : car on dit

Tsoug dakhé.   *Fiss dakhé.*
Homme bel.   Femme belle.

Hha tsouk.   *Habs tsouk.*
Chien petit.   Chienne petite.

Chakoh pfitsé.   *Chibs pfitsé.*
Étalon noir.   Jument noire.

On forme le pluriel en ajoutant au singulier la syllabe *khé*. Pour marquer une grande quantité, on se sert de la syllabe *kŏd;* par exemple :

Hha.   *Hhakhé.*   *Hhakŏd.*
Chien.   Chiens.   Beaucoup de chiens.

Chĕh.   *Chĕhkhé.*   *Chehkŏd.*
Cheval.   Chevaux.   Beaucoup de chevaux.

Djikh.   *Djikhkhé.*   *Djikhkŏd.*
Arbre.   Arbres.   Beaucoup d'arbres.

Ounneh.   *Ounnahkhé.*   *Ounnahkŏd.*
Maison.   Maisons.   Beaucoup de maisons.

	SINGULIER.	PLURIEL.
Nom.	*Iadeh*, le père.	*Iadekhé*, les pères.
Génit.	*Iademé*, du père.	*Iadekhemé*, des pères.
Dat.	*Iadem*, au père.	*Iadekhem*, aux pères.
Acc.	*Iadem*, le père.	*Iadekhem*, les pères.
Vocat.	*Iadeh*, ô père.	*Iadekhé*, ô pères.
Ablat.	*Iadem*, du père.	*Iadekhem*, des pères.

Je vais à la maison...... *Sé ounneh me ss'oko.*
Moi maison à vais.

Je monte à cheval...... *Sé chegoh ss'oko.*
Moi cheval à marche.

Je suis sur la colline..... *Sé achha mé stetch.*
Moi colline sur suis debout.

J'achète un cheval...... *Sé chĕh ss'ocheg.*
Moi cheval achète.

J'achète dix chevaux..... *Sé chĕh pchi ss'ocheg.*
Moi cheval dix achète.

Le comparatif est formé par la syllabe *nakh*, qui précède le mot; et le superlatif, par *dédé* qui le suit; par exemple : *Iin*, grand; *nakhiin*, plus grand; *iindédé*; le plus grand. *Tsouk*, petit; *nakhtsouk*, plus petit; *tsoukdédé*, le plus petit.

Mazar wagoh mé nakhiin-ch dghé my nakhtsouk-ch.
Lune étoile de plus grand est soleil de plus petit est.

C'est-à-dire, *la lune est plus grande que les étoiles, et plus petite que le soleil.*

TCHERKESSE. 385

J'ai été, *sié, chad.*   Nous avons été, *deh dié chad.*
Tu as été, *ouoou chad.*   Vous avez été, *feh fié chad.*
Il a été, *arr chad.*   Ils ont été, *akhcher chad.*

VERBE ACTIF.

BATTRE.

PRÉSENT.

Je bats, *sé sieh óó.*
Tu bats, *ouo ouié óó.*
Il bat, *arr ié óó.*
Nous battons, *deh dié óó.*
Vous battez, *feh fié óó.*
Ils battent, *akhcher ié óó.*

PASSÉ.

J'ai battu, *sé sieh woach.*
Tu as battu, *ouo ouié woach.*
Il a battu, *arr ié woach.*
Nous avons battu, *deh dié woach.*
Vous avez battu, *feh fié woach.*
Ils ont battu, *akhcher ié woach.*

FUTUR.

Je battrai, *sé sieh wonch.*
Tu battras, *ouo ouié wonch.*
Il battra, *arr ié wonch.*
Nous battrons, *deh dié wonch.*
Vous battrez, *feh fié wonch.*
Ils battront, *akhcher ié wonch.*

Tome II.   B b

LANGUE

INFINITIF.

Battre, *ié-won.*

IMPÉRATIF.

Bats, *ié-wwo.*

PARTICIPE.

Battant, *ié-wohgah.*

VERBE PASSIF.

PRÉSENT.

Je suis battu, *sé kézo wocher.*
Tu es battu, *ouo ko wocher.*
Il est battu, *abe ié wocher.*
Nous sommes battus, *deh kédo wocher.*
Vous êtes battus, *feh kko wocher.*
Ils sont battus, *abih chemme ié wocher.*

PASSÉ.

J'ai été battu, *sé kezo woakhes.*
Tu as été battu, *ouo ko woakhes.*
Il a été battu, *abe ié woakhes.*
Nous avons été battus, *deh kedo woakhes.*
Vous avez été battus, *feh kko woakhes.*
Il ont été battus, *abih chemme woakhes.*

FUTUR.

Je serai battu, *sé kezo woankhes.*
Tu seras battu, *ouo ko woankhes.*
Il sera battu, *abe ié woankhes.*
Nous serons battus, *deh kedo woankhes.*
Vous serez battus, *feh kko woankhes.*
Ils seront battus, *abih chemme woankhes.*

TCHERKESSE.

Où allez-vous? .... *Danau kora?*
Êtes-vous bien portant?..... *Pog sich?*
Donne du pain............ *Tchakou ksatia.*
Soyez salué................ *Oupsoï-ch.*
Combien cela coûte-t-il?.... *Zitti wassa?*
Je vous aime.............. *Sé wor pfigoh zotlagh.*
Je bats la femme.......... *Sé sieh óór fismé.*
Je bats le chien............ *Sé sieh óór hhamé.*
Je bats le cheval............ *Sé sieh óór chĕhmé.*
Veux-tu une pipe de tabac?.. *Loudeh oukhéekeh?*

Tkhar adjal incha-ch, tsoug-our (1) *ba hhaitcha kam.*
Dieu mort sans est, homme beaucoup vivre pas.

Yaner iobou iezby itchalemy, aby byds-ma ché ikod-ch.
Mère baise ses enfans, ses mamelles dans lait beaucoup est.

Itlé-ma fissyr figoh-zothl'ïabou.
Mari à femme bien aimé.

My fissyr il'echighïa hach, kko saryl khkhoura makh khy-ch tchaak-ach.
Cette femme enceinte était, fils quand naquit jours six est passé est.

Tchaaler zohefyn eder kam.
Enfant sucer veut pas.

My khaghebsyr zekor kam, ar syr ilkhkhoura i-tl'es-ra mazy ttou-ra.
Cette fille marche pas, elle que naquit ans et mois deux et.

---

(1) Les *r, yr* et *our* imprimés en caractère romain indiquent une espèce d'article qui suit le mot.

B b*

*My tsoug*our *nèf-ch, aby fiss*yr *dtegou-ch, da jü'or*
Cet homme aveugle est, sa femme sourde est, nous parler
zakhikher kam.
entend pas.

Eper nap okma ïitch.
Nez visage milieu se trouve.

Dadi ttou-ch tl'iar, ah ïabkhouamba t'khou routkhou-ch.
Nous à deux est pieds, main doigts cinq par est.

*Chkhats*yr *chkha-ma tioker.*
Cheveux tête sur croit.

*Eds*er *ebzegour dja-ma ïitch.*
Dent langue bouche dans se trouvent.

*Ijrabh*ou *ahr samag-ma nakhtl'ia-ch.*
Droite main gauche de plus fort est.

*Chkhats*yr *kiakh-ch i psougoh-ch; tl*yr *plich, koubchchar*
Cheveux long est et fin est; sang rouge, os
byda-ch mywwa khodago.
dur est pierre semblable.

Bdsé-ma nna iach, thakhouma eakom.
Poisson à œil est, oreille non.

*My bga*r *khomgo matl'iata, arr tioticha tchy-ma, aby damer*
Cet oiseau lent vole, il s'assied terre sur, son aile
bsi fitsa-ch, eper jan-ch, ekker ketch-ch, aby homb-ma
plume noir est, nez pointu est, queue court est, son nid dans
*ghedik*er *khouj-ch.*
œuf blanc est.

*Mafa*r *malid, da oukhor dotl'iau mafa-bsi i famych.*
Feu brûle, nous fumée voyons feu-plume *[flamme]* et charbon.

*Psi*r *psy-mà ouarho khokho.*
Eau rivière dans bruyant coule.

*Gchesi*r *kipf mokhour, a makhor nekhy-ch.*
Nuit obscur devient, mais jour clair est.

VOCABULAIRE

TCHERKESSE.

FRANÇAIS.	TCHERKESSE.
Abeille............	Bzeh.
Agneau............	China.
Aiguille............	Maztah.
Aime (j')...........	Tchitchas'zasz.
A l'instant..........	Ighiztou.
Amadou............	Pkhous.
Ame..............	Pzah, bakhkha.
An...............	It'lches.
Ane...............	Chidd.
Après.............	Netaneh.
Arbre.............	Djikh, jig, p'kha [*samoïède*, pia, foua; *hongrois*, fa].
Arc...............	Bzeh, bza.
Arc-en-ciel.........	Whapeh-memigouirikh (*voyez* Ciel).
Argent............	Dtezhin, djin'.
Argile.............	Yata, ïata [*tchetchentse*, khat].
Arrête!............	Chyt.
Aujourd'hui.........	Noba.
Automne...........	Bchaha.
Avant.............	Uppeghé.
Avant (en).........	Dapeghe.
Avoine............	Zantkh.
Barbe.............	Djaké, djakké.
Bas [*humilis*]......	Tt'lakh'cheh, lachkha.
Bas (en)..........	T'laycheh.

FRANÇAIS.	TCHERKESSE.
Bas (le)............	Khleï.
Bataille............	Chidizao, zaoua, zabeo.
Bateau............	Kaf, kouaffa, koakh, khoafah [*latin*, scapha; *grec*, σκάφη; *wogoule*, kap, khap, kaba].
Bats (je)...........	Pzembché-o.
Battre.............	Ié-wowo.
Beau..............	Dakhé, daikhé.
Belier.............	T'é.
Beurre.............	T'khou.
Bête...............	Psaut'khá.
Bière..............	Zirré [*turc*, سره, zrah].
Blanc..............	Khouch, kouch.
Blé................	Mech.
Blé de Turquie [maïs].	Nartoukh.
Blesse (je)..........	Sé-woripzézowoutch.
Bleu...............	Mora.
Bœuf...............	Wè, woh, b'by, be.
Boire..............	Siechon.
Bois (le)...........	P'kha [*samoïède*, pia].
Bois (je)...........	Sé-feh, ss'ofeh.
Bon................	Pfeh, fi, fyrch, souded.
Bonnet.............	Pa, pako.
Bouc...............	Deïokh.
Bouche.............	Djé, jé, jjá [*finnois*, sou].
Bouton.............	Ounachah.

FRANÇAIS.	TCHERKESSE.
Braise............	Top, khorlé.
Branche...........	Jig-dana, kodoma.
Brebis............	Meli, mall, melé.
Bride.............	S'chohó.
Briquet...........	Tzetla-mapha.
Canal.............	Pzaloukoh.
Canard............	Babych *(tatare)*.
Carquois..........	Zahangdak.
Cascade...........	Pse-kkedjeych.
Caverne...........	Tchebouneh.
Ceinture..........	Bgrypkh, btchirukh.
Cerf..............	Chah, b'lana.
Cervelle..........	Ch'hakoutz.
Chaleur...........	Jegoupl', khoulba, khwaba.
Chameau...........	Makhché.
Chante (je).......	Ss'ogouchah waradzizoo.
Chanvre...........	Tchepikol.
Charbon...........	Thamych, famych.
Charrue...........	Pkhacheh.
Chat..............	Ghedou, gheddou.
Chaud.............	Kouaba, khwaba, fabè.
Chemise...........	Iyán, yana.
Chéne.............	Jig-ïe, ji-jïe.
Cherche (je)......	Ss'ot'loukho.
Cheval............	Tché, chié, chĕh.

TCHERKESSE. 393

FRANÇAIS.	TCHERKESSE.
Cheval entier.........	Chakoh.
Cheveux............	Chhatz, chkhats [turc, صاج, satch].
Chèvre.............	Ptchené, bjen, bjan.
Chien..............	Khhah, hha, hah'.
Chouette...........	Bga-choh.
Ciel...............	Whapeh, vouafé.
Cigogne............	Krouh, kourouh.
Cils...............	Nejgouts.
Cire...............	Chekhou.
Clair..............	Takaddeda.
Clou...............	Ouna.
Cochon.............	Kkhŏ, kkhoŏ, kachka.
Cœur..............	Ggo, gouh.
Coin...............	Ijrabgheh.
Colère.............	Dtogocheh.
Colline............	Achha, kourchik.
Comète............	Whago-gheh.
Comprends (je)......	Ss'ekidog.
Coq...............	Kghedichou, adaka, odaka [*morduine et mokchane*, ataikch].
Corne..............	Bjakoh [*ostiake du Wasiougan*, tchok].
Côte...............	Dtsantsé.
Coton..............	Pjekhoutz.
Cou................	Pché.

FRANÇAIS.	TCHERKESSE.
Couche (je me).......	Ss'olchindj.
Coude.............	Zytkha, afaraka.
Couler............	Kŏb'khek.
Coupe (je).........	Pizoouwch.
Cour..............	Tchouontcha, tantché.
Court.............	T'ketch.
Couteau...........	Seh, sah, sezi.
Couvre (je)........	Tizopeh.
Cri...............	Megôh.
Crois (je)..........	Pechoh.
Cuiller............	Bzemichkh.
Cuir..............	Moskou.
Cuirasse...........	Affeh, afa, afskhond.
Cuis (je)..........	Ss'oghawweh.
Cuisse............	Byztsy, kobk'.
Cuivre............	Goapt'leh.
Cunnus..........	Goût.
Cuve.............	Kae.
Cygne............	Taghed.
Danse (je).........	Khaffeh.
De bonne heure.....	Dchiggoh.
Demain...........	Pchehdié.
Dent.............	Dzeh, dza, bzag, ebzeg.
Derrière..........	Dáouchgheh.
Désert............	Kekouch.

FRANÇAIS.	TCHERKESSE.
Diable............	Cheitan.
Dieu.............	Tkha, thá.
Dieu vous conduise !..	Obmów.
Digue............	Pchipchalloupz.
District...........	Tlanapipdzai.
Doigt.............	Abkhouombé.
Donne............	Kyzat.
Donne (je).........	Izot.
Donne-moi.........	Saré-ksét.
Dormir...........	Setchiyán.
Dors (je)..........	Ss'oghié.
Dos..............	Tchife, tchib [*wogoule de Berezow, tchiché*].
Dos de montagne.....	Kourchpzanah.
Drap.............	Tzieh.
Droit.............	Chiddz.
Droite (à).........	Ijiraouwou.
Eau..............	Pzeh, psé, psi [*finnois*, wezi].
Eau-de-vie.........	Arka, schatessouz.
Éclair............	Tanakoh, khobské, kopk.
Écorce...........	Pkha-feh, jghi-fa.
Écume............	Khroumbeh.
Éloigné...........	Jijeh.
Enfant...........	Tchallah.
Entrailles.........	Kety.

FRANÇAIS.	TCHERKESSE.
Épaule............	Damachha.
Espère (j').........	Ss'ogougheh.
Esprit............	Aghil [*arabe*, عقل , aqel].
Est [l'orient].......	Arichgheh.
Étain.............	Galai [*arabe*, قلاى , qalaï].
Étalon............	Chakoh.
Été..............	Ghamakoh.
Étoile............	Whagoh, wagouó.
Étoile tombante.......	Whagoh-elches.
Étroit............	Sakoh.
Eux..............	Akhir, akher.
Fais (je)..........	Ss'otch.
Farine............	Hajiga.
Faucille...........	Goubzeh.
Femme............	Fis, fyz, fouz [*abaze*, pkhous].
Fer..............	Hgoutch.
Ferme (je).........	Kouzodj.
Feu..............	Mapfa, mafa, majéo.
Feuille............	Jig-tapa, pchach'eh.
Fil...............	Oudzannoh.
Fille.............	P'khu, sipsassé.
Fils..............	Sissáou, k'koh.
Fin (la)..........	Khaus.
Flamme...........	Mapfa-bzi' [*feu-plume*].
Flèche............	Tché, tcha, cha, seché.

FRANÇAIS.	TCHERKESSE.
Fleur...............	Kagagah.
Fleuve..............	Pchez.
Foin...............	Môk.
Force..............	Gotcha, gwadj [turc, كوچ, koutch].
Forêt..............	Mess [finnois, metsa].
Forteresse..........	Kalá, kalla [arabe, قلعه, qala'h].
Fosse..............	Macha, mache.
Fossé..............	Tchitoga, tytcha.
Fouet..............	Kamché.
Foyer..............	Tchouantchet, odjak [turc, اجاق, otchaq].
Frère..............	Delt'kh, chich.
Froid..............	Tchaa, tchahha.
Froid (le)..........	Cháe, tchá.
Fromage...........	Tkouaïa.
Froment...........	Godz.
Front..............	Nata [aware, noudo; antsoukh et dido, nodo; akoucha, anta; wogoule de la Tchioussowaïa, anta; de Berezow, na].
Fruit..............	Khous, djil'gai.
Fumée.............	Bakha, oukho.
Fusil..............	Fok, skonki.
Garde (le).........	Khomako, ounefendj.
Gauche (à).........	Zamaouwgheh.
Genou.............	Th'lagaje.

FRANÇAIS.	TCHERKESSE.
Gentilhomme.........	Work.
Glace...............	Mill, mel, myl [*akoucha*, mih].
Gosier..............	Tamakk [*turc*, تاماق, tamaq].
Goutte..............	Woch', wochibz.
Graisse.............	Pcherr.
Grand...............	In, ïin, ghin [*wogoule*, inna, ieni].
Grêle...............	Ouoff, ouafa.
Grenouille..........	Bgwakoh.
Gros................	Ghoumm.
Guéris (je).........	Ss'oazshé.
Guerre..............	Záo, zawo, zebi [*samoïède*, saio].
Habit...............	Mehón, chighin, ts'i.
Hache...............	Woch, ouách', kidé.
Hais (je)...........	Tťagounzkiémwam.
Haut................	Tťlagheh, latcha; tlahïa.
Haut (en)..........	Tlaggheh.
Herbe...............	Outs, oudz [*turc*, اوت, out].
Héros...............	Tťlissa.
Herse...............	Taitlaifa, benjekapkha.
Heure...............	Sahad [*arabe*, ساعة, saa't].
Heureux.............	Kháir.
Hier................	Douazzah.
Hiver...............	Chamakoh.
Homme...............	Dsyg, tsoug [*ingouche*, steg, sek; *akoucha* et *qazi-qoumouq*, tchou].

FRANÇAIS.	TCHERKESSE.
Jaune............	Hgoch.
Jette (je)..........	Izokoué.
Jeune *[juvenis]*......	Tcheh , tcha.
Joue...............	Takiaja, takiaghé.
Joug...............	Aby-raéch , ouendog.
Jour...............	Makhoua.
Jument............	Chibz.
Lac................	Woréz.
Laid...............	Aia.
Laine..............	Tzi.
Lait...............	Tcheh , cheh, cha [*abaze*, khché].
Lait aigre..........	Tch'khou.
Lance.............	Kepów [*slawe*, копя].
Langue............	Bbzé , bzah , bzegou, bzek [*ossète*, awzag; *abaze*, awzis].
Large..............	B'goh , boukh.
Las................	Pzoga.
Léger.............	Pchyntchah.
Lent...............	Khombo , khomgo.
Lèvre..............	Irtchake.
Lieu...............	Tcheppa.
Lièvre.............	Tagmogheh.
Long..............	Oujgheh , kekhag , ikokhakh.
Loup..............	Douggich.
Lourd.............	Ondogh.

FRANÇAIS.	TCHERKESSE.
Lui...............	Arr [*allemand*, er].
Lune..............	Mazah, mazeh [*esclavon*, мѣсяцъ].
Main..............	Ya, ah, el'gáné.
Maison............	Ounneh, ounna, wouiné [*finnois*, houoné; *wogoule de Tcherdym*, iouny].
Mange (je)........	Ss'och.
Manger............	Seichenjet.
Manteau de feutre.....	Djako.
Marais............	Pchip'ptsah.
Mari..............	T'leh, zitt'l.
Massue............	Bachichôh.
Matin (le)........	Pchedjis.
Mauvais...........	Bbzagheh.
Médecin...........	Hatchmé, ázé.
Mer...............	Tche, khy, oussaha.
Mère..............	Yana, yan, ana.
Midi...............	Chaggheh.
Miel...............	Faou.
Milieu (le)........	Tchetchounmaouw.
Millet.............	Pkhou.
Mince.............	Pzougoh.
Minuit............	Gchesi-boukké.
Moi...............	Sé, za, zer.
Moi (à)...........	Saré.

TCHERKESSE.

FRANÇAIS.	TCHERKESSE.
Mois............	Zmaza.
Mon............	Zezīe.
Mon bœuf.......	Zez sifj.
Ma vache........	Zez sijamj.
Monde (le) *[homines]*..	Jilé, koukhchel, tsougkher.
Montagne........	Kouch'ha, kourch, bghi.
Montagne de neige....	Kourch-imowochichwo.
Mordre..........	Edzakâ.
Mort (la)........	T'lach.
Mouche..........	Bzouh, baz'zch, bats.
Mulet...........	Kadir [*turc*, قنر , qatir].
Nager...........	Euzzour, ŏs.
Narine...........	Pakh, phá.
Neige............	Ouas, aues, o'oues.
Ne pas...........	Chep.
Nez.............	Pĕh, feh, pá.
Noir............	Fitza, pĕtza, pitza [*wogoule*, pykh-tché.]
Nombril.........	Byntsa.
Non.............	Akam, chakam [*wogoule*, akem.]
Nord............	Degheh kachikouhan.
Notre...........	Dedia.
Nous............	Dehrr.
Nuage...........	Pchagoh, pz'khah.
Nuit............	Gches.
Obscur..........	Kepf.

Tome II.   C c

FRANÇAIS.	TCHERKESSE.
Œil.............	Nné, na.
Œuf............	Iedikke.
Oie.............	Kaz [*turc*, قاز ., qaz].
Oignon..........	Pchin.
Oiseau..........	Bga, koualleh, kodabzou [*ostiake du Wasiougan*, waeg].
Onde...........	Pzoukkewoh, peouer.
Ongle...........	Abjena.
Or..............	Dichchah.
Oreille..........	Takhoumáh, takóm.
Orge............	Ha.
Os..............	Kouch'ha, koubjha [*albanais*, koska].
Où ?............	Todoougoré ?
Ouest...........	Zamaouogheh.
Oui.............	Ma, ago, onho.
Ours............	Micheh.
Ouvre (j').......	S'oggh.
Paille...........	Kouk.
Pain............	Tchakh, djakha, djakho, tchakou.
Pantalon........	Hochég, gonchek.
Pays............	Tcher.
Paysan..........	Pchitlér, t'cho'kohtl.
Peau............	Fféh, fa.
Penis...........	Mana.
Père............	Iaddeh, iada, yad.
Petit............	Tsouk, tsikkouch.

TCHERKESSE. 403

FRANÇAIS.	TCHERKESSE.
Peuple..............	Tsefé.
Pied...............	Tl'é, slako [*wogoule*, lail].
Pierre..............	Miwweh, miwwah.
Pierre à fusil.........	Fokichtah.
Pigeon	Tth'arrekoh.
Pipe à fumer.........	Tchiboukh [*turc*, چوبق, tchoubouq].
Pistolet.............	Pichtow.
Plaie...............	Owaggah.
Pleure (je).........	Sogh.
Plomb..............	Pzabpzah.
Pluie...............	Ouochkh.
Plume..............	Koutz, dama.
Poignard............	Kamé, kiata.
Poisson.............	Bhjeh, pzé.
Poivre..............	Bourts [*turc de la Sibérie*, بروح, bourouts; *ouigour*, مصلم, mourtch; *russe*, перецъ].
Pont...............	Tl'emich, tl'amich.
Porte...............	Bje, bz'djé.
Pouce..............	Abkhont.
Poudre à fusil........	Ghin, ghené.
Poule...............	Kghed, kghed dana.
Pousser.............	Eouzheh.
Poussière............	Sapa.
Poutre..............	Prkhaz'kho.

C c*

FRANÇAIS.	TCHERKESSE.
Presse (je)............	S'ok'ousz.
Prêtre...............	Mollah [arabe, مولا, mewlâ].
Prie (je).............	Kassét.
Prince...............	Pchêh.
Printemps............	Hgadké.
Prisonnier...........	Pchitel.
Proche...............	Blagah.
Proches (des)........	Oinnokóch.
Puits................	Kkoui.
Quel est ton nom?.....	Se-déz?
Qu'est-ce que c'est que cela?	Sede dléouj?
Racine...............	Tchabzeh, lapsa, tlabjé.
Ris (je).............	S'oudahach'g.
Rive	Ouffa, pzoufeh, nygä.
Rivière..............	Pzi, psiz'kho, pzoureh.
Riz	Prounj [persan, برنج, brindj].
Rocher	Kourchpzanah.
Rosée	Ouchebz.
Rouge................	Plich.
Sable................	Pchakhoh, pchakhoua.
Sabre	Tyeta, chechkhoua, sech'kho.
Sacrifice............	Kourbân [arabe, قربان, qourbán].
Sais (je)............	S'otcha.
Salpêtre.............	Ghin-chough.
Sang	Tl'ih, tl'ch.

FRANÇAIS.	TCHERKESSE.
Sel..................	Chough, tchoug, khouch.
Selle................	Van.
Semaine.............	Thamakhoua (c'est-à-dire, *dimanche*).
Semence.............	Kouh.
Sens (je)............	S'obit.
Serpent..............	Bbl'eh, kagaffa.
Seuil................	Bchakóh.
Seul (un)...........	Dzeé.
Soc..................	Bzadzeh.
Sœur................	Chépkhou, choup'kh, chiog'.
Soie.................	Dana.
Soir.................	Chehacha.
Soldat...............	Yabghé, yabjé.
Soleil................	Dgheh, dyga, digga.
Son.................	Ariech.
Soufre...............	Mwachgoh.
Souliers.............	Tchakó.
Source...............	Pzichah.
Source d'eau chaude...	Pchou-khwabba.
Sourcil...............	Nabtsa.
Souris...............	Dzougoh.
Souvent..............	Tchegtchekoo.
Sueur................	Pchantepz.
Sud..................	Koblah [*arabe*, قبلة].
Ta vache............	Aouiech sijancj (*voyez* Ton).

FRANÇAIS.	TCHERKESSE.
Tabac............	Toutoun [*turc*, نوتون].
Tard.............	Oujgheh.
Tempête..........	Zhzhichiggah, zhouváe.
Temple...........	Medjghit [*arabe*, مجد].
Temps...........	H'igoh.
Terre............	Tcheh, tchy.
Terre stérile.......	Goubgoh.
Tête.............	Z'kha, ch'ha, tch'ha.
Téton............	Bitz.
Tibia.............	Tledi.
Tigre, léopard.....	Hafeh.
Toi..............	Ouo, ouor.
Toile............	Katan [*arabe*, قطن].
Toit.............	Ounnachah.
Ton.............	Aouiech (*voyez* Ta).
Ton bœuf.........	Aouiech sifj.
Tonnerre.........	Vapeh-gouagoh, gagwa.
Toujours.........	Magwohkasz.
Tour............	Dichachah.
Tourbillon........	Zhibzaga, ouozh'koui.
Tous............	Pzogori.
Tronc...........	Jig-wana, tchroumba.
Trou............	Youana, ouaná.
Trouve (je).......	S'ouzekoh.
Tue (je).........	S'khóoukich.

TCHERKESSE. 407

FRANÇAIS.	TCHERKESSE.
Tuer	Ougkch.
Va	Kha, kouó, ko.
Vache	Djem, jam.
Vache	Tchémer.
Vais (je)	S'okour, s'koïch.
Vallée	Koumb, koh, tchlouchka, koua.
Vendre	Iz'chenjét.
Vent	Zhzhi.
Ventre	Nyba, negbé, nybbé.
Ver	Hapatza.
Vert	Ctskhoh.
Veux (je)	S'ekhouech.
Viande	Llé.
Victoire	Ouka, teokach.
Vie	Dopzoh, psoougo.
Vierge	Khayheb'z, khagbewwz.
Vieux	Tt'lich, jjéh.
Vif-argent	Děchafz.
Village	Kouadjé, tchela.
Ville	Djiler.
Vin	Chichir, chaghir.
Visage	Nap, napa.
Vite	Tchekh, tchekh'ko.
Vois (je)	S'echir, s'ekizohg.
Voiture	Gkou, gouh.

FRANÇAIS.	TCHERKESSE.
Votre.............	Zefia.
Vous..............	Fehrr.
Un................	Ze.
Premier (le).......	Aperier.
Deux..............	Tou.
Second (le)........	Yet-anarier.
Trois..............	Chi.
Troisième (le)......	Yechenerier.
Quatre.............	Ptl'é.
Quatrième (le)......	Jeptl'enarier.
Cinq..............	T'khou.
Cinquième (le)......	Jet'khounarier.
Six................	Khi.
Sixième (le)........	Jekhinarier.
Sept...............	Blé.
Huit...............	Ga, ghè.
Neuf...............	Bgou, boro.
Dix................	Pché.
Onze...............	Pché-kou-zĕ. 10 + 1.
Douze.............	Pché-kou-t'. 10 + 2.
Treize.............	Pché-kou-ch'. 10 + 3.
Quatorze...........	Pché-kou-ptl'é. 10 + 4.

FRANÇAIS.	TCHERKESSE.
Quinze............	Pché-kou-t'khou. 10 + 5.
Vingt.............	Totch, toch.
Vingt-un..........	Totch-era-ziré. 20 + 1.
Vingt-deux........	Totch-era-touré. 20 + 2.
Vingt-trois........	Totch-era-chiré. 20 + 3.
Trente............	Totch-era-pchiré. 20 + 10.
Quarante..........	Ptl'ich.
Cinquante.........	Ptl'ich-era-pchirré. 40 + 10.
Soixante..........	Khitch.
Soixante-dix.......	Khitch-era-pchirré. 60 + 10.
Quatre-vingts......	Tojitl.
Quatre-vingt-dix...	Tojitl-era-pchirré. 80 + 10.
Cent.............	Cheh.
Cent un...........	Cheh-ra-zera. 100 + 1.
Deux cents........	Chit.
Trois cents........	Chit-ch.
Mille.............	Chi-pche, min [turc, مينك].

NOMS DES JOURS DE LA SEMAINE.	
FRANÇAIS.	TCHERKESSE.
Dimanche..........	Thé-makhoua *[jour de Dieu]*.
Lundi.............	Blichha.
Mardi.............	Goubj.
Mercredi..........	Béréjia.
Jeudi.............	Makhouk.
Vendredi..........	Meïrem (c'est-à-dire, *Marie*).
Samedi............	Chabat *[sabbat]*.

LANGUE

ABAZE.

Les Abazes sont aussi anciens dans le Caucase que les Tcherkesses. Ce peuple paraît n'avoir jamais abandonné sa patrie, située sur les côtes de la mer Noire et dans la partie occidentale des monts. Arrien, dans son *Périple du Pont*, nomme les peuples suivans, qui habitaient le long de la côte de la mer Noire, en partant de Trébizonde et allant au nord : « Les *Sanni* ont
» toujours été les ennemis les plus belliqueux et
» les plus invétérés de Trébizonde ; ils habitent
» des endroits très-forts, et n'ont pas de roi. Au-
» trefois ils étaient soumis aux Romains ; mais
» aujourd'hui ils sont adonnés au brigandage et
» négligent d'acquitter le tribut : dorénavant il
» faudra qu'ils le paient très-exactement et en-
» tièrement, ou bien nous les exterminerons.
» Ils ont pour voisins les Makhélons et les
» *Heniokhi*, dont Ankhialus est roi. Ensuite
» viennent les Zydréticns, sujets de Pharasmane :

» ceux-ci confinent avec les Lazes, qui obéissent
» au roi Malassus, qui te doit sa couronne (1).
» Les Lazes touchent aux *Apsili*, sur lesquels
» règne Julien; et après les *Apsili* on trouve les
» *Abasci*, dont le roi Rhesmagus t'est redevable
» de son trône. » Arrien place à la suite des
Abasci les *Sanighi*, qui probablement sont la
tribu tcherkesse actuelle des Jani; dans un autre
endroit il nomme le fleuve *Abascus*, éloigné de
150 et de 90 (ou 240) stades du port de *Pityus*,
le *Bitchiounta* ou ბიჭვინტა, *Bitchwinta* (2)
des Géorgiens.

Les *Apsili* habitaient dans la Mingrélie actuelle, on y trouve encore un lieu de ce nom;

---

(1) Il parle à l'empereur Adrien.

(2) Reineggs commet à ce sujet une erreur singulière et inexplicable. « La mer, dit-il, forme une baie profonde et un port
» très-sûr dans l'endroit où était autrefois située la ville de *Besonta :*
» elle est maintenant connue sous le nom de *Bisonti* et *Bitchouinda*,
» et, depuis quelques années, sous celui de *Ghelintchik Limani*
» [c'est-à-dire, *petit port de la Fiancée*], depuis qu'un certain Touman Oghly, de la tribu des Chapsik, établit en ce lieu une colonie
» considérable et le rendit florissant. » Mais Bitchiounta est située
par 43° 9′ 26″ de latitude et 38° 1′ 10″ de longitude de Paris, à
l'embouchure du Kabèti ou Kaphœti; et le port nommé par les
Turcs *Ghelindjik Limani* [كلنجك ليماني, port des Furets], est à
44° 31′ 20″ de latitude, 35° 47′ 30″ de longitude, dans le voisinage
des Chapsik.

et les *Abasci,* qui demeuraient au nord-ouest, se retrouvent dans les Abazes de la grande Abaza. Au moyen âge, et chez les écrivains byzantins, ce peuple porte le nom d'Ἀβασγοί, et, selon Constantin Porphyrogénète, il occupait sur la côte maritime une étendue de trente milles depuis la Zykhie, pays des Tcherkesses sur le Pont, ou depuis le *Nikopsis* jusqu'à *Soteroipolis.* Procope dit que les Abazes demeuraient depuis la mer jusqu'au Caucase, et les nomme anciens amis des Chrétiens et des Romains. Il raconte qu'autrefois ils avaient été soumis aux Lazes et gouvernés par deux princes de leur nation, dont l'un possédait la partie occidentale et l'autre la partie orientale du pays. Jusqu'à son temps ces barbares avaient vénéré les bois et les forêts, et, dans leur simplicité, regardé les arbres comme des dieux. L'empereur Justinien les convertit au christianisme en 550, éleva un temple à la mère de Dieu, et y envoya des ecclésiastiques pour y faire le service divin. Dès l'année suivante ils quittèrent le parti des Romains, lorsque Nabédès, général persan, entra dans leur pays avec une armée. Bientôt ils furent de nouveau soumis par les Romains et les servirent contre les Perses; mais, maltraités par les préfets impériaux, ils secouèrent encore le joug de leurs maîtres. Justinien *Rhinotmetus* excita en 703 les Alains, leurs voisins, à les attaquer, et ils en furent inquiétés, tantôt ouvertement, tantôt secrètement. Par la suite, les Romains leur firent fréquemment la guerre. Enfin, en 1003, les Abazes furent tellement battus dans deux combats, que leur roi Ghiorgi demanda la paix, et fut obligé de donner en otage son fils Pancratius ou Bagrat. Ce prince succéda à son père, et épousa une parente de l'empereur. Il se battit aussi contre les Romains et détruisit leurs châteaux-forts. En 1048, Pancratius, ayant été chassé du pays par Liparitis, prince puissant dont il avait déshonoré la femme, rechercha l'aide des Romains, qui rétablirent la paix entre les deux rivaux. Pancratius obtint l'Awasghia et l'Ibérie; et Liparitis, sous la suzeraineté de Pancratius, une partie de Mechica, qui était la partie montagneuse de l'Awasghia et limitrophe des Souanes.

Ensuite les Abazes furent subjugués par les descendans de Tchinghiz-khan, et en 1400 ils servirent dans l'armée de Timour contre le sultan Bajazet.

Les Abazes se donnent à eux-mêmes le nom d'*Abzné;* les Géorgiens les appellent აბხასი, *Abkhassi,* ou აფხასი, *Apkhassi,* et leur pays, აბხასეთი, *Abkhasséthi.* Actuellement ils habitent non-seulement sur les bords de la mer; mais plusieurs de leurs tribus vivent aussi au nord de la crête principale du Caucase, sur les rivières qui tombent à gauche dans le Kouban, et entre le Kouban, la Kouma et la Malka.

L'Abkhasséthi propre, ou la grande Abaza, occupe une partie du haut Caucase et de ses pentes vers la mer Noire. A l'ouest il a la mer; au nord-ouest, le Kabèti, qui le sépare des tribus tcherkesses; à l'est, le Caucase et le pays des Souanes; enfin au sud, l'Engouri, qui tombe dans la mer à Anaklea et forme sa limite du côté de la Mingrélie. Il paraît qu'il y a quelques centaines d'années les Abazes ne s'étendaient pas autant au sud, puisque le P. Lamberti dit que le Koddoris sépare les Mingréliens des Abazes, et ajoûte expressément qu'au nord de ce fleuve on parle l'abazien, et au sud le géorgien [mingrélien]. Il regarde le Koddoris comme le *Korax* des anciens, qui bornait la Colchide de ce côté.

L'Abkhasséthi propre est habité par les tribus suivantes, depuis Engouri, en allant du sud au nord : 1.° Zads, sur le Baghéti ou Okhoums, à la gauche duquel est situé Armeni; 2.° Tchaji, sur l'Aghir *[Ekhalis]*, le Moquis-tzqali et le Marmar; 3.° Aïbga, sur le Koddoris et le Dal, qui se joint au Koddoris à droite; 4.° Akhchipsé, de Sokhoum-qala'h jusqu'au Kabèti; 5.° Khirpis, qui confine à l'est avec les Souanes, de même sur le Dal supérieur et dans les monts calcaires nommés *Ourdani*. Les Tcherkesses appellent toutes ces tribus *Kouch'ka-zip Abassi*, c'est-à-dire, Abazes d'au-delà les montagnes (1).

Les tribus suivantes demeurent au nord du Caucase et au sud du Kouban : 1.° Bechilbaï; 2.° Midawi ou Madoweh; 3.° Barrakaï; 4.° Kazil-beg; 5.° Tchegreh; 6.° Bagh; 7.° Toubi; 8.° Ouboukh; 9.° Bsoubbeh; 10.° Netkhquadja.

Enfin les Abazes les plus orientaux forment les six tribus de la petite Abaza : ils s'appellent eux-mêmes *Tapanta*, et sont désignés chez les Tcherkesses par le nom de *Baské* ou *Bazkekh*, et chez les Tatars, par celui d'*Alti-kessek Abassi*.

---

(1) *Voyez* une autre énumération de ces tribus, tom. I, p. 239.

Ils demeurent à présent, les uns à la droite du Kouban jusqu'au Podkoumok, et sont sujets de la Russie; les autres, à la gauche de ce fleuve, sur les ruisseaux du petit Indjik : ceux-ci sont libres.

Guldenstaedt regarde la langue des Abazes et celle des Tcherkesses comme deux filles d'une même mère : mais Pallas observe qu'il va trop loin ; qu'en effet l'abaze a adopté des mots tcherkesses, mais que le fond de la langue diffère du tcherkesse.

PHRASES
ABAZES.

Antcha adjal deghiman, awhou intsirik cherda-m.
Dieu (à) mort n'est pas, homme vit beaucoup-non.

Yân atchkoum ditchagousoï, pkhous ekika akhch cherda
Mère fils baise; femme mamelle lait beaucoup;
khhatsa pkhous bjedelgoui.
mari femme aime.

Aré pkhous tckemtan, dikhkhara fy-mych dichtera
Cette femme enceinte fut, naquit six jours avant
atchkoum; pkhous adergon dichmasogou, pkhous-pa
fils; femme encore malade, femme fille (sa fille)
dipechta ditsoui.
épaisse pleure.

Atchkoum ekika tsu-m.
Fils mamelle suce pas.

Pkhous-pa disnoukou-m, daadrijdera zek-chikkou gou myz.
Femme fille marche pas, naquit un an deux mois.

Aré khhatsa lewsa, pkhystoudyedgou, kharé cho welikhou-m.
Cet homme aveugle, femme sourde, nous parler entend pas.

Pintsa itsyms ilyakheni.
Nez visage sur est.

Khara gou chepi khamé, am pa khou matcheka.
Nous deux pieds sont, chaque main cinq doigts.

Ikka abra iuai.
Tête (sur) cheveu croit.

LANGUE ABAZE.   419

Ibs ipyts atchi tteï.
Langue dents bouche dans.

Erma pa ahhma pa itl'echou.
Gauche main droite main plus fort.

Abra eou ifa, cha kapchou, abou hakwso.
Cheveux long mince, sang rouge, os pierre (comme).

Bsys ala mai limkha emam.
Poisson œil est oreille n'est pas.

A khchi matchi pro, a plitoui atoula, abkhyntsoho akhyrdsé kotso, pintsa itzaro, etsouko ekhissou, a hora koutekh skoko.
Cet oiseau lentement vole, il assis par terre, ailes plumes noires, nez (bec) pointu, queue court, le nid œufs blancs.

Atzla bhi etsa tsankera ichpa.
Arbre feuille vert branches grosses.

Mtse b's, alaho izbeï amtsabs' ratso.
Feu brûle, fumée voyons flamme (et) charbon.

Dsé tl'echou yalassouï.
Eau vite coule.

Myz aietss yekhkha, mar itsysknou.
Lune étoile grand (plus), soleil petit (plus).

Yetsé koulpessi ekoua okoï, ïekhpa okchamaho isbet.
Hier soir pluie vint, aujourd'hui arc-en-ciel j'ai vu.

Wakka lechadera, atchnou elechera.
Nuit obscur, jour clair.

Dans le vocabulaire suivant, les mots du dialecte des Alti-kessek-Abazes, qui diffèrent de la langue des Abazes de la mer Noire, sont précédés d'un *A* et mis en parenthèse.

D d*

FRANÇAIS.	ABAZE.
Abeille............	Tchekha.
Affilé.............	Tsar'rou.
Affligé (être).......	Zkout'zoï.
Agneau............	Ziz.
Aigle.............	Nebaja.
Aigre.............	Eza [A , aicha].
Aiguille...........	Gourr.
Air...............	Marabkhá.
A l'instant.........	Oszkha, oujà.
Amadou...........	Taplo [A , tzimtza].
Ame..............	Pzeh [tcherkesse, pzah].
An................	Zimtkhoua, zkzik [A , zkouchik].
Âne...............	Atched, chidé [A , cheda; tcherk., chidd].
Après.............	Neich.
Arbre.............	Adj', fa [A , tzla].
Arc...............	Khitz.
Arc-en-ciel........	Tchouaka, chamga.
Argent............	Razma, rizna.
Argile.............	Nuch [A , khantzir].
Arrière (en).......	Ouichtakh.
Assassinat.........	Dĕppzi.
Aujourd'hui........	Yekh'koua, yekhba [A , vakhtza].
Automne..........	Adzin, atzné [A , ziné].
Avant.............	Äppikhkhé.
Avant (en)........	Ouppikā.

ABAZE.

FRANÇAIS.	ABAZE.
Avoine............	Baghina [A , zantch ; *tcherkesse*, zantch].
Barbe.............	Djaika [A , jeké; *tcherkesse*, djakch].
Bas, basse.........	Achkatchkoun, izgau [A , izga].
Bats (je)...........	Ouisz'.
Beau..............	Ipzidziaou.
Belier.............	Tig [A , té; *tcherkesse*, té].
Beurre............	Khouchah [A , khoukhchah].
Bière..............	Zirré [*turc* , صره , srah].
Blanc.............	Chkouaqwa.
Blé...............	Khassa.
Blesse (je)........	Chopp, z'khopp.
Bleu..............	Chouanta, groua [A , tchoukh].
Bœuf.............	Tchó.
Bois..............	Mitcha.
Bois (je)..........	Iissousz [iji, *boire*].
Bon..............	Ipzio [A , ibzi].
Bonnet...........	Kalpa [*turc* , قلپق , qalpaq].
Bouc.............	Ab [A , abé].
Bouche...........	Utcha, itcha.
Bouton...........	Gouppeh.
Brebis............	Ouassa, woza.
Briquet...........	Chamtsa.
Brouillard........	Abzt'khoua.
Canal.............	Tchulleijeh.
Canard...........	Papi [*tcherkesse*, babych].

FRANÇAIS.	ABAZE.
Cascade............	Adzĭbebäh.
Caverne...........	Khachpeh.
Cerf..............	Bnatch, tchá [*tcherkesse*, chah].
Chameau..........	Makhcha, makhché [*tcherkesse*, makhcha].
Charrue...........	Kotan [*géorgien*, გუთანი, gouthani], mot commun dans tout le Caucase.
Chat..............	Tsouggoh [*A*, tsoukou; *tcherkesse*, gheddou].
Chaud.............	Pkhág'ouh.
Chaux.............	Hach [*A*, nouchkwakwa].
Chef..............	Zelezker *(turc)*.
Chemin............	Mgo [*A*, mougá].
Chemise...........	Azé.
Cherche (je).......	Ouichtall.
Cheval............	Atehĕ [*tcherkesse*, tchĕ].
Cheveux...........	Kaukokh, abra [*A*, librĕ].
Chèvre............	Jima.
Chien.............	Lah.
Cicatrice..........	Khourta.
Cidre.............	Godzé.
Ciel..............	Jouan, ajouan.
Cire..............	Tcha.
Clair.............	Lachara.
Cochon...........	Akhoua, khoa [*ossète*, khouy; *tcherkesse*, kkho, kkhöö; *tchetz*, haké].

FRANÇAIS.	ABAZE.
Cœur............	Ghô, gou [*tcherkesse*, gouh].
Coin............	Ratchoua.
Colline..........	Oach'ha [*tcherkesse*, achha].
Coq.............	Aarba [*A*, ariba].
Corne...........	Tchouwa.
Coton...........	Bambi.
Cou.............	Akda.
Couche (je me).....	Ztall.
Couds (je)........	Zákhĕ.
Coupe (je)........	Iz'ché, iché.
Cours (je)........	Oug'gh.
Court...........	Es'chisz.
Couteau.........	Khôzpa.
Couvre (je).......	Yakourrch.
Cri.............	Houkhwa, houkhai.
Cuis (je).........	Kouchak'koha.
Cuisse...........	Ota [*A*, youatza].
Cuivre...........	Assouakhcha, gwa [*tcherkesse*, gwouaptla].
Cuivre jaune......	Djes [*tcherkesse*, djes].
Cunnus.........	Egk [*A*, gout; *tcherkesse*, gout].
Cygne...........	Kouh.
De bonne heure....	Chech.
Demain..........	Ouotstsĕh, wotché [*A*, ouatsé].
Dent............	Pitz.
Désert..........	Adjel.

VOCABULAIRE

FRANÇAIS.	ABAZE.
Dessous............	Ságrak.
Dessus.............	Harrakko.
De travers.........	Gaharroukouá.
Diable.............	Djï'n [pers.-arabe, جن, djin, génie].
Diamant............	Almas [turc, الماس, almâs].
Dieu...............	Antcha.
Digue..............	Adzuoba.
Dispute............	Ibarábchi.
District...........	Gourrenka.
Doigt..............	Machkhaba [A, metché].
Dors (je)..........	Khachtallap.
Dos de montagne....	Ach'khadou.
Doux...............	Kaga.
Drap...............	Koujé [A, koumjé].
Droit..............	Rechah.
Droite (à).........	Ouāgmakhá.
Eau................	Dzĕh.
Éclair.............	Affeh [A, atza].
Écorce.............	Dzitchoua.
Écume..............	Tchourbá.
Église.............	Tchouar [géorgien, ჯვარი, djwari].
Éloigné............	Illesou.
Enfant.............	Tch'khoun.
Entends (j').......	Onagmah.

FRANÇAIS.	ABAZE.
Épaule...............	Ichgoa [*A*, ichgwaka].
Esprit...............	Khakil.
Est.................	Marakh-chirtso *[lever du soleil]*.
Étain...............	Dzĕkh, bzokh.
Été.................	Abkh [*A*, pkhné].
Étoile...............	Yetchoua, yatcha.
Étoile tombante.......	Yetchou-khokhoua.
Étroit...............	Tuchcha.
Eux.................	Ant [*A*, aouat].
Fais (je)............	Issizpáp, itchpap.
Farine...............	Chilla.
Faucille.............	Tchibik.
Femme..............	Pusz, posz [*tcherkesse*, fisz].
Fer.................	Ikha [*A*, aikha].
Ferme (je)..........	Diz'k'i.
Feu.................	Mtsa, mtsé.
Feuille	Bĕghitz.
Fil..................	Rakoua.
Filet................	Kat'ha.
Fille................	Aphuzpa, ipha.
Fils.................	Ippa, arpz [*A*, zpa].
Flamme.............	Amtsabz.
Flèche..............	Khĕh [*tcherkesse*, tché].
Fleur...............	Akkich.
Fleuve..............	Adzi, dzedou [*A*, zedou].

FRANÇAIS.	ABAZE.
Foin.............	Pcha [*A*, tzoua].
Forêt.............	Ab'na.
Forteresse.........	Kalla [*arabe*, قلعة, qaláh].
Fourneau de cuisine...	Akkouráh.
Frère.............	Oacha, tchi [*A*, atché].
Froid.............	Kh'tau, hkh'tau, ekhta [*le froid*] [*A*, akhta].
Fromage...........	Azou.
Froment...........	Godz [*tcherkesse*, godz].
Front.............	Iflekh [*A*, kapekh].
Fruit.............	Ufchirr.
Fumée............	Laho.
Fusil.............	Fkek [*A*, chouek].
Garçon............	Arpz [*A*, zpa].
Gauche (à)........	Ouarmá.
Glace.............	Tskhaskh.
Goutte............	Datissizouoï.
Graisse...........	Chicha [*A*, ché].
Grand............	Ddou.
Grêle.............	Ché.
Grenouille.........	Ada.
Gros..............	Dchpáh.
Guéris (je)........	Hhr'kaza.
Guerre............	Agatchop.
Habit.............	Chegoutcha [*tcherkesse*, chighin].
Hache............	Kouágah.

ABAZE.

FRANÇAIS.	ABAZE.
Haut...............	Kharakau, haga.
Herbe.............	Achada.
Héros.............	Katzé b'blanno.
Hier...............	Yetstsé.
Hiver..............	Agghih, ghiné.
Homme............	Agou [*A*, gou].
Ile................	Michnegoh.
Jaune..............	Oueich, kha [*A*, khouaj; *tcherk.*, khoj].
Jette (je)..........	Karr'ich.
Jeune.............	Tatsha [*tcherkesse*, tcheb].
Jeûne (le).........	Ouritchra [*A*, ouritch].
Jour..............	Amich, mich [*A*, michtché].
Juge (le)..........	Tar'okhessa [*turc*, tarkhan, darkhan].
Lac...............	Gol [*turc*, كول].
Laid...............	Ipzidjarau, goumkhau.
Laine..............	Laza.
Lait...............	Khich, khché [*tcherk.*, tché, ché].
Langue............	Awziz, ibz [*ossète*, awzag; *tcherk.*, bzegou].
Large.............	Kägäh.
Léger.............	IHesz'sou, plezé [*A*, laazé].
Lèvre.............	Ipich [*A*, ipiz'; *tcherk.*, ouptchaké].
Lieu...............	A'dghel.
Lièvre............	Sha'.
Long..............	Ggáoúh.

FRANÇAIS.	ABAZE.
Loup.............	Koudjemĕ.
Lourd............	Khemtau.
Lui..............	An'n'ï [*A* , auyab].
Lune.............	Misz, mezé [*tcherkesse*, maza].
Main.............	Meppé, impé [.*A* , inapé].
Maison...........	Unnah [*tcherkesse*, ounneh ; *finn.*, houoné; *wogoule de Tcherdym*, youny].
Mange (je).......	Iff.
Marais...........	Khouentché.
Mari.............	Katz'ha [*géorg.*, ვყვი, k'atsi; *mingrél.*, kodji].
Massue...........	Labah.
Matin (le).......	Chezimta.
Mauvais..........	Dtsk'iŏ.
Ma vache.........	Haré hajou [*A* , zezi jichbé].
Mer..............	Mechina.
Mère.............	Oan [*A*, anchok; *tcherk.*, yana, ana].
Midi.............	Chibz'zen, jibjé.
Miel.............	Mzkha [*A* , tzkhé].
Milieu (le)......	Aggoutanná,
Millet...........	Chirdzé.
Mince............	Dpf'á.
Minuit...........	Zahab'ja.
Moi..............	Zara, zera [*tcherkesse*, zé].
Mois.............	Amisz, mizka [*A* , mizké].

ABAZE.

FRANÇAIS.	ABAZE.
Mon...............	Haré [*A*, zeriztou].
Mon bœuf..........	Haré hatzou [*A*, zeri zitchbé].
Montagne..........	Ichka, boukh [*A*, bouko, dou].
Montagne couverte de glace.	Achiszka.
Mordre............	Ditsha.
Mort..............	Szouïwwa.
Mouche............	Koubĕreh.
Nager.............	Dizzissawoi.
Neige.............	Azzĕ, zĕ [*tcherkesse*, ouosz].
Nez...............	Pintza [*ossète*, findz].
Noir..............	Kwatcha [*A*, kaitcha].
Non...............	Map [*A*, ekezima].
Nord..............	Temir khazah [نمورقازق, temour-qâzaq, en dialecte *turc-djagataï*, l'étoile polaire].
Nous..............	Cherda [*A*, herhab].
Nue...............	Fkhakah [*tcherkesse*, pchagoh].
Nuit..............	Awak, wak [*A*, wakla].
Obscure...........	Koulpazzĕ.
Œil...............	Oullah [*A*, la].
Œuf...............	Koutarr, koutekh.
Oie...............	Kaz [*turc*, قاز, qâs].
Oiseau............	Tsisz, khchi.
Onde..............	Dzibbibba.
Ongle.............	Mawkh [*A*, napkhé].

VOCABULAIRE

FRANÇAIS.	ABAZE.
Or..................	Akh'khĕ, pkhi.
Oreille..............	Lemha, limha [*k.* loumbha].
Orge................	Kirbitch.
Os..................	Abbō [*A*, bogo].
Ouest...............	Marakh-tacho [*coucher du soleil*].
Oui.................	Oza [*A*, ezetzia].
Ours................	Amuch [*tcherkesse*, micheh].
Ouvre (j')...........	Yakkikh.
Paille...............	Bĕghich.
Pain................	Tchakoua [*A*, mikel; *tcherkesse*, chakho].
Pantalon............	Aikwa.
Patron..............	Soukhokh [*A*, zakh].
Peau................	Tzwa, itcheich [*A*, itcha].
Penis..............	Aga [*A*, mana; *tcherkesse*, mana].
Père................	Oabba [*A*, Ourak].
Perle................	Inji [*turc*, انجى, indjou].
Perpendiculaire......	Digghillah.
Petit................	Dtchkoun.
Peuple..............	Kit.
Pied................	Chĕpeh, chapé [*A*, japé].
Pierre...............	Kau, kaukh, hauk [*A*, hak'].
Pierre à fusil........	Pouchkakō [*A*, chedtsa].
Pigeon..............	Khhōkh.
Pipe................	Louleh [*turc*, لول].
Plaie................	Doukhkhou.

ABAZE.

FRANÇAIS.	ABAZE.
Plaine............	Ar'kha.
Pleure (je).........	Soudetchowo [*detzoui*, pleurer].
Plomb............	Tassa, fef'tsa [*A*, zamtza].
Pluie.............	Koa, kouà.
Poisson...........	Pzisz [*A*, arghé; *tcherk.*, bjé].
Pont.............	Atz'ha.
Porte............	Ach'w.
Poteau...........	Tchouwan.
Poule............	Kouttŏ.
Pousser...........	Derr'tsel.
Poutre...........	Koulaba.
Presse (je).........	Ait'kil.
Printemps.........	Ahab, apna [*A*, gapné].
Proche...........	Aahagoh.
Puits.............	Pzulleizak.
Putain...........	Tchenchou [*tcherkesse*, tchanch].
Racine...........	Adda.
Réjouis (je me).....	Souggriggah.
Résine............	Mzachá.
Ris (je)..........	Khakitchiap.
Rivage...........	Měchina-zpé (*voyez* Mer).
Rocher...........	Kakhkich.
Roi..............	Padchah [*persan*, پادشاه].
Rosée............	Abzt'khoua (*voyez* Brouillard).
Rouge............	Apché, pkabchi [*A*, kabchi].

FRANÇAIS.	ABAZE.
Sable..................	Pchakouá [*tcherkesse*, pchakhoh].
Sabre..................	Afoua [*A*, za, akhoua].
Sacrifice..............	Noukhkŏ.
Salpêtre...............	T'hogocha [*A*, kchih].
Sang...................	Tťcha, cha.
Sel....................	Djika.
Semence................	Aggouh [*tcherkesse*, kouh].
Serpent................	Matč.
Seuil..................	Ach'wkoumsa.
Seul (un)..............	Fadyoueh.
Soc....................	Kotanika [*géorgien*, გუთანი, *charrue*].
Sœur...................	Tab'khá, khcha [*A*, akhché].
Soie...................	Barfina [*A*, bartsima].
Soir...................	Hekinleh.
Soleil.................	Marrà [*afghan*, nmar].
Soufre.................	Touacha, zogtchoukh [*A*, t'h'ogouch].
Source.................	Dzikh, zig.
Source acidule........	Adzi-chouh.
Source chaude.........	Adzi-pka.
Souris.................	Khounnäp.
Souvent................	S'pau.
Sud....................	Chibzen [*midi*].
Sueur..................	Pkhidzé.
Tabac..................	Tutun [*turc*, نوتون].

FRANÇAIS.	ABAZÈ.
Tard................	Koulpĕh.
Ta vache............	Ouroutou hajou.
Tempête............	Abchăh.
Temple.............	Mesdjid [arabe, مجد].
Terre...............	Tchullah, touba [A , tzoula].
Tête................	Kah, aka [A , yeka].
Téton...............	Kika.
Tibia...............	Chakhoua.
Toi.................	Ouora, ouara [tcherkesse, ουσ].
Toile...............	Keten [arabe, قطن].
Toit................	Keb'.
Ton................	Ouroutou [A , ouaritsou].
Ton bœuf...........	Ouroutou hatzou.
Tonnerre...........	Ajouen-dedouá, didouai [A , achvan-didi].
Tortue..............	Koubirtchelé.
Touche (je).........	Quoartsessĕma.
Toujours............	Assounchoko.
Tour.	Hharakkĕh.
Tournant d'eau......	Adzĭtchoua.
Tous...............	Sougda.
Trouve (je).........	Dïssop.
Tue (je)............	Disz'chipp.
Vache..............	Haj', jé.
Vais (je)............	Ounneh, oaï, oghai.

Tome II.   E e

FRANÇAIS.	ABAZE.
Vaisseau	Akhbah.
Vallée	Abzoukha.
Vautour	Lachin.
Veau	Houz.
Vent	Pcha.
Ver	Akhoua.
Vert	Yetchoua, oudzifa.
Viande	Z'jeh, ji.
Vie	Chardenoutzi.
Vierge	Puszpa [*A*, phizba].
Vieux	Leggich.
Vif-argent	Kenessou.
Village	Tsoutak.
Ville	Atzouta.
Vin	Sana, zana.
Vois (je)	Ibba.
Voiture	Ouondir.
Vous	Ooufcharú, ferra [*A ;* chachok; *tcherkesse*, fer].

NOMS DE NOMBRE.

FRANÇAIS.	ABAZE.
Un..................	Seka, seké [*tcherkesse*, zé].
Deux................	Oukhba, gouba (1).
Trois................	Kh'pá; khebà'.
Quatre..............	Pchibà, bchibá.
Cinq................	Khoubá [*tcherkesse*, t'khou].
Six.................	Tsïbá [*A*, feba; *tcherkesse*, khï'].
Sept................	Bichbá.
Huit................	Akhbá.
Neuf................	Ichbá.
Dix.................	Jebá [*tcherkesse*, pché].
Onze................	Wsessa [*A*, zoïz].
Quinze..............	Dzokh [*A*, zoukh].
Vingt...............	Ouŏchsá, goja [*A*, goza].
Cinquante..........	Skhubzáh.
Cent................	Uszké, chké [*A*, zke].
Mille...............	Sikk, zeki.

(1) *Ba* est une simple terminaison qui n'appartient pas aux racines des noms de nombres.

JOURS DE LA SEMAINE.

FRANÇAIS.	KOUCH'HA-SIP.	ALTÉ-KESSEK.
Dimanche......	Mchecha.........	Michibjik.
Lundi.........	Checha.........	Chekhé.
Mardi.........	Gocha..........	Gwacha.
Mercredi......	Gecha..........	Kheché.
Jeudi.........	Pchecha........	Pchaïcha.
Vendredi......	Khouecha.......	Kouacha.
Samedi........	Zabcha.........	Zabiché.

LANGUE
OSSÈTE.

Les Ossètes, qui habitent la partie centrale du Caucase, au nord de la Géorgie, appartiennent à la souche des nations indo-germaniques en Asie. Ils se nomment eux-mêmes *Iron*, et appellent leur pays *Ironistan*. Les Géorgiens leur donnent le nom d'*Ossi* ou d'*Owsni*, et à leur territoire celui d'*Ossethi*; ce qui a donné lieu à la dénomination d'*Ossètes*, sous laquelle ils sont connus en Europe. A l'est, ils confinent avec les Mitzdjeghi; au sud, avec les Géorgiens; à l'ouest, avec l'Iméréthi et les tribus turques connues sous le nom de *Bassians*; au nord, avec les Tcherkesses.

Suivant les chroniques géorgiennes, les Khazars, c'est-à-dire, les habitans des pays situés au nord du Caucase, firent (2302 ans après la création du monde) une irruption en Géorgie et en Arménie, pillèrent et détruisirent tout ce qui se trouvait sur leur passage, et emmenèrent avec eux des populations de provinces entières. Le roi des Khazars donna à son fils Ouobos tous les prisonniers faits dans le Karthel-Somkhéthi ou la contrée comprise entre le Kour et l'Araxes, et l'établit dans la partie du Caucase située à l'ouest du Lomeqi, le Terek actuel. Ouobos s'y fixa avec ses nouveaux sujets; et les descendans de cette colonie sont les Ossètes qui habitent encore aujourd'hui le même territoire.

Cependant le nom de *Khazar* n'était pas connu avant l'ère chrétienne; et la chronologie de l'histoire géorgienne, tissue de fables persanes sur les dynasties des Pichdadiens et des Kéianiens, ne mérite pas la moindre attention, quoiqu'on ne puisse pas nier le fait d'une invasion d'un peuple demeurant au nord du Caucase. Ce peuple est ici les Scythes des Grecs, qui firent leur invasion dans la haute Asie, sous Madyès, 633 ans avant J. C. Ils y dominèrent pendant vingt-huit ans; et l'on trouve dans Diodore de Sicile que les Scythes conduisirent une colonie de Mèdes en Sarmatie, pays au nord du Caucase. Cette colonie mède est vraisemblablement la même qui fut formée par les habitans du Karthel-Somkhéthi amenés par les Khazars des chroniques géorgiennes. C'est d'elle que descendent les Ossètes actuels, qui se donnent à eux-mêmes le nom d'*Iron*. Or *Iron* ou *Irân* est le nom ancien de la Perse et de la Médie, nom qui subsiste encore aujourd'hui, et que l'on retrouve sur les plus anciennes médailles de ce pays qu'il soit possible de déchiffrer, celles des Sassanides. On lit également dans les inscriptions de Nakchi-Roustan et de Kirmanchah, qui datent de la même époque, les mots de *Malka Iran va Aniran* [Roi d'Iran et de non-Iran]... A ces monumens d'une autorité incontestable se joint le témoignage d'Hérodote, qui dit que les Mèdes se nommaient eux-mêmes *Arioi*.

Suivant leurs traditions et suivant l'histoire géorgienne, les Ossètes s'étaient répandus des hauteurs du Caucase jusqu'au Don; mais, vers le milieu du XIII.ᵉ siècle, Batou-khan, petit-fils de Tchinghiz, les repoussa dans les montagnes, où ils habitent encore. Pline parle de descendans des Mèdes et des Sarmates qui vivaient sur les bords du Tanaïs; et Ptolémée place à l'embouchure de ce fleuve les *Ossiliens*, peuple dont le nom rappelle celui des *Ossi* ou *Ossètes*.

Mais la langue des Ossètes prouve encore mieux que les documens historiques, et même d'une manière incontestable, qu'ils appartiennent à la même souche que les Mèdes et les Perses, c'est-à-dire, à l'indo-germanique.

Cependant, après avoir retrouvé dans ce peuple les Sarmates-Mèdes des anciens, il est encore plus surprenant d'y reconnaître aussi les *Alains*, qui occupaient la contrée au nord du Caucase. Constantin Porphyrogénète, qui écrivait vers l'an 948 de notre ère, s'exprime ainsi :

« A dix-huit à vingt milles de *Tamatarkha*, » est la rivière nommée *Oukroukh* qui sépare la » *Zykhie* de Tamatarkha. »

Tamatarkha était une ville de l'île de Taman, sur le Bosphore et à l'embouchure du Kouban ; c'est la Thamanqalah des Turcs, la Metherkha des géographes arabes, la Matreca, Matriga, Matega et Matrega des cartes italiennes du xive siècle. Le nom de *Tmoutarakhan* des anciennes chroniques russes est un synonyme de Tamatarkha, quoique la ville qui le portait ne fût peut-être pas précisément à la même place que cette dernière. Il n'est pas démontré non plus que la position de la *Phanagoria* actuelle réponde entièrement à celle de Tmoutarakhan. *L'Oukroukh* est vraisemblablement l'embouchure du Kouban au xe siècle : car ce fleuve en change souvent ; ce qui est dû aux débordemens produits par la

OSSÈTE.   441

fonte des neiges du Caucase, et à la nature vaseuse du sol de la pointe de terre qui termine le Caucase à l'ouest.

La *Zykhie* est le pays des Tcherkesses ou Circassiens, le long de la mer Noire : Zychi *in lingua vulgare, greca et latina cosi chiamati, e da Tartari et Turci dimandati Circassi, &c.* (Georgio Interiano, Recueil de Ramusio, tome II, page 196. Cet Italien voyageait vers 1502.)

Suite du texte de Constantin.

« La Zykhie a une étendue de 300 milles de‑
» puis l'Oukroukh jusqu'au *Nikopsis*, sur lequel
» est bâtie une ville de même nom. »

Le *Nikopsis* est le *Fiume de Nicofia* ou le *Fiume Nicolo* des cartes italiennes du XIV.ᵉ siècle, sur lequel se trouvait la ville de *Nicofia* : c'était sur la côte de la mer Noire, entre *Sebastopolis* (l'Iskuria actuelle et l'ancienne *Dioscurias* (1)) et Pezonda (aujourd'hui Bitchwinta, jadis *Pityus*), au nord-ouest de Sokhoum-qalah. C'est l'*Anakopia* des cartes géorgiennes, sur le Kouri, petite rivière.

La Zykhie était donc le pays situé le long de la côte du Bosphore jusqu'au sud de Sokhoum-qalah, et habité alors entièrement par des Tcherkesses.

Suite du texte de Constantin.

« Au-dessus de la Zykhie se trouve la *Papa‑*
» *ghia;* au-dessus de la Papaghia, la *Kasakhie;*

---

(1) Διοσκουριὰς ἡ καὶ Σεβαστόπολις (Ptolem. lib. v, c. 10). Ἔστι καὶ ἕτερα [Διοσκουριὰς] περὶ τὸν Πόντον, ἡ τῆς Σεβαστόπολις καλεῖται (Stephanus, *de Urbibus.*).

» au-dessus de la Kasakhie, le mont Caucase;
» et au-delà du Caucase, le pays des ALAINS. »

On voit qu'en faisant l'énumération de ces contrées, Constantin va de la mer au nord-est. La *Papaghia* est le pays des Tcherkesses qui habitent au versant méridional du Caucase, et qui, dans les chroniques géorgiennes du moyen âge, portent le nom de *Papaghéthi*. Aujourd'hui encore, il existe chez les Kabardiens une famille noble qui porte le nom de *Babaghi*. On arrive ensuite dans la Kasakhie, ou le pays des Tcherkesses orientaux de l'intérieur, que les Ossètes nomment encore à présent *Kassakh*, et les Mingréliens, *Kassak*. Ce sont les *Kassoghi* des chroniques russes.

Après la Kasakhie vient le mont Caucase, qui désigne ici la haute cime neigeuse de l'Elbrouz, du flanc septentrional de laquelle sort le Kouban. Au-delà, se trouvait le pays des *Alains*. Ainsi ce peuple occupait le territoire actuel des *Ossètes*.

Par conséquent, au milieu du x.ᵉ siècle, les Alains demeuraient dans le pays des Ossètes actuels. Josaphat Barbaro, qui visita ces régions en 1436, dit dans son Voyage à Tana : *L'Alania è derivata da popoli detti* Alani, *liquali nella lor lingua si chiamano* As (1).—Jean du Plan-Carpin (2), qui, en 1246, fut envoyé

---

(1) Ramusio, II, fol. 29, b.
(2) Collection dite de Bergeron, édition de la Haye, page 58.

par le pape Innocent IV au grand khan des Mongols, nomme les *Alains* ou les *As* parmi les sujets de ce monarque.

Suivant les chroniques russes, Swiatoslaw conquit, en 966, Biélaveje, ville forte située sur le Don, et qui appartenait aux Khazars; puis il fit la guerre aux *Iasses* et aux *Kassogh*, c'est-à-dire, aux *As* ou *Alains* et aux Tcherkesses qui portent encore aujourd'hui le nom de *Kassakh*. Mais les As ou Alains demeuraient dans le pays des Ossètes actuels, qui reçoivent encore aujourd'hui des Géorgiens, des tribus turques et d'autres peuples caucasiens, le nom d'*Ossi*, et que les Russes, soit en parlant, soit en écrivant, nomment *Assetintsy* (1).

Les écrivains arabes appellent le pays des Alains du Caucase ou l'Osséthie بلد الالان [*Belad-Allan*, c'est-à-dire, *pays d'Allan*, et non pas *pays de Lan*, comme plusieurs orientalistes l'ont traduit, prenant *al* pour l'article arabe. Les

---

(1) Un missionnaire russe, qui avait vécu vingt ans chez les Ossètes, assura au comte Jean Potocki qu'il y a encore parmi ce peuple une famille dont le nom est *Alan*; mais je n'ai pas eu l'occasion de vérifier cette assertion pendant mon voyage dans ce pays.

Orientaux ont sans doute voulu éviter la cacophonie *àl-Allan,* et c'est pour cette raison qu'ils ont rejeté l'article, comme cela se pratique souvent dans les noms propres. C'est aussi dans le pays des Ossètes ou des Alains que se trouvait la *Porte des Alains*, appelée par les Arabes باب اللان *[Bab-Allan]* et اللان قاپو *[Allan-Qapou]* dans l'histoire de Derbend, écrite en turc par Mohammed-Awabi-Aktachi. On se tromperait de la chercher dans le Daghistân, comme plusieurs auteurs l'ont fait; car Aboulféda, en parlant, dans sa Géographie, du mont Caucase, dit expressément : « Dans cette montagne il y a des pas» sages difficiles, et le plus grand de ces passages » se trouve au milieu. Il est fermé par une mu» raille et par une porte qu'on appelle *Porte* » *des Allan* (1) ».

Cette Porte des Alains est incontestablement celle dont on voit encore les ruines près de Dariel (*voyez* tom. I, page 460), dans le défilé

---

(۱) وفى اثنا هذا الجبل مسالك عسرة واكبرها مسلك فى وسطه بنى عليه ايضا سورا وجعل فيه بابًا يسمى باب اللان

Reiske, en traduisant ce passage, a lu عشرة [dix], pour عسرة [difficile].

par lequel le Terek coule avec une impétuosité inconcevable. C'est précisément ce défilé qui se trouve *au milieu du Caucase*, qui était fermé autrefois par une *muraille* et par un *château;* enfin le *passage le plus considérable* par lequel on passe cette montagne.

Par l'histoire de Derbend citée plus haut, nous voyons que la fameuse *muraille du Caucase*, construite par le roi persan Qobad et fortifiée par Nouchirwân, s'étendait depuis *Derbend* jusqu'à la *Porte des Alains*. Mais il ne faut pas s'imaginer que ce fût une muraille qui traversât la plus grande partie de la chaîne des alpes caucasiennes : c'étaient, au contraire, différentes fortifications par lesquelles étaient fermées les vallées transversales, qui forment les seuls passages praticables par la montagne.

Massoudi, historien arabe qui écrivait vers l'an 943 de notre ère, donne aussi une description très-exacte de la *Porte des Alains* : il y parle du pont par lequel on y passait le fleuve (Terek), et il fait même mention de la source qui fournissait autrefois de l'eau à Dariel. Il y a vingt ou trente ans qu'on voyait encore les débris de l'aqueduc qui conduisait l'eau de cette source dans la forteresse. Mais voici le récit de Massoudi :

« Au milieu du pays des Alains et du Caucase
» se trouve un fort avec un pont construit sur
» une rivière considérable : ce fort s'appelle
» *Château de la Porte des Alains*. Il fut cons-
» truit, dans les temps anciens, par Isfendiar,
» fils de Youstasf, fils de Bahrasf. Il y établit une
» garnison très-considérable pour empêcher les
» Alains de passer par le mont Caucase : car,
» pour ce but, ils devaient nécessairement passer
» le pont qui se trouve en bas du fort. Ce fort
» est situé sur un rocher escarpé, et il est abso-
» lument imprenable ; car on n'y peut péné-
» trer qu'avec le consentement de ceux qui s'y
» trouvent. Il y a une source d'eau qui vient du
» sommet du rocher; et ce château est un des
» plus forts qui existent dans le monde ; de sorte
» qu'il est passé en proverbe... Mouslimeh, fils
» d'Abdoulmelik, fils de Merwan, pénétra dans
» le pays des Alains, les soumit, et établit une
» garnison arabe dans le fort mentionné ci-dessus,
» et cette garnison a toujours été renouvelée. C'est
» du district de Tiflis qu'elle reçoit les provisions
» et l'habillement nécessaires. Il y a cinq fortes

» journées de marche entre cette ville et le
» fort (1). Si un seul homme se trouvait dans ce
» fort, il suffirait pour empêcher tous les princes
» des infidèles de pénétrer par ce passage, attendu
» que le fort paraît être suspendu dans les airs,
» et qu'il domine le chemin, le pont et la rivière. »

Les Arméniens appellent le même défilé Դռ-ռն Ալանաց *[Tourn-Alanats]*, ou Porte des Alains.

Il résulte évidemment de tout ce qui précède, que les Ossètes, qui se nomment eux-mêmes *Iron*, sont les Mèdes, qui se donnaient à eux-mêmes le nom d'*Iran*, et qu'Hérodote désigne par celui d'*Arioi*. Ils sont encore les Mèdes-Sarmates des anciens et la colonie médique établie dans le Caucase par les Scythes. Ils sont les *As* ou *Alains* du moyen âge; ils sont enfin les *Iasses* des chroniques russes, d'après lesquelles une partie des monts Caucases fut nommée les *monts Iassiques* (2).

---

(1) Les troupes russes qui traversent le Caucase mettent aussi cinq jours pour arriver de Dariel à Tiflis.

(2) M. Karamzin raconte (*Histoire de Russie*, tome IV, p. 119, édition originale de Saint-Pétersbourg) qu'en 1277 plusieurs princes russes conduisirent des troupes à la horde des Mongols pour aider le khan Mangour-Timour à soumettre les *Iasses* ou *Alains* du Cau-

LANGUE OSSÈTE.

L'analyse de la langue des Ossètes fera voir qu'elle appartient à la souche médo-persane.

---

case qui se révoltaient : il ajoute que ces princes furent favorisés de la fortune ; car ils s'emparèrent de *Dediakow*, ville du Daghistàn méridional et capitale de ces Iasses, la pillèrent et la réduisirent en cendres. Dans la remarque 157, page 355, M. Karamzin cite ce passage important, tiré de la chronique de Woskresensk : « Les hautes » montagnes des Iasses et des Tcherkesses se prolongent jusque dans » le voisinage de la Porte de fer, au-delà du Terek, sur le Sewentz, » en passant devant la ville de Tetiakow. » M. Karamzin pense que cette Porte de fer est Derbend, qui effectivement porte ce nom, et il veut en conséquence faire de la ville de Dediakow ou Tetiakow le village Diwen ou Dedoukh, situé à l'est de Derbend, dans le district de Tabassèran et sur la petite rivière de Roubas : mais je crois qu'il se trompe ; car, chez les Asiatiques, Derbend n'est pas le seul endroit désigné par le nom de *Porte de fer* ; cette dénomination est donnée aussi à plusieurs passages fortifiés du mont Caucase, et notamment à celui de Dariel sur le Terek. Sewentz ou Sewendj [سونج] est le nom turco-persan du Soundja, rivière qui tombe dans le Terek, et Cherif-eddin le lui donne dans son Histoire de Timour. (Voyez *Histoire de Timur-Bec*, édition de Paris, tom. II, pag. 342, et l'original, n.° 70 des manuscrits persans de la Bibliothèque du Roi à Paris.) Or Dediakow est situé au-delà du Terek, dans le voisinage du Soundja et de la Porte de fer, qui, ici, est celle de Dariel. Le Caucase passant seulement devant ce lieu, il faut le chercher dans le canton où, de nos jours, on a construit le fort de Wladikawkas, qui réunit toutes ces conditions ; car il est au-delà du Terek, et seulement à quelques milles de distance à l'ouest du Soundja et au nord de Dariel.

Timour attaqua aussi, en 1397, les اس *[As]* ou Ossètes dans les monts Elbrouz ou Caucase, après avoir dévasté la Russie, pris Azak ou Azow, et soumis les Tcherkesses du Kouban.

ESSAI
D'UNE GRAMMAIRE OSSÈTE.

La prononciation de la langue ossète ressemble beaucoup à celle des dialectes bas-allemands et slaves. On y remarque aussi le *th* anglais ou le ϑ grec, que j'ai rendu de même par *th*. La langue devient dure par la réunion fréquente de lettres gutturales et de consonnes sifflantes, *kkh*, *k'h*, *dts*, *dtch*, &c.

Les noms substantifs et adjectifs n'ont pas de genre; on dit :

Ressougd lag...... Le bel homme.
Ressougd ous...... La belle femme.
Ressougd dour...... La belle pierre.
Ktsill kouds........ Le petit chien.
Ktsill gatsa-kouds.... La petite chienne.
Ktsill kama........ Le petit poignard.
Sau nalbakh....... L'étalon noir.
Sau iëwz.......... La jument noire.
Sau don........... L'eau noire.

Les adjectifs se font par les syllabes *thi* et *ghin*, qu'on ajoute à la fin des substantifs.

Bón, jour........... *Bónthi*, journalier.
Khristón, un chrétien.. *Khristonthi*, chrétien, chrétienne.
Oud, esprit......... *Oudghin*, spirituel.

Tome II.

Le pluriel se fait en ajoutant *té*, *thi* ou *tou* au nominatif du singulier.

Khoutsaw, dieu... *Khoutsawté*, dieux.
Dzikkou, cheveu.. *Dzikkouthi*, cheveux.
Bil, lèvre........ *Biltou*, lèvres.

DÉCLINAISON.

SINGULIER.　　　　　　　　　PLURIEL.

Nom. *Tsiou*, l'oiseau.　　　　*Tsiouté*, les oiseaux.
Gén. *Tsiouï*, de l'oiseau.　　*Tsiouteï*, des oiseaux.
Dat. *Tsiouen*, à l'oiseau.　　*Tsiouten*, aux oiseaux.
Acc. *Tsiou*, l'oiseau.　　　　*Tsiouté*, les oiseaux.
Voc. *Ahn tsiou*, ô oiseau.　　*Ahn tsiouté*, ô oiseaux.
Abl. *Outs tsioueï*, de, par l'oiseau. *Outs tsiouteï*, de, par les oiseaux.

Nom. *Fid*, le père.　　　　　*Fidté*, les pères.
Gén. *Fidé*, du père.　　　　　*Fidtisti*, des pères.
Dat. *Fiden*, au père.　　　　*Fidten*, aux pères.
Acc. *Fidi*, le père.　　　　　*Fidté*, les pères.
Voc. *Ahn fid*, ô père.　　　　*Ahn fidté*, ô pères.
Abl. *Fiden*, du père, par le père. *Fidelté*, par les pères.

Nom. *Móï*, l'époux.　　　　　*Móen*, les époux.
Gén. *Móï*, de l'époux.　　　　*Móïththĕ*, des époux.
Dat. *Móïen*, à l'époux.　　　*Móïthen*, aux époux.
Acc. *Móï*, l'époux.　　　　　*Móïthi*, les époux.
Voc. *Ahn mói*, ô époux.　　　*Ahn móen*, ô époux.
Abl. *Móïen*, de, par l'époux.　*Móïtheï*, des, par les époux.

OSSÈTE.

Az me-kkadzar me dzeoun, je vais à la maison.
Moi (à) ma maison je vais.

Bakh-il dzeoun.
Cheval à vais.

Az khokh leoun.
Moi montagne (sur) suis debout.

Az bakhté balkhoudzin.
Moi chevaux achète.

Pour faire le comparatif, on ajoute à la fin de l'adjectif la syllabe *darou*, comme تر *[ter]* en persan et en kourde ; par exemple :

Maï statouleï istir-darou, khoreïteï ktsill-darou.
Lune étoile de grand plus, soleil de petit plus.

Souvent aussi la comparaison est exprimée par périphrase ; par exemple : *Je serais la plus ingrate de toutes les créatures*, s'exprime par

Oudani áz ana-arfi kkhánag seppáthi hoúrtten.
Serais moi ingratitude faisant (de) toutes créatures.

Les pronoms personnels sont :

Az, moi. Kourde, *àz* ; slave, *az* ; lithuanien et liewe, *és*.
Man, moi. Persan, مَن *[man, men]* ; kourde, *men*.
Di, *dou*, toi ; comme dans les langues germaniques et slaves. Persan et kourde, تو *[tou]* ; zend, *té*, &c.
Oui, lui. Persan et kourde, او *[ou]* ; zend, *iuĕ*.
Makh, nous. Persan, ما *[má]* ; zend, *ma* ; slave, *my*.
Zmakh, vous. Persan, شما *[chumá]* ; zend, *chuma*.
Oudon, ils.

Les pronoms possessifs sont : *me, ma, ma-*

khi, mon; *dee, da, dáw, dakhi*, ton; *ekhi, é*, son; *wo*, votre. Ordinairement ils précèdent le substantif, et souvent se lient avec lui.

Mafid, mon père; *damad*, ta mère; *énom*, son nom.

Quelquefois aussi ils le suivent, comme *wsi-mar dee*, ton frère. Il faut remarquer que l'on se sert souvent du pronom possessif *é* [son], comme d'une espèce d'article; par exemple :

Findz e-tsaskom jasta ou.
Nez le visage milieu est.

Dzikkou e-ser-il darkh-kkhanag.
Cheveu la tête sur long fait (croit).

E-awzag, e-dzoug.
La langue, la bouche, &c.

Les pronoms démonstratifs sont:

Atchi, ce, cet, celui; *ankhous*, un tel, &c.

	SINGULIER.		PLURIEL.	
N.	*As*, moi.	N.	*Makh, makhder*, nous.	
G.	*Mé*, de moi.	G.	*Makh*, de nous.	
D.	{*Makhen*, *Mántekhé*, *Manan*,} à moi.	D.	*Makhen*, à nous.	
		A.	*Makh*, nous.	
A.	{*Man*, *Mákhi*,} moi.	Abl	{*Makhé*, de nous. *Makhmé*, *Makhma*,} par nous.	
Abl	{*Maneï*, *Meneï*, *Makhadag*,} de moi. / par moi.			

OSSÈTE. 453

SINGULIER.		PLURIEL.	
N.	*Di*, toi.	N.	*Zmákh*, vous.
G.	*Dá*, de toi.	G.	*Zmákh*, de vous.
D.	{*Dawón*, *Dawna*,} à toi.	D.	*Zmakhen*, à vous.
A.	*Daw; dau*, toi.	A.	*Zmákh*, vous.
Abl	{*Dawoi*, *Dakhi*,} de, par toi.	Abl	{*Zmákhé*, de vous. *Zmákhmé*, *Zmákhma*,} par vous.
N.	*Ouï*, lui.	N.	*Oúdon*, eux.
G.	*Ié, ekhí*, de lui.	G.	*Oúdon*, d'eux.
D.	*Oúmen*, à lui.	D.	*Oúdonen*, à eux.
A.	*Souï*, le.	A.	{*Oúdon*, *Oúdonimé*,} les.
Abl	{*Oumeï*, *Oumeïder*,} de, par lui.	Abl	{*Oúdoné*, d'eux. *Oúdonmé*, *Oúdinma*,} par eux.

Makhen dzoul rátt.
Nous (à) pain donne.

Ouï meneï allghedi.
Lui moi (de) il est allé (il m'a quitté).

Di makh fettaï.
Tu nous as vus.

Az oúdon znemdzinen.
Je les bats.

VERBE AUXILIAIRE
ÊTRE.

PRÉSENT.

Az dan, je suis.
Di dé, tu es.
Ouï is, il est.

Mákh stem, nous sommes.
Zmakh stout, vous êtes.
Ouïdin isti, ils sont.

PASSÉ.

Az oúden, j'ai été.
Di oúdé, tu as été.
Ouï oúdi, il a été.

FUTUR.

Az oudzinem, je serai.
Di oudziné, tu seras.
Ouï oudzéni, il sera.

IMPÉRATIF.

Wod, woid, wóith; qu'il soit; comme dans les langues slaves, будь.
Ma woï, qu'il ne soit pas.
Wond, qu'ils soient.
Oudaïn, qu'ils seront.
Ou, sois.

On ajoute souvent au substantif le mot *ou*, qui est la troisième personne du singulier du présent du verbe *être* : par exemple, *márd*, la mort; *márdou*, c'est la mort.

Avoir est exprimé, comme en latin, par *mihi est*; par exemple,

Mámma is, j'ai.
Dawna is, tu as.
Oúma is, il a.

Zmákhma is, nous avons.
Mákhma is, vous avez.
Oúdinma is, ils ont.

Les verbes sont ou *simples* ou *composés* : la première personne du présent des simples se termine en *in*; les composés se font avec un substantif auquel on ajoute *kkhanin*, faire, comme en persan on se sert du verbe auxiliaire کردن *[gherden]*, qui a la même signification.

L'infinitif se fait de la première personne du présent, en changeant *i* en *e*; par exemple :

Oúrnin, je crois; *oúrnen*, croire.

On forme l'impératif des verbes en retranchant la syllabe *in* de la première personne du présent : ainsi *kkhánin*, je fais, donne *kkhán*, fais, et *wárzin*, j'aime, donne *wárz*, aime. Cette règle souffre quelques exceptions dans les verbes irréguliers.

Une grande partie des verbes reçoit les augmens *fé* ou *ni* pour le temps passé, et *ba*, comme بِ *[be]* en persan, pour le futur et souvent pour l'impératif; par exemple :

Tsáwin, je bats.
Nitsáwton, j'ai battu.
Nitsáwtaï, tu as battu.

Nitsáuṭa, il a battu.

Nitsáwtam, nous avons battu.

Nitsawṭaïté, vous ayez battu.

Nitsawtinzé, ils ont battu.

Farazin, je peux.

Befarazisti, ils pourront.

Khourin, je mange.

Bakhours, mange.

Suivent ici les conjugaisons des deux verbes réguliers *ik'hussin*, j'entends *[audio]*, et *kkhanin*, je fais. Le dernier ne prend pas l'augment.

PRÉSENT.

Az ik'hoùssin, j'entends.   *Az kkhánin*, je fais.

Di ik'hoússis, tu entends.   *Di kkhánis*, tu fais.

Ouï ik'houssi, il entend.   *Ouï kkháni*, il fait.

Mákh ik'houssin, nous entendons.   *Mákh kkhánin*, nous faisons.

Zmákh ik'houssit, vous entendez.   *Zmákh kkhanit*, vous faites.

Ouïdin ik'houssinzé, ils entendent.   *Ouïdin kkhánisda*, ils font.

PASSÉ.

Az fek'houston, j'ai entendu.   *Az kkhanon*, j'ai fait.

Di fek'houstaï, tu as entendu.   *Di kkhánaï*, tu as fait.

Ouï fek'housta, il a entendu.   *Ouï kkhána*, il a fait.

Mákh fek'houstam, nous avons entendu.   *Mákh kkhánam*, nous avons fait.

Zmákh fek'houstaïté, vous avez entendu.   *Zmákh kkhánaïté*, vous avez fait.

Ouïdin fek'houstinzé, ils ont entendu.   *Ouïdin kkhaninzé*, ils ont fait.

OSSÈTE. 457

FUTUR.

Az baïk'hoússina, j'entendrai.
Di baïk'hoússiné, tu entendras.
Oúi baïk'hoússeni, il entendra.
Mákh baïk'hoússisten, nous entendrons.
Zmákh baïk'houssistet, vous entendrez.
Oúïdin baïkhoússisti, ils entendront.

Az kkhatsina, je ferai.
Di kkhatsiné, tu feras.
Oúï kkhatseni, il fera.
Mákh kkhatsistem, nous ferons.
Zmákh kkhatsistet, vous ferez.
Oúïdin kkhatsisti, ils feront.

Baïk'hoús, entends.
Ik'hoússen, entendre.
Ik'houssag, entendant.
Ik'houssan, entendu.

Kkhán, fais.
Kkanen, faire.
Kkhánag, kkhánagou, faisant.
Kkánan, fait [*factum*].

Souvent on ajoute *ou* à la fin du participe du présent; par exemple : *Argómou*, marchandé; *fistou*, écrit; *kgáwou*, devant, étant obligé.

Le participe passé est formé de l'impératif et de la finale *ág* ou *nág*.

CONJUGAISON DU VERBE IRRÉGULIER *DONNER*.

PRÉSENT.

Az datin, je donne.
Di dátis, tu donnes.
Oúi ratsen, il donne.
Mákh dátem, nous donnons.
Zmákh ratet, vous donnez.
Oúidin ratzisda, ils donnent.

PASSÉ.

Az ratòn, j'ai donné.
Di rátaï, tu as donné.
Oúï ráta, il a donné.
Mákh rátam, nous avons donné.
Zmákh rátao, vous avez donné.
Oúïdin ráti, ils ont donné.

FUTUR.	IMPÉRATIF.
Az ratzíma, je donnerai.	*Rátt*, *ráto*, donne.
Dí ratziné, tu donneras.	INFINITIF.
Ouï ratzéni, il donnera.	*Rátin*, donner.
Mákh ratzísten, nous donnerons.	PARTICIPE.
Zmákh ratzístet, vous donnerez.	*Ráttag*, donnant.
Oúïdin ratzísti, ils donneront.	*Ráttan*, donné.

Il y a différentes manières d'exprimer la négation. On fait précéder le mot,

1.° Par *a*, *an* ou *ana*; par exemple : *arfi*, gratitude ; *anárfi*, ingratitude : *fidghin*, de chair, corporel; *anafidghin*, incorporel (c'est le *a* des Grecs, le *in* des Latins et le *un* des Allemands);

2.° Par *má*, sur-tout si c'est un verbe; par exemple : *kkhán*, fais; *makkhán*, ne fais pas : *dsoúr*, dis; *madsoúr*, ne dis pas;

3.° Par *ne*; par exemple : *féttaï*, tu vois; *neféttaï*, tu ne vois pas.

4.° Par *neï*.

Né signifie *non*. *Né*, deux fois répété, correspond au *nec nec* des Latins; par exemple : *Né fitstsag né fástah*, ni commencement ni fin.

Les prépositions sont *rázder*, avant; *iw*, à ;
(Par exemple, *Az ournin iw khoútsaw*.
Je crois à (en) Dieu);
afon, sous; *khoúzon*, selon, d'après; *déstir*, à cause de.

Les postpositions sont les suivantes :

Ma, qui marque le mouvement vers un endroit ; par exemple :

Sbárzondi wol-árw-ma ; dzouar-ma.
Élevé   au ciel ;   l'église à.

Eï, dans, sur ; *khoútsaw-eï*, en Dieu (par exemple, croire en Dieu).

Thykheï, pour *[propter]* ; *man-thykheï*, pour moi ; *oúi-thykheï*, pour toi ; *tseï-thykheï*, pourquoi ; *khoutsáwou-thykheï*, pour Dieu.

Outs, de, à, est le از *[az]* des Persans.

Wol et *wolé*, dans, sur : mais *wol* se met avant le mot ; et *wolé*, après : par exemple : *wol-árwi*, dans le ciel ; *bastiwolé*, sur la terre ; *dsouar-wolé*, à la croix. — C'est le بال *[báleh]* des Persans.

Il, à la fin du mot, signifie *sur* ; par exemple : *basté*, monde ; *bastil*, dans le monde.

Les adverbes de lieu sont : *kkhámi*, où, dans quel endroit ; *kkhádam*, où *[quò]* ; *kkhád*, là *[ibi]* ; *am*, ici ; *oum*, là ; *ardem*, ici, vers nous ; *ardegheï*, en-deçà ; *ourdegheï*, au-delà ; *rázder*, avant ; *alir-ander*, par-tout.

Les adverbes de temps sont : *kharinag*, si, quand ; *ala-bon* [tous les jours], toujours ; *makkhad*, jamais ; *nirder*, à présent ; *steider*, toujours.

Les autres particules dont on se sert ordinairement, sont :

Nag, noghi, aussi (allemand, *noch*). *Kkhatsithé*, quel.
Kkhúd, comment. *Awthé, awté,* ainsi *[sic]*.
Tsen-thykheï, pourquoi. *Awthéné,* pas ainsi.
Oún-thykheï, pour cela. *Omá,* pour que.
Tsaoúldé, quoi? *Aï,* seulement.
Tsi, *Wod,* ainsi, de cette manière.
Tsamá, } que; en persan, کہ *[keh].* *Awi,* ou *[vel]*.
Kkhaï, *Ama,* et, aussi.
Atsi, mais. *Iwú,* unique.
Fildér, plutôt. *Awai,* a.
Appáth, tout-à-fait, tout. *Nau, new,* comme *an* en latin.
Ali, tous, tout. *Khana,* ou *[sive].*
Ioúl, tout. *Nitsi,* rien.
Ali-oan, par-tout. *Nikhaman,* personne [никто,
Fálamé, excepté. никому, en russe].
Ettáma, excepté (par exemple : *Itteg,* extrêmement.
oúi ettáma, excepté lui). *Ahad,* assez.

Plusieurs de ces particules offrent une ressemblance frappante avec celles qui sont en usage dans les langues médo-persanes, germaniques et slaves.

Pour donner une idée de la construction de la langue des Ossètes, je donne ici plusieurs morceaux du catéchisme ossète-slave, publié par l'archimandrite *Cajus* en 1798 (1).

COMMENCEMENT DU CATÉCHISME.

Zeï-thykheï dé khonis Khriston?
Pourquoi tu t'appelles chrétien ?

Ouï-thykheï ama man ournin Khoutsaw Jesso Khristé, ama
Parce que je crois Dieu Jésus-Christ, et

khatsin e-sihdag dzinadil.
tiens sa sainte (pure) loi à.

Tsaoulde akhour-kkhani Khriston ournén?
Que enseigne Christ croyance?

Akhour-kkhani ali resteoul, ama ali dzawakh, khoutahoul
Enseigne toute vérité, et toute vertu, de quoi

kkhatsaté agomou kkhirgouthimideg fitsagou- k'hĭthi ama
amplement traité livrés dans (des) avant-sachant et

minawarti, ama tsibireï man-thykheï ïoul aï fistou mén
apôtres, et brièvement pour moi tout ce qui est écrit dans

---

(1) Ce petit ouvrage, extrêmement rare, porte le titre :

Начáлноє У́чєнїє Человѣ́комъ, Хотáщимъ

У́читиса Кни́гъ Бже́ственнагѡ писáнїа.

En bas de l'avant-dernière page on lit :

Печáтанъ въ Моско́вской Сѵнодáлной

Тѵпогрáфїи ҂аѱчи го́даˊ, мѣ́ца мáїа.

En tout cinquante-six feuillets (111 pages) in-8.° Presque tous les exemplaires de ce catéchisme ont été détruits dans un incendie à Mozdok.

dzinad ournéni mákhaï, kkhátsi dzinad mák'hudi-
la loi de la croyance nôtre, lequel loi mémoire (dans)
darin, *ama kkhatsiafon* k'hawi oúï áwthé niwëï kkhassín:
je garde, et s'il nécessaire le dans (cette) manière je lis :
Ournymé iw Khoutsáw fid: *ama andarté.*
Je crois à Dieu père : et cætera.

Tseï-thykheï dawón fitstsag dï átsy ákhour-khanaï ambárin-
Que te premièrement par la doctrine souvenir
kkhani?
fait-on?

Khotsáwou-thykheï, kkhoúd oúï mán *ama appath* basté
A Dieu, que il me et tout (le) monde
rafaldista, mán *ama appathí* básti rást-kkhani, áma dári
gouverne, me et tout (le) monde protége, et par
oúi-thykheï matsaskom manan anbárin-kkhani áli sákhathi,
ce que ma conscience me souvenir fait (à) toutes heures,
áma oúi wárzon zardée, tsitkhineï daron ana-báfaliwhé,
et le aime cordialement, honneur (en) tienne sans feinte,
ama ournón tsi kkhad k'houdi-kkhanin, *ama* kkhanin khórz,
et crois que alors je pense, et fais bien,
kkhád k'houdi-kkhanin amá kkhanin tsa oúï sihdág dzinad
quand pense et fais ce que sa sainte loi
záhi.
ordonne (dit).

Di Khoutsáweï kkhoúd khoúdi-kkhánis ama, fánd-kkhánis?
Toi Dieu (de) que penses et, juges?
Az k'houdi-kkhanin ama fánd-khanin ama ourny, kkhoúd
Je pense et juge et crois, que comme
Khoutsáw iwou, *ama* oúï-ettama neï dikkag, kkhád oúï ála-
Dieu unique (est), et lui outre pas autre, que il tous
bón oúdi, ama in neï ni fitstsag ne-fastah: kkhoúd oúï iss
jours étoit, et a pas ni commencement ni fin : que comme il est

oúd aná-fidghin ama aná-malgé, ama noghi dar rást-
esprit incorporel et immortel, et aussi encore droit
tharkhon-kkhánag khorza-kkhánag, alïoan áli besti iss,
jugement faisant bienfaisant, par-tout tout endroit est,
ïoul oúni, ïoul k'houssi, ïoul zóni, mákh atság k'hoúdi
tout voit, tout entend, tout sait, nos propres pensées
amá fandónté.
et jugemens.

Ahád noaú áwthé Khoutsáwï zónon áma fand-kkhanin, ama
Assez est-il ainsi Dieu de savoir et juger, mais
kkhánin kkhoúd téfendi?
faire ce que tu veux?

Né: áz kkhoúd fánd-kkhánin Khoutsáweï, áwthé rast tsarin
Non : je comme (je) juge Dieu (de), ainsi droit vivre
k'háwou: ama nómineï kkhad az zónin kkhoúd Khoutsáw atsagou,
(je) dois : et nommément quand je sais que Dieu véritable,
áwthé thirsdzinen awzár kkhanineï ama má bakhawon oúi rast
alors (je) crains mal faire et ne tombe son droit
tharkhoni ama má fessefon oúi khórzekheteï : kkhád Khoutsáw
jugement (dans) : et ne perds sa bienfaisance : comme Dieu
khórzakh-kkhanagou, wód az mákhi awzár khoúthagthi fa
bienfaisant, si je mes mauvaises actions pour
fasmon-kkhandzinen, ank'hálin kkhoúd oúï ma-fásmon né
pénitence ferai, j'espère que il ma pénitence ne
áppardzen. Kkhád oúi álirander iss, i oulder zoni, áwthé az
rejettera. Comme il par-tout est, et tout sait, ainsi je
mákhi khidzinen, kkhoúd awzár k'hoútagthé nekkhandzinen, ama
me garde que mauvaises actions ne fasse, et
k'houdíder ne, amá kkhoúwdzinén oúmen ala-bon sihdág
pense pas, et serve lui toujours pure
tsáskomeï, amá ma-zárdi khalaréï.
conscience (avec), et ne pense répréhensible.

Tsáoul ákhour-kkháni khrístonthï oúrnen, Khítsaweï mákh
Que enseigne chrétienne croyance, Seigneur (de) notre
Jesso Khristee?
Jésus-Christ?

Kkhoúd oüï é-khórzakh-kkhanineï mákhmé tharihadhinthem
Que il sa bienfaisance (par) nous (pour) pécheurs
artsíd wol-árweï, amá ráista makh é-khioul fid (1), *baïgom-*
venu (est) du ciel, et prit notre lui sur chair, ouverture
kkhotta mákhan bár ekhí, amá tháling mákh k'hoúd feroúkhsni-
faisant nous (à) volonté sa, et obscur notre esprit il a
kkhotta rásth Khoutsáw-ba-zónineï : amá oüï fasté awdi san-
éclairci (par) vrai Dieu science : et il enfin pour té-
kkhanineï ekhí stir mákhmé wárzoneï, amá mákh tarihadeï
moigner sa grande nous (pour) amour, et nous péché
a sihdag kkhanini-thykheï, dzouariwolé ámardi : ama arthikkag
(de) pur faire pour, croix sur mourut : et troisième
bón féstadi amá ad-fid zbárzondi wol-árwma.
jour ressuscité et de la chair élevé au ciel.

SYMBOLE DE LA FOI.

Oúrnymé iw Khoutsąw fid appátil khatsag, skkhánag
Je crois en Dieu père tout conservateur, créateur
arwi ama zákhi, ouídtté appáthi ama ana-ouídtté. Iw nąg
(du) ciel et (de la) terre, visible tout et invisible. En aussi
Khítsaw Jesso Khristé, fád Khoutsáwi iwneheï-hoúrd, kkhátsi
Seigneur Jésus-Christ, fils de Dieu unigenitus, qui
fideï hoúrd razder séppatheï mikkághi, roúkhs roúkhseï,
(du) père naquit avant tous siècles, lumière (des) lumières,
Khoutsáw atsag, ama Khoutsáweï atság hoúrd, ama ana-kkhómd,
Dieu vrai, et à Dieu vrai né, et non fait,

---

(1) Il a été incarné comme homme.

OSSÈTE.

iwnegs fiden, kkhátsië appáth skkhindi. Mákh-thykhéï még
un est père(avec), qui tout créa. Nous pour homme
ama mákh férbezini-thykhéï, rákhisti wol-árweï, ama fidghinssi
et nous sauver pour descendit du ciel, et incarné
oúdeï sihdegheï, ama kkhizgheï Máirameï slághi. Sdzóuari
esprit saint (pur), et vierge Marie (par) naquit. Crucifié
mákh-thykhéï áfon Pontiag Pilátee, fak'hómtsi, ama ninighedi,
nous pour sous Pontius Pilatus souffrit et enterré,
ama sistadi arthikkág bón khoúzon fisteï. Ama sbárzondi
et ressuscita troisième jour d'après l'écriture. Et élevé
wol-árwma amá bádegou rákhiseï fiden. Amá nóghider-ártsawágou
au ciel et assis droite (à) du père. Et encore viendra
nómghineï tharkhón-kkhaninen agásthem amá mártten,
glorieusement jugement faire (pour) vivans et morts,
kkhatsien aldárad ne oúdzeni kkharon.
dont royaume ne sera fin.

Ama oúd sihdág Khitsaw agás-kkhanag, kkhátsi fideï
Et esprit saint Seigneur vie faisant, qui père (du)
rátsawagou, kkhátsi fidima amá fádima bákkhouwem,
sort, qui père (en) et fils (en) nous reverrons,
snómghineï zákhtaïd fitstság dzourhiten.
(en le) louant comme premier prophète.

Iwneg sihdag ámbirdi, ama minawárthy dzoúari. Rádzousinen
Aussi (à) sainte générale et apostolique église. Je reconnais
iwneg sárhawineï ama nouwádzinen tarigaththy. Aik'hálden
aussi baptême et rémission (des) péchés. J'attends
sistinmé mártteï, amá tsárd artsáwoni mikkágmé.
résurrection (des) morts, et vie futur (venant) éternel.
Omen.
Amen.

Tome II. G g

ORAISON DOMINICALE.

Fíd makh, kkhátsi dé wol-árwi, sihdeg wónd nóm dáw, artsáwod
Père notre qui es en ciel, pur soit nom ton, vienne
da-éldarad, wód bár dákhki khhoúd wol-árwi áwthé bástil.
ton royaume, soit volonté ta comme en ciel ainsi terre sur.
Dzóul makh bónthy rátt mákhen a-bon : ama noúwadz
Pain notre journalier donne nous ce jour : et pardonne
mákhen khást makh, ama mákhder kkhoúd nouwadzem khást-
nous offenses nôtres, et nous comme pardonnons of-
dargithen : ama má-bákkhan mákh akhsizgoni, aam férvazin-
fenseurs : et ne induis nous tentation en, et dé-
kkhan makh fid-bilizeï.
livre nous chair mal (du).

DÉCALOGUE.

I. *Az dán Khítsaw Khoutsáw dáw, má-wond dawán andár*
Je suis Seigneur Dieu ton, non soit à toi autres
khoutsáwté máneï fálamé.
dieux moi outre.

II. *Má-rafaldis da Khítsen koumíra, amá álí andár khoúzon,*
Ne fabrique toi Seigneur idole, et toute autre chose,
ama tseáss iss wol-árwi midag, ama tseáss iss bastí-wolé,
et ce que est dans ciel haut, et ce que est terre sur,
tseáss dónthi mideg, ama del-zékhti má-bakkhouw oúdonen
comme eaux (dans) profond, et sous terre ne révère eux
amá má-bakhouss oúdonen.
et ne obéis (à) eux.

III. *Má-fkkhán nóm Khítsaw da Khoutsáwma.*
Ne abuse nom Seigneur ton Dieu (de).

IV. *K'hoúdi-kkhán bón Sábathi sihdág oúi : akhsás bón*
Pense jour sabbat saint lui (soit) : six jours

kkhán ádonimideg seppáth k'houttág dakhí bónthí, átsi bón
fais achève tout travail ton journalier, mais jour

awdúm sábath khoutsáwan dakhiwonen spiwop-kkhan.
septième sabbat Dieu (à) ton garde fais.

V. *Tsitkín dár da-fídi ama da-mádi, khársthedin*
   Honneur donne ton père (à) et ta mère (à), heureux

oudzéni ama wiré oudziné bast-il.
(que tu) sois et long vis terre sur.

VI. *Ma-ámar.* VII. *Má-khath.* VIII. *Má-radaw.*
    Ne tue (pas). Ne adultère (pas). Ne vole (pas).

IX. *Manghéï má-tsizah da-limeni-wolé awdissenad manghéi.*
    Mentant ne dis ton prochain sur témoignage menti.

X. *Má-defended oússi da khastaghíwon, má-defended*
   Ne desire femme (de) ton prochain, ne desire

khazár da-iëwakhsoni, né e-kháwi, né e-khoússagi, né
maison (de) ton voisin, ni sa demeure, ni ses serviteurs, ni

e-kkhoúsghithi, né e-gáli, né e-khárgawsi, né ïoúl stoúrtha,
ses servantes, ni son bœuf, ni son âne, ni tout bétail,

né ïoúl tséass da-khastágonthi.
ni tout ce qui est ton prochain (à).

SENTENCES.

Oú khórz-kkhanag. — Ank'haloú Khoútsaweï ama wárz oúï
Sois bienfaisant. Confie Dieu (en) et aime le

appáth zerdée. — Tsi zónis ïoúl má-dzour, ama kkhoud zouraï
tout cœur (de). Ce que sais tout ne dis, et si dis

áfonei ama k'houttagheï. — Ali dzird má-baourn. — Ioúl
temps (à) et occasion (à). — Tout bruit ne crois. — Tout

má-defended tsi fénai. — Kkháï ne-zónis má-fakkhan, ama
ne desire ce que vois. — Ce que ne sais ne assure, et

ne-dermazah, fildér ráfars. — Oú ouromeg. — Kharínag ne-fenda
ne nie, mais demande. — Sois sobre. — Si ne faim (as)

má-bákhar. — Dónoug newaï má-banaz. — Rássig-kkhanineï
ne mange. — Soif sans ne bois. — Ivrognerie (de)
áidz kkhoúd margheï. — Ana-oúromeh niári niz, ama
loin comme poison (de). — Intempérance produit maladie, et
nizeï maláth. — Kkhád kkhí dzoúri, má-tsidzour. —
maladie (de) mort. — Si quelqu'un parle, ne parle. —
Máng má-dzour, ama má-ou k'hál. — Amond íss ana-
Mensonge ne dis, et ne sois fier. — Fortune est in-
bántsaïghé. — Ana-amondi má-fankard-ou. — Khhád
constant. — Infortune (dans) ne triste sois. — Si
oudzíné lehthí wárzag, oudzíné lehteï wárzon. —
(tu) seras homme amant, (tu) seras homme (par) aimé. —
Dzoúr ála-bon rást. — Má-kkhad záh máng. — Aï
Dis toujours vrai. — Jamais dis mensonge. — Cela
báwar ama oudzíné ámondghin. — Nóm fíden ama
conserve et (tu) seras heureux. — Nom père (du) et
féden ama sihdég oúden, amá nirdér amá steïder ama
fils (du) et saint esprit (du), et à présent et futur et
mikkághi mikkágmé. Omen.
siècles (des) siècles (dans). Amen.

VOCABULAIRE

OSSÈTE.

Les mots du dialecte des Dougours qui diffèrent de la langue des Ossètes orientaux, sont précédés d'un *D*.

FRANÇAIS.	OSSÈTE.
Abeille............	Midi-bindza *[mouche de miel]*.
Achat.............	Alkon.
Acier.............	Andoun. Wotiake, *andan*, fer.
Agneau...........	Ourek [*D*, our]. Persan, ارغ, *árgh*.
Aide (je).........	Kkhassanin.
Aigle.............	Kartsiga. Persan, كركش, *kerghich*.
Aigre.............	Taouag.
Aigu..............	Tsirg, tchirg. kourde, *sraf*; allemand, *scharf*.
Aiguille..........	Soudzin. Persan, سوزن, *souzin*.
Aile..............	Bazer.
Aime (j').........	Warzin [*D*, ouársoun].
Air...............	Roukhs. Arabe, روح.
Aller (je fais)....	Tarin.
Allume (j').......	Soudzin. Persan, سوزانيدن, *souzániden*; kourde, *sodzioum*.
Amadou...........	Snag [*D*, izagné].
Amer.............	Mast.
Ami..............	Warzoun.
An, année........	Anz, az. Latin, *annus*.
Âne..............	Kharag. Persan, خر, *khar*; kourde, *kerr*.
Angle.............	Koumm.
Animal...........	K'hourd, zyrt.
Anneau...........	Kokh-taār (*voyez* Doigt).
Appelle (je m')...	Khoni, khwini. Persan, خانم, *khânem*.
Appelle quelqu'un (j')	Khonin.

OSSÈTE.

FRANÇAIS.	OSSÈTE.
Apporte (j')	Arkhassin.
Apprends (j')	Akhour-kkhanin.
Après	Fasteh. Zend, *fchio*; persan, پش, *pech*; kourde, *pachi*.
Après-demain	Inabon.
A présent	Mider.
Arbre	Kkhad. Breton, *koad*; walish, *koued*; roman, *gaut*.
Arc	Ardin.
Arc-en-ciel	Arw-ardyn *[arc du ciel]*.
Argent	Afzist [*D*, ajouesta]. Wotiake, *aswes*; kourde, *zif*.
Argile	Sgitt, tsif.
Assez	Ahad.
Assis (je suis)	Badin.
Attends (j')	Ank'hal-kkhanin.
Atteste (j')	San-kkhanin.
Aujourd'hui	Abon.
Autel	Finh. Persan, پیم, *pym*.
Automne	Fasseg.
Autre (un)	Andarthi. Allemand, *ander*.
Avant	Rasseh.
Aveugle	K'hourm. Kourde, *kor*; persan, کور, *kour*; sanskrit, *kourita*.
Avide	Hirthámizag.
Avoine	Ski [*D*, zuzki].

FRANÇAIS.	OSSÈTE.
Bac............	Bardouli.
Badine (je).......	Khinghinag-kkhanin.
Baise (je)........	Noussin.
Baise (je)........	Paï-kkhanin.
Balle à fusil......	Namig.
Barbe...........	Botso, bodzou.
Bas.............	Nilleg, ning, mideg. Russe, низь; kourde, *nism*.
Bats (je)........	Tsawin.
Bats (je me).....	Khatsin.
Bats le blé (je)....	Naï-kkhanin.
Beau	Zabakh, khors, ressougd (*voyez* Bon).
Beaucoup........	Filder. Allemand, *viel*.
Belier	Four.
Bénis (je).......	Argaoun.
Bétail..........	Stourtha.
Beurre..........	Tsarw. Persan, چرب, *tcharb*; pehlwi, *tcherbi*; sanskrit, *sarpi*.
Bière...........	Bagani.
Blanc...........	Ourz. Leshgi d'Antsoukh, *arats*.
Blesse (je)......	Batsawzenen.
Blessure.........	Tsaff.
Bleu	Tsakh (*voyez* Vert).
Bœuf............	Gàl. Persan, گو, *gaw*; pehlwi, *gao*; kourde, *gha*, *ghau*; wotiake, *'skall*, vache.

OSSÈTE.

FRANÇAIS.	OSSÈTE.
Bois.............	Soug [*D*, sóg]. Persan, نوع, *tough*, چوب, *tchoub*.
Bois (je)........	Nouazin. Persan, نوشم, *nouchem*.
Boîte............	Krin. Allemand, *schrein*.
Boite (je).......	Koumekh-kkhanin.
Boiteux.........	Zilin.
Bon.............	Khors. Slave, хоромъ; persan, خوش, *khoch*.
Bonnet..........	Khoud [*D*, khódé]. Allemand, *hut*; géorgien, ქუდი, *k'oudi*.
Bottes..........	Tsirkité.
Bouc............	Tsanek [*D*, tsån].
Bouche..........	Dzoug, dzig.
Boue............	Tsif. Arménien, ցեխ *tsekh*.
Bous (je)........	Fitsin, fatsin. Pers., پزم, *pezim*, *pizem*; kourde, *pejim*.
Bouton	Tsouppar.
Branche.........	Kaliouz, zolo. Wende et sorabe, *galouza*; polonais, *golondj*; grec, κλάδος.
Brebis..........	Fis [*D*, fous]. Kourde, *pas*; latin, *ovis*.
Brouillard.......	Mikh. Kourde, *mes*, *mezg*; pers., میغ, *migh*.
Bruit, rumeur....	Dzird.
Brûle (je).......	Soudzin. Kourde, *sodzioum*; persan, سوزانیدن, *souzâniden*, brûler.
Cache (je).......	Ambaskhin.
Cache (je).......	Bambakhsin.
Cadavre, corps...	Goubin.

FRANÇAIS.	OSSÈTE.
Cadeau (je fais)...	Nawar-kkhanin.
Canard............	Babych. Tcherkesse et abaze, *babich*; ingouche, *babous*; turc-nogaï, *papi*; grec moderne, παπία.
Capable (je suis)...	Akhsin.
Capuchon en drap, contre la pluie.	Bachliq [turc, de باش, *bach*, tête].
Cascade...........	Don tsawi (*voyez* Aller et Eau).
Caverne..........	Leghetté.
Cerf..............	Sakkh.
Cervelle..........	Mazg, sika [*D*, kanz]. Pehlwi, *mazag*; persan, مغز, *maghiz*; kourde, *metzi*.
Cesse (je)........	Wadzin.
Chair.............	Fid (*voyez* Père).
Chaleur..........	Tsakhar, tapar [*D*, antef]. Latin, *tepidus*; slave, тепло; persan, تاب, *tâb*; تابدار, *tâbdâr*.
Chameau.........	Tewa [turc, توه, *tewch*].
Chamois..........	Dzabiter.
Champ labouré....	Khoum, khom.
Change (je)......	Raïwin.
Chant............	Zard. Persan, سرود, *suroud*; zend, *seroŭed*, il chante; pehlwi, *serond*, il chante.
Chante (je).......	Zarin. Persan, سريدن, *seriden*.
Charbon.........	Wzal. Persan, زغال, *zeghâl*.
Charge le fusil (je).	Top iwtidzin.
Charnel..........	Fidghin.

OSSÈTE.

FRANÇAIS.	OSSÈTE.
Charrette.........	Ourdon. Ingouche, *wourdo*.
Charrue	Gouton, goutoïn [*D*, kotan]. Géorgien, გუთანი, *gout'ani*.
Chasse (je)......	Rantourdzinen.
Chat	Gado, gadi [*D*, tikiz]. Slave, котъ; anglo-saxon, *kat*; allemand, *kater*; turc, کدی, *ghedi*, &c.
Chaud..........	Karm. Persan et kourde, گرم, *garm*, *germ*. Tifdou. Latin, *tepidus*; slave, тепло.
Chaudron........	Ag.
Chaux..........	Kir. Turc, کرج, *kiredji*.
Chef, doyen.....	Khister.
Chemin.........	Fandag.
Chemise........	Khadon [*D*, khadouana].
Chêne..........	Ballas. Persan, بلوط, *ballouth*; kourde, *palout*.
Cherche (je).....	Agourin. Kourde, *garim*, *gheroum*.
Cheval..........	Bakh.
Cheveux........	Dzikkou [*D*, djikko].
Chèvre.........	Zag, zaga. Allemand, *ziege*.
Chien..........	Kkhoudz [*D*, koui]. Andi, *khoï*; kourde, *koutchik*; hindouštani, *kouta*; grec, κύων; breton, *ki*; allemand, *köther*.
Chienne........	Gatza-kkhoudz.
Chose, objet.....	Khous. Latin, *causa*; italien, *cosa*; arabe, قصّة, *qisseh*, خصوص, *khessous*.

FRANÇAIS.	OSSÈTE.
Cicatrice.........	Noos.
Ciel.............	Arw.
Ciseaux..........	Kazkard.
Clair, de couleur...	Irt.
Cloche...........	Mourmourak.
Clou.............	Zagal. Persan, سك, sek; wotiake, tchog.
Cochon..........	Khoui. Persan, خوك, khoug; anglais, hog. Cette racine se trouve dans plusieurs langues du Caucase.
Coëo (illicité).....	Khatin.
Cœur............	Zerdé. Slave, сердце; liewonien, sirdé; lithuanien, sirdis; allemand, herz; zend, erétsém.
Colère (je me mets en).	Mast-kkhanin. Persan, مست, mast, furieux, ivre.
Colline...........	Tpirr, arak. Turc, تپّه, teppeh.
Colombe.........	Akhsinak, balloon. Goth., ahaks.
Commandant......	Khidzal.
Commencement....	Fitstsag.
Comprends (je)...	Ambarin.
Conduis (je)......	Khanin.
Conjure (je)......	Ardissin.
Consolateur.......	Baudasnag.
Constant..........	Bantsaïghé.
Continuellement...	Aana-bantsourghé, c'est-à-dire, sans cesse.
Coq.............	Wasseg [*D*, ouazangu].

FRANÇAIS.	OSSÈTE.
Corne............	Szi, sykan. Bengali, *sing;* dékan, *sinkag*.
Corps............	Fid (*voyez* Chair).
Corrige (je).......	Rasto-kkhanin (*voyez* Droit).
Coton............	Bompag (mot usité dans toute l'Asie).
Cou.............	Barzeï.
Couche (je me)...	Koud-kkhanin.
Couds (je).......	Khoïn.
Coule (je)........	Waïn.
Coule (il)........	Tsau, dounatsed (*voyez* Eau et je Vais).
Coupe (je).......	Argawdin.
Cour.............	K'hart. Goth. et ancien allemand, *gard;* perme, *karta;* irland., *kourt;* ital., *corte*.
Courbé..........	Kadz. Persan, کج, *kadj*.
Cours (je)........	Lidzin.
Court............	Tsibir, tsebir.
Couteau..........	Kurd. Persan, کادر, *kárd;* kourde, *ker*.
Couvre (je)......	Amberzin.
Crache (je).......	Tu-kkhanin. Persan, تو کنم, *tew-kounem*.
Crains (je).......	Tarkhin. Kourde, *tersoum;* pers., ترسیدن, *tersiden*.
Créateur.........	Skkhanag (participe de *kkhanin*, faire).
Cri..............	Kiré. Slave, крикъ.
Cri..............	Khan.
Crie (je).........	Kkhar-kkhanin.
Crinière.........	Barts. Persan, بِرّ, *perr*.

FRANÇAIS.	OSSÈTE.
Crois (je)........	Ournin. Persan, باور, báour, croyance.
Croit (la plante)...	K'hardan-seou.
Croix...........	Dsouar. Géorgien, ჯვარი, djwari.
Croyance........	Ournen. Persan, باور, báour.
Cruche..........	Dourin.
Cuiller..........	Widig [D, wáedoug].
Cuir............	Tsarm [D, niwaghé]. Persan, چرم, tcharm.
Cuirasse........	Sgar. Persan, زرة, srah.
Cuisse..........	Senghé. Allemand, schenkel.
Cuivre..........	Arkhwi. Wotiake, yrgon, ärgon.
Culotte..........	Khalaf.
Culus..........	Sidz. Zend, zedehé; russe, садъ, c'est-à-dire, le derrière; allemand, ge-säss, dérivé de sitzen, être assis.
Cunnus........	Bik [D, boukka].
Danse (je).......	K'hafin.
Dé.............	Angourst. Kourde, anghoustir; persan, انگشتوانه, angouchtáneh.
Debout.........	Ourdik.
Debout (je suis)...	Laoun.
Deçà...........	Andegheï.
Découvre (je)....	Goumk-khanin.
Défends quelqu'un (je).	Fars-kkhanin.
Delà...........	Ourdegheï.

OSSÈTE. 479

FRANÇAIS.	OSSÈTE.
Délivre quelqu'un (je)	Ferwazin-kkhanin.
Demain..........	Som, raissom [*D*, zom].
Demande, question.	Farsin. Persan, پرسیدن, *porsiden*; پرسش, *porsich*, demande; allemand, *frage*; russe, просить, demander.
Demande (je).....	Farsin. Persan, پرسیدن, *porsiden*; allemand, *fragen*.
Dénonce (je).....	Ragom-kkhanin.
Dent.............	Dendeg, dndak *pl.*, dendegthé. Persan, دندان, *dendân*; zend, *dentano*; pehlwi, *dandan*; latin, *dens*, &c.
Descends (je).....	Rakhissin.
Descends de cheval (je)	Khizyn.
Désert...........	Nakh-basté.
Desire (je), exige..	Fandin.
Desselle (je).....	Warin.
Détruis (je).......	Khalin.
Dette............	Khast.
Diable...........	Khairag, khaitag.
Dieu	Khoustáw [*D*, khtsau]. Persan, خدا, *khouda*; خدیو, *khidsiw*, seigneur.
Dindon	Aïtchiri k'hark.
Dis (je)..........	Dzouren.
District..........	Koum, yaflam, bleï.
Doigt	Koukhaïkh [*D*, angouïzé]. Persan, انگشت, *angoucht*; hindoustani, *angli*.

FRANÇAIS.	OSSÈTE.
Donne (je)	Dattin, datoin. Persan, دادن, dáden; kourde, dedim; zend, dad; latin, do, dedi, &c.
Donne	Rast. Zend, ráto; breton, roa, donne; roet, donnez; persan, راد, râd, libéral.
Dors (je)	Khoussin. Walish, kousg, sommeil; kourde, khaw, je dors; persan, کوژ, kouj, sommeil.
Dos	Kildim.
Doux	Atghin [D, atkin].
Draps	Tsouka [D, touna]. Persan, چوقه, tchouqah; kourde, tchĭouk.
Droit	Rast. Kourde, rast; pehlwi, radka.
Droite	Raghis. Persan et kourde, راست, râst.
Dur	Pfidar [D, fédar].
Eau	Don, doun [D, dôn]. Lettonien et liewonien, oudens; en gaelic, tonn, vague.
Eau-de-vie	Arak (mot répandu dans toute l'Asie).
Échange (j')	Iwin.
Échappé	Lidzeg.
Éclair	Arwé-tsakhartié, arwa-tiwé [D, arté].
Écorce	Dzar, ïetsar. Basque, azara.
Écris (j')	Fisten. Russe, пишу; persan, نوشتن, nouwichten.
Écrit	Fisté. Russe, пишу, j'écris; mongole, bitchik, écrit.
Écume	Fiour. Persan, اور, our.

OSSÈTE.

FRANÇAIS.	OSSÈTE.
Écurie	Sketa.
Église	Dzouar. Géorgien, ჯვარი, *djwari* (*voyez* Croix).
Éléphant	Pil. Persan, پيل, *pil.*
Élève (je m')	Sistsinen.
Empereur	Pbadtsa, khan. Le premier mot est dérivé du persan, پادشاه, *pâdichâh*, et le second est le خان, *khân*, des Turcs.
Emprunte (j')	Awstawi issin.
Enfant	Zewellon, iatou [*D*, bidjau].—Géorgien, ბიჭი, *bitchi*, garçon.
Enfante (j')	Niarin.
Enfle (j')	Smag-kkhanin.
Enivre (je m')	Rassig-kkhanin (*voyez* Ivre).
Ennemi	Asnag. Nouarzoun [*non ami*]. *Voyez* Ami.
Enseigne (j')	Akhour-kkhanin.
Entends (j')	K'houssin, bambarin, bambistoun. Goth., *haussen*, ouïe ; persan, کوش, *kouch*, oreille.
Entre (j')	Ba-tsáoun (*voyez* je Sors et je Vais).
Envoie (j')	Arwitin.
Épaule	Wokhsté, tsong.
Épeautre	Fiddiz [*D*, zitga].
Épouvante (je m')	Tersdzinen. Persan, ترسيدن, *tersiden*; zend, *terestché*, il craint; russe, трусъ, un lâche; дрожь, tremblement; трестись, trembler.

Tome II.   H h

FRANÇAIS.	OSSÈTE.
Espère (j').......	Ank'halden, qous-darin.
Esprit..........	Oud. Pehlwi, *ada*; sanskrit, *athma*.
Étain..........	Kala. Dans tout l'Orient, قلعی, *qa'laï*.
Étalon.........	Ours, nal-bakh. Akoucha, *ourtchi*; anglo-saxon, *hors*; anglais, *horse*; bengali, *goura, gora*.
Été...........	Serd.
Étends (j')......	Akhoussin-kkhanin.
Étoile	Staïch, stal [*D*, staïouteh]. Zend, *staranm*; kourde, *stera, sterk*; persan, ستاره, *sitâreh*; latin, *stella*, &c.
Étoile tombante ...	Staleh-atakhti [*étoile tombante*], dzouar-atakhti [*saint tombant*].
Étonne (je m')...	Dissag-kkhanin.
Étranger........	Iskhé.
Étroit..........	Narek, oungheg.
Éveille quelqu'un (j')	Raïoualdzinen.
Éveille (je m')...	Raïoulden.
Exige (j').......	K'hourin (*voyez* je Prie).
Fâche (je me)....	Medd-kkhanin.
Faim...........	Mógour.
Fais (je)........	Kkhanin. Le verbe persan کردن est irrégulier et se complète par le mot inusité کندن, *kunden*, dont کنم, *kunem*, je fais.
Fauche (je).....	K'harghin.
Faucille........	Tsawak, tsiwag.
Favorable.......	Zerdé risseg (*voyez* Cœur).
Femme.........	Ous [*D*, oassa].

OSSÈTE.

FRANÇAIS.	OSSÈTE.
Fer............	Awseïnak. Kourde, *hassin*, *azén*; allemand, *eisen*.
Ferme (je)......	Akh-kkhanin.
Ferme..........	Kharbar.
Feu............	Art, zing. Persan, أذر, *adzer;* zend, *atrech;* latin, *ardor, ardere.* [*D,* djing]. Persan, زنك, *zeng;* زنك, *jeng,* brûlant; زند, *zend,* briquet; allemand, *zünden.*
Feuille.........	Tsiff.
Feutre..........	Nimet. Persan, نمد, *nemed.*
Fie (je me)......	Aournin-kkhanin.
Fier............	K'hal.
Fil.............	Endarr.
Filet...........	Khiss.
Fille *[filia]*.....	K'hizg. Kourde, *khíz.*
Fils............	Firt, fart, fad [*D,* fourt, Iokkon]. Persan, فرسند *[fersend],* پسر *[pusser];* zend, *pothré;* sanskrit, *poutra.*
Fin (de temps)...	Fastag.
Fin, bout.......	Swghis.
Fin (sens moral)...	Kkharon.
Flatteur.........	Faliwag.
Flèche..........	Fatt.
Fléchis, plie, (je)..	Arwalat-kkhanin.
Fleur...........	Khous.
Fleuve..........	Don, doun (*voyez* Eau).

H h*

FRANÇAIS.	OSSÈTE.
Foin.............	Khos. Persan, خس, *khes;* bengali, *gos;* dékan, *gas.*
Fond (je vais au)..	Felesdzinen.
Fonds (je)........	Ak'haldzinen.
Fonts de baptême ..	Khinaen.
Force............	Tikh.
Forêt............	Kkad. Breton, *koad, hoad;* walish, *koued.*
Forteresse.......	Pfidar, galoan.
Fortune, bonheur..	Amond.
Fosse...........	Djik. Persan, چوغ, *tchoug;* kourde, *tchag.*
Fouet...........	Ekhz.
Fouille (je) *[fouis]*.	Kakhin.
Foyer...........	Tokhona, ardast.
Frère...........	Arwad, fzimmer, wzimar [*D*, awardé].
Froid...........	Ouassal, wassal.
Froid (le)......	Ikhan [*D*, ékhan].
Fromage........	Tchigt. Persan, جبن, *djibin.*
Froment........	Mannau, manaw.
Front..........	Iénikh [*D,* ternikh]. Zend, *énéko;* kourde, *ienik, djenik.*
Fruit...........	Dirrkh.
Fume (je)......	Dimin. Russe, дымъ, fumée.
Fumée.........	Efasdak.
Fusil...........	Top. Turc, طوپ, *thop.*
Futur..........	Steï, steïder.
Gagne (je).....	Amboulin.

OSSÈTE.

FRANÇAIS.	OSSÈTE.
Gai............	Tsin.
Garçon..........	Lappou [*D*, Iokkon]. Dans plusieurs dia-lectes slaves, *khlapets* ; pol., *khlopets*.
Garde (je).	Kkhakkhenin.
Garde (je me.).....	Thirsen. Persan, ترسیدن, *tersiden*, craindre.
Gauche..........	Galiou. Gaelic, *clei*.
Gèle (je)........	Oukhanminu (*voyez* Froid).
Général (adjectif)..	Ambirdi.
Genou...........	Ourag [*D*, ouaraghé].
Glace...........	Ikh, yikh [*D*, yekh]. Persan et kourde, خ, *yekh* ; aghwan, *yakh* ; hindoustani, *youkh* ; wogoule et ostiake, *yènk*.
Glaive..........	Akhzar.
Gloire..........	Nom (*voyez* Nom).
Gorge..........	Khourkh, kior. Russe, горло ; kourde, *gherou, kirou* ; allemand, *gurgel*.
Goût.	Adghin. Wogoule, *atyn, atan*.
Goutte..........	Tadzinek.
Gouverne (je)....	Rafaldin, arwitoïn.
Gracieux........	Khórsté-kkhanag (*voyez* Bon).
Graisse	Fiou. Allemand, *fett* ; zend, *pethwo*.
Graisse..........	Nard.
Grand.	Istir, stir, dinghiz [*D*, stour]. Ancien allemand, *stour;* danois, *stor;* suédois, *stourt;* lettonien, *stour*.
Grenouille.......	Khaffch. Pers., جغز, *djaghz* ; جاز, *djâz*.

FRANÇAIS.	OSSÈTE.
Gros............	Stâw, Persan, ستبر, sitebr.
Guerre..........	Khast, Persan, خاش, khâch.
Guerroie (je)....	Awsag-kkhanin.
Habit...........	Duraz, dariz. Persan, درّاجه, derrâdjeh.
Habitation.......	K'hawi.
Habit de dessous...	K'hourat.
Hache...........	Farato. Allemand, barde; arabe, بورت, bourt.
Hais (je)........	Nefettun, c'est-à-dire, je ne vois pas. Ненавижу en russe et nabinoum en kourde ont absolument la même signification.
Haut............	Barzond, midag.
Hauteur.........	Barzond, birzound, Zend, berézeté; pers., بلند, bulend.
Herbe...........	Kardak.
Héros...........	Kabater. Ce mot vient peut-être de l'arabe, قوّة qouwwet, force.
Heure...........	Sahat. Arabe, ساعة, sâa't.
Heures (toutes les).	Ali-sahat (voyez Tous).
Heureux.........	Kharos-thedin (voyez Bon).
Hier............	Snon, khnon.
Hiver...........	Simeg, soumok. Russe, зима; persan, زمستان, zimestan; zend, ziamn, &c.
Homme.........	Lah, leg; pl. lehthi. Ce mot paraît dériver de la même racine que leute en allemand et люди dans les langues slaves; en bengali, loghé, et au Dékan, loag, hommes.

OSSÈTE.

FRANÇAIS.	OSSÈTE.
Homme *[vir]*	Moï [*D*, moïne]. Slave, мужъ.
Honneur.	Tsith.
Honteux (je suis)	Khoudinag-kkhanin.
Hydromel	Roung [*D*, maré-macheï].
Ici *[hic]*	Am.
Ici *[huc]*	Ardem.
Idole	Koumira. Russe, кумиръ.
Illumine (j')	Roukhsni-kkhanin (*voyez* Lumière).
Image de saint	Niwthé.
Incendie	Zihds. Mot dérivé de la même racine que *soudzin*, brûler; persan, سوزان, *souzán*, brûlant.
Inestimable	Ana-arghin.
Inférieur	Dallag. Slave, долу.
Injurie (j')	Alghitin.
Injustice (je fais)	Awzar-kkhanin.
Interdis (j')	Ouromen.
Invisible	Ana-ouidtté (*voyez* Visible).
Ivoire	Pil-steg [*os d'éléphant*].
Ivre	Rassig. Allemand, *rauschig*.
Jambe	Findds.
Jatte	Kous. Persan, كاسه, *kásseh*.
Jaune	Boúr. Persan, بور, *boúr*, jaune comme du miel; cheval roux.
Jette (je)	Aparin.

VOCABULAIRE

FRANÇAIS.	OSSÈTE.
Jeune, neuf	Noagk, nowag. Persan et kourde, نو, *nou*, *naw*, neuf; allemand, *neu*; latin, *novus*; slave, ново.
Joie, contentement.	Akhast.
Joue	Tsaskomi-fartsté (*voyez* Visage), rousté. Persan, رخ, *roukh*; kourde, *rou*.
Joue (je)	Kkhazin.
Joug	Oziau. Persan, يوغ, *yough*; جو, *djou*.
Jour	Bon.

JOURS DE LA SEMAINE.

FRANÇAIS.	OSSÈTE.	DOUGOUR.
Dimanche	Khoutsáwi-bon	Khtsau-bon [*jour de Dieu*].
Lundi	Markhau	Markhau.
Mardi	Ditchag	Ghéorghi-bon [*jour de S. George*].
Mercredi	Artitcheg	Ertikkag.
Jeudi	Tsiparem	Tsoupparam.
Vendredi	Mairem-bon	Mairem-bon [*jour de S.te Marie*].
Samedi	Sabt	Zabat.

Jour de fête	Stir-bon [c'est-à-dire, *grand jour*].
Journalier, journellement.	Bonthi.
Juge (je)	Tharkhon-kkhanin.

OSSÈTE.

FRANÇAIS.	OSSÈTE.
Juge d'une chose (je)	Fand-kkhanin.
Juge (le)	Tharkhon.
Jugement	Tharkhon.
Jument	Iews. Le cheval s'appelle en persan, أسپ, *asp;* en kourde, *hasp;* en zend, *aspo,* et en grec, ἵππος.
Justaucorps	Tsouka. Kourde, *tchouka.*
Juste	Atsag, rast. Persan, راست, *râst.*
Là	Oum.
Lac	Kouhl. Turc, كول, *kol.*
Lâche	Tsibir-oudghin *[esprit court].*
Laid	Faddound, awzerrou [*D*, lagouz].
Laine	Goun. Turc, يون, *youn.*
Laisse (je)	Wadzin.
Lait	Akhsir. Persan, kourde et pehlwi, شیر, *chîr;* tchetchentse et ingouche, *chirré.*
Lait aigre	Touag-akhsir.
Lait caillé	Michin.
Laiton	Bour [*D*, bór.]
Langue	Awzag, afzaghé. Tcherkesse, *ebzeg;* abaze, *awzis.*
Large	Fatan, worrakh. Kourde, *fra.*
Largeur	Tethen, korg.
Léger [ce qui n'est pas lourd].	Rogk [*D*, rauag].
Lentement	Syndek. Persan, سنکین, *senghin.*

FRANÇAIS.	OSSÈTE.
Lèvre............	Bul ; *pl.* buïtou [*D*, bila]. Persan, لب, *leb;* kourde, *lew.*
Lézard..........	Gakqouri.
Lie (je)..........	Batoïn.
Lien............	Bes , bnad.
Lièvre...........	Tar-khous, tirré-khous *[longue oreille].* Persan, خرکوش, *kharkouch,* oreille d'âne.
Lis (je)..........	Kkoussin. Persan, خوانم, *khouânem.*
Loin............	Dard, aïds. Kourde, *doura, dour;* persan, دور, *dour.*
Long............	Darkh. Persan, دراز, *dirâz.*
Long............	Aregmé, darkh.
Longueur........	Dark, tarkh. Zend, *drâdjo;* persan, دراز, *dirâz;* pehlwi, *derand;* kourde, *dretsia.*
Long-temps......	Wiré. Allemand, *währen.*
Loue (je) *[laudo]*..	Stawin.
Loup............	Bireg. Zend, *weherkehé;* mordouane, *wirgas;* turc, بوری, *bouri.*
Luis (je).........	Artiwin.
Luisant..........	Artiw.
Lumière.........	Roukhs. Persan, روش, *rouch;* pehlwi, *rochneh;* latin, *lux.*
Lune............	Maï. Persan, ماه, *mâh;* slave, мѣсяцъ.
Lynx............	Istaï.
Mâche (je).......	Awilin.

FRANÇAIS.	OSSÈTE.
Mâchoire.	Rouz.
Main	Koukh [*D*, kokh]. Persan, كف, *kef*.
Maïs	Nartoukhar.
Maison	Khadzar. Goth., *gards* ostiake, *kat*, *koat;* wogoule, *khot*, *khoat.*
Maître	Aldar, khitsaw (*voyez* Seigneur).
Mal	Kakkga [grec, κακός].
Malade (un)	Rinkhin.
Maladie	Niz, rinkhin [*D*, roun]. Persan, رج, *rendj.*
Mâle	Laghi-khouzen.
Malheur	Ana-amond (c'est-à-dire, *in-fortune*).
Maman	Anà [*D*, anna].
Mamelle	Dzidzi [*D*, djdejé]. Kourde, *tchitchek.*
Mange (je)	Kharin. Persan, خوردن, *khorden;* zend, *khoré;* kourde, *koar*, il a mangé; pehlwi, *khoroun*, manger.
Manteau de feutre.. [бурка].	Nimet, ouellag-nimet. Persan, نمد, *nemed*, feutre.
Marais, marécage	Tsad.
Marcassite	Ardzat.
Marche (je)	Tsáoun. Kourde, *tchioum.*
Marie (je me)	Ous-k'hourin; c'est-à-dire, *je choisis une femme.*
Massue	Ktil.
Matin, de bonne heure.	Radi, raïsso. Lithuanien, *ritas;* lettonien et liewe, *rits;* slave, рано.
Mauvais	Awzar. Géorgien, ბზი, *awi.*

FRANÇAIS.	OSSÈTE.
Même chose (une).	Iwnis. Latin, *unus*.
Mène (je)	Lassin.
Mène (je)	Ark'hanin.
Mensonge	Mang. Latin, *mentitum*; allemand, *main*, dans le mot *main-eid*.
Ments (je)	Mang-zaghin. Composé de *mang*, mensonge, et de *zaghin*, dire [allemand, *sagen*].
Menton	Awsara.
Mer	Fourd. Tchetchentse, *khort*; ingouche, *fourt*; gaelic, *fairjé*, vague.
Mercure (vif-argent).	Awzis-don; c'est-à-dire, *eau d'argent*.
Merde	Lakh, khai [*D*, lákha]. Persan et kourde, كه *goh*, گوه *gouh*,
Mère	Mad [*D*, madé]. Slave, мать; persan, مادر, *mâder*; latin, *mater*; allemand, *mutter*, &c.
Meurs (je)	Malin [*D*, maloum] (*voyez* Mort).
Meurtre	Mard. Allem., *mord*; persan, مرد, *murd*.
Midi	Ardag-bon, fassi-khor.
Miel	Mit [*D*, moud]. Slave, медъ; sanskrit, *madhou*.
Milieu	Iastau.
Millet	Iau, iew [*D*, zaukhar].
Mince	Nareg.
Minuit	Ardag-akhsaw.
Mois	Maï (*voyez* Lune).

NOMS DES MOIS.

FRANÇAIS.	OSSÈTE.	DOUGOUR.
Janvier.	Tenghé-maï.	Anzour.
Février.	Khomakhzan.	Komakhzoun [*temps du jeu*].
Mars.	Tsekenné-maï.	Markhaï-doua-maï [*les deux mois du carême*].
Avril.	Sachsé.	
Mai.	Serdewra-maï.	Nikola-maï [*mois de S. Nicolas*].
Juin.	Fistissera-maï.	Amistouïta.
Juillet.	Souzené-maï.	Sozan [*branler la tête*].
Août.	Ikina-maï.	Rakhana-doua-maï [*les deux mois dans lesquels les cerfs brament*].
Septembre.	Rakhana-maï.	
Octobre.	Kefta-maï.	Kefti-maï [*mois des poissons*].
Novembre.	Ghéorgouba.	Ghéorgouba [*S. George*].
Décembre.	Tsippours.	Atsolagosart [*le temps où l'on manque de pain et de viande*].

FRANÇAIS.	OSSÈTE.
Monde, terre.	Basté.
Monnaie.	Akhtsa. Turc, اقچه, *aqtcheh*.
Mont.	Khogh [*D*, khóngh]. Persan, کوه, *koh*; pehlwi, *kof*; allemand, *hoch*.
Montagnes (chaîne de).	Khogh-dapèt.
Montre (je).	Rawdissin.

FRANÇAIS.	OSSÈTE.
Mors (le).........	Idon.
Mort (un).........	Martti. Persan, مرده, *murdch*; kourde, *mer*, *meria*; zend, *mreté*, mortel.
Mort............	Maláth. Gaelic, *meilg*.
Mort............	Martt. Persan, مرك, *merg*; kourde, *mer*; zend, *mrét*; pehlwi, *mourd*; bengali, *mort*; latin, *mortuus*.
Mortel..........	Malghé.
Mou, molle......	Falaman.
Mouche.........	Bindza. Allemand, *biene*, abeille.
Mouchoir........	Kalmarzen.
Moustache.......	Rikhi [*D*, rékhé]. Persan, ريش, *rich*, barbe; kourde, *rih*.
Mouton..........	Fito. Allemand, *widd-er*.
Muffle	Sabei.
Mule............	Kharghes [*D*, kadir].
Muraille.........	Sis.
Naissance........	Raigourdi, adghini, elapou.
Neige...........	Mît, tsiti [*D*, méd]. Lappon, *mouot*.
Nettoie (je)......	Assihdag-kkhanin.
Nez.............	Finds. Persan, بینی, *bini*; kourde, *pos*; abaze, *pinza*; afghan, *poza*.
Nid.............	Iakhston.
Noble...........	Wozdan. Ce mot vient du terme tcherkesse *ouzden*, gentilhomme.
Noir............	Sau, saw. Persan, سیاه, *siáh*; pehlwi, *chabha*; samoïède, *siaghé*, *saga*; géorgien, შავი, *chawi*.

OSSÈTE.

FRANÇAIS.	OSSÈTE.
Nom............	Nóm. Persan, نام, *nâm ;* allem., *nahme;* sanskrit, *nama ;* latin, *nomen*, &c.
Nommément......	Nomineï. Latin, *nomen* (*voyez* Nom).
Nourris (je)......	Awsestden.
Nuage..........	Mikh. Persan, ميغ, *migh.*
Nuit............	Akhsaw, khos. Kourde, *chaw;* persan, شب, *cheb;* zend, *khchefé.*
Nuque..........	Awtsegato.
Obéissant........	Bai-k'houzag.
Oblige (j')......	Tikh'mi-kkhanin.
Obscur..........	Tar, taling. Kourde, *tari;* pehlwi et persan, تاريك, *târik;* anglais, *dark.*
Occident........	Maneni-gouleni.
Odorat..........	Smag, chmak. Allemand, *schmecken,* ge-*schmack.*
Œil............	Tsasté; *pl.* tsastoithi. Persan et pehlwi, چشم, *tchechm, tchachm ;* kourde, *tchaw.*
Œuf............	Aik [*D*, aiké]. Ancien allemand, *eïk ;* suédois, *eg ;* kourde, *häk, ek.*
Offre (j')........	Arkhassoun.
Oie............	Kkhaz. Kourde, *khaz ;* turc, قاز, *qâz.*
Oiseau..........	Marg', tziou, tsirtsotsi. Persan, مرغ, *mourgh ;* afghan, *mirghé.*
Ongle..........	Nakh, naekh. Persan, باخن, *nâkhen ;* aghwan, *nouk ;* hindoustani du Dékan, *nouk ;* allemand, *nagel.*
Opine (j').......	Ankkhaï'nedzen.

FRANÇAIS.	OSSÈTE.
Or *[aurum]*	Tsasgarin [*D*, zougzariné]. Wotiake, *sarnié*.
Ordonne (j')	Zahin. Allemand, *sagen*.
Oreille	Kkhous; *pl.* kkhousti [*D*, gôs]. Pers., كوش, *gouch*; zend, *gheoch*, *gochté*; pehlwi, *goch*.
Orge	Khor, khora [*D*, khoâr]. Latin, *hordeum*; français, *orge*.
Orient	Basteh kkharon.
Os	Steg, asteg. Zend, *astem*; pehlwi, *ast*; grec, ὄστυν: kourde, *hasti*, *asti*; pers., أسْتَخُون, *astekhoun*.
Où *[quò]*	Kkhadam. Persan, کِ, *kedjá*.
Oublie (j')	Ros-kkhanin.
Ours	Ars. Latin, *ursus*. Persan, خرس, *khars*; kourde, *hartch*; basque, *artsa*.
Ouvre (j')	Bak'hardzinen, baïgom-kkhanin.
Paiement	Semizd.
Paille	Kamb, zigoun.
Pain	Dzoul [*D*, dzól]. Ankoucha, *tsoulhâ*.
Paître (je fais)	Kkharin-kkhanin.
Panicum cultivé	Goulmâk [*D*, goúlma].
Pantalon large	Salbaro. Persan, شلوار, *chalwár*.
Papa	Ada [*D*, dada].
Pardonne (je)	Nouwadzin.
Parens	Fidelth (dérivé du mot *fid* qui signifie *père* et *chair*, viande).

FRANÇAIS.	OSSÈTE.
Paresseux..........	Fankarjon.
Parle (je).........	Dzourin [*D,* zoroun].
Partage (je).......	Warin.
Par-tout..........	Alirander.
Pauvre	Magouro.
Pauvre (un)......	Magour.
Peau............	Tsarm. Persan, چرم, *tcharm;* kourde, *tcherma;* afghan, *sarman;* hindoustani du Dékan, *tcherma;* grec, δέρμα.
Péché...........	Tharihad.
Pelle en bois.....	Fiag.
Pends (je).......	Barin.
Penis............	Gil. Persan, کیر, *kir;* kourde, *kiri;* pehlwi, *kir.*
Pénitence	Fasmon. Persan, پشمان, *pechmân;* پشیمان, *pechimân.*
Pénitence (je fais)..	Fasmoï-kkhanin (*voyez* Pénitence).
Pense (je)	Zardin.
Pense (je).......	K'houdi-kkhanin.
Perche, poutre....	Mikh. Persan, میخ, *mikh.* Zyraine et permien, *maeg, maek;* lettonien, *mets.*
Perds (je)........	Fessafin.
Père	Fid [*D,* fidde]. Sanskrit, *pita;* persan, پدر, *peder;* latin, *pater;* allemand, *vater,* &c. (*voyez* Chair et Viande).
Permets (je)......	Staun.
Pesant, lourd.....	Wossaun, ussau. Arabe, وزن, *wezen,* poids; russe, вѣсить, peser.

Tome II.   I i

FRANÇAIS.	OSSÈTE.
Pèse (je)	Sparin.
Petit	Kissil, ktsil [*D*, *mangai*].
Peux (je)	Farazin.
Pied	Kakh. Tchetchentse, *kokh*; ingouche et touchi, *kog*; zyraine et permien, *kok*; lithuanien, *koïa*; liwonien, *kaïa*.
Pierre	Dourr [*D*, dôr]. Basque, *tarria*; latin, *durus*.
Pierre à feu	S'khon [*D*, *attour*].
Pipe à fumer	Louleh. Turc, لوله, *louleh*.
Pique (je)	Batsawin.
Pistolet	Tambatza.
Pleure (je)	K'haoun [il pleure, *k'awi*].
Plomb	Isdi [*D*, ichid].
Pluie	Waran, ouaran [*D*, kafda]. Persan et kourde, باران, *bárán*; pehlwi, *waran*; zend, *werò*, *awaré*; aghwan, *baran*; irlandais, *forrin*.
Plume	Kchis, koun [*D*, ches].
Poignard	Kama.
Poison	Márg. Finnois, *myrkky*.
Poisson	Kef, kaff.
Poitrine	Row.
Poli, courtois	Tsith-kkhanag.
Poli, lisse	Ligs. Français, *lisse*; italien, *liscio*.
Pont	Khid. Géorgien, ხიდი, *khidi*.

FRANÇAIS.	OSSÈTE.
Porte............	Douar. Grec, θύρα : slave, дверь; persan, در, der; allemand, thor, thür.
Porte (je)........	Khassin.
Pose (je)........	Awarin.
Possède (je)......	Sissin.
Possède (je)......	Ismen.
Potager..........	Tsakhardon.
Poudre à canon....	Top-khóz [*D*, topi-khoássé]; c'est-à-dire, *foin du fusil*.
Poule...........	K'hark. Persan, خورخان, *khourkhản*; erse, *keark*; irlandais, *keark*; slave, курρь.
Poussière........	Rik, rig. Ostiake de Loumpokolsk, *rioukh*; slave, *prag*.
Prairie..........	Ougardan [*D*, igordan].
Prends (je)......	Raïsdzinen.
Prends (je), reçois.	Raissin [*D*, roistoun].
Présent, cadeau ...	Lawar.
Presse (je).......	Ampelin.
Prête (je)........	Awstaw datin.
Prêtre	Sawghin.
Prie (je)	K'hourin [*D*, kóroun]. Allemand, *kühren*; persan, خوراستن, *khâsten*.
Prie Dieu (je)	Kkhouwin (*voyez* je Salue).
Prière..........	Kkhouwen.
Principauté.......	Eldarad.
Printemps........	Waldzak.
Proche, près......	Khasteg.

I i*

FRANÇAIS.	OSSÈTE.
Profondeur	Arf, arw.
Promets	Zaghin (*voyez* je Dis).
Protége (je)......	Rast-kkhanin (*voyez* Droit).
Protége (je), garde.	Bawarin. Allemand, *bewahre*.
Puissant, fort.....	Forazeg. Latin, *fortis*; français, *force*.
Puits...........	Ktsaï-don.
Punis (je).......	Inanbinem.
Pur, sain	Sihdág.
Putain	Khathaghé.
Putassier........	Adghin-warzag.
Queue..........	Dimeg. Persan, دنب, *dineb*.
Quitte (je)	Nouamin.
Racine	Ouidak, kabousté, ebin. Zend, *bonem*; persan, بون, *boun*; walish, *bon*.
Raconte (je).....	Radzourin (*voyez* Réponse).
Rampe (je)	Birin.
Rase (je)........	Dassin.
Rassemble (je)....	Ambir-kkhanin.
Reçois (je)......	Issin, sartin.
Réconcilie (je)....	Bazidáoun.
Règne (je)......	Eldarad kkhanin.
Reins, rognons....	Agd.
Rejette (je)......	Apparnin.
Réjouis (je me)...	Tsin-kkhanin.
Religion	Dzinag.
Remercie (je)....	Arfi-kkhanin.

OSSÈTE.

FRANÇAIS.	OSSÈTE.
Renard	Rouwas. Persan, روباه, *roubáh;* kourde, *rouwi;* gaelic, *rouadh;* latin, *rufus.*
Réponse	Radzouren, composé de *ra,* iterum, et de *dzouren,* dire.
Résine.	Píssi. Latin, *pix;* allemand, *pech.*
Respire (je)	Oulafin.
Ressouvenir (je fais).	Tarihad-kkhanin.
Reste (je)	Nilawdzinen.
Retourne (je)	Zdakhin.
Réunion, congrès..	Ambird.
Ris (je)	Khoudin [*D,* khodon]. Persan, خندم, *khendem.*
Rivage	Doné-byll, c'est-à-dire, *lèvre de l'eau.* [En persan, le bord de la mer s'appelle لب دریا, *leb-i-deriâ,* lèvre de la mer].
Rixe	Kalaba.
Riz..............	Prinz. Persan, برنج, *birindj.*
Rocher	Kadzakh.
Romps (je).......	Satin.
Rosée	Khalas. Persan, جاله, *djâlah.*
Rouge	Sirkh, syrkh [*D,* sourkh]. Persan, سرخ, *sourkh;* kourde, *sôr;* lettonien et liewonien, *sarkans.*
Rude, âpre.......	Dirzeg.
Rue.............	Oung.
Sable..	Smis [*D,* adjmiéssa]. Lettonien, *smiltis.*
Sacrifice.........	Khorsté, nouwond.

FRANÇAIS.	OSSÈTE.
Sage............	Zóndghin. De *zonin*, savoir. Russe, знаю [*je sais*].
Saint............	Sihdág.
Saint (un)........	Wach, ouach.
Sais (je)........	Zonin. Kourde, *dsanou*; russe, знаю; pehlwi, *chenah*, il sait.
Saisis (je).......	Artsakhdzinen.
Sale............	Akhourst.
Salpêtre.........	Takhs.
Salue (je).......	Kkhouwin (*voyez* je Prie Dieu).
Sáng............	Thoug, artende [*D*, tóg].
Saut............	Kyldym. Arabe, قَطْلَةِ, *kelethet.*
Sceau............	Karta.
Seigle...........	Syl. Latin, *secale*; français, *seigle*, &c.
Seigneur.........	Khitsaw. Persan, خديو, *khidsiw*.
Sel.............	Tsakh [*D*, tsaukhé]. Samoïède, *sak*, *chak*; taz, wogoule, *siak*, *sekh*; samoïède du Taz, *chok*, &c.
Selle............	Sarg. Arabe, سرج, *sardj*.
Selle (je)........	Sargawarin.
Sème (je)........	Baïtawin.
Semence.........	Namyq.
Sens l'odeur (je)..	Ghimin.
Sens par le tact (je).	Koudi-khanin.
Serpent..........	Kalm (*voyez* Ver)....
Sers (je)........	Arkháïn.
Servante.........	Kkhoussit.

OSSÈTE.

FRANÇAIS.	OSSÈTE.
Serviteur..........	Kkhoussag.
Seuil.............	Douarek asser.
Sévère...........	Itteg.
Siècle (éternité)...	Mikkag.
Sobre............	Ourómeg.
Soc..............	Zirgha.
Sœur............	Kho [*D*, khorra]. Pehlwi, *khoh*; persan, خواهر, *khoudher*; afghan, *khour*; welish, *khouar*; bret., *hoar*; kornwall; *khor*.
Soie.............	Zeldag. Russe, шелкъ; anglais, *silk*.
Soif.............	Donoug (*voyez* Eau).
Soif (j'ai).......	[*D*, adonougden].
Soir.............	Zer. Italien, *sero*; français, *soir*; tchetchentse, *sarrakh*; ingouche, *zeire*.
Soleil...........	Khourr. Persan, خور, *khour*; خورشید, *khourchid*; zend, *kouéré*; pehlwi, *khorchid*.
Somme..........	Khous [*D*, khoussek]. Kornwall, *kousga*.
Sommet de montagne	Tsoub. Russe, сопка.
Sors (je)........	Ratsowoun (*voyez* je Vais).
Sors (je)........	Ratsáun (*voyez* je Vais).
Sortir (je fais)....	Rouotsinen.
Souffre (je)......	Fak'homin.
Soufre (le).......	Zouandon.
Soulier..........	Tsabour [*D*, tsoulouk]. Kourde, *soul*.
Source..........	Sawa-don, saw-don; c'est-à-dire, *eau noire*.

FRANÇAIS.	OSSÈTE.
Source chaude....	Karmé-doun (*voyez* Chaud).
Sourcils.........	Arfig, erfid. Grec, ὀφρύς.
Souris...........	Mist. Slave, мышь; persan, موش, *mouch;* kourde, *michk;* allemand, *maus*, &c.
Sous [*sub*].......	Bneh. Kourde, *beni.*
Stature..........	Rez, sew-razthi. Russe, ростъ, ростить, *croître;* pehlwi, *roust*, il croît.
Step............	Bedirr.
Sud............	Ambiz-bon.
Sueur..........	Khêd. Zend, *khedem;* pehlwi, *kheh;* persan, خوی, *khoï;* kourde, *kho, ko.*
Supérieur.......	Oulag. Breton, *ougel;* kornwall, *coual.*
Sur.............	Wolé. Persan, باله, *bâlah;* pehlwi, *bala.*
Tabac...........	Tamako.
Tard...........	Arregkmah.
Temporel.......	Afonthi.
Temps..........	Afon, k'houttag.
Termine (je)....	Faudzinem.
Terre, élément...	Sakh, sekh [*D*, tchighit]. Zend, *za.*
Testiculus......	Aik (*voyez* Œuf).
Tête...........	Ser, saro. Persan et kourde, سر, *ser, sar.*
Tigre	Staï.
Tire (je)........	Lassin.
Tire un coup (je)..	Akhsin.
Toile...........	Kŕéten, kittag. Arabe, قطن, *qaın.*
Tombe malade (je).	Nefarassin.

FRANÇAIS.	OSSÈTE.
Tonneau.........	Koutchil.
Tonnerre.........	Arwé-tsalkatté, ouat, arwé-maré [*D*, arvi-gar] (*voyez* Ciel).
Tortue..........	Wartsin-khaeffh (*voyez* Grenouille).
Touche (je)......	Agaïou, agaïs.
Toujours.........	Ala-bon, c'est-à-dire, *tous les jours.*
Toujours [*semper*].	Allkhad.
Tour [*turris*].....	Massig, makhig.
Tourne (je)......	Zilin.
Tous............	Oul, all. Allemand, *alle.*
Tousse (je)......	Koufin. Persan, خفبن, *koufdiden.*
Travail, action....	Kkhouttag, kkhousti. De *kkhanin,* faire.
Travaille (je).....	K'houssin.
Très............	Itteg.
Trinité..........	Saniba. Géorg., სამება, *sameba.*
Triste...........	Ankar.
Trompe (je)......	Kháïn.
Tronc d'arbre.....	Kodakh. Latin, *caudex;* persan, کندہ, *kendeh.*
Troupeau........	K'homth.
Trouve..........	Arin, sardzenin.
Tue (je).........	Maron, amardzinin. Allemand, *morde.*
Unigenitus........	Iwnehei-ghourd.
Union, paix......	Lemen, angon. Persan, لامان, *lámán,* amitié, flatterie.
Urine...........	Mizintsago [*D,* messountsaghé]. Kourde, *mits.*

FRANÇAIS.	OSSÈTE.
Vache............	Kkhoug [*D*, goghé]. Allemand, *kuh*.
Vaisseau..........	Nau. Persan et kourde, ناو, *nâw* ; latin, *navis*.
Vallée...........	Ourdik, bidir, ardous, theten-beste.
Veau............	Rod, rowod [*D*, ouás].
Veille, sans dormir.	Igâl.
Vends (je)........	Alkhanin.
Vends (je).......	Woï-kkhanin. (*Woïag*, vente.)
Vent............	Demgäh, dimgh, waad. Zend, *watem*; pehlwi, *wad* ; persan, باد, *bâd* ; ostiake et wogoule, *wot*, *ouata*.
Ventre...........	Goubyn. Persan, جوف, *djouf*.
Ver [*vermis*]....	Kalm, koudir-kalm. Persan, کرم, *kerim*.
Vert............	Tsakh. Persan, سبز, *sabz*.
Vérité...........	Resté. Persan et kourde, راستی, *râsti*.
Verse de l'eau (je).	K'halin.
Veux (je)........	Fendin.
Viande...........	Fíd (*voyez* Père).
Vie.............	Tsard. Persan, زند, *zend*.
Viens (je)........	Artsawoun.
Vierge [pucelle]...	K'hisghé (*voyez* Fille).
Vieux...........	Sarond, serind [*D*, siround]. Persan, زر, *zer*; pehlwi, *zerman*; zend, *zeoroué*; mordouane, *syré*.
Village..........	Kau, kaw. Persan, کو, *kou*, *ko*.
Ville............	Sahar. Persan, شهر, *chehr*.
Vin.............	San [*D*, zanna]. Abaze, *sana*, *zana*.

OSSÈTE.

FRANÇAIS.	OSSÈTE.
Vis (je)	Tsarin.
Visage	Tsazkom, dérivé de *tsasté*, œil.
Visible	Ouidtté. Latin, *video*; russe, вижу.
Vite	Takht. Persan, تَك, *tek, tak*.
Vivant	Agás, agousthi.
Vivifie (je)	Agas-kkhanin.
Vague, onde	Farsalak. Gaelic, *fairjé*.
Vois (je)	Ouin, fetoun [*D*, winnoun]. Persan, بِنَم, *binem*; kourde, *binum*; latin, *videre*.
Voisin	Iewakhzon.
Vole (je) [*volare*]	Takhin.
Vole (je) [*rapio*]	Karnikh-kkhanin (*karnikh*, voleur).
Voleur	Bar.
Vrai	Atsúg.
Un	Iou [*D*, iaoué]. Persan et kourde, يَك, *iék*; zend, *euo*.
Deux	Douéh. Persan et kourde, دو, *dou*; zend, *doué*.
Trois	Arté [*D*, arta].
Quatre	Tsouppar. Arabe, چهار, *tchihár*; zend, *tchetweré*.
Cinq	Fonz. Persan, پنج, *pendj*; zend, *peantché*.
Six	Akhzes [*D*, akhzassé]. Persan, شش, *chech*; zend, *khchoúech*.
Sept	Awd. Kourde, *ahft*; persan, هفت, *haft*; zend, *hapté*.
Huit	Ast. Kourde, *ahst*; persan, هشت, *hacht*; zend, *achté*.

FRANÇAIS.	OSSÈTE.
Neuf............	Farast.
Dix.............	Dèz. Zend, *dezé*; latin, *decem*; slave, деястъ.
Onze............	Iou-déz [*D,* iauan-déz]. Persan, يازده *iâzdeh.*
Douze...........	Doua-déz. Persan, دواده, *douâ-deh.*
Vingt...........	Zedz [*D*, inzei].
Vingt-un........	Iou ama zedz [*un et vingt*].
Trente..........	Déz ama zedz [*dix et vingt*].
Trente-deux.....	Dou ama dez ama zedz [*deux et dix et vingt*].
Quarante........	Douï zedzi [*deux vingts*].
Cinquante.......	Dez ama doui zedzi [*dix et deux vingts*].
Cent............	Zadda. Persan et kourde, صد, *sad*; zend, *zeté*; slave, сотъ. On dit aussi en ossète *fonz zedzi* [cinq vingts].
Mille...........	Dez zadda [*dix cents*]. On emploie aussi le mot turc de *ming*.

LANGUE
GÉORGIENNE.

La nation géorgienne, qui occupe une grande partie de l'isthme caucasien, s'y trouve assez isolée; car elle diffère de ses voisins, tant pour la langue que pour ses qualités physiques et morales. Elle s'étend depuis la rivière Alazani jusqu'aux bords de la mer Noire. Elle a au nord le Caucase, et au sud le fleuve Kour; et les montagnes de Qarabaghi, Pambak et Tchildir, la séparent de peuples d'origine et de langage différens.

Depuis que les Géorgiens se sont convertis au christianisme, ils ont commencé à rattacher leur histoire ancienne aux traditions bibliques, en y ajoutant d'autres faits tirés des livres arméniens et persans. Ce défaut leur est commun avec plusieurs peuples chrétiens qui ont méconnu le véritable but des Écritures saintes, en les croyant la seule et incontestable source de l'histoire ancienne du genre humain, au lieu de les prendre pour ce qu'elles sont, pour l'histoire du peuple juif. Les Géorgiens prétendent donc descendre de თარგამოს-ს *[Thargamos]*, petit-fils de Japhet, et ils donnent à toutes les tribus de leur nation le nom général de *Thargamossiani*. La partie de cette nation qui habite la Géorgie proprement dite, s'appelle *Kharthouli*, de Kharthlos, fils de Thargamos. Les Géorgiens sont vraisemblablement venus de la haute chaîne de montagnes de *Pambaki*, dont le double sommet, nommé *Alaghez*, reste, même pendant le mois de juin, couvert de neige. De là, ils se sont répandus vers le nord et le nord-ouest, en peuplant les vallées fertiles situées entre cette chaîne et le versant méridional du Caucase. L'ancienne histoire de la Géorgie dit que le pays habité par Kharthlos et les siens était au sud du Kour, et entre ce fleuve et la rivière de *Bedroudji*, qui s'appelle actuellement *Debeté* ou *Bortchalo*. Cette dernière vient des montagnes de Pambaki, et se jette dans la droite du Kour.

La nation géorgienne se subdivise en quatre peuplades, qui diffèrent considérablement, tant pour les dialectes qu'elles parlent que par leurs qualités physiques et morales.

I. La partie la plus considérable de la nation est formée par les *Kharthouli*, qui habitent le *Kharthli*, la *K'akhéthi* et l'*Imeréthi* jusqu'au fleuve *Tskhenis-tzqali*, qui est le *Hippus* des anciens. Les *Pchawi* et les *Goudamaqari*, deux tribus qui habitent les alpes caucasiennes, à l'orient de l'Aragwi, doivent être rangés dans cette première classe.

II. Les habitans de la *Mingrélie*, de l'*Odichi* et du *Ghouria*, parlent un dialecte qui diffère considérablement du géorgien pur et ancien, idiome dans lequel est écrite la traduction de la Bible faite au IV.ᵉ siècle de notre ère.

III. Les *Souanes* sont les habitans d'une portion du versant méridional de la partie occidentale du Caucase. Cette nation se donne à elle-même le nom de *Chnaou*, et les Géorgiens, Iméréthiens et Mingréliens l'appellent სვანი *[Swani]* ou სონი *[Soni]*, et leur pays სვანეთი *[Swanethi]*. Strabon les place dans le voisinage de Dioscurias; et Pline dit : *Flumen Cobum è Caucaso per Suanos fluens.*

Encore aujourd'hui, les Souanes habitent la partie supérieure du fleuve *Khobi*, dont le nom Χῶϐον est écrit plus exactement par Arrien que par Pline. Ptolémée nomme ce peuple *Suano-Colchi*.

Selon le Traité des ambassades par Menander, les Romains et les Perses combattirent, en l'an 562 de J. C., pour la possession de la Souanie, et Khosroès déclara aux ambassadeurs byzantins que le pays des Souanes n'était nullement digne de leur attention, et qu'ils n'en pourraient tirer aucun avantage. Au reste, il y avait alors, comme aujourd'hui, dans cette contrée, un passage fréquenté pour traverser le Caucase. L'an 569 de J. C., Zemarkh, revenant de son ambassade auprès du khan des Turcs, de l'Ektag [l'*Altaï*], Sarodius, prince des Alains [*Ossètes*], lui conseilla de ne pas passer par le pays des Mindimians, parce que les Perses lui avaient tendu des embûches dans le voisinage de la Souanie, et de prendre plutôt le chemin Darinien [*Dariel*] pour retourner chez lui.

Les Souanes restent aujourd'hui dans les alpes méridionales du Caucase; on les trouve d'abord à l'est, au mont Djouman-taw, qui est à peu près à six milles d'Allemagne au sud du village de Qaratchaï. La vallée étroite arrosée par le Teberdeh se prolonge jusqu'aux montagnes neigeuses; un chemin qui traverse celles-ci, franchit le Caucase, mène aux sources du *Tzkhenis - Tzqali*, ou rivière du Cheval, l'*Hippus* oriental des anciens, et au-delà, en Iméréthi et dans la Mingrélie. Les Souanes habitent les parties hautes du Tzkhenis-Tzqali, qui coule dans leur pays sous le nom de *Lachkhouri*, et celles de l'Engouri, qui se jette dans la mer Noire à Anaklea. A l'ouest, les Souanes s'étendent, dit-on, jusqu'aux sources du Kabéti, qui tombe dans la mer à Bitchwinta; mais il est douteux qu'ils aillent aussi loin. Selon Guldenstædt, leurs villages sur le Lachkhouri, sont Lachet, Tcholouri, Ralachi, et Ientha [en géorgien, *Ientekhi*]. Lachet est à une petite journée de route du village de Sardméli, situé dans la province de Ratcha, et sur le Ritzéaouli, ruisseau qui, à peu de distance, se joint au Rioni à gauche. Les villages baignés par l'Engouri, sont Ouchkour, Kaia, Adich, Migat, Ipar, Bogrech, Tzirmi, Ieli, Milokh, Lengor, Lateli, Betchi, Dol, Iebout, Tskhoumar, Iezer et Lakhmoura. Les Souanes sont placés beaucoup trop à l'ouest et pas assez à l'est sur la grande carte de la Russie publiée à Saint-Pétersbourg, en 1800, par le dépôt des cartes, qui les indique sous le nom de Суаны ou Сванеты : enfin elle étend leur territoire au nord des montagnes neigeuses ; ce qui est encore plus inexact.

On dit que jadis les Souanes étaient soumis à la Géorgie ; on sait du moins avec certitude qu'ils appartenaient au royaume des Lazes. Ceux qui vivent sur le Tzkhenis-Tzqali sont sujets du dadian de la Mingrélie ; ceux, au contraire, qui habitent sur l'Engouri, ont des princes entièrement indépendans. Ils ont embrassé le christianisme dès les temps les plus reculés ; on rencontre encore dans leurs montagnes des églises en bon état ; ceux du Tzkhenis-Tzqali reconnaissent la juridiction de l'évêque de Letchkhoumi.

Selon Guldenstædt, les Souanes comptent cinq mille familles ; Reineggs n'évalue leur force qu'à la moitié de ce nombre. C'est un peuple grand, beau et bien fait, mais le plus malpropre de tous ceux du Caucase. Leurs maisons, construites en pierres sèches ou en claies enduites de terre, n'ont pas de fenêtres; le jour entre et la fumée sort par un trou pratiqué au milieu du toit, qui est en grosses poutres posées horizontalement sur les quatre murs et revêtues de terre. Toute la famille couche pêle-mêle avec le bétail sur la paille. Les Souanes ignorent l'usage des chemises ; ils portent deux à trois vêtemens étroits l'un sur l'autre, qui laissent à découvert la poitrine, l'avant-bras et les genoux. Un tablier leur tient lieu de culotte, et des bandes de drap, nouées autour des jambes et qui montent jusqu'aux cuisses, remplacent les bas. Ils enveloppent leurs pieds d'une peau d'animal crue, qui est pointue par devant. Quelques-uns portent sur leurs cheveux, qu'ils ne peignent jamais, un bonnet iméréthien; mais la plupart vont tête nue. Les femmes font de même ; cependant les jeunes filles ne mettent jamais rien sur la tête, et les femmes mariées la couvrent d'un mouchoir rouge qui ne laisse voir qu'un œil : tout le reste du visage est caché. Elles ont une robe longue, étroite, ordinairement en toile rouge, qui est nouée par-devant : en hiver, elles mettent par-dessus un manteau de drap grossier; en été, il est de toile rouge. On les dit très-belles, et elles n'ont pas des mœurs très-sévères, de sorte que c'était autrefois une honte pour une femme de n'avoir pas plusieurs amans.

Ils font cuire, d'une manière très-sale, dans la cendre, leur pain de froment et d'orge; en été, ils le remplacent avec du millet cuit à l'eau et très-épais. Le commerce avec les *Qaratchaï* leur procure du sel de Russie. Ils ont de grands troupeaux de chèvres, et élèvent généralement beaucoup de volaille. Malgré leur malpropreté et la misère de leurs vêtemens, ils aiment tous, hommes et femmes, à se parer de chaînes d'or et d'argent, autant que leurs facultés le leur permettent. Chaque maison ou chaque famille n'ayant qu'un vase à boire, dont on se sert en commun, il est ordinairement en argent, et leurs fusils sont plus ou moins décorés de plaques de ce métal.

Le pays des Souanes abonde en mines de plomb et de cuivre qu'ils savent fondre; mais il n'en est pas de même du fer. Ils font eux-mêmes leur poudre et tous les matériaux qui entrent dans sa composition, et la vendent aux *Qaratchaï*. Ils fabriquent aussi du drap grossier dont ils vont faire le trafic en Imeréthi.

La physionomie des Souanes les rapproche des Géorgiens; cependant leur dialecte diffère beaucoup de l'ibérien et du mingrélien, et contient un très-grand nombre de mots étrangers. Cela vient sans doute de ce qu'ils sont séparés depuis si long-temps de ces peuples; car les noms de nombre, les pronoms et d'autres mots, sont semblables à ceux des Mingréliens et des Géorgiens.

IV. La dernière branche et la plus occidentale de la nation géorgienne forme les *Lazi*, appelés لاج *[Lâj]* par les Turcs. C'est une tribu sauvage et adonnée au brigandage, qui habite dans le *Pontus*, depuis Trébizonde, le long de la côte, jusqu'à l'embouchure du *Tchoroki* ou *Tchorokh*, qui le sépare du Ghouria. Leur langue approche du mingrélien, et, dans le moyen âge, ils ont donné leur nom à tout le pays situé depuis le *Tchorokh* jusqu'au nord du *Phasis*, qui fut appelé *royaume de Lazes* ou *Lazica*.

Quoique le géorgien offre plusieurs ressemblances avec les langues de la source indo-germanique et avec celles de l'Asie septentrionale, il doit pourtant être considéré comme un idiome particulier, qui diffère, tant pour les mots que pour les racines, de toutes les langues connues.

Le premier des deux vocabulaires qui suivent immédiatement, contient trois dialectes, savoir: le k'harthli, le mingrélien, et celui des Souanes. N'ayant pas pu recueillir un nombre égal de mots lazes, j'en ai donné une liste à part, en les comparant aux autres dialectes. Dans ces deux vocabulaires, je fais remarquer les ressemblances que présentent certains mots avec des mots pareils qui se rencontrent dans d'autres langues.

VOCABULAIRE GÉORGIEN, MINGRÉLIEN ET SOUANE. 519

FRANÇAIS.	GÉORGIEN.	MINGRÉLIEN.	SOUANE.
Agate........	Agagi. *allemand*, achat.		
Aigle.......	Artziwi. *armén.*, արծուի ardzoui; *allem.*, aar		
Aiguille......	Nemsi.		
Aime (j').....	Miqwars.		
Air, vent....	Hawa. *pers.* هوا, hawâ.		
Amadou.....	Abedi......... *arménien*, apet; *pers.*, پده, pedeh.	Abedi.........	Abed.
Ame.........	Zouli. *allemand*, seelé.		
Amer........	Mtzaré.........	Kolo..........	Maouini.
Ample.......	Ganieri.	*arab.* سنّة sannat.	
An..........	Tzelitzadi.......	Tsana.........	Zai. *mandchou*, ᠵᡝ, ze.
Ane.........	Wiri.......... *arabe*, بعير, iyir.	Girin.........	Tzewi.
Arc.........	Mchoildé.		
Arc-en-ciel...	Iris. *grec*, ἶρις.		
Argent.......	Wertskhli......	Kwartchkhili....	Wertskhlé.
Argile.......	Tikha......... *samoïède de Man-gaseïa*, diya.	Tikha.........	Gim.
Aujourd'hui...	Dg'es.(*V.* Jour).	Ga............	Gadi.

FRANÇAIS.	GÉORGIEN.	MINGRÉLIEN.	SOUANE.
Avoine......	Chrywa. *zyrain*.ziour,zeur.		
Barbe.......	Tzweri.........	Primouli.......	Oueré.
Bas *[humile]*..	Dabla.......... *allemand*,tiëf;*bas-allemand*, deep.	....	Dambai.
Bas (en).....	Kwewit', kwemo.		
Battre.......	Tsema.		
Beau........	Lamazi.........	Zkouami.......	Mousgouen.
Belier.......	Tsikani......... *allemand*, ziege.	Katsari......... *slave*, kozel.	Pikou. *allemand*, bock.
Beurre.......	Erbo..........	Ebro..........	Erbo.
Bière........	Loudi.........	Loudi.........	Zoura. *turc*, صره, srah.
Blanc.......	T'et'ri.........	Tché..........	Tetouné.
Bleu........	Tsiz-p'eri (c'est-à-dire,*clair du ciel*) lourdji. *Persan*, لاجورد, ladjwerd [*bleu d'azur*].	Lourdji........	Yourdj.
Bœuf........	Khari.......... *persan*, كواره, gouareh;*karélien*, khyaria; *wogoule*, kharmiz, karmez.	Khodji......... Dichkha, tka....	Kan. Zck, tzkheka.
Bois, arbre...	Khé............ *ingouche*, khé; *motore*, haë.		
Bon.........	K'argi.........	Djiri..........	Ezer.

MINGRÉLIEN ET SOUANE. 521

FRANÇAIS.	GÉORGIEN.	MINGRÉLIEN.	SOUANE.
Bouc........	T'kha.......... pers., تكه, tekeh.	T'kha..........	Dakal.
Bouche......	Piri.......... arménien, բերան, pyeran; letton., bourna.	Pidji.........	Pil.
Bouton.......	G'ili.		
Branche......	Sto. allemand, ast.		
Brebis.......	Tskhwari.......	Tchkhouri......	Goyak.
Brouillard....	Nisli. pers., نزم, nizim.		
Canard.......	Ikwi..........	Tz'khaou-chinchi.	Maouits.
Caverne......	Kwabi [chaudron]		
Cerf.........	Iremi.......... arabe, ريم, rim; pl., آرام, erâm.	Iremi..........	Irem.
Cervelle.....	Twini..........	Toueni.........	Twei.
Chacal.......	Toura.		
Chameau.....	Aklemi........	Aklemi.........	Aklem.
Chante (je)...	Wmg'erob.		
Chat.........	K'ata.......... slave, kot; latin, catus; allemand, kater.	Katou..........	Tsitsou.
Chaud.......	T'bili. latin, tepidus; slave, тепло.		
Chaudron.....	Kwabi.		

VOCABULAIRE GÉORGIEN,

FRANÇAIS.	GÉORGIEN.	MINGRÉLIEN.	SOUANE.
Chaux.......	Kiri........... *turc*, كيرج, kiredj.	Kiri (dans tout le Caucase).	Kir.
Chemin......	Gza...........	Chara.........	Choukou.
Cheminée....	Boukheri. *persan*, بخار, boukhâr *[fumée]*.		
Cheval.......	Tzkheni........ *slave*, kon; *tchouwache*, khen.	Tzkheni........	Tchaj.
Cheveux.....	T'ma..........	Toma..........	Oueré (*V*. Barbe). *ostiake*, varraz.
Chèvre.......	Tkha..........	Tkha (*V*. Bout).	Dokal.
Chèvre sauvage	Artchwi.		
Chien........	Dzag'li........ *send*, sag; *persan*, ساك, sek, seg.	Djogori........	Jeg. *persan*, سگ, seg.
Ciel.........	Tsa...........	Tsach.........	Tsa.
Ciseaux......	Mak'ratéli.		
Clair........	Bneli.		
Clair, de couleur	G'ia, p'eri.		
Cochon......	G'ori.......... *romain*, gorée; *persan*, كراز, gourâz; *moderne*, gourouni.	Gedji.........	Kham.
Cœur,.......	Gouli. *breton*, kaloun; *walish*, kallon; *kamtchadale*, goullougou; *arabe*, قلوب qouloùb *[les cœurs]*.		

FRANÇAIS.	GÉORGIEN.	MINGRÉLIEN.	SOUANE.
Coin........	Gocha. *persan*, کوشه, gocheh.		
Colline,......	Gora. *slave*, ropa; *afghan*, gar; *pers.* کری ghiri *[mont]*.		
Combat......	Tchkhoubi, chpoti		
Coq........	Mamali........ (*voyez* Père).	Moumouli......	Kwitch. tchetch., kouatam.
Corne.......	Rka. *slave*, porb; *lith. et lette*, rags; *arab.*, روق rewq.		
Cou........	Qeli.......... *esthon.*, kaël; *allemand*, kehlé; *latin*, collum.	....	Kinchkh.
Coude.......	Dak'wi, mtzqrt'i. *mongol*, tokhai.		
Couler.......	Dena.		
Courbé......	Modrek'ili.		
Cours (je)....	Miwrhy.		
Court.......	Mok'lé........	Qoudeli.	
Couteau......	Dana..........	Khami.........	Yetchg.
Crapaud......	Gambio.		
Cri.........	Qwirili. *latin*, querela; *wotiake*, kouara; *allemand*, quarren.		

VOCABULAIRE GÉORGIEN,

FRANÇAIS.	GÉORGIEN.	MINGRÉLIEN.	SOUANE.
Cuis (je)	Wkharchaw.		
Cuivre	Spilindzi	Lindji	Spilenz.
Cygne	Sawat'i.		
Demain	Khwal.	Tchouché	Mikhar.
Dent	K'bili.	Kibiri	Chdik.
Desire (je)	Minda.		
Devant	Tzin.		
Diable	Echmani.		
Dieu	G'mert'i.	Gorounti	Gerbet.
District	Garchemo.		
Doigt	Tit'i. *latin*, digitus; *italien*, dito, diti; *zyraine*, tyouté; *lapon*, tiouté.	Kiti. *wogoule*, katouf.	Pkhouye. *kamtchad. du sud*, kanida.
Donne (je)	Wadzlew.		
Dos	Zourgi. *perme*, surd; *tchouwache*, siouram; *turc*, syrt; *arab.*, صغرى zeg'ri.		
Droit [*directus*]	Stzore.		
Dur	Mtk'itseni, magari.	Magari.	Bekgi. *turc*, یپك pek.
Eau	Tzqali	Tzkhari	Witz. *finnois*, wezi; *wogoule*, witz.
Éclair	Elwa	Wali	Elwai.

MINGRÉLIEN ET SOUANE.

FRANÇAIS.	GÉORGIEN.	MINGRÉLIEN.	SOUANE.
Écorce......	Kerki. *slave*, кора; *esclavon*, korka; *latin*, cortex, &c.		
Écrevisse.....	K'ibo.		
Écume.......	Kap'i. *persan*, كفّ, keff; *kourde*, kaw.		
Église.......	Saqdari.		
Éléphant.....	Spilo. *persan*, پيل, pil.		
Épaule.......	Mkhari........	Khoudji........	Mekkher.
Épouse......	Tsoli.........	Tchili.........	Yekhou.
Esprit.......	Tchkwa.		
Étain........	Qala......... *arabe*, قلعى, qala'i.	Kalé..........	Kalai.
Étoile........	Warsk'lawi.....	Mouroutz.......	Antvezk.
Étroit........	Witzro.		
Faucon, vautour.	Kori. *arabe*, korrez.		
Femme......	Deda-k'atsi (*voyez* Homme et Mère).	Ozouri.........	Patou.
Fente dans les rochers (crevasse).	Khrami.		
Fer.........	Rkina.........	Kina..........	Berech.
Feu.........	Tsetskhli......	Datchkheri.....	Iemezk.
Feuille.......	P'ourtseli.		

FRANÇAIS.	GÉORGIEN.	MINGRÉLIEN.	SOUANE.
Fil.	Dzar'i.		
Filet.	Badé.		
Fille.	Kali.	Ozouri.	Zourag.
Fils.	Chwli, tzez. . . . . *chinois*, tzu, tzée.	Zkoua.	Yezag.
Flamme.	Ali. *persan*, alao; *arabe*, يل, alew.		
Flèche.	Issari.		
Fleur.	Qwawili.		
Fleuve.	Mdinaré.	Mdinaré.	Gangalitz. *ostiaque*, yogan.
Foncé.	Motchirwebouli.		
Forêt.	Tqé. *voy*. Arbre, Bois.		
Forteresse. . . .	Tsikhé.		
Frère.	Dsma.	Djima.	Moukbé.
Froid.	Tsiwa. . . . . *tchouwache*, siwé.	Rgili.	Mitzgi.
Froment.	Ip'kli, khorbali. .	Khorbali.	Dičr.
Front.	Choubli. . . . . . . *afghan*, ouetch-wolĕ. Tkhemi. *wotiaque*, kymez; *perme*, kymiz.	Koua.	Té.
Fruit.	Namqop'i, naqopi.		
Fumée.	K'omli.	K'ouma.	

FRANÇAIS.	GÉORGIEN.	MINGRÉLIEN.	SOUANE.
Genou.......	Moukhli, tomi... aware, makh'io.	Bourgouli...... hébr., ברך, berek.	Gouie. ingouche, goua.
Glace [glacies]	Qinouli........	Ini............	Kwarem.
Gorge........	Qarqanto. polonais, gark; espag., garganta; esclavon, gortan.		
Goutte.......	Tzwet'i.		
Graisse......	Koni..........	Koni..........	Kon.
Grand.......	Didi........... lithuanien, didis.	Didi..........	Gangai.
Grêle........	Setqwa.		
Grenouille....	Baqaqi. turc, بغه, bag'ah; pers., پك, pouk, pak; allemand, pogge.		
Gros........	Ms'khwili, skéli.		
Gué.........	P'oni.		
Guerre.......	Omi. arabe, عمص, o'ms.		
Guerrier.....	Waj-k'atsi.		
Hache.......	Tsouli.		
Haut........	Magla......... sanskrit, maha [grand]; grec, μέγας [grand]; latin, magnus; wogoule près de Tcherdym, molin [haut].	....	Kowitkhi.

FRANÇAIS.	GÉORGIEN.	MINGRÉLIEN.	SOUANE.
Haut (en)....	Zewit', zemo.		
Herbe......	Balakhi.		
Heure......	Za'ati (*dérivé de l'arabe*).		
Hier.......	Gouchin.......	Goga.........	Gaad.
Homme [*vir*].	Kmari. *latin*, maritus; *persan*, مرد, mard.		
Homme [*homo*]	K'atsi......... *turc*, کشی, kichi.	Kodji.........	Maré. *persan*, مرد, mard; *zyraine*, mort.
Huile.......	Zet'i. *arabe et persan*, زيت, zeit [*olive*].		
Ile.........	Tchalak'i.		
Jaune.......	Kwit'eli....... *allem.*, quitte.	Kwit'eli.......	Kwitai.
Jeune, nouveau	Akhali. *ostiake*, aikho.		
Joue (la).....	Loqa. *héb.*, לחי, lekhah; *irland.*, lioka.		
Jour........	G'atzwi, *arabe*, خدّ, khadd.		
Lac........	Dg'é.........	Ga..........	Dechdoui.
Laid........	Tba.		
Lait........	Gondji.		
Lait aigre. ..	Rdsé.........	Wchá........	Irdjé.
	Matzoni....... *persan*, ماست.	Madzoni......	Madzon.

FRANÇAIS.	GÉORGIEN.	MINGRÉLIEN.	SOUANE.
Laitou.	Tit'beri.	Tidberi.	Toudber.
Langue.	Ena. *tongous*, inni, ingni, e ga.	Nina.	Nin.
Léger.	Souboukia. *persan*, سبك, sebuk.	Lekin. *allemand*, leicht.	Achkhi.
Lent.	Tzeqnarad.	Tzqnaro.	
Léopard.	Wep'khi. *ar.*, وجّ, wedjdj.		
Lèvre.	Lachi. *allemand*, lefze.	Ledjgi.	
Lézard.	Jojo.		
Lieu, endroit.	Adghili.		
Lièvre.	Kourt-gdzeli, c'est-à-dire, *longue oreille*.		
Lion.	Lomi. *ar.*, كهم, lah'ym.		
Loin.	Chors.		
Long.	Grdzeli.	Gdzeri.	
Loup.	Mgheli.		
Lourd, pesant.	Mdzimea.	Moka.	Kwami.
Lui.	Iz [*latin*, is].	Itina.	Allé. [*latin*, ille].
Lune.	Mt'waré.	Touta.	Twai.
Lynx.	Potskhori, jaghiaghi.		
Main.	Kh'eli. *turc*, قول; *toungous*, gala.	Khé.	Chi. *chinois*, cheou.

Tome II.   L l

FRANÇAIS.	GÉORGIEN.	MINGRÉLIEN.	SOUANE.
Maïs.......	Zimidi........	Zimidi........	Zimind.
Maison......	Sakhlt.		
Manteau de feutre.	Garti, nabadi.		
Marais......	Tchaoba.		
Mari........	Kmari........ *latin*, maritus; *persan*, مرد, mard.	Komodji......	Tchach.
Massue......	K'eti. *ossète*, ktif.		
Matin (le)....	Dila.		
Matin, de bonne heure.	Adré.		
Mauvais......	Awi.......... *esthon.*, alwi; *samoïède*, awoè.	Oubado........	Yek.
Méchant......	Pinti..........	Moglakh......	Khoya.
Mer.........	Zgwa. *arm.*, ձով, dzow.		
Mère........	Deda........ *mokchané*, tedéi.	Dida.........	Di. *kourde*, dé.
Milieu (le)...	Choua. *arabe*, سوا, sevaē.		
Mince.......	Tzminda, tswrili.		
Moi.........	Mé........... *breton, irl., gaélic*, mé; *turc et pers.*, من men; *allemand*, mich, mir, &c.	Ma...........	Mi.

FRANÇAIS.	GÉORGIEN.	MINGRÉLIEN.	SOUANE.
Mois........	Twé.........	Touta.........	Twai.
Mont........	Mta.......... *finnois*, metas; *turc*, تاو, taw, taou; تاغ, tag'.	Kirdé......... *voyez* Roc.	Kodj. *tcherkesse*, kouchkha.
Mordre......	Gledja.		
Mort (la).....	Sik'wdili.		
Mort, tué....	Moktouli.		
Mouche......	Bouzi. *tcherkesse*, bazze, batz; *tchetch.*, mazoui; *ingouche*, mazi; *latin*, musca, &c.		
Mur.........	Galawani.		
Nacelle......	Navi. *latin*, navis, &c.		
Nager.......	Tsourwa. *ar.*, ضرب, zarb.		
Navire.......	Targhi. *letton.*, traoukz.		
Neige........	T'owli......... *wogoule*, touit, toit.	Teri.........	Mouz. *turc*, موز, mouz.
Nez.........	Tskhwiri....... *pehlwi*, wir-man.	Tchkhindi.....	Chdim.
Nid.........	Boudé.........	Ogwadi.	
Noir.........	Chawi.......... *persan*, سياه, siáh; *ossète*, saw; *samoïède*, siagé, saga.	Chamb, outcha..	Mechkhé.

LI*

FRANÇAIS.	GÉORGIEN.	MINGRÉLIEN.	SOUANE.
Nous........	Tchwen........	Tchkhini......	Noi. *latin*, nos; *italien*, noi.
Nouveau, *voyez* Jeune.			
Nuage.......	G'roubeli.		
Nuit.........	G'amé.........	Zeri..........	Leet.
Obscur......	Nat'eli.		
Œil.........	Twali.........	Toli..........	Te.
Œuf.........	K'wetskhi......	Markwali......	Ghikré.
Oie.........	Bati.......... *arabe*, بط, bat'; *arménien*, պատ, pad; *wogoule*, batta, poat, pat.	Gorgonchi.....	Bata.
Oiseau.......	P'rinweli.......	P'rinweli......	Mepel.
Ongle........	P'rtchkhilni....	Birtzga........	Tzkha.
Or..........	Okro.......... *latin*, aurum.	Mokro........	Oker.
Oreille.......	Qouri......... *sanskrit*, karma; *finnois*, kyrwa, karwa.	Oudji......... *slave*, ухо.	Ouchkou. *russe*, ушка *[petite oreille]*.
Orge........	Keri.......... *allemand*, gersté; *armén.*, գարի, kari; *ossète*, khor.	Keri..........	Ker.
Os..........	Dzwali.........	Dzwali........	Tchijou.
Ours........	Dat'wi.		

MINGRÉLIEN ET SOUANE.

FRANÇAIS.	GÉORGIEN.	MINGRÉLIEN.	SOUANE.
Paille.	Bourdo.		
Paille hachée.	Bzé.		
Pain.	Pouri. *breton*, bara; *allemand*, brod.	Tchkomi.	Diër. (*voyez* Froment.)
Peau.	K'ani. *turc*, کون, koun.	Tkhebi.	Kan.
Père.	Mama.	Mouma.	Mau.
Peste.	Jami. *russe*, шума.		
Petit.	Patara.	Zmia. *tchetchentse*, jama	Katon. *hébr.*, קטן, katon.
Pied.	P'ekhi. *persan*, پای; *lat.*, pes; *polon.*, biekh; *aware*, pog.	Koutchkhi.	Tchichg.
Pierre.	Kwa. *wogoule*, kow; *finnois*, kiwi; *syrien*, kefo. Lodi. *grec*, λίθος.	Koua.	Kwa.
Pierre à feu.	Tali.	Kachi.	Kach.
Pigeon.	Mtredi.		
Plaie.	Datchra, dakodwa.		
Plaine.	Mindori.	Mindori.	Mindor.
Plateau d'une montagne.	K'eli.		
Plomb.	Tqwia.	Tkoué.	Tkoui.

FRANÇAIS.	GÉORGIEN.	MINGRÉLIEN.	SOUANE.
Pluie.........	Tzwima. *finnois*, wihma, wigma.		
Plume.......	Bounbouli, pta..	Gola..........	Galé.
Pointu.......	Mtsweti		
Poisson......	Tewzi........... *letton.*, ziws.	Tchkhomi......	Kalmakh. *samoïède*, khalé, kalé; *finnois*, kala.
Pont.........	Khidi.		
Porte........	K'ari.		
Poule........	Dedali......... (*voyez* Mère.)	Katomi........ *tcherkesse*, ghed.	Katai. *abaze*, koutou; *tchetch.*, kotoum.
Poules, coq et poule.	Kat'ami........	Kotomi........	Katai.
Pousser......	K'oura.		
Près.........	Akhloz.		
Prêtre.......	Mg'oudéli.		
Puits........	Tcha. *persan*, چاه, tcháh.		
Querelle.....	Tzqroma.		
Queue.......	K'oudi, bolo.... *latin*, cauda.	K'out'a.	
Racine.......	Peswi [*de l'arbre*], dziri [*de l'herbe*].		
Renard......	Mela, meli.		
Rivage.......	K'idé, napir; *lapon*, kaddé.		

FRANÇAIS.	GÉORGIEN.	MINGRÉLIEN.	SOUANE.
Roc............	K'Idé. *arabe*, كلّ, keled [*colline*].		
Roi............	Mep'é.		
Rosée.........	Nami. *persan*, نم, nam.		
Rouge.........	Tzit'eli.........	Tchita.........	Tserni. *slave*, чермно; *kourde*, sarkh; *ossète*, syrkh.
Sable.........	Kwicha.........	Khoumi......... *turc*, قوم, qoum.	Khoum. *turc*, قوم, qoum.
Sais (je).....	Witsi. *allemand*, wissen.		
Sang..........	Zis'khli.........	Zis'khli.........	Yemesk. *samoïède*, khem.
Scorpion.....	Mendi.		
Seigle.........	Tchouawi, zwili. *latin*, siligo; *bret.*, zegal; *roman*, zoïle; *ossète*, syl.		
Seigneur.....	Oup'ali.		
Sel............	Marili.........	Joumi......... *aware*, tsam.	Ghim.
Semence.....	Martswali.		
Serpent......	Gweli. *ar.*, غول, g'ouwel.		
Seul (un)....	Marto.		
Singe.........	Maïmoun. *persan*, ميمون, maïmoun.		

FRANÇAIS.	GÉORGIEN.	MINGRÉLIEN.	SOUANE.
Sœur........	Dâ............	Datchkim......	Datchour.
Soleil........	Mzé...........	Bcha..........	Mij.
Soufre.......	Gogirdi........ persan, کوکرد, gogird.	Tsaltsouba......	Gogird.
Source.......	Tsqaro.........	Tsourghili......	Yitz.
Sourd.......	Qrou.........		
Souris.......	T'agwi. ostiake et wogou- le, tawa, taoua.		
Souvent.....	Malmal. allem. allemal, mal.		
Sueur.......	Op'li..........	Oupou.........	Op'.
Tempête.....	P'rona.		
Temps......	Dro. arabe, دهر, dehr; allem., dauer; wotiake, dyr.		
Terre........	Mitza......... wogoule, mig, mikh; andi, miza; akou- cha, moussa.	Dikha..........	Gim.
Tête........	T'awi......... chinois, t'eou.	Doudi.........	Tkhoum.
Tigre........	P'alanghi. persan, پلنک, palank.		
Toi..........	Chen.......... turc, sen, sin.	Zi............	Zi.
Toile........	Tila, katani..... (arabe et persan).	Portcha........	Zgour.

MINGRÉLIEN ET SOUANE. 537

FRANÇAIS.	GÉORGIEN.	MINGRÉLIEN.	SOUANE.
Tonnerre.....	Koukhili........ *andi*, khoukhoudi.	Gourghin........ *aware*, gourgour.	Yekhanar.
Tortue.......	K'ouié. *chinois*, kouei.		
Tour [*turris*].	K'ochk'i.		
Tous........	Qwelani.		
Tranchant....	Mtchrélia.		
Vache.......	P'ouri, fouri.... *hébreu*, פרה, p'ou-rouh.	Kobali.........	Pour.
Vais (je).....	Mowdinar.		
Vallée, large..	Waké.		
Vallée.......	Khewi. *ostiake de Be-rezow*, khow.		
Vallée entre les rochers escarpés.	Khcoba.		
Vent........	Kari. *kourile*, keera; *samoïède de Tou-roukhansk*, khar-rou [*tempête*].		
Ver.........	Matli. *gothique et anglo-saxon*, mata; *fin-nois*, mato; *wogoule*, matar.		
Vert........	Mtzwat'eli......	Mtzouane.......	Tzouan.
Viande.......	Khortsi......... *latin*, caro; *grec*, χρέας.	Khortsi........	Yekhou. *afghan*, g'okhi.

538 VOCABULAIRE GÉORGIEN, MINGRÉLIEN ET SOUANE.

FRANÇAIS.	GÉORGIEN.	MINGRÉLIEN.	SOUANE.
Vieux......	Dzweli; beri. *persan*, پیر, pir; *ostiake*, pyris.		
Village......	Zopeli.		
Ville.......	Kalaki. *arab.*, قلعة, qa'lah; commun dans toute l'Asie.		
Vin........	G'wino......... *latin*, vinum; *valais*, gouin, &c.	Gwini.........	Gwinei.
Vite........	Tchkarad....... *slave*, скоро.	Malyas.	
Vivre.......	Tskhowerba. sitsotskhlé.		
Voiture.....	Ouremi. *grec*, ἅρμα.		
Vous.......	T'kouen........	Tkwa.........	Zgai.
Un.........	Er't'i..........	Ar't'i.........	Echgou.
Deux.......	Ori...........	Jiri..........	Yerou.
Trois.......	Sami..........	Soumi........	Semi.
Quatre.....	Ot'khi........	Ot'khi, antkhi...	Worchtkho.
Cinq.......	Khout'i.......	Khout'i.......	Wokhouchi.
Six........	Ekwsi........	Aphichoui, amchi.	Ouzgwa.
Sept.......	Chwidi.......	Chqwit'i......	Ichgwid.
Huit.......	Rwa..........	Rouo.........	Ara.
Neuf.......	Tskhra......	Tchkhoro.....	Tchkhara.
Dix........	At'i..........	Wit'i.........	Yecht.
Cent.......	Assi.........	Ochi.........	Achir.

VOCABULAIRE

LAZE.

FRANÇAIS.	TRÉBIZONDE.	KIEMER OU GONIA.	HOPE OU KRAINZA.
Agneau......	Tikani.		
Ame........	....	Chouri. *géorgien*, souli.	
Amour......	Oropa.		
An.........	Tzana. *mingrélien*, tzana.		
Arbre.......	Dja. *mingrélien*, tka; *souane*, tzkheka; *géorgien*, khé.		
Barbe.......	Pimpili. *mingrél.*, primouli		
Bâton......	Biga.		
Beau.......	Chouaren. *mingrélien*, chkouami.		
Blanc.......	Dzé...........	....	Kiché. *mingrélien*, tché.
Bouche.....	....	Pikhi. *mingrélien*, pidji; *géorgien*, piri; *souane*, pil.	
Chaud......	Toultsa. *mingrél.*, toubou; *géorgien*, t'bili.		

FRANÇAIS.	TRÉBIZONDE.	KIEMER ou GONIA.	HOPE ou KRAINZA.
Chemise.....	....	Porkha. *géorgien*, perangi.	
Cheval......	....	Tsekeni....... *mingrélien et géorgien*, tskheni.	Tskneni.
Cheveu.....	....	Toma.........	Toma.
Chien.......	Laki......... *abaze*, la.	Laki. *abaze*, la.	
Ciel........	Saa.........	Tsa.......... *géorgien et mingrélien*, tsa.	Ka.
Coq........	Mamaouli. *mingrélien*, moumouli; *géorgien*, mamali.		
Corne.......	Akra......... *géorgien*, rka.	Akra......... *géorgien*, rka.	Akra. *géorgien*, rka.
Couteau.....	....	Kami. *mingrél.*, khami.	Komi.
Dent........	Kibri......... *mingrélien*, kibiri; *géorgien*, k'bili.	Kibri. *mingrélien*, kibiri; *géorgien*, k'bili.	
Dieu........	Ormoti........ *mingrélien*, goromti.	Gormoti....... *géorgien*, g'merti.	Ormoti. *mingrélien*, goromti.
Eau........	Tsari......... *géorgien*, tzqali; *mingrél.*, tzkhari.	Tsari......... *géorgien*, tzqali; *mingrél.*, tzkhari.	Tsakali.
Étoile.......	....	....	Mourouki. *mingrélien*, mouroutz.

LAZE.

FRANÇAIS.	TRÉBIZONDE.	KIEMER OU GONIA.	HOPE OU KRAINZA.
Fer...........	....	....	Erkina. *mingrélien et géorgien*, rk'ina.
Feu...........	....	Dazkouri........ *mingrélien*, datchkheri.	T'akouri.
Fille..........	Botso. *mingrélien*, bochi [*enfant*].		
Fille [*puella*].	....	Okourtsa........ *mingrélien*, ozouri.	Kalé. *géorgien*, kali.
Fils..........	Chiri. *géorgien*, chwili.		
Fleuve........	Oroouba. *antsoukh et tchari*, or; *yakoute*, oryouz; *tawghi-samoïède-motore*, orgoby.		
Fromage......	....	....	Twali. *mingrélien*, kwali; *géorgien*, qweli.
Garçon.......	Bichi. *géorgien*, bitchi.		
Genou........	Bourg'ili. *mingrélien*, bourgouli.		
Homme [*homo*]	....	Gots........... *mingrélien*, kodji.	Ankodj. *géorgien*, ka'tsi.
Lait..........	Tza............	Djaloga........ *mingrélien*, wcha.	Btsa. *géorgien*, rdsé.

FRANÇAIS.	TRÉBIZONDE.	KIEMER OU GONIA.	HOPE OU KRAINZA.
Langue......	Nem............ *souane*, nin; *géorgien*, ena.	Nena........... *mingrélien*, nina.	Nena. *mingrélien*, nina.
Lui.........		Ztim........... *mingrélien*, itina.	Eya. *géorgien*, is.
Main........	Ké............ *mingrélien*, khé.	Ké............ *mingrélien*, khé.	Kheb. *géorgien*, kheli.
Maison......		Okori. *grec*, οἶκος; *andi*, akko.	
Mer.........		Tsouga. *géorgien*, zg'wa.	
Mère........	Nana.		
Miel........	Topouri. *mingrélien*, topouli; *géorgien*, t'apli.		
Moi.........		Ma............ *mingrélien*, ma.	Ma. *géorgien*, me; *souane*, mi.
Mont........		Dag'i. (*turc*).	
Neige.......	Touri. *mingrélien*, teri; *géorgien*, towli.		
Nez.........	Tzindi. *mingrélien*, tchkhindi; *souane*, chdim.		
Noir........	Oucha..........		Outcha. *mingrél.*, outcha.

LAZE.

FRANÇAIS.	TRÉBIZONDE.	KIEMER OU GONIA.	HOPE OU KRAINZA.
Nuage.......	....	Poula.......... *(turc).*	Boulout. *(turc).*
Œil.........	....	Toli........... *mingrélien*, toli; *géorgien*, t'wali.	Toli. *mingrélien*, toli; *géorgien*, twali.
Œuf........	Makoali. *mingrélien*, markwali.		
Oiseau......	Kinchi........ *aware et antsoukh*, hindj.	Kintchi. *aware et antsoukh*, hindj.	
Oreille.......	Oudji. *mingrélien*, oudji; *souane*, ouchkou.		
Pain.........	....	Kioudi........	Diari, kobali. *souane*, dier. *ar.*, خبز, khoubz.
Peau........	Kebi. *mingrélien*, tkhebi; *géorgien*, tk'awi.		
Pied........	Kouzka........	Kazzi.......... *mingrélien*, koutchkhi.	Koutchkhé.
Poisson......	....	Tchekomi...... *mingrél.*, tchkhomi.	Tchkomi. *géorgien*, t'ewzi.
Sable........	Khirimi.		
Sel..........	Tchoumo.......	Gouimou. *mingrélien*, joumi.	
Sœur........	Da. *géorgien*, da.		

VOCABULAIRE LAZE.

FRANÇAIS.	TRÉBIZONDE.	KIEMER OU GONIA.	HOPE OU KRAINZA.
Soleil........	....	Djara.	
Terre........	....	Leta........... *tchetch.*, latta.	Leté. *ingoutche*, leté, letté.
Tête.........	Ti............ *mingrélien*, doudi; *géorgien*, t'awi.	Ti. *mingrélien*, doudi; *géorgien*, t'awi.	
Toi.........	....	Zi............ *mingrélien*, si; *géorgien*, chen.	Zi. *mingrélien*, si; *géorgien*, chen.
Vache.......	Poudji. *géorgien*, p'ouri.		
Vaisseau.....	....	Karawi. *grec moderne*, καράβι; *slave*, корабль; *wogoule*, kerep; *ostiake*, kireb.	
Viens........	....	Mokti. *mingrélien et géorgien*, modi.	
Vieux.......	Tchouwé. *géorgien*, dzweli.		
Vin.........	....	G'ini. *mingrélien*, g'wini; *géorgien*, gwino.	

VOCABULAIRE

DES DIALECTES TURCS

PARLÉS DANS LE CAUCASE

ET DANS LES PAYS SITUÉS ENTRE LA MER NOIRE
ET LA MER CASPIENNE,

COMPARÉS

AU TURC DE LA SIBÉRIE ET À CELUI
DE CONSTANTINOPLE.

FRANÇAIS.	NOGAÏ.	QARATCHAÏ.	QOUMOUQ.
Abeille.........	....	....	....
Afflige (je m')...	*Fikrettaman (A)*.	....	Kaigraman......
Agneau.........	....	....	....
Aigle...........	....	....	....
Aiguille........	Ina...........	....	Igneh.........
Aile...........	Kanat.........	Kanat........	Kanat.........
Aime (j')......	Souyaman......	....	Sueman........
Air............	*Hawa (P)*.....	....	*Hawa (P)*.....
Amadou.......	Kouf..........	....	Kghou.........
Ame...........	*Djan (P)*......	....	*Djian (P)*.....
Ane...........	Echek.........	Echek........	Echek.........
Année.........	Yil...........	Yil...........	Yil...........
Après..........	....	....	....
Arbre..........	Agatch........	Agadj........	Terek.........
Arc............	Yaï...........	Yaï...........	Machag........
Argent.........	Goumich......	....	Goumich.......
Argile..........	Paltchig.......	....	Paltchoug......
Aujourd'hui....	Bougoun.......	Bougoun......	Bougoun.......
Automne.......	Gúz...........	Gouz.........	Guz...........
Avoine.........	....	....	....
Barbe..........	Sakal..........	Zakal.........	Sakhal........

LECTES TURCS.

IZYLBACH.	QAZAKH.	TURC DE TOBOLSK EN SIBÉRIE.	TURC DE CONSTANTINOPLE.
....	Ari..........	بال قورت bâl-qourt [vers à miel].	آرو ârqu...
rd'eilirem..	....	قيغورامن qaïghouramen.	قوجمق qodjmaq.
....	Kouzou......	قوزى qozi........	قوزى qozi.
....	Kara-kouch...	كوچوكان kutsugan..	قرتال qartâl.
eh........	Igna..........	اينه inah........	اكنه ighneh.
at........	Kanat, alek...	قنات qanat.......	قناد qanad.
irem.....	....	سوياهن souïamen..	سورم sewrem.
wa (P)...	Hawa (P)...	هوا hawa (P)....	هوا hawa (P).
u..........	K'aou........	قاو qaw.........	قاو qaw.
an (P)...	....	يان yan, جان djan (P).	جان djan (P).
ek........	Echek........	ايشاك ichak.....	اشك echek.
....	Il............	يل ïel........	بيل yil.
....	Sora..........	سونك soung......	صكره songrah.
dj........	Agadj........	اغاج aghats......	اغاچ aghatch.
....	Yaï..........	يا ya, ييا yia, سانای sanaï.	یای yaï.
ch......	Gumich......	كموش kumouch....	كومش gumich.
tchug.....	....	بالچق baltsiq.....	بالچق baltchiq.
goun.....	Bougoun.....	بوكون boukoun....	بولون bougun.
iz........	Paghiz........	كوز kuz, kiuz....	گوز guz.
....	Youlaf........	سولو soulou......	يولاف youlaf.
l........	Zakal........	سقال saqâl.......	صقال saqâl.

FRANÇAIS.	NOGAÏ.	QARATCHAÏ.	QOUMOUQ.
Bas..............	Allacha.........	Toben..........	Allacha......
Battre...........	Wourmegh.....	....	Ouradir......
Beau, excellent..	Arrow..........	Arrow..........	Arrow........
Bélier...........	....	....	....
Beurre..........	Maï............	Maï............	Maï..........
Blanc...........	Ak.............	....	Akh..........
Blessé (je).....	Yaralaman.....	....	....
Bleu............	Gok............	....	Gök..........
Bœuf...........	Okouz.........	Oggouz........	Akuz.........
Bois............	Agatch........	....	Otun.........
Bois (je).......	Itchaman......	Itcheman......	Itchemen.....
Bon.............	Iyi............	Yakhchi.......	Yakhchi......
Bouc............	....	....	....
Bouche.........	Akhzé.........	Ul.............	Aous.........
Bouton.........	....	....	....
Briquet.........	Atloukh.......	....	Odoukh......
Brouillard......	Toumán........	Touman........	Toumán......
Canal...........	Tataul.........	....	Tataul.......
Canard.........	Babouch.......	Babych........	Ordek........
Cascade........	....	....	Yertebi......

YLBACH.	QAZAKH.	TURC DE TOBOLSK EN SIBÉRIE.	TURC DE CONSTANTINOPLE.
tchag....	Alltchag......	توبن toubèn, تومن toumèn.	الچق altchaq.
ag......	....	اورماق ourmaq, صوقماق souqmaq.	دوكمك dögmek.
zel.....	....	آزر arou, كوزال kuzal.	ابو egu, كوزل guzel.
....	Kotch......	قوجقار qoutsqar...	قوجى qoutchy.
kh......	Yakh........	ماى maï.........	صاياغى sayaghï.
h........	Akh........	آق aq...........	اق
....	....	بارالاى‌من yaralai-men.	يره‌لمق yarahlamaq.
k......	Gèk........	كوك kiok........	كوك gök.
uz......	Okuz........	اوكوز ouguz......	اوكوز okuz.
oun.....	Agadj......	اغاج aghats......	اغاج aghatch.
hirem...	Itcharem.....	ايچامن itsïamen...	ايچمن itchémen.
khchi...	Yakhchi.....	يخشى yakhchi.....	يخشى yakhchi.
....	Teké........	ايككى itskè, كازه kïazek.	كيك keik.
hiz.....	Aghouz.....	آوز aouz, اغز aghiz.	آغز aghiz.
....	Tougma......	توىمه tuïmeh.....	دوكمه dökmeh.
oukh....	Tchagmakh...	چقماق tsaqmaq...	چقمق tchaqmaq.
our.....	Touman......	تومان touman.....	طومان duman.
th......	....	آريق aryq........	ارغ argh.
lek.....	Ordek......	اورناك ourtüak....	اوردك ördek.
rdebi...	Boulakh.....		

FRANÇAIS.	NOGAÏ.	QARATCHAÏ.	QOUMOUQ.
Caverne.......	Dorbin.........	....	Kazmá......
Cerf..........	Ghiïk.........	Kiïk..........	Gheïk.......
Cervelle.......	....	....	....
Chameau.......	Toniá.........	Touia.........	Tučh.......
Chante (je)....	Yirleiman.....	....	Yirleiman....
Charrue.......	Saban........	....	Saban......
Chat..........	Mechouk......	Mechouk......	Michik......
Chaud........	....	....	....
Chef..........	Sabit.........	....	....
Chemin.......	Yol..........	....	....
Cherche (je)...	Isleiman......	....	Isleimen.....
Cheval........	At...........	At...........	At...........
Cheveu.......	Sadj.........	Sadj..........	Sadj........
Chèvre.......	Etchki........	Etchki........	Etchki......
Chien........	It............	It............	It...........
Cicatrice......	Yara nenyari...	....	Yara yerida...
Ciel..........	Gok..........	Gkók.........	Gök........
Cigogne.......	Legleg........	Legleg........	Leglek......
Clair..........	Atchig........	....	Atchykh.....
Cœur.........	Yourek........	Yourck........	Urek........

DIALECTES TURCS.

QIZYLBACH.	QAZAKH.	TURC DE TOBOLSK EN SIBÉRIE.	TURC DE CONSTANTINOPLE.
....	Kèll......	مغارة mogharah (A).	مغارة maghâret (A).
Maral......	Maral......	يوشه youchah.....	كيك gheik.
Beïn......	....	ميه mieh, مىي miï.	بيني beini.
Dewéh......	Tewaih......	توبه tioueh, تَوَه tèwah.	دوه deweh.
Itchirirem....	....	يرلامن yerlamen..	ايرلايمن irlaïmen.
Kotan......	Kotan......	صوغا sougha, قورى qouri.	چفت tchift.
Pchik......	Pichik, michik.	ميشاك michïak, ماچى mâtchi.	كدى kedi.
....	Isti......	ايسّى issé, ايسّغ issegh.	اسى issi.
Beg........	....	باشلق bachlyq....	باشلق bachlyq.
....	Yol........	يول yol........	يول yol.
Akhtarirem...	....	....	ارامق arâmáq.
At..........	At..........	آط ath, يلقى yelqy.	آت ât.
Sadj........	Sadj........	ساج sats, جاج tsats.	صاچ sâtch.
Ghetchi.....	Ketchi......	ايچكى itskè......	كچى kétchi.
It..........	Ith........	ات et........	ايت it.
Yara, yeri....	....	يارا yara........	ياره yârah.
Gök........	Gök........	....	كوك gök.
Legleg......	Laglag......	لكلك legleg.....	لكلك lèklèk.
Atchoukh....	....	ياروق yarouq, آچوق atsouq.	اچوق atchouq.
Ourégh......	Ourek......	يوراق youraq.....	يورك yurek.

FRANÇAIS.	NOGAÏ.	QARATCHAÏ.	QOUMOUQ.
Colline........	Taba..........	....	Oukhtebè......
Coq..........	*Khoros (P)*.....	*Khoros (P)*....	*Khores (P)*....
Corne........	Mouyouz.......	Mouyouz.......	Mouyouz.......
Con..........	Maïon.........	....	....
Couche (je me).	Yataman.......	....	Yataman.......
Couler........	Akadir........	Akadour.......	Tamanir.......
Cours (je).....	Goraman.......	....	Yougĕreman....
Court.........	Kys'kha.......	....	Kis'kha.......
Couteau.......	Bitchag.......	Bidjag........	Bitchag.......
Cris..........	Kitchkhir.....	....	Ketchraider....
Crois (je).....	Inanamman.....	....	Inannaman.....
Cuis (je)......	Bicheraman....	....	Pchiremen.....
Cuisse........	....	....	....
Cuivre........	Pakhir........	....	Mirs..........
Danse (je)....	Bieïman.......	....	Ouineiman.....
Deçà (en).....	Beryakhdan....	Moundan.......	Beriyakhtan....
Delà (en).....	Aryakhdan.....	Ondan.........	Ariyakhtan....
Demain.......	Tanglá........	Tangla........	Tanglá........
Dent.........	Tich..........	Tich..........	Tich..........
Désert........	....	....	....

DIALECTES TURCS.

QIZYLBACH.	QAZAKH.	TURC DE TOBOLSK EN SIBÉRIE.	TURC DE CONSTANTINOPLE.
Kourgan.....	Tapa........	توبه tubèh, بایر baïr.	تپه tepeh, بایر baïr.
oras (P)..	Khorús (P)...	کوراس kouras (P).	خروس khoros (P).
Bouinouz....	Boinouz.....	میوز miouz.......	بوینوز boinouz.
....	Boini........	بویون bouion.....	بوین boïoun.
Yatirem.....	....	یاتامن yatamen...	یاتامن yatamen.
Akhir.......	Tamir.......	اقه aqmah, اغو aghouw.	اقمق aqmaq.
Yerurem.....	....	یوکورامن yogura-men.	قوشمق qochmaq.
Kiss'a.......	Kissa........	قسقه qisqah......	قصّه qyssa.
Bitchag......	Bitchag......	پچاق petsaq......	بچاق bitchaq, صویا souya.
Sawas.......	....	آقرو aqrouw....	چاو tchaw.
Inanirem.....	....	اینانامن inanamen.	اینانمق inanmaq.
ichirirem...	....	پشورامن pechoura-men.	پشورامن pichura-men.
....	Bout........	....	بیل bil, bel.
Mirs........	Mis.........	باقر baqir.......	باقر baqir.
Oïnirem.....	....	بیمن biïmen, اونایمن ouinaïmen.	چرامن sitchramen.
Moundan....	Bouyanna....	بری یقه beriyaqqah	بونده boundah.
Oundan......	Oyanna......	آری بقه ary yaq-qah.	اوته یقه oteh yaqa.
bah......	Sabah.......	....	یارن yarin.
ich........	Dich........	تش tich........	دیش dich.
ch, tala....	....	بوش bouch......	چول tchól.

FRANÇAIS.	NOGAÏ.	QARATCHAÏ.	QOUMOUQ.
Dessous, inférieur.	....	....	....
Dessus, supérieur.	....	....	....
Dieu............	*Allah (A)*......	Tairi...........	*Allah (A)*......
District.........	Togerek........	....	Aïlouma........
Donne (je)......	Beraman.......	....	Weremen......
Dors (je).......	Youkleiman....	Youkhleiman....	Youkhlarem.....
Droit...........	Tous...........	....	Tus............
Droite (à)......	....	....	....
Eau............	Sou............	Sou............	Sou............
Éclair..........	Yildrim........	....	Yildrim........
Écorce.........	Kaboukh.......	....	Kabikh........
Ecoute (j').....	Echtaman......	Angleiman.....	Echtemen.....
Écume.........	Kepek.........	Kopouk........	Kaff...........
Éloigné........	Ousag, alir....	....	Yirak..........
Enfant.........	Yach...........	Bala..........	Yach..........
Entends (j')....	Anglaiman.....	....	Tchunemen....
Épaule.........	Omouz.........	....	....
Épouse.........	Katyn.........	Katyn.........	Khatyn........
Époux..........	Eri............	Ére...........	Er............

DIALECTES TURCS.

QIZYLBACH.	QAZAKH.	TURC DE TOBOLSK EN SIBÉRIE.	TURC DE CONSTANTINOPLE.
....	Achaga......	تومن toumèn, toubèn	أشاغه achághá.
....	Youkhari.....	يوقارو youqarou..	يوقارى yoqari.
Allah (A)....	Allah (A)....	تنكرى tengri, الله Allah (A).	تنكرى tèngri.
Dèwri.			
Werirem.....	....	برامن biriaamen...	ويرمك wirmek.
Youkhlirem...	Yataram......	يوقلايمن youqlaï-men.	اويومق ouioumaq.
Dus.........	Tus.........	توز touz........	طوغرو doghrou.
....	Sag.........	اونك ounk......	صاغ sagh.
Sou.........	Slou.	صو sou, صُوْ souw.	صو sou.
Yildrim......	Ildrim.......	ياشين yachin.....	يلدرم ildrim, تمشك chimchek.
Kaboukh.....	....	قابوق qâbouq.....	قبوق qabouq.
Echidirem....	Etchidourem..	ايشبتامن ichita-men.	اشمك itchtemek.
Kaw.........	....	قوبوك qoubuk....	كوپك kiœpouk.
Irakh........	Ousag.......	يراق yéraq, آلوز álouz.	اوزاق ouzàq, اراق iràq.
Ouchag......	....	بالا balâ........	پچه petcheh.
Duchinurem..	....	آنكلاتمن ânglaï-men.	اكلمق anglamaq.
....	Tchigni.....	اوموز oumouz.	
Arwad.......	....	خاتون khatoun, پچه bitsah.	عورت èwret.
Err.........	....	ایر ir...........	ار er.

FRANÇAIS.	NOGAÏ.	QARATCHAÏ.	QOUMOUQ.
Esprit.......	Akhlé.......	....	Akhil........
Étain........	Kalaï.......	....	Kalaï........
Été (l').....	Yaz.........	Yaz.........	Yaz..........
Étoile.......	Yildiz.......	Yildiz.......	Yoldouz......
Étroit.......	Tar.........	....	Tarr.........
Eux.........	Ollar.......	Ollar.......	Olar.........
Fais (je)....	Yasseiman...	....	Étemen.......
Farine.......	....	....	....
Faux [falx] .	Tchalgo.....	Tcholgo.....	Tchalghĕ.....
Femme.......	Katyn.......	Katyn.......	Khatyn.......
Fer..........	Temir.......	....	Temir........
Ferme (je)...	Bekataman...	....	Beghetemen...
Feu..........	Ot..........	Ot..........	Ot...........
Feuille.......	Yaprakh.....	Yaprakh.....	Dïaprakh.....
Fil...........	Djip........	....	'Ip...........
Fille.........	Kyz.........	Kyz.........	Kyz..........
Fils..........	Oulan.......	Ulan........	Oulan........
Flèche.......	Okh.........	Okh.........	Okh..........
Fleur........	Tchitchek...	....	Tchitchek....
Forêt........	Agatchloukh.	Agadjloukh..	Orman........
Forteresse...	Ka'lá (A)....	....	Ka'là (A)....

DIALECTES TURCS. 557

QIZYLBACH.	QAZAKH.	TURC DE TOBOLSK EN SIBÉRIE.	TURC DE CONSTANTINOPLE.
Akhil.......	....	روح rouhh (A)...	روح rouhh (A).
Kalai........	Kala.........	فورغاش qourghach.	قلدى qalai.
Yaz.........	Yai.........	یای yaï.........	یاز yaz.
Youldúz.....	Yuldouz......	یولدوز youldouz..	یلدز yildiz.
Darr........	....	تار tar.........	طار dar.
Olar........	....	اولار oular......	انلر anlar.
Etirem......	....	یاسایمن yassaïmen.	ایدرم iderem.
....	Oun.........	اون oun........	اون oun.
Daheres.....	....	چالغی tsalghi, tsalqi.	طرپان اوراق tyrpàn-oràq.
Arwat.......	....	اوی کشی ouikichi..	عورت èwret.
Demir.......	Temir.......	تیمور timour.....	دمیر demir, demour.
Kitdirem.....	....	یابامن yabamen..	قپامن qapàmen.
Oth.........	Ot..........	اود oud.........	اود ód.
Yarpakh.....	Yarpakh.....	یابراق yabraq, یافراق yafraq.	یپراق yapràq.
'Ip..........	Sab.........	یپ yep.........	ایلك iplik.
Kyz.........	....	قیز qyz.........	قیز qyz.
Ogoul.......	....	اوغوا ougoul, اول oúl.	اوغول oghoul.
Okh.........	Okh.........	اوق ouq........	اوق óq.
Tchitchek....	Gkul........	چاك tsitsïak, sätsak.	چك tchitchek.
Mecha.......	Djengar (P.)..	اغاج aghats......	اورمان orman.
Kala (A)....	....	قلعه qalha' (A)...	قلعه qal'h (A).

FRANÇAIS.	NOGAÏ.	QARATCHAÏ.	QOUMOUQ.
Foyer............	Ojdag..........	Odjag..........	Otchag........
Frère...........	Kardach........	Kardach........	Kardach........
Froid............	....	....	....
Fromage........	....	....	....
Froment........	....	....	....
Front...........	Magny..........	....	....
Fruit............	Yimich..........	....	Yermich........
Fusil............	Multok, toubek..	Ouchkok........	Multok........
Gauche.........	....	....	....
Genoux.........	Diz............	....	....
Glace...........	Bouz..........	....	Bouz..........
Goutte..........	....	....	Tamdju........
Graisse.........	Maï............	Maï............	Maï............
Grand...........	Oullow..........	Oulkon........	Ulken..........
Grêle...........	Bourtchag......	....	Bourtchag......
Grenouille......	Bakhka........	Bakhka........	Bakhka........
Gros............	Basuk, towsoun..	Basuk..........	Basykh........
Guéris (je).....	Sagetaman......	....	Sawalteman....
Guerrier........	Askarloukh.....	....	Ourouch........
Hache..........	Balta..........	Balta..........	Balta..........

QIZYLBACH.	QAZAKH.	TURC DE TOBOLSK EN SIBÉRIE.	TURC DE CONSTANTINOPLE.
jag......	Odjag......	اوچاق outsâq....	اجاق odjaq.
dach......	....	قرداش qardach...	قرنداش qarindach.
....	Soûkh......	صالــقــن salqin, صرلاق sirlaq.	صوق soouq.
....	Penir......	....	پنیر penir.
....	Bouhda.....	بوغدای boughdaï, بودای boudaï.	بغدای boghdaï.
....	Kabahi.....	مانكلای manglaï..	الن alin.
mich......	Yumich.....	یمیش yemich....	یمیش yemich.
ek......	....	مولتیق moltyq....	تفنك tufenk.
....	Kol......	سول soul........	صول sôl.
....	Tiz......	تز،توبوق tez, touboq	دیز diz.
'z......	Bouz......	بوز،موز bouz, mouz.	بوز bouz, طوك dong.
amdjou....	Tam......	تامزیم tamzym....	دامله damlah.
aï......	Pih......	مای maï........	یاغی yaghi.
uk......	Beûk......	اولوغ oulough....	بیوك boyouk.
olou......	Toli......	بوز bouz [glace].	دولی doli, دولو dolou.
ourbagha...	Kourbagha...	باغا، باقا bagha, baqa.	قریغه qur-bagha.
oughoun....	Yoyoun......	یوان youwân.....	یوغن yoghoun, قالن qalyn, قبا qaba, اری iri.
allirem....	....	باغامن baghamen, باسامن yassamen.	علاج اتك y'ladj etmek (A).
'ghich.....	....	....	چری tcheri.
ta........	....	بالطا balt'a.......	بالته baltah.

FRANÇAIS.	NOGAÏ.	QARATCHAÏ.	QOUMOUQ.
Hais (je)	Souimeiman		Souimeiman
Haut	Biïk	Biïk	Ulken
Herbe	Ot, olén	Olen, kurdik	Ott
Héros	Batir		Batir
Heure	*Sahad (A)*	*Sahad (A)*	*Sahad (A)*
Hier	Touna-goun	Touna-goun	Tune-goun
Hiver	Kĕch	Kĕch	Kich
Homicide	Olterup		Oultergen
Homme	Erkek	Erkhek	Kichi
Il	Ol	Ol	Ol
Ile	Ada		Ada
Jaune	Sareh	Sary	Saryh
Jette (je)	Tachleiman		Taichlerman
Jeune	Yach	Yach	Yach
Jour	Goundouz	Goun	Kunduz
Lac	Atou	Gol	Gol
Laid	Erche	Osal	Osal
Lait	Soud	Soud	Sud
Lande	Tchol	Kerr	Kirr
Langue	Til	Til	Til

DIALECTES TURCS.

QIZYLBACH.	QAZAKH.	TURC DE TOBOLSK EN SIBÉRIE.	TURC DE CONSTANTINOPLE.
owmiren....	....	كورالايمن kouralai-men.	عدم اوت اتمك èdawet etmek *(A)*.
udjia......	Oudja........	بيوك biuk........	يوكسك yuksek, يوجه yudjeh.
th........	Oth........	اولن oulèn.......	اوت ot.
otchag.....	....	بهادر behâdir....	الپ alp.
ahad *(A)*....	Sahad *(A)*....	ساعت sa'at *(A)*...	ساعت saa't *(A)*.
ounne-geun..	Dounnan.....	كپچه kitsah.......	دون dun.
'ch.......	Kich........	قيش qych.......	قيش qych.
ldirmag.....	....	اولتوش oultouch...	اولدرمك oldurmek.
'chi.......	....	كچي kichi.......	ادم er, adam *(A)*.
....	Oul........	اول oul.........	اول ol.
....	Ada.......	اوتراو otraw.....	اطا ada.
ryh........	Sari........	ساريغ sarigh, ساري sary.	صاري sary.
oullarem....	....	تاشلايمن tachlaï-men.	اورمك ourmaq.
jahil.......	....	ياش yach........	يكت yighit.
un.........	Kun........	كيون kïoun......	كون gun.
hèl........	Ghèl........	كول kïoul, چوكات tsukat.	كول gol.
chirkin.....	....	قوتوراق qoutouraq.	چركين tchirkin.
d.........	Soud.......	صوت sut........	سد sud.
ıla........	Tchol.......	چول tsïol, تالا tala.	چول tchol.
il.........	Til.........	تل til..........	دل dil.

Tome II.

FRANÇAIS.	NOGAÏ.	QARATCHAÏ.	QOUMOUQ.
Large	Gheng		Keng
Léger	Yinghil		Yunghil
Léopard	Kaplan		Kaplan
Lèvre			
Lézard	Kessertkeh		Kessertkeh
Lieu	Yer	Yer	Yer
Lièvre	Tawchan	Koyan	Koyan
Lion	Aslan	Aslan	Aslan
Long	Ouzoun		Ouzoun
Loup	Kourt	Kourd	Kourt
Lune	Aï	Aï	Aï
Main	Kol	Kol	Kol
Maison	Ouï	Ouï	U
Mamelle			
Mange (je)	Acheiman, yéiman	Acheiman	Acheimen
Marais	Boutlakh		Bat'khak
Massue	Tayakh	Tayakh	Tayak
Matin (le)	Erterek	Sabakh	Erten
Matin, de bonne heure	Erten	Irterek	Erten

DIALECTES TURCS.

QIZYLBACH.	QAZÁKH.	TURC DE TOBOLSK EN SIBÉRIE.	TURC DE CONSTANTINOPLE.
ghen......	....	كينك king, يالباق yalbaq.	كنك gheng, بول gheing, bol.
unghil.....	Yùnyïf.......	بيكيل yenghyl....	بيني yeini.
flan.......	Palang.......	ايلبس ilbis......	قپلان qaplân.
....	Dodakh......	ايرون iroun.....	دوداق doudâq.
chindir-khaff.	Dachayiran...	كيسرتكى kissèrtki..	كرتنكله kïerten-kïeleh.
ér.........	Yer.........	یر yer.........	یر yer.
aouwchan...	Dowtchan....	قويان qoyan......	طوشان tauchân.
slan........	Arslan.......	آرسلان arslan....	أرسلان arslan.
uzoun......	Enni.........	اوزون ouzoun....	اوزون ouzoun.
ourt.......	Kurt........	بورى bouré......	قورت qourt, قورد qourd.
....	Ai..........	آى ay...........	آى aï.
....	Al..........	قول qoul........	ال el.
w..........	....	أى ouy.........	او ew.
....	Amdjek......	ايجك imtsek....	امجك èmdjek.
irem.......	Yerem.......	یيمن yeīmen, آشايمن achaïmen.	يمك yemek.
tlakh......	Batlakh......	صاز saz.........	بتاق bataq.
....	Tchomakh....	....	تياقه toyaqah.
bahdan (A).	Sahar........	ايرته irtèh, صباح sabahh (A).	ارته irteh.
her........	Tes.........	ايرته irtèh......	ارته irteh.

FRANÇAIS.	NOGAÏ.	QARATCHAÏ.	QOUMOUQ.
Mauvais	Yamân, osal	Kaida	Yamân
Mer	Denghiz	Denghiz	Denghiz
Mercure, vif argent	Goumich-sou		Ghené-sou
Mère	Ana	Ana	Ana
Midi	Touch	Touch	Tuch
Miel		Bal	
Millet		Tari	
Mince	Djinska	Inchka	Inchke
Minuit	Yerti-ghetcha	Yerti-ghetcha	Yarti-ditché
Moi	Men	Men	Men
Mois	Ai	Ai	Ai
Montagne	Tau	Tau	Tau
Mordre	Tichlamak		Tichleider
Mort (la)	Olu		Elum
Mouche	Tchibin	Kara-tchibin	Tchibin
Mouton	Koi	Koi	Koi
Nager	Youzmeghé		Uzghi
Neige	Kar	Qar	Kar

DIALECTES TURCS.

QIZYLBACH.	QAZAKH.	TURC DE TOBOLSK EN SIBÉRIE.	TURC DE CONSTANTINOPLE.
Yamán......	Yaman......	يمان yamán......	يرامز kötou, يرامز yaramaz.
Daría.......	Deria.......	دينكيز dinghiz...	دكز denghiz.
Gumich-soui..	Gumis-soui...	كونەسۇ kunch-souw	زيوه jiwah (P).
Ana........		آنا، اينا ana, inâ..	انا ánâ.
Gunorta......	Gunorta......	يارتى كون yarty-kioun.	يارم كون yarim-gun.
	Bâl........	بال bâl.........	بال bâl.
	Tari........	تارى târi.......	طارو dari, دارو darou.
asik.......	Incha.......	چكە itskeh, نازوك nazuk.	انجه indje.
Yari-ghedjé...	Yari-ghedjé...	يارتى تون yarti-tīoun.	يارم كچه yarim-ghetchek.
Ien........	Ben.........	من men, بن ben..	بن ben.
i..........	Ai..........	آى ai...........	آى aï.
agh........	Dagh........	تاۋ tagh, taw..	طاغ dagh.
icheemag...		قابامن qabamen...	ديشلمك dichlemek.
lum........		اولوم ouloum......	اولو ölen, اول ölu.
chibin......	Tchibin......	چيركاى tsirgaī....	سڭك singek.
oīn........	Koin........	قوى qoī.........	قوين qoyoun.
zghi.......	Yuzmek......	يوزوب يورى من youzoub yourimen.	يوزمك youzmek.
ár.........	Kar.........	قار qar.........	قار qâr.

FRANÇAIS.	NOGAÏ.	QARATCHAÏ.	QOUMOUQ.
Nez	Bouroun	Bouroun	Bouroun
Noir	Kará	Qara	Kará
Nous	Biz	Biz	Bis
Nuage	Bouloud	Bouloud	Bouloud
Nuit	Ghetcha	Ghetcha	Ghetcheh
Obscur	Karatchouk		
Œil	Goz	Gèz	Goz
Œuf	Yemourta	Yemourdka	Yemourt
Oie	Kaz	Gouz	Kaz
Oiseau	Kouch	Kouch	Kouch
Ongle	Ternakh	Ternakh	Dernákh
Or	Altyn		Kizyl
Orage	Kati-yel		Kati-yel
Oreille	Koulakh	Koulakh	Koulakh
Orge			
Os	Souek	Souek	Suèk
Ours	Ayou	Ayu	Ayou
Paille	Salam	Salom	Kouwouk
Pain	Etmek	Etmek	Etmek
Peau	Tereh, kun	Tereh	Gon
Père	Ata	Ata	Ata

DIALECTES TURCS.

QIZYLBACH.	QAZAKH.	TURC DE TOBOLSK EN SIBÉRIE.	TURC DE CONSTANTINOPLE.
Bourouni.....	Bourin.......	بورون bouroun...	بورن boùroun.
Kará........	Kara........	قارا qarâ........	قره qarah.
Bis.........	Biz.........	بیز bız.........	بز biz.
Bouloud.....	Bouloud.....	بولوط boulout.....	بولوت boulout.
Ghedjĕah....	Kedj........	تون toun, tïoun...	كيچه ghetcheh.
....	....	قرانكغو qaranghou.	قرانكلو qaranglu.
Ghèz........	Ghèhz.......	كوز kioz........	كوز gœz.
Yemourta....	Yemourta....	يومورتقه yomourt-qah.	يومرطه youmourt'a.
Kaz.........	Kaz.........	قاز qaz.........	قاز qâz.
Kouch.......	Kouch.......	قوش qouch......	قوش qouch.
Tarnakh.....	Ternakh.....	نرتاق ternaq.....	طرمق tirnaq.
Kyzyl.......	Kizil........	النون altoun......	النون altoun.
....	....	بوران bourân.....	فرطونه fortuna.
Koulakh.....	Koulakh.....	قولاق qoulaq.....	قولاق qoulaq.
....	Arpa........	آشلق achlyq.....	اربه arpah.
Sumik.......	Sumuk.......	سوياك suyâk.....	سونگك sungek.
Ayou........	Ayou........	آيو ayou........	ايو ayou.
Saman.......	Saman.......	سامان sâmân, صالام salam....	صمان samân.
Tchoureg....	Tchourek....	اتمك itmäk......	اتمك etmek.
Dari........	Teri, deri....	كون koun, تـرى tere.	درى deri, كون gon.
Ata.........	....	آتا âtâ.........	اتا ata, بابا baba.

FRANÇAIS.	NOGAÏ.	QARATCHAÏ.	QOUMOUQ.
Pesant.........	Aoûr.........	....	Aghir.........
Petit...........	Kitchik.......	Kutchuk......	Kitchik.......
Pied...........	Ayakh.........	Ayakh.........	Ayakh.........
Pierre.........	Tach..........	Tach..........	Tach..........
Pierre à feu.....	Otlouk-tach.....	Otlouk-tach.....	Atlouk-tach.....
Pigeon.........	Goughertchi.....	Goughirtchi.....	Gughertchin.....
Pipe à tabac.....	....	....	....
Plaie...........	Yara...........	....	Yara...........
Pleure (je).....	Yeleiman.......	Yeleiman.......	Aghlarem......
Plomb.........	Khourgouchin...	....	Khourgouchin...
Pluie..........	Yangour........	....	Yaghmour......
Poisson........	Balykh.........	Baloukh........	Baloukh........
Pont...........	Kopour.........	....	Körpi..........
Porc, sanglier...	Dongouz........	Tongouz........	Dongouz........
Porte..........	Kapou..........	Tchik..........	Kapi...........
Poteau.........	Kazykh.........	....	Kazykh.........

QIZYLBACH.	QAZAKH.	TURC DE TOBOLSK EN SIBÉRIE.	TURC DE CONSTANTINOPLE.
ghir......	Aghir......	آغر âghir, آور âour.	اغر aghyr.
tchyk.....	Kitchik.....	كچك kitsik......	كوچك kutchouk, kutchuk.
yakh?.....	Ayakh......	آياق âyaq......	اياق ayâq.
ach.......	Tach.......	تاش tach........	طاش tach.
chagmaghda-hi.	Chagmag-tach.	چاقماق تاش tsaq-maq tach اوتلق تاش outlyq tach.	چقمق طاش tchaq-maq tach.
hègbe:!chin.	Gugherdjin...	كوكرچن kughèrtsun	كوكرجن gœgherdjin
....	Tchiboukh....	قانزا qanza, چلم tchelim.	چوبق tchoubouq.
ra.......	....	يارا yara.......	ياره yareh.
hlirem.....	Aghlarem....	يلامن yelaimen, يغلامن yeghlaimen.	اغلمق aghlamaq.
ourgouchin.	Kourgouchoun	قاراقورغاش qârâ-qourghâch.	قورشون qourchoun.
ghich......	Yaghich.....	يامغور yamghour, يغمور yaghmour.	يغمور yaghmoúr.
loukh.....	Báloukh.....	بالق balyq.......	بالق bâlyq.
rpi.......	....	كوبور kubur.....	كوپرى kœpri, kou-pri.
ngouz.....	Tonghouz....	تونكوزى toungouzi.	طوكز donguz.
py.......	Kapi.......	ايشيك ichik......	قپو qapou, قپى qapi.
ya.......	....	قازيق qâzyk......	قازوق qazouq.

FRANÇAIS.	NOGAÏ.	QARATCHAÏ.	QOUMOUQ.
Poulet.........	Taoukh........	Tâoukh........	Taŭk........
Printemps......	Yaz-bach.......	Yaz-wach......	Yaz-bach......
Proche.........	Youch.........	....	Youwoukh.....
Puits..........	Koul..........	Koui..........	Kouyou.......
Racine.........	Kok...........	Kôk...........	Tamir.........
Ris (je).......	Kouleiman.....	Kouleiman......	Gularem......
Rivage.........	Yakhar........	Souyawa.......	....
Rivière........	Tchai.........	Tchayir.......	Tchai........
Rocher........	Kaya..........	....	Tachli-tau....
Roi...........	*Padchah (P)*...	....	*Padchah (P)*...
Rosée.........	....	....	....
Rouge.........	Kizyl.........	....	Kizyl........
Sable..........	Koum.........	Koum.........	Koum........
Sacrifice......	*Kourban (A)*...	....	Sadaga.......
Sais (je)......	Bilaman.......	....	Bileman......
Sang..........	Kan...........	Khan..........	Kan..........
Sel............	Touz..........	....	Touz.........
Serpent.......	Yilan.........	Yilan.........	'Ilan.........
Seul (un).....	Yanghis.......	Yangis........	Yalghis......
Soc...........	Klitch........	....	Klitch.......
Sœur.........	Kiz-kardach...	Egetchim......	Kiz-kardach...

DIALECTES TURCS.

QIZYLBACH.	QAZAKH.	TURC DE TOBOLSK EN SIBÉRIE.	TURC DE CONSTANTINOPLE.
aûkh......	Tóoukh, daukh.	طاوق thawoq.....	طاوق taouq, tauq.
ahar (P)....	Bahâr (P)....	باز yaz.........	باز yaz.
akhin......	Yaûkh.......	بووق youwoq, بقین yaqin.	بقین yaqin, فوكشو qongchou.
ouyi.......	Koui........	قدوق qoudoûq....	فوی qouyi, qouy.
èk........	Kèk........	تامور tamour.....	كوك kœk.
ulirem......	Gularem.....	كولمن kulèmen..	كوملك goulmek.
èrakh......	....	یقا yaqa, بار yar..	یالن yalin, بار yar.
chai.......	Tchai.......	یلغه ilghah, yelghah	چای tchaï.
achli-dagh..	....	تاش tâch (v. Pierre)	طاش tach.
adichah (P).	....	خان khân........	پادشاه pâdichâh (P).
....	Tirtwil......	چق dzik........	چیك tchig.
ermessi....	Kizil........	قزل qyzyl.......	قزل qyzyl.
oum.......	Kûm........	قم qoum........	قوم qoûm.
ourban (A)..	....	قربان qourbân (A).	قربان qourbân (A).
ilirem......	....	بلامن bilamen....	بلمك bilmek.
en........	Kan........	قان qân.........	قان qân.
z.........	Douz.......	توز touz.........	توز , نوز touz.
an........	Ilan........	یلان yelân, ilân..	یلان yilan.
ghiz......	....	بالغوز yâlghouz...	یالكز yalngyz.
wayin.....	....	....	صپان دمری sapan-demiri.
dji.......	....	آپته aptah.......	قزقرنداش qyz-qa-rindach.

FRANÇAIS.	NOGAÏ.	QARATCHAÏ.	QOUMOUQ.
Soir............	Akhcham.......	Akhcham.......	Ditchkhé.....
Soleil..........	Goun..........	Goun..........	Goun..........
Soufre.........	Kokourd.......	....	Kokourt......
Source.........	Boulakh.......	....	....
Souris.........	Chitchkhan....	Tchitchkan....	Chitchkan.....
Sueur..........	....	....	....
Tabac..........	....	....	....
Tard...........	Ghetch........	Ghetch........	Ghetch........
Temps..........	*Zaman (A)*.....	*Zaman (A)*.....	Tuz...........
Terre..........	Yer............	Toprag, yer....	Toprakh.......
Tête...........	Bâch..........	Bach, wach....	Bach..........
Tonnerre.......	Okour.........	....	Gök-gruider...
Tortue.........	Tukhtabakhka...	....	Tosbakhka.....
Touche (je)....	Teiman........	....	Tiémen........
Toujours.......	*Herzemandé(PA)*	*Arzaman (PA)*..	*Herzamandé (PA)*.
Tous...........	Barinda.......	Barinda.......	Barda.........
Tranchant......	Otkur.........	....	Etkur.........
Tranche (je)...	Kessaman......	....	Kessemen......
Trouve (je)....	Youraman......	....	Djurimen......
Tu.............	Sen...........	Sen...........	Sen...........

IALECTES TURCS. 573

QIZYLBACH.	QAZAKH.	TURC DE TOBOLSK EN SIBÉRIE.	TURC DE CONSTANTINOPLE.
khcham....	Ikindi......	أخشام akhcham, كيچ kits.	أخشام akhchâm.
oun........	Gun........	كون kun........	كون gun.
okourt.....	Kaikurd.....	كوكرد kukurt....	كوكرد kukurd, كبريت kibrit.
....	....	بولاق boulaq......	بكار bungar.
itchan.....	Chitchan.....	چقان tchitchqân.	سچان sitchân.
....	Tiar........	تير tir........	در der.
....	Tambako.....	تماكى têmaki....	طنباكو tambakou.
hetch......	Ghetch......	كچاو kitsèw......	كيچ ghetch.
amana (A)..	Zaman (A)...	وقت waqit (A).	وقت wakt (A), زمان zemân (A).
oprakh.....	Torpakh.....	توفراق toufraq, يېر yer [pays].	طبراق toprak.
ch.........	Bach........	باش bâch........	باش bâch.
rulder......	Gôurouldama..	كوكرت kugurt.....	كورلدى gœruldi.
achbagha...	Tosbagha.....	قابلوباغا qaplou-bâghâ.	قپلوبغه qaplu-baghah.
aighirem....	....	تيامن tiyamen....	طوقنمق doqoun-maq.
erzaman (A).	Hamacha(AP).	هرقچان har qatsân.	دیما daimâ.
amĕssi (P)..	....	بوتره butrèh.....	هر heb, her (P).
dur........	Iti..........	اوتكر outkyr.....	اوج oudj.
essirem.....	....	كبسامن kissiamen.	كسمك kesmek.
asirem.....	....	تابامن tabamen...	بولمق boulmaq.
n.........	....	سن sen.........	سن sen.

FRANÇAIS.	NOGAÏ.	QARATCHAÏ.	QOUMOUQ.
Tue (je)	Olteraman		Ulterirmen
Vache	Sir	Inek	Sir
Vais (je)	Baraman, ghetaman	Ghetaman	Ghetemen
Vaisseau, navire	Gheméh	Kouafah	Kémch
Vent	Yel	Yel	Yel
Ver	Kourt	Kourt	Kourt
Vert	Yassyl		Yachil
Viande	Et	Et	Et
Vie	Saglikh		Sau, saw
Vieux	Kart	Kart	Kard
Village	Yourt		Yourt
Ville	*Koula (A)*		*Cheher (P)*
Vin	Tjaghir	Tchahir	Tchahir
Vogue	Tolkhon		
Vois (je)	Goraman	Goraman	Goremen
Voiture	Araba	Araba	Araba
Vous	Siz	Siz	Siz
Un	Bir	Bir	Bir
Deux	Iki	Iki	I'ki
Trois	Outch	Utch	Utch
Quatre	Dort	Dört	Dört

QIZYLBACH.	QAZAKH.	TURC DE TOBOLSK EN SIBÉRIE.	TURC DE CONSTANTINOPLE.
Idrirem....	....	اولتورامن oultouramen.	اولدرمك oldurmek.
iek.......	Inek.......	صیر sir.........	اینك inek.
hedirem....	Kelirem.....	بارامن baramen, کیلامن ghilèmen.	كتمك ghetmek, اورمك warmek.
hémih.....	Ghemi......	کیمه kimèh......	کمی ghemi.
el.......	Yel.......	یل yel.........	یل yel.
ourt.......	Kourt......	قرت qourt......	قورد qourd.
chil......	Yachil......	یاشل yachil.....	یشیل yechil.
....	Et........	ایت it.........	ات et.
gh.......	....	عمر ou'mer (A)...	یاش yâch.
rd.......	Kart.......	قارت qârt......	قارت qârt.
end......	....	یورت yourt, اوٴل aoul.	قوی qoi, کند kend.
eher (P)...	....	نورا tora.......	شهر chehr (P).
hahir.....	Tchahir.. ...	....	سج sadji.
....	....	دولغون toulghoun.	طلغه dalgha.
'rirem....	Gorirem.....	کورامن kuramen..	کورمك görmek.
ba.......	Araba......	آربا árba.......	عربه a'rbah.
z........	Siz........	سیز siz.........	سز siz.
r........	Bir........	بر ber.........	بر bir.
....	Iké.......	ایکی iké........	یکی iki.
tch......	Youtch.....	اوج outch, outs..	اوج utch.
ört......	Diört......	دورت durt......	دورت dört.

FRANÇAIS.	NOGAÏ.	QARATCHAÏ.	QOUMOUQ.
Cinq	Bech	Bech	Bech
Six	Alté	Alty	Alti
Sept	Yette	Iedy	Yeddi
Huit	Seghiz	Sighiz	Sekiz
Neuf	Dokouz	Tokouz	Dokouz
Dix	On	On	On
Cent	Youz	Yuz	Iouz
Mille	Bing, ming	Ming	Ming

DIALECTES TURCS.

QIZYLBACH.	QAZAKH.	TURC DE TOBOLSK EN SIBÉRIE.	TURC DE CONSTANTINOPLE.
Bech.	Bech.	بش bich.	بش bech.
Alti.	Alty.	آلتى alty.	التى alti.
Yedi.	Eddi.	يتى itti.	يدى yedi.
Sekiz.	Sekiz.	سكيز sikiz.	سكز sekiz.
Dokouz.	Dokouz.	طوقوز thoqoz.	طوقوز doqouz.
On.	On.	اون on.	اون on.
Jouz.	Jouz.	يوز youz.	يوز youz.
Min.	Min.	مينك ming.	بيڭ bing.

TOME SECOND.

ERRATA.

Tome I.

    Page 28, ligne 2, *lisez*, mangé une soupe aux rognons.
    —— 132, ligne 1, *lisez*, البرز.
    —— 167, ligne 24, *lisez*, à ces ruines.
    —— 178, ligne 19, *lisez*, Awabi Aktachi.
    —— 242, ligne 6, *après* Soudjouk-kala'h, *ajoutez* :
        44° 39′ lat., 35° 25′ long. de Paris.
    —— 477, ligne 5, *lisez*, მო-ხევი.
    —— 481, ligne 3, *lisez*, Kakhéthi.
    —— 507, ligne 18, *lisez*, Narc-kwawi.

Tome II.

    Page 44, ligne 4, *lisez*, le cent soixante-quinzième.

www.ingramcontent.com/pod-product-compliance
Lightning Source LLC
Chambersburg PA
CBHW070410230426
43665CB00012B/1319